서비스 경영
SERVICE MANAGEMENT
허은아 외 지음
연세대학교 출판부

SERVICE MANAGEMENT

서비스 경영

저자　허은아 외
발행　연세대학교 출판부

주소　서울특별시 서대문구 연세로 50
전화　2123−3880∼2
팩스　2123−8673
E-mail　ysup@yonsei.ac.kr
홈페이지　http://www.yonsei.ac.kr/press
등록　1955년 10월 13일 제 9-60호
인쇄　(주)동국문화

2006년 12월 10일 1판 1쇄
2011년　3월 25일 1판 2쇄
ISBN 89-7141-759-5 (03320)

값 23,000원

차　례

제 1 부

서비스 경영의 전반적 이해

1장 서비스 경영의 이해 — 허은아

1. 서비스 경영의 개념

> 기업이 고객을 놓치는 원인의
> 약 20 퍼센트는
> 형편없는 서비스에 있다.
>
> — 베시 센던스 노드스트롬 부사장

사례 메모

서비스 경영의 차별화 전략 : 웅진코웨이(주)

IMF로 경제가 어려워졌을 때 웅진코웨이(주) 역시 어려움을 겪기는 마찬가지였다. 1997년 자체 조사 결과 정수기 판매 후 사후 관리가 제대로 이루어지지 않아 고객 만족도가 50% 이하에 머물고 있었다. 이런 상황에서 고객 재창출을 기대하기는 무척 힘든 상황이었다.

광고, 〈웅진코웨이 코디〉

상황이 이렇게 되자 웅진코웨이(주)는 정수기가 비싸서 안 사니 빌려주자는 것에 착안했다. 물에 대한 불신과 정수기 가격 사이에서 고민하던 소비자들에게 해결책을 제시하면서, 그 결과 IMF를 다른 업체에 비해 빨리 벗어날 수 있었다. 이와 더불어 사후 관리 문제도 정수기 관리 전문가인 코디(Coway Lady)를 통한 무료 필터 교환 및 정기점검 서비스를 통해 개선해 나갔다.

웅진코웨이(주)는 많은 기업들이 긴축정책을 통해 구조조정 순서를 밟아 나갈 때 렌탈 정수기를 출시하면서 오히려 직원을 늘리고 공격적인 마케팅을 전개하는 전략을 폈다. 내부에서는 100만 원이 넘는 정수기를 몇 만원 받고 빌려줘서는 수지 타산을 맞출 수 없다는 많은 직원들의 반대 논리가 있었다. 단순히 계산해도 손익분기점을 맞추는데 2년의 시간이 필요한데 가뜩이나 경영이 어려운 시기에 2년을 무조건 투자한다는 것은 쉬운 결정이 아니었기 때문이다. 하지만 정수기의 생명인 필터의 관리를 위해 '코디'(코웨이 레이디-Coway Lady) 관리조직을 만들어 인력을 보강, 서비스 향상에 주력을 하기 시작했다. 이는 소비자의 주거 환경, 수입, 고객의 기호에 따라 한집한집 깐깐하게 맞춰 판매하는 맞춤 정수기로 정수기 시장의 새바람을 불러일으켰다고 볼 수 있다.

결국 1998년 IMF로 많은 기업들이 어려움을 겪을 때 업계 최초로 정수기 렌탈 제도를 과감하게 도입하여 침체해 있던 기업에 활력을 불어넣고 소비자들을 물 걱정에서 해방시킨 쾌거를 이룩한 웅진코웨이(주)는 이 혁신적인 렌탈 제도로 급성장하여 2000년 말에는 렌탈 회원수 50만 명을 돌파하였다. 50만 명은 웅진코웨이 창립 이후 11년 동안 일반 판매한 정수기 수와 동일한 수치로 렌탈 2년 8개월 만에 이룩한 쾌거이다.

* 고객 만족 극대화를 위한 차별화 전략

렌탈 서비스 주요 전략

100만 원대 이상의 고급 정수기를 구입하는 데 드는 초기 부담을 덜어주기 위해 월 2만 6천원에서부터 시작되는 저렴한 비용으로 제품을 렌탈함과 동시에 다양한 부가적 서비스를 제공함으로써 소비자들이 가질 수 있는 가격 저항력을 감소시켜 더욱 많은 사람들이 안전하고 깨끗한 물을 마실 수 있도록 정수기 대중화에 앞장서고 있다.

웅진코웨이(주)는 정수기의 핵심이 완벽한 관리라는 것에 초점을 맞춰,

'코디(Coway Lady : 정수기 관리 주부사원)' 제도를 도입하여 정수기 관리 임무를 맡김으로써 웅진코웨이의 깐깐한 이미지를 한층 부각시키고 있다. 정수기 사용 고객들이 필터 교환을 언제 해야 하는지, 부품을 언제 어떻게 갈아야 하는지 번거롭게 체크할 필요 없이 원스톱 서비스로 모든 것을 해결할 수 있다.

필터 교환 시기를 최초 30일 전에 알려 주고 전국 3,500여 명의 코디 조직을 통해 2개월마다 방문 서비스를 통한 정수기 무료 점검, 필터 교환, 부품 교환 및 무료 수질검사까지 시행한다. 또한 제품 설치 후 3일 이내, A/S 실시 후 24시간 내 고객 만족도를 체크하고, 설치 30일 이내 재만족도를 파악하여 고객의 불만 사항을 신속하게 처리할 수 있는 Happy Call을 실시하는 등 고객이 부르기 이전에 먼저 찾아가는 B/S(Before Service)를 구현하고 있다.

장기 렌탈고객에 대해서는 고객 충성도를 더욱 향상시키기 위하여 다양한 할인 혜택 서비스를 제공한다. 렌탈 제품의 경우 고객의 제품 렌탈에 따른 충족감을 만족시키기 위해 1년 사용 후부터 렌탈료를 할인해 주는 수수료 제도를 도입하였고 온수 세정기, 연수기의 잇따른 렌탈제를 실시하면서 여러 제품을 렌탈할 경우 보증금을 할인해 주는 제도를 도입하였다.

렌탈정수기를 사용하는 경우 제품을 구입하는 경우에 비해 다소 애착감이 떨어지기 마련이다. 따라서 빌려 쓰면 내 것이 된다라는 느낌을 통해 만족감을 증대시키기 위해 5년 사용 후 원하는 고객에 한해 정수기 소유권을 이전할 수 있도록 하였다.

뿐만 아니라 선설치 제도를 통하여 각 렌탈 제품군에 대하여 10일간 무료로 사용 후 렌탈할 수 있도록 함으로써 고객의 선택 기회를 더욱 넓혀주었다.

코디 시스템

코디(Coway Lady)는 정수기를 주로 사용하는 고객이 여성인 점에 착안하였고, 이에 따라 정수기 사후 관리를 여성에게 맡긴 것이 주요했으며 1차적으로 같은 여성 입장에서 관리를 깐깐하게 처리하기 때문에 회사 이미지를 높이는 데도 큰 몫을 하고 있다.

또한 고객과의 접점에서 대고객 서비스를 실천하면서 고객의 필요와 욕구를 회사로 생생하게 전달해주는 리포터 역할도 하고 있다.

웅진코웨이(주)는 빌려쓰는 정수기에 대해 교환 주기에 따른 무상 필터 교환, 2개월마다 정기적으로 무상점검 등 일체의 서비스를 하면서 이를 주부사원인 코디에게 맡긴 것이다. 결과는 대성공이었고, 그 이후로 한 달에 한 번씩、공채로 뽑아 2000년 3월 기준 35기까지 활동하고 있다.

한편, 코디는 1999년 12월 6일 노동부에서 발표한 신지식인에 선정될 정도로 전문 직업으로 당당히 인정받고 있기도 하다. 웅진코웨이(주)는 2년여 만에 코디를 2001년 3월 말 기준 3,500여 명이나 배출했으며, 이들은 현재 전국 10개 총국, 99개 지국에서 활동하고 있다.

코디의 주업무는 렌탈 정수기의 정기 점검과 일반 정수기의 멤버십 회원관리, 필터 교환, 렌탈 회원모집 등에 이르기까지 웅진코웨이 정수기에 대한 모든 B/S(Before Service)를 책임지고 있다. 일반적으로 대부분의 서비스 회사들이 회사 중심의 A/S를 실시하는데 비해 코디들은 고객 중심의 B/S를 선보이고 있는 것이다.

정수기관리 전문가 코디는 98년 말 도입 이후 그 인원이 점차 증가하여 노동부 선정 신지식인으로 선정되는 등 여성 전문 인력으로 각광받고 있어 그 인원이 계속 증가할 예정이다.

입체식 교육을 통한 코디 배출

웅진코웨이(주)의 코디는 고객 현장에 투입되기 전 서비스와 기술 교육을 받고 합격한 사람만 채용이 이루어지고 있다. 이것이 타사와 비교하여 다른 점이다. 웅진코웨이 코디는 정수기에 관련된 이론 교육, 기술 교육, 서비스 교육 등을 이수하게 된다. 현재 웅진코웨이 코디 서비스 교육과정은 36개월까지 15단계의 체계적인 교육 과정으로 구성되어 있다. 입사년차에 따라 체계적인 과정을 밟으며 서비스 중심적이고 고객 지향적인 인력을 양성해 내고 있다.

그리고 팀장, 지국장이 되고 난 후에도 서비스와 관련된 교육 및 마케팅, 리더십, 경영, 정신 특강 등 월 1회 년 12회의 교육을 정기적으로 받고 있다.

코디 비전 창출

코디는 현장 관리나 영업의 활동 범위에 그치지 않는다. 코디-팀장-지국장-총국장의 단계를 거치며 비전 있는 관리자로의 발전이 가능하다. 이러한 지국장, 총국장은 역시 100퍼센트 코디 출신으로 이러한 추세는 앞으로 더 확대될 예정이다. 또한 코디 출신의 세일즈 강사를 양성하여 현장 경험을 공유하고, 교육을 위한 교육이 아닌 웅진코웨이만의 세일즈 교육을 완성하고 있다. 관리자와 강사, 두 가지 비전을 가질 수 있는 웅진코웨이 코디야말로 21세기 최고의 직업이 아닐까?

자료 출처 : 웅진 코웨이(주)

일반적으로 경영(management)이란 단어는 기업 경영을 의미한다. 그러나 경영은 기업 경영 이외에도 정부 또는 비영리 조직까지도 적용 가능한 개념으로 이해될 수 있으며, 어떤 방식으로 경영을 조직에 활용하든 '조직의 목표를 이루고자 벌이는 활동'을 경영이라 볼 수 있다.

서비스 경영 역시 모든 조직에 적용 가능한 개념이다. 다만 다른 조직들보다 기업에서 적극적으로 빠르게 수용한 개념이 바로 서비스 경영이라 볼 수 있다. 왜냐하면 기업 조직이 시대 변화에 보다 민감하게 대처하고 적응해야 하기 때문이며, 더욱이 불경기를 타지 않는 서비스 산업은 기업 생존에 중요한 역할을 하기 때문이라 볼 수 있다. 예를 들면 미국의 시장은 서비스 부문의 성장으로 인하여 경기의 순환 폭이 줄어들었다. 미국의 경우 지난 네 번의 불경기 동안 서비스 부문의 고용은 실제로 증가하였고, 제조업의 고용은 감소하였다. 이는 소비자들이 제품의 구매는 기꺼이 미루려고 하지만 필수적인 서비스, 즉 교육, 전화, 금융, 건강 관리, 화재 및 방범 등의 공공 서비스는 필수적인 것으로 받아들이고 있음을 보여주고 있다.

서비스 경영의 패러다임은 고객에게 수동적으로 대응하는 기업 지향의 전통적 서비스 경영에서 고객에게 능동적으로 대응하는 고객 지향의 혁신적 서비스 경영으로 바뀌고 있다. 이에 적응하지 못하는 서비스 기업은 파멸할 것이다. 이렇게 패러다임이 변화하게 된 요인은 첫째, 오늘날 모든 시장에서 고객이 중심이 되기 때문이며, 둘째, 고객의 구매 선택 기준이 가격이나 물질보다는 가치 추구에 있으며 셋째, 기업이 경쟁체제와 시장 경제원리에 따라 독점이 불가능해지고 특정 기업이 영원히 경쟁적 우위를 차지할 수 없기 때문이다.

— 이정학(2006), 『서비스 경영』

하대용(2006)은 서비스 경영이란 "최고의 고객 만족을 위한 기업 목표 달성과 관련된 생산 · 인사 · 조직 · 재무 · 회계 · 마케팅 등의 활동을 계획, 실행, 통제하는 연속적인 과정임과 동시에 서비스 가치 실현을 위한 인적 · 물적 자원, 자본 등을 운영하는 경영 활동"이라고 말한다. 결국 서비스 경영이란 최고경영자부터 고객 접점 서비스직원에 이르기까지 다양한 조직 구성원들과 하나의 기업 또는 사업체와 관련한 무수한 외부 기관까지 연계하여 다양한 형태와 분야로 나타날 수 있다.

또한 고객 만족 서비스 경영이란 서비스 기업이 제공하는 서비스에 대하여 고객 만족도를 지속적으로 파악하고 이를 바탕으로 보다 나은 고객 만족을 얻기 위하여 기획하고 그에 맞는 프로세스, 인적 자원 배분 및 훈련, 조직을 만들어 서비스 풍토를 개혁하는 등 끊임없는 변신을 통해 고객 만족을 향상시킴으로써 회사를 영원히 유지하기 위한 경영이다.[1)]

조직의 목표를 이루고자 벌이는 활동인 기업 경영처럼 서비스 경영도 목표가 있는데 그 목표는 '서비스 가치 실현'이라 볼 수 있다. 이는 무형성(intangibility) 그리고 생산과 동시에 소모된다는(simultaneous consumption) 특성을 지닌 서비스에 대해 최고경영자와 모든 기업 구성원이 고객이 원하는 가치에 도달하기 위하여 총체적인 노력을 기울이는 과정이나 행위를 의미한다. 일반적으로 알고 있는 서비스 산업은 시각적으로 특화되어 있는 호텔, 관광, 항공과 같은 직접 접객 서비스를 제공하는 기업만을 생각하게 된다. 반면에 대부분의 제조업의 경우 고객 입장에서 제품만을 접하기 때문에 서비스에 대하여 실감할 수는 없다. 서비스 경영은 이러한 고객들에게 제품만이 아니라 서비스까지도 전달하고자하는 의지의 방식이기도 하다. 고객들은 제품만을 구매하는 것이 아니라 기업의 서비스 마인드까지도 구매하는 것이기 때문이다. 서비스 산업은 사람의 마음을 감동시켜야 하는 고도의 감성산업, 정서산업이며 픽션산업인 것이다. 오늘날과 같은 '마음의 경제' 시대에는 여간해서는 고객의 마음을 움직일 수 없고 세련된 문화예술을 이용해야 그들을 감동시킬

---

1) 이정학(2006), 『서비스 경영』.

수 있으며, 그래야만 비로소 소비가 촉진될 수 있다. 현대인들은 심리적 · 문화적으로 마음의 충족감(mindful), 포만감을 추구하므로 이 산업의 서비스 패턴이 hardware-software-humanware-mindware로 패러다임이 바뀌고 있다. 그래서 이른바 서비스 산업은 art industry이고, mind industry라 해도 무방하다고 손대현(2005)은 말한다. 또한 이런 관점에서 서비스는 단지 하나의 봉사나 시중이 아니라 예술이라고 주장하며, 서비스 산업은 사람의 오감이 동원되는 종합 예술산업 · 종합 상품이므로, 이런 추세를 좇는 고객의 생각에 잘 따라야 한다고 말한다. 고객처럼 생각하라(Think like a customer.). 그러면 고객 만족 및 로열티(Customer satisfaction and loyalty)로 승부할 수 있을 것이라고 그는 일침을 놓는다.

이러한 의미에서 서비스 경영에서의 또 다른 부가가치 창출의 하나인 '경험'은 개별적이고 기억에 깊이 남게 하는 방식으로 고객을 참여시키고 연계시킨다. 예를 들면 '에버랜드'나 '디즈니랜드' 뿐만 아니라 많은 외식업체와 일반 서비스 기업에서도 감동적이며 기억에 남을 수 있도록 연출한 경험을 고객에게 심어주고 그에 대한 대가를 요금으로 부과함으로써 서비스 경제는 새로운 경험 경제로 옮겨가고 있다. 이는 고객이 단순히 상품을 구매한다는 차원이 아니라 상품의 기획부터 소비에 이르는 모든 과정이 고객과의 관계 속에 존재하기 때문에 서비스 경영에서 중요한 의미를 갖는다. 이 또한 기업

1.1.1. 서비스 패키지의 평가 기준

<table>
<tr><th colspan="2">기본 시설 : 서비스 제공 이전에 반드시 갖추어야 하는 물리적인 자원들</th></tr>
<tr><td>1. 입지
✔ 공공 교통시설은 이용 가능한가?
✔ 중심에 위치하고 있는가?
2. 실내 장식
✔ 적절한 분위기가 조성되어 있는가?
✔ 가구의 품질과 조화
3. 기본 설비
✔ 치과의사는 기계식 드릴을 아니면 에어식 드릴을 사용하는가?
✔ 어떤 종류의 항공기를 사용하는가?</td><td>4. 건축적 적합성
✔ 캠퍼스의 르네상스식 건물
✔ 파란 타일 지붕의 독특한 모습
✔ 화강암으로 된 은행 건물 전면
5. 시설 배치
✔ 교통 흐름이 원활한가?
✔ 적절한 대기 장소가 있는가?
✔ 불필요한 이동이나 후퇴가 있는가?</td></tr>
<tr><th colspan="2">보조 용품 : 구매자들에 의해 소비되거나 구매되는 물품, 또는 고객에 의해 제공되는 물건</th></tr>
<tr><td>1. 일관성
✔ 튀김감자의 바삭거리는 맛
✔ 적정량 관리
2. 양
✔ 대 · 중 · 소 용량의 음료수</td><td>3. 선택
✔ 교체할 수 있는 머플러의 다양성
✔ 다양한 메뉴
✔ 스키의 대여</td></tr>
<tr><th colspan="2">명시적 서비스 : 감각에 의해 직접적으로 알 수 있는 서비스로 서비스의 본질적이고 핵심적인 특색</th></tr>
<tr><td>1. 서비스 인력의 교육
✔ 자동차 정비공들은 국가 자격증을 가지고 있는가?
✔ 어느 정도까지 전문적인 사용이 가능한가?
✔ 의사들은 자격증을 가지고 있는가?
2. 포괄성
✔ 총괄 서비스와 할인 브로커의 비교
✔ 개인병원과 종합병원의 비교</td><td>3. 일관성
✔ 항공기의 정시 도착, 출발
✔ 의사들의 국가표준기구 소속
4. 이용 가능성
✔ 24시간 현금자동입출금기 서비스
✔ 웹 사이트가 있는가?
✔ 무료 전화번호가 있는가?</td></tr>
</table>

묵시적 서비스 : 고객이 희미하게 느끼는 심리적인 혜택이나 서비스의 외관적인 특색을 의미	
1. 서비스의 태도 ✔친절한 항공기 승무원 ✔경찰관이 법조문을 말해주면서 발행된 교통벌금 고지서 ✔레스토랑의 믿음직한 서비스 직원 2. 분위기 ✔레스토랑의 장식 ✔정돈보다는 혼돈의 느낌 3. 대기 ✔은행의 드라이브인 대기 행렬 ✔예약에 넣어 줌. ✔레스토랑에서 마티니를 마심.	4. 지위 상태 ✔Ivy리그 대학의 학위 ✔스포츠 경기의 칸막이 좌석 5. 좋은 느낌 ✔대형 항공기 ✔밝은 주차장 6. 사생활 및 안전감 ✔개인 사무실에서 자문하는 변호사 ✔호텔의 자석식 키 카드 7. 편리성 ✔예약제 활용 ✔무료 주차

James L.Heskett, *The Service Profit Chain*

경영에서 고객과의 연관성이 점점 높아지고 있음을 의미한다. 기업과 고객과의 관계에서의 서비스는 실제로 느끼지 못할 만큼 다양한 곳에 존재하고 있다. 이처럼 과거 기업의 존재가 단순한 제품을 통한 이윤 창출과 성장을 위한 것이었다면 오늘날 기업의 존재는 그 이상을 넘어선다고 볼 때, 기업의 형태나 고객들의 변화는 물론이고 기업과 고객과의 관계 변화도 기업이 서비스 경영에 집중하도록 하는 요인이 된다.

2. 서비스 경영 문화

> 밧줄의 끝에 다다르면
> 매듭을 지어 매달려라.
>
> — 프랭클린 D. 루스벨트

사례 메모 **맥도널드 사례**

전세계 119여 개 국의 25,000여 매장을 통해 1,000억 개가 넘는 햄버거를 판매하고 있는 세계 최대의 햄버거 레스토랑 맥도널드는 세계 최초로 공산국가에 진출한 햄버거 레스토랑이기도 하다. 1982년 유고슬라비아와의 계약 체결로 시작된 맥도널드의 공산국가 진출은 1990년 모스크바, 1992년 베이징

에 세계 최대 규모의 매장을 개점하면서, 더욱 확실한 기반을 갖게 된다. 모스크바 개점 당시 2킬로미터가 넘는 긴 행렬로 화제가 되었던 맥도널드는 1993년 모스크바와 꽝조우 매장의 1일 이용 고객 수가 1만 6천 명이 넘어서면서 다시 한번 그 열기가 확인되었다.

맥도널드 신화를 이야기할 때 가장 먼저 떠오르는 인물은 레이 크록(1902-1984)이다. 그는 맥도널드사의 회장직을 30년간 역임했으며, 그동안 작은 햄버거 가게에서 세계적인 대기업으로 맥도널드를 발전시켰다. 현재의 맥도널드를 가능하게 한 크록 회장의 경영 비법 중 핵심은 QSC&V 즉, 품질(quality), 서비스(service), 청결(cleanliness) 및 가치(value)로 요약되는 맥도널드의 정신에서 찾을 수 있다.

이러한 정신이 제품 개발, 프랜차이즈의 평가, 납품 관계, 교육 훈련 등 경영 전반에 침투되고 실천되었으며 오늘날에도 그 맥을 이어오고 있다. 맥도널드는 품질(quality)을 위한 기술 향상과 신제품 개발에 부단한 노력을 기울였으며, 그 대표적인 예가 프렌치프라이의 개발이다. 프렌치프라이를 개발하기 위해 10년 동안 300만 달러를 투자했다. 10년간의 개발 기간 동안 우선 감자의 최적 저장 방법을 개발해 냈고, 최고의 품질을 갖는 감자를 얻기 위해 전 미국을 돌아다녔으며, 튀김 방법에 대한 세밀한 실험과 튀김용 기름의 개발을 시도하였다. 또한 품질 향상을 위해 맥도널드는 원재료를 공급하는 업자와의 신뢰 관계를 존중한다. 맥도널드는 업자와의 친분 관계를 돈독히 함으로써 업자 자신들도 경영의 질을 높이는 데 주력하고 있다. 엄격한 구매 기준을 지켜주는 업자에게는 성실했으나 그렇지 못한 업자에게는 냉정한 태도를 취했다. 납품업자를 신용함으로써 맥도널드는 도약의 시기에 귀중한 시간을 절약했다. 다른 많은 업체들이 시간의 90퍼센트를 구매를 위해 소비한 데 비해 맥도널드는 경영에 전념할 수가 있었다. 맥도널드는 비교적 숫자가 적은 충실한 납품업자들에게 의존했기 때문에 상품 개발에 전력을 기울일 수가 있었다. 맥도널드는 또한 철저한 청결(cleanliness)을 생명으로 삼았다. 점포 경영주는 개업하는 날부터 '가는 곳마다 깨끗이 하라'는 가르침을 받게 된다. 가게 바닥을 걸레질하고 카운터를 닦는 일은 수시로 해야 할 작업이고, 그러기 위해서 전 종업원은 항상 청소용 행주를 휴대하고 있어야만 했다. 크록 자신도 청결을 철저히 지키기 위하여 디스플레이스 점포에 나오면 주말에는 직접 청소부가 되어 쓰레기를 치우고 주차장을 씻어내고 가게 앞의 시멘트 바닥에 붙은 껌을 긁어내었다. 크록은 자신이 강조한 가치(QSC&V)를 되풀이하여 위반한 사람은 용서하지 않았다. 맥도널드는 이러한 핵심 가치를 맥도널드 특유의 햄버거 대학에서 철저히 학습시키고 있다. 맥도널드의 비전은 '세계 최고의 퀵 서비스 레스토랑'이 되는 것이다. 이것은 'QSC&V'를 통해 지속적으로 '고객을 만족시킨다'는 것을 뜻한다. 이러한 비전은 5가지 글로벌 전략(인적자원 개발, 혁신 추구, 글로벌 사고의 확대, 사업 및 성장 기회의 개발, 변화의 성공적 추진)에 의해 실천되고 있다. 기업의 특성에 대한 이해와 이에 근거한 뚜렷한 목표와 철학의 제안, 그리고 이의 실천을 위한 크록의 솔선수범 및 상징적 리더십은 오늘날 맥도널드에 생생하게 살아 있고, 많은 다른 기업과 경영자들에게 좋은 본보기가 되고 있다.

오늘날 기업들은 모든 경영 활동에서 서비스 정신의 함양과 서비스 경영문화 창출을 도모하고 있다. 이정학(2006)은 '서비스 경영문화(service management culture)'란 서비스 문화[2]를 창출하고 그것을 통해 경영 성과를 얻고자 하는 방식이라고 말한다. 그리고 서비스에 대한 개념과 가치관을 정립하고 기업 내부 조직, 기업 외부 조직, 고객 등이 서비스 정신을 가지고 경영 활동에 참여하는 것이라고 말한다.

그뢴루스(Grnroos, 1990)는 서비스 경영 문화란 양질의 서비스 제공을 중시하고 기업 외부의 소비자 집단에 대한 서비스 제공, 기업 내부의 고객인 종업원에 대한 기업 경영자의 서비스 제공, 기타 기업 경영과 관련한 모든 구성원의 서비스 제공에 대한 신념 등이 자연스럽게 경영 활동 안에 녹아 있는 상태와 경영 문화라고 정의한다.

또한 손대현 원장(한양대 국제관광대학원)에 의하면 훌륭한 기업은 보다 근본적인 속성에 기초를 두고 있으며, 그 기초가 튼튼해서 오랫동안 견뎌낼 수

2) 서비스에 대한 이념, 가치관의 집합체로서 고객, 종업원, 기업 등에 있어서 일정한 패턴이 형성되어 표출되는 방식이다. 보다 구체적으로 정의하면 좋은 서비스를 존중하고, 외부 고객 뿐만 아니라 내부 고객에게 좋은 서비스를 제공하는 것을 모든 구성원이 중요한 규범이자 자연스러운 생활방식으로 간주하는 문화이다.

있는 회사를 만들고 있다고 말한다. 서비스 기업의 핵심 목적에서 가장 중요한 것은 기업이라는 존재가 돈을 버는 것 이상으로 더욱 근본적으로 사회에 존재할 이유가 있다는 것과 조직은 한 사람의 연장된 그림자이듯 기업의 핵심 가치는 깊숙한 직원들의 내면으로부터 생겨나는 것이므로, 이 핵심 목적과 가치는 변치 않고 계속해서 얼마나 충실하느냐가 일류 회사가 되는 관건이다. 또한 그는 "서비스 산업은 사회에 봉사하기 위해 존재하는 것이며 주지 않으면 절대로 얻지 못하는 그런 원리가 서비스 정신이다"라고 말한다.

다시 말해 한 서비스 기업을 이끌어가는 경영자가 서비스 경영 문화를 어떤 방식으로 창출하느냐에 따라 기업의 운명이 결정된다고 할 수 있다. 서비스 경영의 3대 요소는 고객, 종업원, 기업이며, 이 3자에 대한 경영 문화가 하나로 일치될 때 강력한 시너지 효과를 얻을 수 있다.

서비스 가치에 의하여 고객 만족도로 연결되는 서비스 수익은 내부직원 만족, 직원 유지, 외적 서비스 가치 창출, 고객 만족, 고객 애호도로 연결되는 일련의 관계에 의해서 발생된다. 즉 수익의 증가는 고객 애호도로부터 파생되는데, 통계적으로 고객 충성도의 5% 상승은 수익을 25%에서 80%까지 상승시킨다. 고객 충성도는 고객이 인지한 서비스의 가치에 영향을 받는 만족도의 결과이다. 또한 서비스의 가치는 직무에 만족하고 고가치의 생산성을 지닌 종업원에 의하여 창출되고, 종업원의 만족도는 기업이 정보기술 및 교

1.2.1. **서비스 경영의 3대 요소**

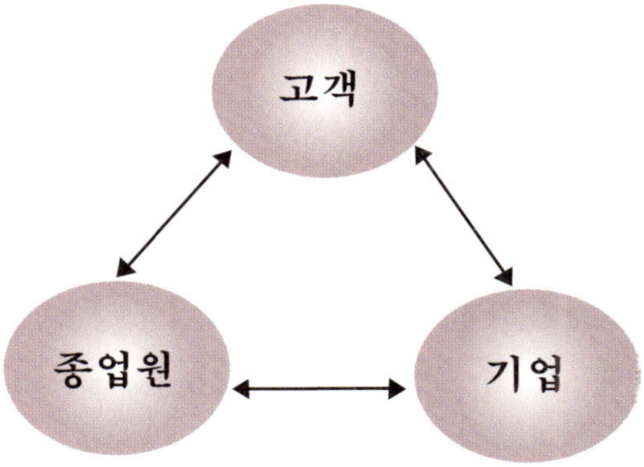

육 훈련에 대한 투자와 종업원 권한 부여 정책에 의하여 창출되는 것이다.[3)]

서비스 수익 체인에서도 알 수 있듯이 조직의 문화는 품질 높은 고객 서비스를 제공하기 위해서 매우 중요하다. 문화가 없는 조직 내의 사람들은 일반적이든 위급한 상황이든 구체적으로 그 상황에 어떻게 행동해야 할지 모르는 경우가 많다. 물론 기본적으로 발생 가능한 모든 상황을 예상하고 절차에 따른 구체적인 매뉴얼을 만들어 놓는 것이 일반 서비스 기업의 관례이다. 하지만 잊지 말아야 할 것은 서비스는 사람이 한다는 것이다. 서비스 거래에서, 정책과 과정들이 필수적이긴 하지만 예상할 수 없는 수많은 상황에서 그것이 모든 것을 포괄할 수는 없다. 결국 조직 문화는 정책과 절차 사이에 있는 수많은 갭(gap)들을 채워 줄 수 있다. 쉽게 말해서 문화는 종업원에게 무엇을 해야 하는지에 대해 말해 줄 정책이나 절차가 없을 경우에도 종업원이 무엇을 해야 하는지를 알려 준다. 물론 이는 전략적인 서비스 경영 중 하나이다. 왜냐하면 전략은 조직 문화에 대해서 문자로 표현한 것이기 때문이다. 더 자세한 내용은 서비스 전략에서 정의할 것이다.

1.2.2. 서비스 수익 체인

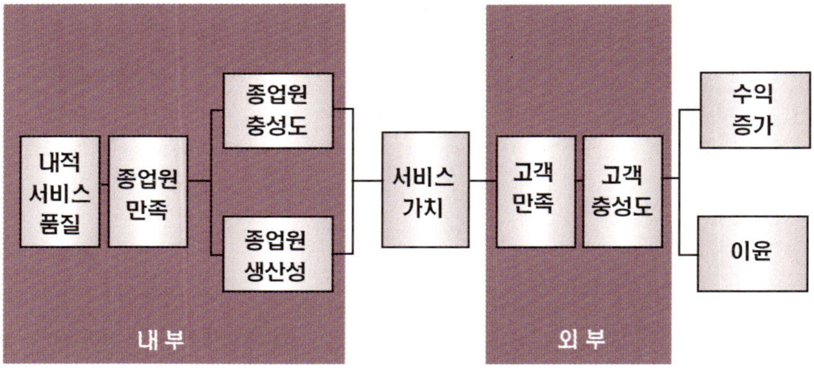

Heskett 외(1994), *The Service Profit Chain*

3) 이정학(2006), 『서비스 경영』.

조직 문화에 대한 몇 가지 정의를 보면 다음과 같다.

1. 문화는 조직 구성원에 의해서 공유되는 믿음이나 기대의 형태를 지니며, 조직 내의 집단이나 개인의 행동을 강하게 규정짓는 구범을 창출한다.
2. 문화는 다른 조직과 구별할 수 있는 믿음이나 전통이며, 개별적인 조직 구성원을 조직 구조 속에 용해시킨다.
3. 조직 문화는 개체를 하나로 묶어 주는 공유된 지향점을 지닌 시스템이며 독특한 정체성을 제공한다. 의식적이거나, 혹은 무의식적으로 서비스 조직의 설립자나 최고경영자는 직장 내의 종업원 의사 결정에 지표를 제공하기 위해 행위 규범이나 일련의 가치관을 결정하는 분위기 혹은 문화를 설정한다.[4)]

기업경영 문화를 형성함에 있어 과거처럼 이윤 창출과 성장에만 초점을 맞춘 기업은 이제 고객으로부터 외면당하고 더 이상 이윤 획득과 지속적 성장이 불가능하게 되었다. 기업들은 고객 만족 서비스 경영 정신을 통해 더 높은 고객 만족과 감동을 주어야만 하며, 이를 위한 경영 프로세스의 개발, 인력의

4) James A. Fitzsimmons, Mona J. Fitzsimmos, *Service Management*(4th Edition).

교육과 배치, 서비스 정신이 고취된 조직 문화 형성, 모든 사업 전반에 걸친 서비스 전략의 실천 등이 필요하다.

3. 서비스 리더십

> 위대한 리더란
> 기업이 장래에 바라는 그 이상(理想)과
> 똑같은 존재가 될 수 있는 사람을 말한다.
>
> ── 샘 월튼, 월마트 사장

앞에서 살펴보았듯이 서비스 경영이란 최고경영자부터 고객 접점 서비스 직원에 이르기까지 다양한 조직 구성원들과 하나의 기업 또는 사업체와 관련한 무수한 외부 기관까지 연계하여 다양한 형태와 분야로 나타날 수 있기 때문에 과연 어떻게 서비스 경영에 기초한 최고경영자의 리더십이 이루어져 있는가에 대해 보다 구체적으로 살펴볼 필요가 있다.

서비스 경영 문화를 정착시키고 조직 운영에 있어 총체적으로 서비스 정신을 함양하기 위해서는 최고경영자의 마인드가 항상 서비스 경영자로서 초점이 맞춰져야한다. 앞에서 제시한 바를 토대로 서비스 정신을 정의내리면 봉사와 솔선수범 및 서비스 자체를 행함으로써 조직 구성원들이 보람을 느끼고 자긍심을 얻을 수 있도록 만드는 서비스에 대한 신념과 태도라고 말할 수 있다. 따라서 서비스 정신의 창출은 곧 서비스 경영자의 서비스 마인드와 리더십에 달려 있다고 할 수 있다. 최고경영자의 리더십으로 고객에 대한 리더십, 종업원에 대한 리더십, 조직에 대한 리더십으로 구분하고 있다.[5)]

최고경영자의 능력 평가는 사실상 기업 성과의 향상 또는 매출액 증대 등

5) 이정학(2006), 『서비스 경영』.

1.3.1. 서비스 경영을 위한 최고경영자의 리더십

고객에 대한 리더십	✔고객 욕구 파악의 의지 ✔고객 만족과 충성도를 향상시킬 수 있는 전략의 마련 ✔고객을 위한 서비스 가치 창조
종업원에 대한 리더십	✔고객 지향적인 서비스 구축 ✔서비스에 대한 감독과 교육, 훈련의 실시 ✔내부 직원 만족의 추구
조직에 대한 리더십	✔건전한 서비스 경영 문화 창출 ✔전사적인 대고객 서비스 조직 구축 ✔부서 및 상하 직원 간의 커뮤니케이션

이정학(2002) 『서비스 경영』, p. 86

과 같은 우수한 성과를 만들어 낸 경제적 논리에 의해 설명되어진다. 우리가 흔히 기업의 성공 사례로 얻게 되는 분석 결과는 그 기업이 어떻게 사업을 추진하여 기업 성과와 이윤 극대화를 이룩하였는가에 초점이 맞추어져 있지만 한편으로는 최고경영자가 어떤 리더십을 발휘하여 조직을 이끌고 성공적인 성과를 도출하였는가를 보여준다. 이러한 점에서 서비스 리더들의 공통점을 간단히 서술한다면 첫째, 바람직한 고객들이 조직의 대우를 잘 받는지 확인한다. 둘째, 이를 제대로 수행하기 위해 고객의 만족감과 충성심에 영향을 주는 종업원에게 주요 관심을 둔다. 셋째, 그들은 고객과 종업원 모두의 요구사항에 부합하기 위해 지속적인 깊은 관심으로 적응력 있는 행동을 증진시키는 핵심적 가치의 창출과 보존에 많은 노력을 기울인다. 그들은 수익과 성장을 창출하는 고객과 접촉하는 종업원에게 관심을 둔다.

이런 의미에서 우리에게 가장 익숙한 큰 성과를 이룩한 월마트의 설립자 샘 월튼(Sam Walton)과 사우스웨스트 항공사의 허브 켈러허(Herb Kellerher)에 대해 기업 사례 분석을 재정리해보도록 하자.

월마트의 종업원들은 '우리는 고객을 위해 일하고, 고객의 가치를 높이기 위해 헌신하는 대리인이다'라고 교육받는다. 월마트에서 판매되는 모든 상품을 구매하는 구매 담당자들은 고객의 대리인 입장에서 최고의 품질과 저렴한

가격을 반드시 지키고 있다. 즉, 종업원 스스로 고객이 원하는 상품을 구매함에 있어서 대리인과 같기 때문에 월마트의 판매대에 오르는 제품 하나하나는 모두 고객이 원하고 만족할 수 있는 가치가 충분히 존재해야 한다고 믿는 것이다. 월마트는 항상 조직의 최우선 과제는 '고객'에 있고, 구체적으로 '고객에게 가치를 제공한다'는 것이 최상의 목표라고 말한다. 여기서 말하는 고객이 얻게 되는 가치란 편리한 점포 위치, 아늑한 점포 분위기, 항상 기분 좋은 서비스, 매일 최저의 가격 책정, 믿을 수 있는 품질 등이다. 월마트는 전 세계적으로 이러한 고객 가치 실현에 초점을 맞추고 서비스하여 고객들로부터 월마트 하면 고객에게 최선을 다한다고 느끼도록 만들 수 있었다.

그렇다면 어떻게 경영진은 고객이 원하는 것을 알 수 있었을까? 경영진들은 고객과 직접 접촉하는 일선 종업원들과 함께 호흡하며 많은 시간을 보내고 사기를 증진시킨다. 또한 가족적인 분위기에서 종업원과 관리자들이 함께 모여 고객 가치 실현을 위해 토의하고 결정한다. 고객이 월마트에 처음 와서 느끼는 것은 자신의 직업과 직장에 만족하는 충성스러운 종업원에 의해 모든 것이 이루어진다는 것이다. 월마트는 창업자의 철학에 따라 가족처럼 운영된다. 특히 커뮤니케이션을 중요시 하는데 본사에는 이런 문구가 붙어 있다. '대화는 우리를 같이 있게 하고, 대화를 하면 항상 좋은 결과물이 생긴다.'

월마트의 가족 개념에서 주목할 만한 것은 56만 명에 달하는 엄청난 구성원을 가지고 있다는 것이다. 월마트의 리더십은 불가능해 보이는 것을 달성했다. 거대한 조직에서 가족 감정을 느끼게 하면서 유지해오고 있다는 것이다.

방법은 다소 다르지만 사우스웨스트 항공에서도 가족 개념을 구현한다. 이미 아는 것처럼 사우스웨스트 항공은 자동차 운행 비용과 비슷한 수준의 운임으로 단거리를 자주 이용하는 고객에게 높은 가치를 제공하는 데 초점을 두었다. 이런 승객들에게 품질이 좋다는 것은 비행편이 자주 있고 정시에 도착한다는 말이다. 또한 항공사의 충성스러운 종업원들이 오랫동안 고객들을 익혀 티켓 창구에서 단골 고객의 이름을 부른다는 것은 품질이 높다는 것을 의미한다. 사우스웨스트 항공도 기존의 정형적인 마케팅보다는 고객들과 친밀하고 지속적인 접촉으로 초점을 바꾸었다.

사우스웨스트 항공은 고객에게 회사가 항상 종업원들 뒤에 있다는 사실을 전한다. 그로 인해 종업원의 만족과 충성심을 지킨다. 본사에는 일과시간 이후 사교 모임이나 파티 그리고 사장이 주도한 자선 활동 등 많은 시간들을 함께 보내는 모습을 담은 1천여 장의 사진이 전시되어 있다. 또한 직원들 간의 포옹은 사우스웨스트 항공에서 중요한 행동이다. 본사에서 종업원들이 사무실을 분주하게 오가는 것은 밀린 업무나 개인적인 일을 처리하기 위한 움직임으로 보면 된다. 방문객들은 이들이 일하는 체하는 게 아니라 정말 좋아서

비밀 메모

서비스 수익 체인의 핵심 내용

- ✔종업원 만족은 내적 서비스 품질에 연결되어 있다.
- ✔종업원 충성도는 종업원 만족에 연결되어 있다.
- ✔종업원 생산성은 종업원 충성도에 연결되어 있다.
- ✔고객 만족은 서비스 가치에 연결되어 있다.
- ✔고객 애호도는 고객 만족에 연결되어 있다.
- ✔수익과 성장은 고객 애호도에 연결되어 있다.

하는 행동이라는 것을 서서히 이해하게 된다. 비슷한 수준의 급료를 받는 다른 항공사의 직원들에 비해 사우스웨스트 항공 직원들의 생산성이 20%나 더 높은 이유는 여기에 있는 것이다. 곧 사우스웨스트 항공이 고객들에게 어떻게 더 높은 가치를 제공할 수 있는지 뒷받침해준다. 허브 켈러허가 생각하는 자신의 가장 중요한 임무는 조직 구성원이 다음의 두 가지 사항을 체질화 하는 일일 것이다. 하나는 사우스웨스트 항공에서 추구하는 서비스의 의미가 무엇인지 잘 이해하고 고객들에게 질 높은 서비스를 제공하는 것이고, 다른 하나는 조직 내에 가족 의식과 감정을 불어넣는 것이다.

이와 같이 성공적인 서비스 제공을 가능하게 했던 두 기업과 그리고 그 외 다른 기업들 중 실제 높은 수익률과 시장 점유율을 확보할 수 있었던 많은 기업들은 경영자들의 적극적인 서비스 전략 실천과 자발적인 조직 구성원들의 서비스 제공을 가능하게 했기 때문이라고 이해할 수 있다. 고객에게 질 높은 서비스를 제공하는 것이 가능하기 위해서는 서비스 제공자 스스로가 양질의

1.3.2. **고객 욕구와 조직 능력 간의 오버랩 효과를 위한 리더십의 역할**

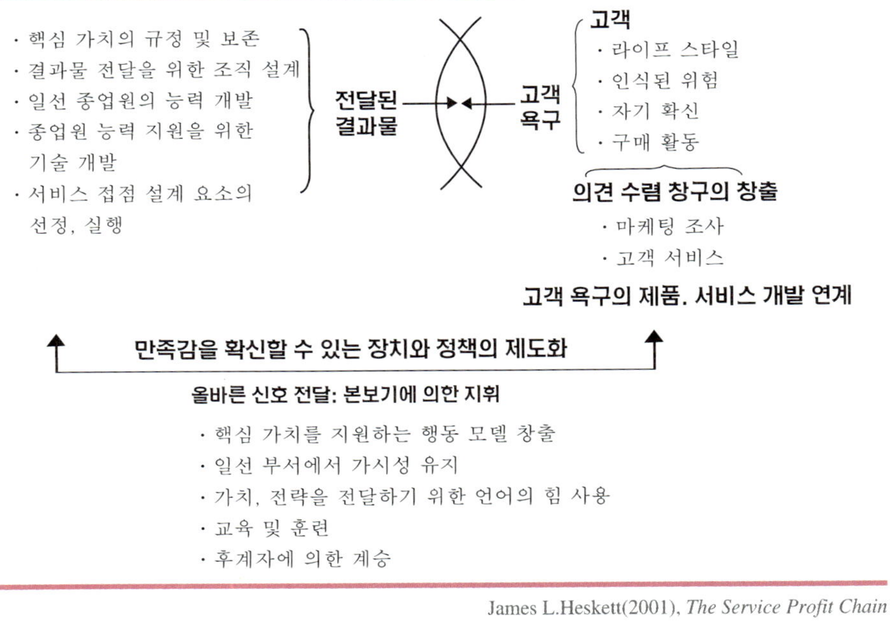

James L.Heskett(2001), *The Service Profit Chain*

서비스를 제공할 수 있는 능력과 분위기가 갖춰져야 한다. 또한 조직경영 시스템 및 프로그램 자체가 충분히 양질의 서비스 제공을 가능하도록 지원해주고 협력해야만 한다. 이러한 협력의 현장 접점에서는 최고경영자의 리더십과 서비스 경영 능력이 자리잡고 있다고 말할 수 있을 것이다.

그리고 간과할 수 없는 부분으로 성과가 높은 서비스 조직의 리더십의 공통점은 우선 종업원들을 북돋우고 움직일 수 있었다는 점이다. 그들은 몇몇 주제를 강조하고, 듣기 귀찮을 정도로 반복해서 들려주고, 행동으로 옮길 수 있도록 사례를 들어 보여주었다. 또한 태도가 올바른 일선 종업원을 고용하는 데 중점을 둔 뒤 직무에 필요한 기술은 나중에 훈련시킨다는 것이었다. 총수익이 20억 달러는 넘어서며 급성장하는 로젠블루스 여행사(Rosenbluth international)의 리더십은 이 방침을 명확하게 표명한다. CEO 할 로젠 블루스(Hal Rosenbluth)는 "우리가 찾는 것은 기술이 아니라 좋은 사람이다. 우리는 사람들이 업무 기술을 갖추도록 교육시킬 수는 있지만, 태도가 좋아지도록 단들 수는 없다"고 말한다. 사우스웨스트 항공의 방침도 이와 비슷하다. CEO허브 켈러허(Herb Kelleher)는 "고용은 태도가 좋은 사람, 곧 다른 사람에게 봉사하는 것을 즐기는 사람을 찾는 데서 시작한다. 이것이 바로 우리가 추구하는 것이다"라고 말한다.[5)]

5) James L.Heskett. (2001), *The Service Profit chain.*

2장 전략적 서비스 경영 — 허은아

1. 서비스 전략 관리

> 고객 서비스를 하기 위한
> 가장 기본적인 원칙은
> 고객을 아는 것이다.
>
> — 칼 알브레히트

사례 메모 **America West Airline**

미서부 항공(America West Airline)은 Phoenix에 자체 운영시스템을 갖추고 신형 보잉 737 항공기를 투입하여 미국 미서부 지역 10개 도시를 중심으로 운행을 시작했다. 미서부 항공사는 굴지의 항공사들의 이미 확고히 자리잡고 있는 시장에서 틈새를 노리는 대담성

America West Airbus A320 at Detroit-Metropolitan Airport, Michigan, USA, in March 2004.

을 보여주었으며, 더욱이 이러한 무모한 대담성은 적절한 타이밍에 이루어졌다. 특히 기존의 관행을 철회하여 신속한 의사결정 체제를 구축하였으며, 창의성을 높일 수 있는 조직 구성을 통해 보다 혁신적이고 효과적인 경영 방식을 채택하기도 하였다. 분명 미서부 항공은 아메리칸 항공이나 델타 항공처럼 전 세계를 대상으로 사업을 확산시킬 역량은 없었지만 대형 항공사들이 서비스를 제공할 수 없는 작은 지역들에서는 누구보다 탁월한 항공 서비스를 제공할 수 있을 것으로 보았다. 이에 미서부 항공은 Phoenix에 주요 기지를 설립하고 대형 항공사들이 도저히 제시할 수 없는 저렴한 항공료로 인접 도시 간을 매일, 그리고 자주 운행하는 등의 차별적인 서비스를 실행했다. 더욱이 미서부 항공은 소규모 도시 간 직항선을 제공함에 따라 목적지 간의 비행 시간을 상대적으로 줄일 수 있었다. 당시 아메리칸 항공이나 델타 항공은 미서부 중소형 도시까지 비행 스케줄을 넣을 수 없었음에도 불구하고 대형 항공사로서의 체면 유지를 위해 중간 중간에 도중 하차가 가능하게 했고, 대신 중간에 도중 하차하는 고객들에게는 높은 가격을 요구했다.

예컨대 텍사스에서 LA까지 여행할 경우, 미서부 항공은 하루 4번의 비행 스케줄로 Phoenix에서 30분 정도 경유하기 때문에 비행 시간은 약 4시간 30분 정도 걸리며 요금은 최저 수준인 238달러이다. 반면 아메리칸 항공은 하루 8번의 비행 스케줄이지만 달라스에서 60분 정도 기다렸다가 갈아타야 하며, 요금은 298달러이며, 비행 시간은 5시간 정도 걸려야 했다.

미서부 항공 승객들의 대부분은 Phoenix 기지에서 갈아타게 되는데, 고객들의 불편함을 덜어주기 위해 가능하면 비행기 도착 시간대를 조절하여 복잡하지 않도록 불편함을 덜어주기 위해 가능하면 비행기 도착 시간대를 조절하여 복잡하지 않도록 하였으며, 각종 편의 시설과 대기 장소에는 TV를 설치하였으며 전국적으로 잘 알려진 패스트푸드점을 운영하므로 여행객들이 집처럼 편안하게 느낄 수 있도록 하였다. 이밖에도 미서부 항공은 아메리칸 항공이나 델타 항공과 다소 다른 경쟁적 차별성을 제시하였다. 운영하는 전 비행기종을 보잉 737기로 통일하여 관리 및 운영 비용을 절감하였으며, 달라스 지역으로 여행하는 승객들에게 도시 접근성이 편리하도록 러브필드에 기지를 설치하여 통근용으로 많이 이용되었다. 또한 톡톡 튀는 광고 방송과 승무원은 짧은 바지를 입는 등 다른 항공사들과는 차별적인 서비스를 제공하였다.

또한 미서부 항공은 일시적 비행 요금 인상을 막기 위해 '동일 요금 적용제'를 활용하고 있는데, 만약 9시간 전에 비행 요금이 바뀌었다고 해도 가격을 상승시키지 않았으며, 전화 예약 및 항공권 자동 발해기 설치 등을 통해 공항 데스크 및 여행사에 직원들을 줄여 경비를 절감하기로 하였다. 많은 승객들은 미서부 항공의 자동 티켓 발매기나 인터넷 및 전화 예약을 통해 구매하기 때문에 구매 만족도가 크다

특히, 미서부 항공은 지정석이 없다. 먼저 오는 순서대로 좌석이 배정된다. 상냥한 승무원들은 음료수, 주스 그리고 땅콩은 무료로 제공한다. 치즈나 땅콩류도 함께 이용 가능하다. 이렇듯 미서부 항공사는 남들과 다른 차별화 전략으로 대규모 항공사들과의 치열한 경쟁 구도 속에서 살아남을 수 있었다.

James A.Fitzsimmons, Mona J.Fitzsimmons(2004), *SERVICE MANAGEMENT*.

1-1. 서비스 전략

서비스 개념은 네 가지 구조적 요소(전달 시스템, 시설 설계, 위치, 서비스 능력 계획)와 네 가지 관리적 요소(서비스 접점, 품질, 서비스 능력과 수요 관리, 정보)로 구분된다. 이 여덟 가지 요소들은 서비스 기업의 경쟁 우위 차원을 나타낸다.

중요한 것은 서비스는 무형성(intangibility)의 특성과 함께 생산과 동시에 소모된다는(simultaneous consumption) 특성을 지니고 있기 때문에 서비스 전략에 있어서 특히 정보의 경쟁적 역할에 대해 기반을 둔 경쟁적 각 범주를 그려해야 함을 기억해야 한다.

예를 들어 다음의 네 가지로 정리해보고자 한다.

첫째, 진입장벽 구축이다. 제임스 헤스켓(James L. Heskett)은 규모의 경제(economy of scale)를 사용함으로써, 시장 점유율을 확대함으로써, 전환 비용을 창출함으로써, 커뮤니케이션 네트워크에 투자함으로써 그리고 전략적 우위를 위해 데이터베이스와 정보기술을 사용함으로써 진입장벽을 구축할 수 있

다고 주장한다. 예를 들면 예약 시스템, 마일리지 제도(혹은 그와 유사한 프로그램), 고객관계 개발 등이 있다.

둘째, 수익 창출이다. 내부 운영에 초점을 둔 실시간 정보 기술은 수익 창출의 기회를 증가시키는 데 경쟁적인 역할을 할 수 있다. 수율 관리(yield management)의 개념은 서비스 능력을 최대한으로 활용하여 수익을 극대화 하는 전략으로 이해하면 된다. 컴퓨터의 발전은 혁신적인 판매 시점(Point of Scale) 장비의 이용 기회를 창출했으며, 수신자 부담전화와 연계된 전문가 시스템을 사용함으로써 많은 고객 서비스를 제공할 수 있게 되었다.

셋째, 데이터베이스 자산을 활용한다. 제임스 헤스켓은 서비스 회사가 보유한 데이터베이스는 전략적 중요성을 지닌 숨겨진 자산이 될 수 있다고 말했다. 대형 데이터베이스를 구축하고 유지하는 비용은 그 자체로 경쟁자에 대한 진입장벽이 된다. 그러나 더욱 중요한 것은 데이터베이스가 고객들의 구매 습관으로부터 나올 수 있고, 이것은 새로운 서비스를 개발하는 기회를 제공해준다. 예를 들면 정보 판매, 서비스 개발, 마이크로 마케팅 등이 있다.

마지막으로 생산성 향상을 들 수 있다. 정보 수집과 분석의 새로운 발전 덕분에 다점포 서비스 운영의 관리 능력이 향상되었다. 노트북 컴퓨터 사용을 통해서 소매점 재고를 진열된 제품과 판매에 연계시킴으로써 진열대를 보다 더 효율적으로 활용할 수 있는 1일 단위 관리가 가능하게 되었다. 그리고 여러 지점으로부터 수집된 정보를 활용하여 가장 효율적인 관리자를 파악할 수 있다. 이러한 성공적 관리 기법이 각 지점으로 파급되면 전체적으로 생산성이 향상된다. 예를 들면 재고 상태 관리, 자료 포괄 분석 등이다.

이처럼 서비스 기업의 경쟁우위 차원인 구조적, 관리적 요소들을 그 경쟁적 범주에서 생존할 수 있도록 차별화 전략을 세우는 것은 매우 중요하다. 또한 서비스 전략은 회사가 개발하는 고객의 욕구 만족과 관련된 진술서라 칭한다. 하나의 사업을 정의하는데 있어 주요 제품이 유형의 것이 아니라 무형의 서비스인 금융시설이나 호스피텔리티 산업과 같은 사업을 정의하는 것은 훨씬 더 어렵다. 직접 가리키고 "그 제품은 바로 우리가 행하는 것이다"라고 할 수 있는 물질적인 제품이 없을 때 우리가 어떤 사업에 속해 있는지를 명확하게 개념화하기는 매우 어렵다. 결국 이 문제는 서비스 전략을 세우는 것을 해결하기 위해 의도되는 것이다. 여기에 고려해야 할 서비스 전략의 세 가지 실용적인 정의[6)]는 다음과 같다.

1. **서비스 전략은 서비스를 전달하기 위한 독특한 방법이다.** 이러한 전략은 고객에게 가치 있고 효과적인 경쟁 위치를 확보하기 위해 잘 선택된 이익의 전제에 초점이 맞추어진다. 시장에서의 경쟁은 회사가 선견지명을 가지기를 요구한다. 시장에서 어떤 제품과 서비스가 쓸모 있는 것인지, 시장에서 당신의 현재 위치, 그리고 당신이 차지하고 싶은 위치를 알아야만 한다.

2. **서비스 전략은 체계화 하고 있는 원칙이다.** 이것은 서비스 조직에 있는 사람들이 고객의 관점에서 커다란 차이점을 만드는 이익 지향적인 서비스에 그들의 노력을 쏟도록 하는 것이다.

3. **서비스 전략은 고객에게 제공되는 가치를 설명하는 개념이다.** 서비스 전략은 수준 높은 품질의 서비스 제공을 지속적으로 유지하기 위해 필수적인 것이다. 왜냐하면, 언급했듯이 전략은 조직문화에 대해서 문자로 표현한 것이기 때문이다. 회사의 서비스 문화에 대한 표현으로써 그것이 효과적인 것이 되려면, 전략은 구체적인 명확성과 신용성과 같은 두 가지 요인이 포함되어야 한다.

명확성은 종사원들이 서비스 전략에 대한 이해를 할 수 있어야 한다는 것이다. 회사의 정책과 절차에 의해 설명되지 않는 상황이 발생할 때 종사원은 그 상황에 대처하기 위해 서비스 전략을 살펴보아야 한다. 만약 종사원이 전략에 대해서 제대로 이해하지 못한다면 그 상황에 대한 그들의 반응이 회사가 의도하는 것과 다르게 나타날지도 모른다.

신용성은 종사원이 서비스 전략에 대한 믿음을 가질 수 있어야 한다는 것이다. 단지 사람들이 그들이 갖고 있는 어떤 종교적인 신념에서 기인한 특정한 행동상의 제한을 받아들이는 것과 같이, 서비스 종사원은 서비스 전략에 따라 행동하기 위해 그것에 대한 믿음을 가져야만 한다. 서비스 전략에 대한

6) Mark E. Patton(2001), *Dancing Service-How to teach an elephant to dance.*

신념이 없는 종사원의 행동은 일정치 않고 예상이 불가능하며, 서비스 질 또한 떨어질 것이다.

비밀 메모

서비스 전략 구성 요소

1. 시장 조사

고객의 요구와 욕구는 조직의 서비스 전략을 결정하기 때문에 시장 조사는 이러한 요구와 욕구를 결정하기 위해서 필수적이다. 단지 추리하는 것만으로는 충분하지 않다.

2. 임무 기술서

a. 표적 시장 : 누구를 위해?

b. 서비스 유형 : 무엇을?

c. 접근 방법 : 어떻게?

회사의 임무 기술서가 서비스 전략과 동일하지 않아도 그 내용은 비슷하다. 임무 기술서는 기본적으로 "누구를 위해서 행하며, 무엇을, 또 어떻게 수행하고 있는가?"에 대한 질문에 답한다. 최소한 임무 기술서는 "어떤 거래를 하고 있는가?"라는 질문에 대한 답을 말로써 표현해야 한다. 서비스 전략은 다음 요소를 덧붙여서 임무를 포함하고 있다.

3. 단체 원칙 : 조직의 신념과 가치

서비스 전략상에서 표현된 조직에 대한 신념과 가치관들은 조직 문화에 기반을 둔다. 이러한 신념과 가치관들은 정책과 절차 사이의 괴리들을 채워준다. 그들은 또한 서비스 질의 일관성을 진척시킨다. 다시 말해서 일관성이란 종사원들 개개인 사이에서의 일관성과 시간에 관계 없는 일관성을 말한다. 신념과 조직의 가치관을 포함하지 않는다면 종사원들은 그들 서로와 고객들, 그리고 그들의 업무와의 관계를 제대로 파악하지 못할 것이다. 새로운 상황에 대한 그들의 반응은 일관성이 없을 것이다. 그리고 서비스 질은 떨어질 것이다.

Mark E. Patton(2001), *Dancing Service-How to teach an Elephant to dance*

1-2. 서비스 전략 관리의 요소

수준 높은 품질의 서비스 제공을 지속적으로 유지하기 위해 필수적인 서비스 전략 또한 측정이 필요하다. 측정할 수 없는 것은 관리할 수 없다. 사전적 정의에 따르면 '관리'는 '아랫사람을 지휘 감독함, 사무를 정리함, 물건을 처리함, 일을 맡아 다스림'이다. 관리는 '사람, 사무, 물건, 그리고 일'을 관리한다. '측정'은 '재어서 정함, 추측하여 결정함, 어떤 양의 크기를 기계나 장치를 사용해서 어떤 단위를 기준하여 잼'이다. 그러므로 이 두 가지 정의를 참고하여 재해석하면 우선 어떤 것을 관리하기 위해 그것을 어떻게 측정해야 하는가. 즉 어떤 상황에서 시작할 때 그것을 어떤 방향으로 처리해야 하는 가를 측정(평가)하면 좋은 상황으로 개선할 수 있는 것이다.

서비스를 관리하고자 하면, 서비스도 평가할 수 있어야 하고 서비스를 평가하려면 서비스의 측량 단위를 알아야 한다. 얀 칼슨의 'Moment of Truth 는 바로 서비스의 기본적인 측량 단위이며, 서비스라는 개념 안에서 평가 가능한 가장 작은 요소이다. 서비스 경영에서 서비스의 만남이나 진실의 순간들은 매번 순간순간의 접촉이 '진실의 순간'이 된다. 이 모든 진실의 순간에서 고객은 그 서비스를 좋아할까 말까, 재구매 고객이 될까 말까, 긍정적인 구전을 할까 말까 여부를 결정한다.

서비스 경영의 전략 중에서 최고경영자가 진실의 순간 즉, MOT(Moment of Truth)를 주목해야하는 가장 큰 이유는 대부분의 진실의 순간은 경영 간부의 시야 밖에서 이루어진다는 점이다. 이 사실이 서비스 경영 전략에 미치는 영향은 매우 크다. 질 좋은 서비스 품질 관리는 물론 상급자부터 하급자까지 모든 종업원의 책임이지만, 특히 고객과 접촉을 많이 가지게 되는 최전선 종업원의 책임이다. 그리고 상사가 지켜볼 때에만 질 좋은 서비스를 제공할 것이 아니라, 항상 어느 상태에서도 질 좋은 서비스를 견실히 제공할 수 있어야 하기 때문에 시스템적 훈련이 중요하다 할 수 있다.

이에 본서에서는 서비스 경영에서 가장 중요한 요소임에도 불구하고 일반적인 최고 경영자들이 무심히 지나칠 수 있는 차별화된 서비스 전략 관리로

서의 세 가지 요소를 정의내리고자 한다. 첫째, 서비스 접점 관리 둘째, 접점에서의 서비스 품질 관리 셋째, 종업원에 대한 인적인 서비스 훈련 관리이다.

1. **서비스 접점** : 서비스 문화, 동기 부여, 선발과 훈련, 종업원 권한 위임. 4장 서비스 접점은 서비스 접점 관리라는 중요한 주제에 대해 설명하고 있다.
2. **서비스 품질** : 서비스가 특성상 노동집약적 시스템을 갖추고 있기 때문에 여러 지점에서 일관성 있는 서비스 품질을 유지한다는 것은 대단히 중요한 문제다. 그래서 기업들은 서비스 요원의 훈련, 명백한 절차, 기술, 서비스 범위의 제한, 직접 감독 등의 다양한 방법으로 이 문제점에 접근하고 있다.

3. **서비스 능력 향상을 위한 교육 훈련**: 서비스 품질을 향상시키기 위한 개발과 교육 훈련의 투자는 경쟁자가 모방하기 어려운 경쟁 우위를 누릴 수 있게 한다.

2. 서비스 접점 관리

> 판매는 정신과 의사가 벌이는
> 연극무대와 같다.
>
> —— 데이비드 샌들러

사례 메모 자끄데상쥬(Jacques Dessange): "남다른 CSI(고객 만족도 조사)"

자끄데상쥬

여성이든 남성이든 헤어스타일에 따라 보여지는 모습이 많이 다른데, 특히 여성은 그런 경우가 더 많아서 자신의 평소 이미지를 잘 살릴 수 있는 헤어 디자이너를 찾기 위해 고심(苦心)한다. 그런 수요가 많기 때문인지 헤어샵(미용실)은 헤어디자이너의 실력 수준에 따라 가격 차이가 많이 발생한다.

가격과 함께 남다른 서비스 경영을 실천한 '자끄데상쥬'는 프랑스에서 본사를 두고 있는 헤어샵 업계에서는 국내 최초의 프랜차이즈 기업이다. 자끄데상쥬는 이대 상권에 처음 오픈하면서 헤어스타일에 몹시 까다로운 여대생 입맛을 잘 맞추면서 입소문이 나기 시작했고, 현재는 헤어스타일에 유난히 관심이 있는 여성들에게는 자끄데상쥬를 모르는 사람이 거의 없을 정도로 실력을 인정받은 헤어샵이다. 이러한 자끄데상쥬는 헤어샵으로는 드물게 2003년부터 CSI(Customer Saticsfaction Index : 고객 만족도 조사)를 실시해왔다. 지난 2003년 9월부터 그 시작을 했는데, 전국 자끄데상쥬에 방문했던 고객 중 임의적으로 표본을 추출하여 크게 4가지 항목 - '매장분위기 만족도, 서비스 만족도, 헤어스타일 만족도, 직원의 만족도' - 에 대해 구체적 설문을 통해 자사 직원들이 짐작하는 만족지수와 고객이 실제 체감하는 만족지수에 대한 격차를 확인하고 개선하기 위한 중요한 데이터로 활용하고 있다.

중요한 것은 단순히 만족지수만을 확인해서 개선하는데 그치지 않고 고객에게 칭찬할 직원을 묻고 확인해서 그 직원을 찾아 별도의 포상을 공개적으로 실시하고 있다는 것이다. 그 과정은 단순히 직원을 감시해서 모니터링한다는 음지의 개념에서 벗어나, 해당 직원을 포함한 전체 직원의 사기 진작, 특정 직업인으로서의 자긍심, 회사 소속인으로서의 충성심을 함께 향상시켰다.

또한 고객 입장에서는 헤어샵에서 고객 만족도 확인을 받아본 적이 없기 때문에 헤어 스타일 실력만큼이나 고객으로서 권리도 누린다는 만족감에 자끄데상쥬의 헤어샵에 대한 충성도가 높아졌고, 그 브랜드 가치도 높아졌다. 이로 인해 자끄데상쥬는 CSI에 투자된 비용 이상의 가치를 얻는 데 성공하게 된 것이다.

아래는 직원에게 칭찬의 글이 올라온 후 자긍심을 가진 직원들의 코멘트를 발췌한 것이다.

> 일자 : 2004년 7월 3일
> 작성자 : 자끄데상쥬 전주 롯데점
> 안녕하세여... 아름다움을 드리는 자끄데상쥬 전주 롯데점 입니다...
> 어제 오신 거 봤어여... 스카이 라운지에서 아름 씨랑 이야기 나누셨져?...^^
> 이 글을 읽어보니깐... 꼭 저희 자끄데샹쥬 식구 같네여... 어쩜 저희 자끄데상쥬에서 추구하는 마인드들을 하나하나 콕콕 집어주셨는지...
> 글을 읽으면서 놀란 분들이 한둘이 아니예여...
> 저희 자끄데상쥬는 롤 브러쉬 뿐만 아니라... 가운도 하루하루 세탁하고 포장하여 한분한분 다른 가운을 입혀 드리는 서비스도 있답니다...
> @^^@ 글을 읽으며 저희 전주 자끄데상쥬 식구들도 어제보다 더 나은 오늘의 자신감과... 여러 고객분들이 항상 지켜보고 있다는 사실을 새

> 삼 느꼈구여... 이런 좋은 글 올려 주서서 너무 너무 고맙구요... 저희 자끄데상쥬 식구들 모두 자끄데상쥬에 몸담고 있다는 자체에 한껏 자신감을 얻었어여...
> 앞으로 보다 나은 모습, 항상 처음과 같은 모습으로 고객님들 맞이하겠습니다...
> 많은 관심 부탁 드리구요... ^__________^ * 즐거운 하루 되세요... 안뇨~용... 베베... (^^*)

자끄데상쥬 홈페이지 고객의 소리글에서

서비스 접점이야말로 많은 서비스에 대한 수익 체인의 중심에 있다는 것이 서비스가 제조 과정과 구별되는 이유 중 하나이며 중요한 이유이기 때문에, 전략적 서비스 경영에서도 빠질 수 없는 관리임을 다시 한번 강조하고자 한다.

서비스의 독특한 특징 중 하나는 서비스 생산 프로세스에 고객이 적극적으로 참여하는 것이다. 모든 '진실의 순간'은 고객과 서비스 제공자 사이의 상호작용을 포함한다. 서비스 조직에 의해 마련된 서비스 환경에서 고객과 서

2.2.1. 서비스 접점 삼각 구조

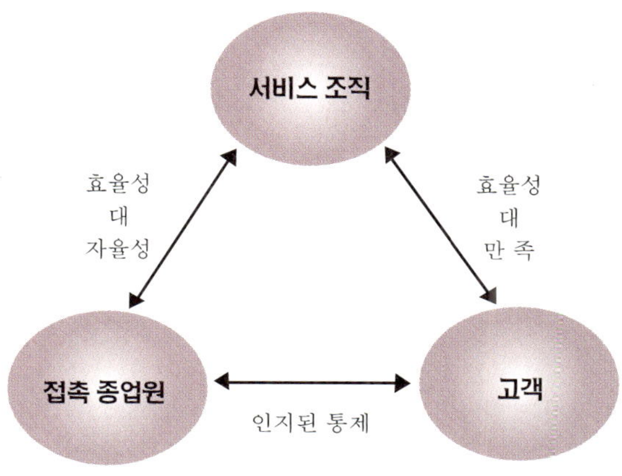

James A.Fitzsimmons, Mona J.Fitzsimmons(2004), *SERVICE MANAGEMENT*

비스 제공자는 수행할 각자의 역할을 갖고 있다.

일반적으로 서비스 기업에서 고객과 종업원 간의 만족도 측정치들은 서로 밀접하게 관련된다. 그러나 사실상 그들 간의 인과 관계는 분명치 않다.

그러나 노드스트롬 백화점의 경영진들은 고객 만족의 목표는 종업원들의 만족을 통해 이루어진다고 믿는다. 이 점이 바로 고객 만족을 통한 장기간 판매 성공에 대해 고객 접촉 직원에게 보상을 해줄 뿐 아니라 피아니스트 등의 감미로운 음악 연주와 화려한 양탄자 그리고 최적의 입지 등 괜찮은 판매 환경을 제공해주는 이유이다. 고객과 종업원의 만족도 관계는 고객이 구매하기 원하는 무언가를 찾을 수 있을 것이라는 기대를 보증해주는 것 외에 상품 구색을 완벽하게 갖추도록 지원해 준다. 그리고 종업원들이 고객들의 문제를 허세부리지 않고 해결하도록 지속적으로 돕는 관대한 반품 정책(liberal return policy) 수립으로 이어진다. 노드스트롬 백화점의 종업원들과 이야기를 나누어 본 결과 고객들과의 긍정적인 상호 작용과 작업 환경의 질에서 중요한 요소인 고객과의 관계에서 자유롭게 판단할 수 있다고 했다. 이것은 노드스트롬 백화점의 고객들을 만족시키기 위한 끊임없는 노력에 대한 인센티브를 제공하도록 한다. 따라서 '만족 거울[7] 효과(satisfaction mirror effect)'를 지속할 수 있는 것이다.[8]

결국 만족 거울의 중심에는 '적절한' 고객들을 끌어들이기 위한 노력들이 숨어 있다. 이 고객들은 탁월한 서비스에 호의적으로 반응하고 높은 고객 충성도에서 자연스럽게 발생하는 높은 수익과 낮은 비용 그리고 사업을 지속할 수 있도록 하는 관계에 기꺼이 참여한다. 이것이 바로 차별화 되는 경쟁 우위의 기초이다.

일관되고 긍정적인 서비스 접점이 종업원의 충성도를 촉진하는 정도의 만족 수준을 이끌어내면, 작업의 효율성과 고객 만족이 균형을 이룰 수 있는 가능성은 의미 있게 된다. 한 업무에 장기 근속한 종업원은 업무의 요구 조건과

7) 만족 거울이라는 용어는 벤자민 슈나이더(Bentamin Schneider)와 데이비드 보우엔(David Bowen)의 논문에서 처음 사용되었다. 종업원들이 자신의 업무를 지원받는다고 믿는 정도에 따라 고객 만족에 대한 일관된 정보가 촉진된다는 것이다.

8) James L.Heskett (2001).

2.2.2. 만족 거울

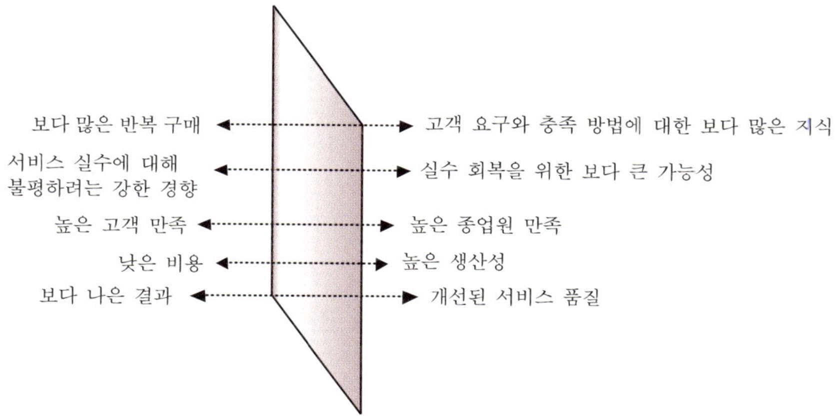

James A.Fitzsimmons, Mona J.Fitzsimmons(2004), *SERVICE MANAGEMENT*

업무를 제대로 수행하는 법을 배울 수 있을 뿐 아니라 고객과 고객의 관심 분야와 요구 사항을 알게 된다. 이렇게 되면 이제껏 단순히 일련의 서비스 접점에 불과했던 것이 잘못이나 오해가 발생해도 서로 이해할 수 있는 고객-종업원 관계로 발전하게 된다.

또한 성공적인 서비스 접점과 그 결과 나타나는 고객과의 상호관계는 적절한 사람을 고용하는 데서 시작되며, 여기서 적절한 사람이란 제한된 교육을 받고 높은 수준의 동기와 자기 개선과 다른 용도를 위해 수입을 저축하려는 욕망을 가진 개인들이다. 이는 고객 만족과 관련된 좋은 서비스에 대한 적절한 보상 체계가 관계를 촉진시키고, 게다가 적절한 교육과 인식도 도움이 됨을 보여준다.

앞서 밝혔듯이 서비스 접점에서 일관성 확보는 중요한 성공 요인이다. 맥도널드는 양질의 햄버거는 만들지 못하지만 고객들은 세계 곳곳에서 똑같은 햄버거를 청결한 곳에서 먹을 수 있다고 기대한다. 뿐만 아니라 카운터 직원들의 신속 정확한 서비스와 기분 좋은 인사말을 기대한다. 연구에 따르면 고객들의 가장 흔한 불만은 서비스 제공 회사가 고객 접촉 직원, 즉 종업원에 의한 것이다. 즉, 서비스 접점에서 종업원의 탁월한 서비스 제공과 고객 관계를 발전시켜나가는 역량이 중요하다. 좀 더 자세한 서비스 접점에 대한 내용은 4장에서 함께 할 것이다. 다음에서는 접점 서비스 제공자에 대한 서비스 품질 관리와 교육 훈련과 그 연관성에 대해 알아보기로 하자.

3. 서비스 품질 관리

> 고객이 항상 자신들의 품위를
> 지킬 수 있도록 하라.
>
> ── 데이비드 샌들러

사례메모

벤자민 슈나이더의 분석

23개 은행 지점에 대한 연구를 통하여 서비스 품질에 대한 고객과 종업원의 인식 차이에는 높은 상관관계가 있음이 밝혀졌다. 이 연구에서 종업원에게는 다음과 같은 질문을 하였다. "고객들이 지점에서 제공받은 서비스의 일반적인 품질에 대하여 어떻게 생각하고 있다고 봅니까?" 고객에게는 다음과 같은 질문을 하였다. "지점에서 받은 일반적인 서비스 품질에 대해 기술 하십시오." 고객과 종업원은 동일한 6점 척도로 서비스를 평가하였다.

심층 분석의 결과 종업원이 아래와 같은 특징을 보고한 지점의 경우 고객이 인식하는 서비스의 수준이 더 높은 것으로 나타났다.

1. 보다 열정적으로 서비스를 강조하는 지점
2. 지점 관리자가 서비스를 종업원이 행할 직무상의 본분으로 강조하는 지점
3. 단지 고액 계좌를 지닌 고객뿐만 아니라, 모든 고객의 계좌를 유지하려고 적극적인 노력을 기울이는 지점
4. 충분하게, 또한 잘 훈련된 창구종업원으로 진용이 갖춰진 지점
5. 장비가 잘 관리되고 업무용 비품 공급이 원활한 지점

이와 더불어 종업원들이 지점의 관리자가 서비스를 강조하고 있다고 기술한 지점에 대해서는 고객이 인식하는 서비스 평가가 높게 나타났을 뿐만 아니라 구체적으로 다음과 같은 고객의 인식도 보고되었다.

1. 창구 종업원은 예의바르고 유능하다.
2. 지원 수준이 적절하다.
3. 지점이 잘 관리되고 있는 것으로 보인다.
4. 창구 종업원의 이직률이 낮다.
5. 지원 부서 종업원은 긍정적 작업 태도를 지닌다.

이 연구에 의하면 종업원들이 강력하게 고객 지향적인 서비스를 추구하는 것으로 인식하고 있을 때 고객들은 서비스가 탁월하다고 지적하고 있다. 고객 중심 서비스를 창출하게 되면 고객이 관찰할 수 있고, 더 나아가 종업원이 생각하는 적절한 고객 대처 방식에 부합되는 탁월한 서비스 실행 방법과 절차를 이끌어 낼 수 있다. 종업원들과 고객들이 서비스를 다른 각도에서 바라본다고 할지라도 조직 효과성에 대한 그들의 인식은 긍정적인 관계에 있는 것이다.

고객과 종업원 간의 이러한 관계는 '만족 거울'로써 제시된다. 예를 들어 은행 종업원이 고객과 친밀하게 된 후에 그 고객에게 서비스를 제공하는 비용은 고객을 확인하는 데 소요되는 시간이 줄어들고 고객의 요구를 예상할

수 있기 때문에 감소한다. 충성스러운 고객은 이와 같이 개선된 생산성과 함께 보다 개인적인 서비스에 가치를 둔다. 양쪽 모두 보다 인간적인 관계에 만족한다.

또한 만족거울은 경영진에게 교훈을 제시한다. 경영진이 접촉 종업원(혹은 내부 고객)과 관계를 가지는 방식은 외부 고객을 대접하는 방식에도 반영되는 것이다.

Benajamin Schneider, "The Service Organization : Climate is Crucial", *Organizational Dynamics*, Autumn 1980

서비스 품질의 평가는 서비스 전달 과정 중에 일어난다. 즉, 고객은 서비스의 본질을 느끼게 되는 '진실의 순간(Moment of Truth)'이라 불리는 고객 접촉 순간에 서비스에 대하여 만족 혹은 불만족을 평가하게 된다. 서비스 품질 관점에서 고객 만족은 제공받으면서 느낀 서비스 수준과 서비스받기 이전의 기대 수준을 비교하는 것으로 정의할 수 있다. 인지된 서비스 수준이 기대를 상회할 때 서비스 품질이 특별한 것으로 인식되면 고객 감동으로 이어진다. 그러나 기대 수준에 못 미칠 경우 서비스 품질은 아주 낮은 것으로 받아들이고, 기대 수준과 비슷하면 품질은 만족스러운 것으로 여겨진다. 고객의 기대 수준은 구전(口傳), 개인적 욕구, 과거 경험 등에 의하여 형성된다.[9)]

이처럼 접점에서 지각된 서비스 품질은 고객 만족과 정의 상관관계를 가지므로 접점 종업원으로부터 지각된 서비스 품질이 좋으면 고객의 만족도는 높아지는 결과를 나타내고 있음을 알 수 있다. 고객의 만족도는 고객이 가장 최초로 접하는 접점에서부터 서비스 품질 관리가 되어져야 하며 이에 따라 제조기업의 서비스센터의 경우 고객의 구매 후 행동 결정에 있어 긍정적인 태도 형성을 돕기 위해서는 접점에서의 서비스 품질에 대한 관리의 중요성을 시사하고 있다.[10)]

대부분 서비스 기업은 경쟁자에게 추월당하기 전에 일반적으로 정의된 경

9) James A.Fitzsimmons, Mona J.Fitzsimmons(2004), *SERVICE MANAGEMENT*.
10) 이재경, 석사학위 논문, 중앙대학교 대학원, 경영학과 마케팅 전공(2000), p.74.

2.3.1. 인지된 서비스 품질

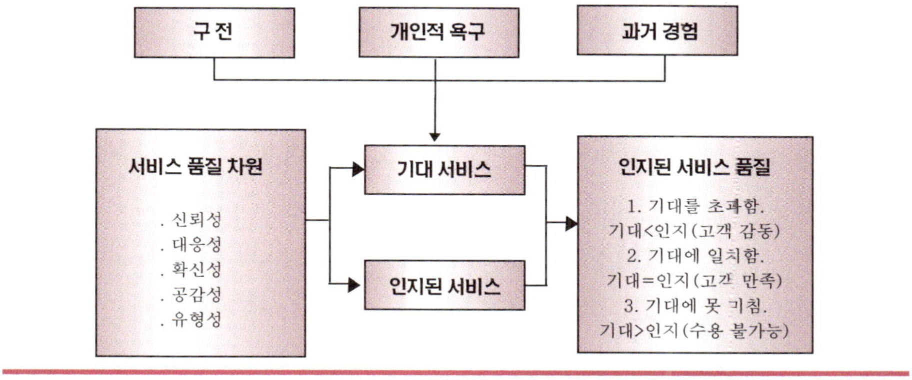

James A.Fitzsimmons. Mona J.Fitzsimmons(2004), *SERVICE MANAGEMENT*

쟁 차원 수준에 도달해야 한다. 이를 최소 요건(Qualifier)이라고 부른다. 최소 요건은 고객이 경쟁자 사이에서 선택하기 위해 사용하는 것으로 가격, 편의성, 명성 같은 차원들이다. 그런데 구매 시점에서 고객의 요구에 따라 우위 요건은 다양하다. 경쟁 차원에서 기대 수준에 미달되면 고객은 영원히 돌아오지 않을 것이다. 신뢰성, 개인화, 속도 등의 차원은 여러 가지 이유로 실패 요소가 되기 쉽다. 이는 서비스 제공자들에게 다음과 같은 중요한 시사점을 제시해준다.[11)]

첫째, 서비스 품질은 상대적인 것이지 절대적인 것은 아니다.
둘째, 서비스 품질은 고객이 결정하는 것이지 서비스 제공자가 결정하는 것은 아니다.
셋째, 서비스 품질은 고객에 따라 다르다.
넷째, 서비스 품질은 고객의 기대를 충족시키거나 초과 만족시킴으로써 또는 고객의 기대를 통제하는 수단을 강구함으로써 향상될 수 있다.

11) James L.Heskett. 서비스 경영연구회 옮김(2001), *The Service Profit chain*(서비스 수익 모델).

일반 사람들은 제품이 만들어지는 과정에 대해서는 관심이 별로 없지만 서비스 구매 과정에서 관찰될 수 있는 프로세스 품질에 대해서는 잘 알고 있다. 파라수라만(Parasuraman)과 제타말(Zeithaml) 그리고 베리(Berry)의 연구에 따르면, 서비스 프로세스 품질은 다섯 개의 보편적인 차원으로 구성된다고 말하면서 신뢰성, 대응성, 확신성, 공감성, 가시적 증거로 구성했다. 이처럼 서비스 품질은 다섯 가지 차원에서의 정의가 필요한 복잡한 주제다. 즉, 일반적으로 서비스 품질은 서비스의 질을 평가하는 차원으로 위의 연구자들처럼 대부분의 연구자들은 소비자가 서비스 품질을 평가하는 데 다섯 가지 차원[12]을 이용하여 서비스 품질 갭(Gap)의 개념을 소개하고자 한다.

1. 신뢰성 : 약속한 서비스를 정확하게 수행하는 능력

신뢰할 만한 서비스의 수행은 고객 기대에 대해서 적시에 동일한 방법으로 매번 실수 없이 제공할 수 있는 능력을 말한다. 다섯 가지 차원 중에서 신뢰성이 미국에서는 고객이 서비스 품질을 지각하는데 가장 중요한 요소로 꼽히고 있다. 광의로 보면 신뢰성이란 회사가 배달, 서비스 제공, 문제 해결 등에서 직접적으로 한 약속이나 가격 책정에서 간접적으로 한 약속을 제대로 제공하는 것이다. 고객은 약속을 지키는 회사와 거래하기를 원하며 특히 핵심 서비스와 관련된 약속일 경우 더욱 그러하다. 고객이 기억하는 분쟁의 대다수는 핵심 서비스 시스템의 실패와 이를 해결하려는 후속 조치의 미비하다.

신뢰성을 효과적으로 활용하는 회사가 '패더럴 익스프레스'이다. 신뢰 메시지인 " 반드시 더 빨리 목적지에 도착해야 한다"는 이 회사의 서비스 포지션을 잘 반영하고 있다. 설혹 신뢰성에서 패더럴 익스프레스만큼 위상을 차지하지 못한다고 하더라도 이 차원은 고객에게 매우 중요하다. 자신이 단골로 이용하는 서비스 회사를 생각해보자. 어쩔 수 없이 특정 서비스 회사를 이용해야 하는 경우를 제외하면 대체로 가장 애용하는 회사는 핵심 서비스를 신뢰성 있게 제공하는 회사일 것이다.

모든 회사는 신뢰성에 대한 고객의 기대를 이해할 필요가 있다. 고객이 사

12) Zeithaml & Bitner, 『서비스 마케팅』, pp. 148-152.

야 되겠다고 생각하는 핵심 서비스를 제공하지 못하는 회사는 곧바로 고객으로부터 외면당한다. 약속된 서비스가 제대로 제공되지 않았을 때 고객의 서비스에 대한 기대가 올라간다는 사실을 알게 되면 신뢰성이 얼마나 중요한지를 다시 한번 깨닫게 된다. 서비스 실패가 발생하면 실패를 용인하는 허용 구간(tolerance zone)이 좁아져 '기대' 서비스 수준이 높아진다.

2. 대응(반응)성 : 고객을 도우며 빠른 서비스를 제공하려는 의지

이 차원은 고객의 요구, 질문, 불만, 문제 등을 처리하는 배려(attentiveness)와 신속성(promptness)을 강조한다. 뚜렷한 이유도 없이 고객을 기다리게 하는 것은 품질에 대하여 불필요한 부정적 인식을 자아내게 한다. 만일 서비스 실패가 발생하게 되면 전문가적인 입장에서 신속하게 복구할 수 있는 능력이 품질에 대해 매우 긍정적 인식을 심어 준다.

서비스 접점에 관한 연구를 상기하면 '적응성'이라는 이름하에 나열된 많은 사건들과 반응성 사이에 유사성을 발견할 것이다. 즉, 중요한 서비스 접점에서 언급한 종업원의 행동과 서비스 품질의 반응성 간에는 강한 유사성이 있다. 반응성은 도움, 질문에 대한 대답 및 문제 해결을 하는 데 기다리는 시간으로 고객에게 전달된다. 또한 반응성은 유연성과 고객의 욕구에 서비스를

맞추는 고객화란 개념도 포괄한다.

반응성 차원에서 앞서가기 위해서는 서비스 제공 과정이나 문제 해결 과정을 회사의 관점이 아니라 고객의 관점에서 보아야 한다. 내부 처리상 필요하여 만들어 놓은 처리 속도와 신속성이란 기준은 속도와 신속성에 대한 고객의 욕구와 다를 수 있다.

L.L. 빈(L.L bean)과 탈보츠(Talbot's) 같은 브랜드의 카달로그 소매업자는 뛰어난 서비스 명성을 얻기 위해 반응성에다 초점을 맞추고 있다. 반응성에서 차별화하기 위해서는 모든 접점 요원의 반응성과 잘 짜여진 고객 서비스 부서가 필요하다. 고객이 회사로 전화하여 기다려야 하거나 통화 중일 때, 음성녹음 시스템으로 접속될 때 반응성에 대한 고객 지각은 감소한다. 그러므로 조직 구조와 교육이 반응성을 높이는 열쇠가 된다. L.L. 빈은 전화주문 파트, 전화질문 처리 파트, 우편주문 파트 등의 세 그룹으로 고객 서비스 요원을 편성하고 있다. 세 가지 모두 처리하기를 요구하는 것은 혼란을 초래하고 스트레스를 주기 때문이다.

3. 확신성(보장, 권위) : 종업원의 지식, 정중함 및 신뢰를 심어줄 수 있는 능력

믿음과 확신을 주는 직원의 능력 뿐만 아니라 그들의 지식과 예의바른 근

무 자세를 의미하는 것으로 확신성 차원의 주요 특징은 서비스 수행 능력, 고객에 대한 정중함과 존경, 고객과의 효과적 의사소통, 서비스 제공자가 진심으로 고객에게 최선의 관심을 쏟는 것을 포함한다.

이 차원은 고객에 의해 위험이 높다고 지각되는 서비스나 은행, 보험, 증권업, 의료, 법률 서비스 등의 서비스와 같이 결과를 평가할 능력에 대해 자신이 없을 때 특히 중요하다.

믿음(trust)과 확신(confidence)은 증권중개인, 보험대리인, 변호사, 컨설턴트 등과 같이 고객에게 회사의 서비스를 연결하는 사람에게서 구현된다. 이러한 서비스의 경우 회사는 핵심 접촉 인물과 고객 사이에 믿음과 애호가 형성되기를 바란다. '퍼스널 뱅커'란 개념은 이런 아이디어에 착안한 것이다. 고객을 위해 은행원이 선정되면 고객과 개인적으로 친하게 되고 고객에 대한 모든 은행 서비스를 조정하게 된다. 이렇게 개인적 관계가 형성되면 그 은행원이 회사를 옮길 때 고객이 따라가는 위험은 있다.

또 다른 경우 믿음과 확신은 사람이 아니라 조직 자체에서 구현된다. 올스테이트(Allstate)보험회사의 "당신은 올스테이트와 좋은 관계에 있습니다"라는 캠페인과 프루덴셜(Prudential) 보험의 "바위의 한 조각을 소유하십시오"란 캠페인은 회사 전체가 고객과의 신뢰 관계 구축에 힘쓰는 예이다.

관계의 초기 단계에서 고객은 보장성으로 평가할 수 있는 유형의 증거를 사용할 수도 있다. 등급, 상, 인증서 등과 같이 보이는 증거는 새로운 고객에게 전문서비스 제공자에 대한 확신을 심어줄 수 있다. 유방암 검진을 위한 유방 뢴트겐촬영 프로그램에서 루터란(Lutheran) 건강 서비스사는 모든 신규 환자에게 이 병원의 촬영센터가 미국 방사선대학의 인증을 받았다는 것을 알리고, 인증을 받는데 필요한 광범위한 기준을 설명한다. 또 환자가 인증을 확인할 수 있는 공식스티커를 X레이 기계에다 눈높이로 붙여놓아 환자가 볼 수 있도록 했다. 이러한 증거는 과정과 결과에서 신뢰를 심어주는 역할을 한다.

4. 공감성 : 보살핌, 고객의 개인적인 요구에 대한 배려

고객 요구를 이해하기 위해서 고객의 입장으로 생각할 수 있는 능력, 사소한 것에도 소홀하지 않는 민감성, 성실한 노력을 특징으로 포함한다. 항공사 탑승창구의 직원을 대상으로 공감성의 예를 들면, 고객의 잘못으로 비행기를 갈아타지 못했을 때 제대로 탈 수 있도록 도와주고 해결해 줄 수 있는 자세와 능력이다.

공감성의 핵심은 개인화 되고 주문화 된 서비스로 고객이 독특하고 특별하다는 것을 전달하는 데 있다. 고객은 서비스를 제공하는 회사가 자신을 이해

하고 중요하게 느끼길 원한다. 작은 서비스 회사의 직원은 흔히 고객의 이름을 알고, 고객의 개별적인 욕구와 기호까지 알아 이를 감안한 관계를 구축한다. 대규모 회사와 경쟁하는 작은 회사에서 공감성이란 차원은 분명 강점으로 작용한다.

기업을 대상으로 하는 서비스일 경우 고객은 서비스 제공 회사가 그들의 사업과 쟁점에 대해 이해하기를 바란다. 여러 소규모 컴퓨터 관련 컨설팅 회사들은 자신들을 특정 산업의 전문회사로 포지셔닝하여 큰 회사와 성공적으로 경쟁하고 있다. 큰 회사가 우월한 위치에 있더라도 작은 회사는 고객의 쟁점과 요구에 대해 더 많은 지식을 갖고 보다 적합한 서비스를 제공하는 것을 알 수 있다.

5. 유형성(가시적 증거) : 물리적 시설의 외양, 설비, 인력, 문서, 통신의 확보

이 모든 것은 고객, 특히 신규 고객이 품질을 평가할 때 사용하는 서비스 물리적 표현과 이미지를 제공한다. 유형성은 특히 레스토랑, 호텔, 소매점포 엔터테인먼트 회사 등과 같이 고객이 서비스를 받기 위해 시설을 방문하는 접대 서비스업에서 강조된다.

흔히 서비스 회사는 자신들의 이미지를 높이고 이를 지속시키기 위해 유형

성을 사용하는데, 대부분의 회사는 서비스 품질을 창조하는 다른 차원에 유형성을 포함시킨다. 예컨대 지피루프(Jiffy Lube) 사는 “빠르고 효과적인 서비스와 편안하고 깨끗한 대기 공간”이란 캠페인으로 반응성과 유형성을 함께 강조한다. 이와는 반대로 서비스 품질의 유형성에 관심을 두지 않는 회사들은 이로 인해 다른 좋은 점을 손상시키고 있다.

다른 연구에서는 서비스 프로세스에 대한 고객의 평가가 주로 고객이 기대했던 것과 실제로 전달된 것과의 관계에 의존한다고 드러났다. 즉 서비스 품질은 고객 기대와 고객 지각의 차이이다. 만약 고객이 경험한 접점의 서비스가 기대한 것보다 좋으면 서비스 질이 우수하다고 볼 수 있고, 경험한 접점의 서비스가 기대한 것보다 부족하면 서비스 질이 나쁘다고 볼 수 있다.

서비스 품질의 특성은 서비스 시스템에 대한 종합적인 관점에서 파악할 필요가 있다. 예를 들면, 의료서비스는 서비스 품질을 내용(content), 과정(process), 구조(structure), 결과(outcome), 영향(impact)의 다섯 가지 관점에서 측정해 볼 수 있다. 의료 서비스에서 품질의 범위는 환자의 진료에 그치지 않고 가족이나 지역사회에까지 영향을 미친다. 마찬가지로 금융기관 파산의 경우도 고객 뿐만 아니라 지역 사회 전체에 경제적인 영향을 미친다.

이처럼 서비스 품질에 대한 학습은 고객이 서비스 가치의 궁극적인 판단 주체라는 것을 먼저 인식하여야 한다. 앞서 살펴보았듯이 시장 연구자는 서비스 품질을 평가하기 위하여 고객이 사용한 다섯 가지 주요 차원을 구분하였는데 고객은 이러한 차원을 이용하여 서비스를 평가한다. 즉, 고객의 평가는 그들이 바라던 서비스에 대한 기대와 전달된 서비스의 인지된 수준을 비교하는 것에 주로 근거한다. 또한 서비스에 대한 고객의 기대와 인지된 수준이 일치되지 않을 때 갭이 발생할 수 있다.

예를 들면 의료기관의 개방과 더불어 의료 환경의 급격한 변화로 의료기관의 경영난은 더욱 어려워지고 이를 극복하기 위하여 의료 서비스의 질 관리는 없어서는 안 될 중요한 과제라고 할 수 있다. 이러한 의료 서비스의 중요함이 강조됨으로써 환자의 만족과 내부 고객인 의료 종사자의 의료 서비스의 만족도와 인식도가 높아야만 질 좋은 의료 서비스가 제공되는 것이다. 의료

기관의 의료 서비스 실태 조사 결과, 항목별로 의료 종사자들은 위치적 편리성, 진료비의 적정성 및 환자 만족도에서는 접근도, 대기실의 환경, 의료 장비의 만족도, 장비와 기구의 만족도, 복장 용모의 만족도, 친절한 진료 태도, 진료 설명, 전화응대 태도, 의료진의 환자 존중, 대기 시간의 적절성 등에서 높게 나타났다. 기관별 환자 만족도는 치과 병원급은 대인관계, 시설 · 장비, 예약제도의 서비스에 만족하고, 치과 의원급에서는 기술적인 수준, 진료비의 수준에서 서비스 만족도가 더 높게 나타났다. 의료 서비스의 교육과 인식에 따른 만족도는 일반적 특성별로 서비스 교육을 받고 마케팅의 필요성을 느끼고 있는 책임 치과위생사의 집단에서 만족도가 높고 유의미한 차이를 보였다.[13]

2.3.2. 의료 기관에 대한 서비스 품질 측정

품질 관점	측정 대상	측정 방법
내 용	의료 행위의 평가	의료 기록이 일반 의료 기준에 적합한지 검토
과 정	진료 및 환자와 의료진 간의 상호작용의 절차	체크리스트로 절차의 적합성 감독, 환자에게 출구 조사 실시
구 조	물리적 시설, 장비, 인력 계획, 의료진의 자질	환자의 진료 대기 시간 측정, 당직중인 의사 대 간호사 비율, 의료 장비 이용률
결 과	진료 후 환자 상태의 회복 정도	• 사망률 측정 • 불만 건수로 환자의 불만족 수준 평가 • 수술로 제거된 질병 상태의 장기 수
영 향	지역사회에서의 적절성, 이용 가능성, 접근 용이성 등 전반적 영향	• 비보험이나 재정적 이유로 질료 받지 못한 환자 수 • 의료 기관까지 오는 교통 수단과 거리를 기록

James A.Fitzsimmons, Mona J.Fitzsimmons(2004), *SERVICE MANAGEMENT*

13) 김창희, 단국대학교 행정대학원 박사학위 논문(2000).

2.3.3. 실비 호텔의 품질 요건

서비스 패키지 특성	속성 혹은 요건	측정 기준	보수 교정 활동
• 기본 시설 • 건물 외관 • 지상 경관	• 냉 · 난방 시설 • 도장 훼손 불허 • 푸른 잔디	• 적정 온도 유지 • 재도장 • 잔디에 물주기	보수 및 교체
보조용품	• TV상영 • 비누 • 얼음	• 선명한 화상도 유지 • 침대당 2개 • 1실당 1통	• 수리 혹은 교체 • 보충 • 얼음 기계로 보충
명시적 서비스	• 객실 청결도 • 수영장 수질 • 객실 외관	• 깨끗한 바닥 • 수질 기준치 상회 • 규격대로 침구 정돈	• 세척 청소 • 여과 장치 교환/소독 • 청소원 교육
묵시적 서비스	• 안전도 • 쾌적한 분위기 • 객실 배정 대기	• 모든 조명등 가동 • 퇴실 고객에게 인사 • 고객 대기 없애기	• 불량전구 교체 • 창구직원 교육 • 객실 청소 일정 검토

James A.Fitzsimmons, Mona J.Fitzsimmons(2004), *SERVICE MANAGEMENT*

서비스 품질을 위한 노력은 서비스 전달 시스템의 설계로부터 시작된다. 이를 위해서 앞서 살펴본 서비스의 특성에서 거론한 서비스 패키지의 네 가지 차원에 초점을 맞추어 저원가 우위 전략(overall cost leadership)으로 경쟁하는 실비 호텔(budget hotel)의 예를 고려해 보자.

서비스는 고객들이 실제로 경험하기 이전에는 평가하기가 어렵다. 앞에서도 이미 언급하였듯이 서비스는 무형이고 생산과 동시에 소비가 이루어진다. 서비스 품질과 관련된 이와 같은 점들은 서비스 경영자로서는 반드시 극복하여야 할 어려움이다. 왜냐하면 고객과 창구 종업원 사이의 품질 검사 과정은 서비스업에서는 제조업처럼 선택사항이 아니기 때문이다.

또한 오늘날 서비스 기업은 차별화의 수단으로 "서비스 보증(Service Guarantee)"[14]을 제공한다. 서비스 보증의 또 다른 잠재적 혜택은 고객 피드백

14) 서비스 보증은 고장난 부품을 수리 혹은 교환해 주는 제품 보증(Product Warranty)과는 달리 불만족한 고객에게 환불, 할인, 혹은 무료 서비스를 제공하는 것을 말한다. *Service management*, p. 167.

이다. 고객은 그들 주변 사람이나 친구 대신에 기업을 대상으로 불만을 토로할 수 있게 된 것이다. 서비스 보증은 품질에 대한 기업의 약속을 광고하는 것뿐만 아니라 종업원들에게 성과 달성 기준을 확실하게 인식토록 하며, 보다 중요한 것은 충성스러운 고객의 기반을 구축하게 된다는 것이다.

구매자의 위험 부담은 이제 진부한 이야기다. 이미 1990년대 초반 미국 기업들은 비인간적인 서비스, 잘못된 제품 그리고 약속 어김 등은 모두 그에 따르는 비용이 수반된다는 점을 알게 되었다. 실제로 요즘 제품 제조업체 혹은 서비스 제공업체는 그들의 잘못으로 인한 배상이나 손해에 대비하기 위하여 반드시 보험에 가입하는 것이 일반적이다. 품질이 나쁘면 바로 기업이 도산되기도 한다. 최고 경영자에게 품질 문제가 중요하다는 점을 확신시키기 위해 저명한 품질 전문가인 쥬란(Juran)은 품비용 회계시스템을 주장하고 있다.[15] 그는 네 가지 비용 항목, 즉 내부 실패 비용(출고 이전에 발견된 불량에 따른 비용), 외부 실패 비용(출고 이후에 발견된 불량에 따른 비용), 평가 비용(구입되는 원재료의 검사와 제조 공정 중에 발생하는 비용), 그리고 예방 비용(초기부터 불량이 발생하지 않도록 사전 활동에 소요되는 비용)으로 분류하고 있다. 쥬란은 대부분 제조 기업에서 외부 및 내부 품질 비용을 합하면 전체 품질 비용의 50% 내지 80%를 차지한다는 것을 발견하였다.

따라서 품질 관련 총비용을 최소화시키기 위해서 예방에 더 많은 주의를 기울여야 한다고 주장한다. 예방에 1달러를 투자하는 것은 평가 비용에서 100달러를 투자하는 것과 같고, 실패 비용에서 1만 달러를 투자하는 것과 같다고 주장하였다.

쥬란의 품질 비용을 활용한 〈표 2.3.4〉에서 보듯이 기업에서는 서비스 인력의 모집과 선발이 나쁜 품질을 피하는 방법으로 고려되고 있다. 적절한 태도와 사교성을 갖춘 사람을 찾아내는 것이 결국 고객들을 서비스하는데 필요한 자질을 갖춘 창구 직원을 선발하게 해준다. 검사는 평가에 포함되어 있지만 서비스 지원 부서의 작업 외에는 일반적으로 널리 쓰이지 않는다. 서비스 제

15) J.M. Juran & F.M.Gryna, Jr.(1980), *Quality Planning and Analysis*, Mcgraw-Hill Book Company, New York.

2.3.4. 서비스에 대한 품질 비용

비용 종류	정 의	은행의 예
예방 비용	실패가 일어나지 않도록 하거나 평가비용을 최소화하기 위한 작업이나 활동과 관계된 비용	• 품질 계획 • 모집 및 선발 • 교육 프로그램 • 품질 개선 프로젝트
평가 비용	서비스가 품질 수준을 만족하는지를 결정하기 위해 서비스 상태를 확인하는 데 드는 비용	• 정기적 검사 • 프로세스 통제 • 계좌잔고 확인 및 조사 • 품질 자료의 수집
내부 실패 비용	고객에게 전달되기 전에 품질에 부적합한 부분을 교정하는 데 드는 비용	• 폐기 처분된 양식과 보고서 • 재작업 • 기계의 고장
외부 실패 비용	고객에게 전달된 후에 품질에 부적합한 부분을 교정하거나 고객의 특정 요구를 만족시키지 못하는 부분을 교정하는 데 드는 비용	• 이자 위약금의 지불 • 조사 시간 • 법적 판단 • 부정적인 소문 • 미래 사업의 손실

C.A. Aubry and D.A. Zimbler, *The Banking Industry: Quality Cost and Improvement*, Quality Progress, December 1983, pp. 16~20.

공은 바로 고객의 경험이 되기 때문에, 서비스 실패는 고객의 기억에 남게 되고 이야기거리가 되어 다른 사람에게 전달하게 된다. 서비스 경영자는 불만족을 느낀 고객들이 차후에 다른 사람들에게도 자신의 불쾌한 경험을 이야기함으로써 궁극적으로 미래 사업에 대한 엄청난 손실을 초래한다는 점을 인식해야 한다.

서비스 보증에 대해 하트(C. Hart)는 다음의 5가지 중요한 특징을 갖는다고 말한다.

1. **무조건적이어야 한다** : 고객 만족은 예외없이 무조건적으로 이루어져야 한다.
2. **이해 및 의사소통이 쉬워야 한다** : 고객이 측정할 수 있는 용어를 사

용하여 보증으로부터 무엇을 기대할 수 있는가에 대해서 고객이 정확하게 알도록 해야 한다.

3. **고객에게 의미가 있어야 한다** : 보증은 서비스 측면뿐만 아니라, 재무적 측면에서도 고객에게 의미가 있고 중요해야 한다. 참고로 무료 보증보다는 가격 할인 혜택을 심리적으로 고객은 좀 더 편하게 느낀다.
4. **요구하기 쉬워야 한다** : 불만족한 고객이 보증을 행사하는데 있어서 복잡한 서식의 작성 또는 편지를 작성하는 것 따위로 고객을 귀찮게 해서는 안 된다.
5. **쉽게 보상받는다** : 최고의 보증은 현장에서 바로 이루어진다.

서비스 보증은 분명 마케팅적 매력을 가지지만, 더 중요한 것은 서비스 보증 자체가 해당 서비스의 표준을 설정하는 것과 같으므로 조직원들에게 해당 서비스의 정의를 보다 구체적으로 인식시킬 수 있다는 점이다.

서비스 보증은 여러 가지 측면에서 사업의 효과성을 증진시킨다[16].

---

16) James A.Fitzsimmons. Mona J.Fitzsimmons(2004), *SERVICE MANAGEMENT*.

1. **고객에 초점** : 보증은 조직원들에게 고객의 기대를 확실하게 인식시킨다. 브리티시 항공사는 승객에 대한 조사를 통해 고객들은 아래 4가지 차원으로 서비스를 판단한다는 것을 알았다. 고객들이 서비스를 판단하는 네 가지 차원은 배려 및 관심, 선도적인 조치, 문제 해결, 그리고 회사로서는 놀랍게도 잘못된 서비스의 회복이었다.
2. **명백한 표준 설정** : 구체적이고 명확한 고객 보증은 조직원들에게 서비스에 대한 명확한 기준 및 표준을 설정해 준다. 오전 10시 30분까지 배달을 보증한다는 패더럴 익스프레스의 서비스 보증은 모든 관련 종업원의 책임과 의무를 구체적으로 정의해 준다.
3. **보증 피드백** : 서비스 보증을 요구하는 고객은 서비스 품질 평가에 대해 매우 중요한 정보를 제공한다. 서비스에 만족하지 못한 고객은 불평을 말하고 경영층의 주의를 환기시키고 싶어진다. 비정규직 인력 공급회사인 맨파워사는 고객 만족에 대한 피드백을 하기 위해서 인력을 파견한 첫날 이후부터 고객에게 전화하는 적극적인 방법을 취한다.
4. **서비스 전달 시스템에 대한 이해 증진** : 경영자는 보증하기 전 반드시 자사 시스템의 서비스 실패 가능성이 높은 곳과 서비스 전달 과정상에서 서비스 오류를 통제할 수 있는지에 대한 한계를 확인한다. 버거 버그 킬러(Burger Bug Killer) 회사는 고객이 벌레가 들어오지 못하도록 문과 창의 틈을 철저하게 밀봉하는 등 고객 스스로 시설 개선 노력을 성실하게 지킬 때만 방재 작업을 시작하고 서비스를 보증한다. 패더럴 익스프레스는 거점-지점 네트워크를 사용하여 화물을 분류하고 배송하는데, 수탁된 모든 화물은 미국 전역으로부터 저녁 늦게 미국 본토 중앙에 위치한 멤피스에 도착되어 분류 작업을 마친 뒤, 당일 밤에 다시 출발하여 미국 전역으로 익일 오전 10시 30분까지 배달된다.
5. **고객의 충성도 재고** : 보증은 고객의 위험을 줄이고 고객의 기대를 명확하게 함으로써 불만족한 고객이 다른 경쟁업체로 이탈되지 않도록 하여 시장 점유율을 확보한다.

서비스 실패에 대한 신속한 해결은 충성스러운 고객을 확보하는 중요한 수단이다. 왜냐하면, 서비스 전달 과정에 고객이 직접 참여하므로 서비스 회복 과정과 기술을 잘 습득한 종업원은 서비스 실패를 오히려 고객의 충성도를

2.3.5. 역량의 순환

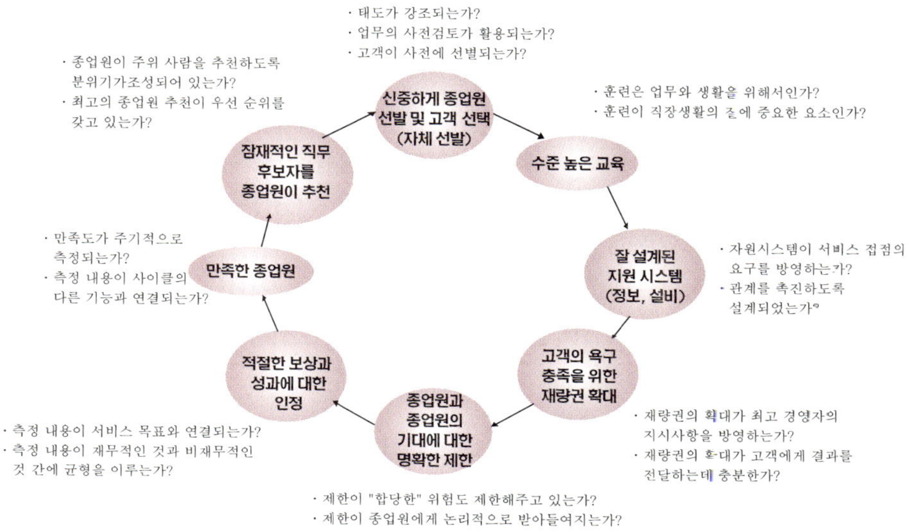

James A.Fitzsimmons, Mona J.Fitzsimmons(2004), *SERVICE MANAGEMENT*

높여 전화위복의 계기로 만들 수 있다. 서비스 실패는 고객과 접촉하는 일선 직원에게 일을 올바르게 수행하는 재량권을 부여함으로써 서비스 감동으로 연결시킬 수 있다. 서비스 실패를 예방하고 회사의 명성을 훼손할 수 있는 부정적인 구전을 예방하기 위해서는 우선 종업원들에게 서비스 회복에 대하여 제대로 교육하고 훈련시켜야 한다. 서비스 현장에서 해결을 위한 교육훈련 방법은 8장에서 함께 하도록 하자.

4. 서비스 교육훈련 관리

> 미덕은 훈련과 습관의 선물이다.
> 우리는 이미 미덕과 탁월한 능력이 있기 때문에 올바른 행동을 할 수 있는 것이 아니라,
> 올바른 행동을 하기 때문에 미덕과 탁월한 능력을 얻을 수 있는 것이다.
> 우리가 무엇인가는 우리가 반복해서 무엇을 했는가에 따라 결정된다.
> 따라서 미덕은 행위가 아니라 습관인 것이다.
>
> —— 아리스토텔레스

사례 메모

T.G.I Friday's의 'Flying Food Show'

TGI의 종업원들이 고객에게 음식을 제공하는 그들만의 시스템을 일컫는 말이다. 단체로 사람들과 외식을 하러 가서 음식을 주문했을 때 종업원이 당신 앞에 다른 사람의 음식을 놓고 당신의 음식을 다른 사람 앞에 놓은 적이 있는가? 아니면 당신의 주문을 받은 종업원이 음식을 가지고 와서 누가 주문한 음식이냐고 물어본 적이 있는가? 또 모든 음식이 동시에 나오긴 했지만, 어떤 것은 미리미리 만들어져 식어버린 경우가 있는가? 이러한 문제 중 어떠한 것도 이곳에서는 발생하지 않는다. 그것은 바로 'Flying Food Show' 때문이다.

'Flying Food Show'의 첫번째 요소는 표준화의 원리이다. 테이블을 담당하는 종업원은 테이블의 '0(zero)'의 위치를 안다. 그 위치(0=제로)에서 테이블의 좌석에 번호가 매겨지는 것이다. 미국의 예절에 따르면 음식 주문은 먼저 여성부터 받는데 그것도 최연장자부터 가장 어린 여성에게로 이동하며, 그리고 나서 남성에게 주문을 받는데 역시 가장 나이가 많은 남자부터 어린 사람의 순서이다. 그러나 TGI의 종업원들은 주문을 받은 순서에 상관없이,

테이블에 앉아 있는 손님들의 위치와 그들이 주문을 받는 오더패드의 음식의 위치가 일치한다는 것을 알고 있다. 그들은 음식이 준비될 때, 어느 손님이 어떤 음식을 주문했는지를 쉽게 알 수 있도록 좌석 배치에 따라 주문을 받아 적는다.

표준화는 또한 각 음식이 얼마 만큼의 시간이 걸리며, 이 모든 음식을 동시에 준비하기 위해서는 음식 만드는 순서를 주방의 종업원들이 알도록 한다. 또한 표준화는 음식이 그 종업원의 담당 테이블에 가야 할 것이 아니더라도 그 음식을 제공할 곳을 어떤 종업원이라도 알 수 있도록 한다. 만약 주문을 받은 음식이 다 나왔는데 그 종업원이 너무 바쁘다면, 다른 종업원이 비록 그 주문을 받지 않았더라도 음식을 갖다 줄 수 있는 것이다.

'Flying Food Show'의 두 번째 요소는 훈련이다. 이 시스템의 원리는 종사원들로 하여금 그들이 자연스럽게 자동적으로 (몸에 익숙해져 자연스럽게 행할 수 있도록) 서비스를 제공할 수 있도록 반복 훈련을 통해 그들의 머릿속에 그것이 박힐 수 있도록 하는 것이다. 즉, 그들이 구태여 어떤 서비스에 대해서 생각을 한 후 그것을 행하는 것이 아니라, 아주 자연스럽게 혹은 자동으로 그 서비스를 행할 수 있도록 하는 것이다.

'Flying Food Show'의 세 번째 요소는 물리적인 시스템의 설계이다. 특별히 이곳의 주방은 다양한 메뉴 아이템을 쉽게 제공하면서 최고의 질의 음식을 생산하기 위해 설계되어졌다. 음식의 준비와 유지를 위한 공간 또한 종업원들이 준비의 마지막 단계를 마무리짓고 고객에게 음식을 빨리 제공하기 쉽도록 설계되어졌다.

그러나 손님들은 결코 이것을 보지 못한다. 테이블이나 좌석에 번호가 매겨져 있는 것도 아니다. 만약 볼 수 있는 것이 있다면, 다른 음식점에서도 흔히 볼 수 있는 오더패드 뿐이다. Friday의 주방이 분주해 보이기는 하나 별다른 것을 느끼지는 못한다. 이곳의 주방에는 특별하거나 혁신적인 주방기구도 없고, 종사원들도 다른 종사원들과 별반 다를 바가 없다. 그러나 앞의 것들을 잘 수행할 수 있는 다른 점이 있다면 일을 할 때에 모든 기구와 절차와 사람이 잘 연결되고, 그것들이 하나처럼 움직여질 수 있도록 아주 잘 설계되었다는 것이다.

Mark E. Fatton, 『댄싱 서비스』

현재 수많은 기업에서는 종업원의 교육 훈련에 최대한의 노력을 기한다. 교육 훈련에 대한 인식이 투자의 개념으로 변하면서 일반적인 제조업체와 고객과의 직접적인 접촉이 없는 기업에서조차 종업원의 훈련에 많은 투자를 한다. 예를 들면 IT 업체의 서버 관리자들을 포함하여 온라인에서 고객을 접촉하는 운영자들도 심도있는 고객 만족 관리 교육훈련을 받고 있다. 이는 기업에서의 교육 훈련은 서비스 접점의 종업원 능력을 개발함과 동시에 조직원들의 문화 형성에 도움이 되어 궁극적으로는 서비스 품질 향상에 기여하기 때문이다. 즉, 이제는 더 이상 서비스 품질관리 측면에서 교육 훈련 비용을 낭비라는 인식보다는 투자의 개념으로 간주되고 있는 것이 현실이다.

대부분의 탁월한 서비스 조직들은 교육을 수단으로 간주하기도 하고 목적으로 간주하기도 한다. 수단으로써 교육은 종업원들이 해당 업무를 원활히 수행할 수 있도록 하며, 목적으로써 교육은 종업원의 자기 확신과 자긍심 그리고 삶을 영위할 수 있는 능력을 키워준다.[17)]

일반적으로 알려져 있듯이 진실의 순간, 즉 서비스 접점을 담당하는 최전선의 종업원이 고객에게는 회사와 같다. 만약 접점 직원이 불친절하고, 비협조적이며, 고객의 요구에 관심이 없는 듯 부정적이라면 고객은 회사 역시 똑같다고 생각하게 될 것이다. 이는 엄청난 마케팅과 광고 홍보를 통해 고객을

2.4.1. **교육 훈련 효과의 삼각형**

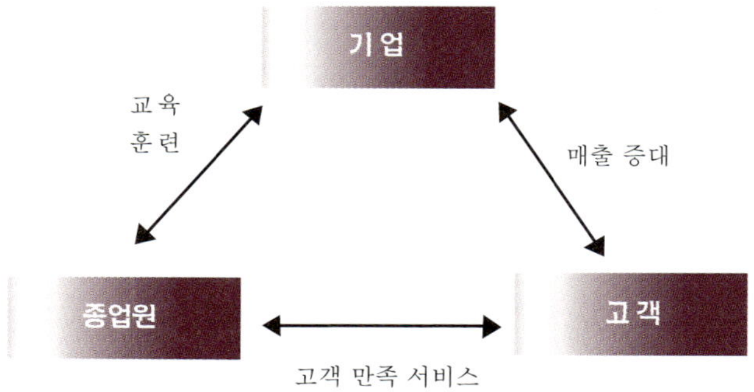

이정학(2006), 『서비스 경영』

17) James L.Heskett. (2001), *The Service Profit chain.*

사로잡고자 노력했던 기업의 노력이 한순간에 물거품이 되는 순간이기도 하다. 앞서 살펴보았듯이 고객의 기대 만큼의 서비스가 인지되지 않으면 고객은 수용불가능하게 되어 단지 구매를 하지 않는 것 뿐만 아니라 엄청난 부정적인 구전(口傳)을 일으킬 수 있다. 이처럼 접점의 종업원 관리가 마케팅의 한 부분으로 관리되어야 함을 최고 경영자들은 깨달아야 한다. 그런데 사실 접점에서 근무하는 직업은 보통 적은 보수를 받고 있고, 정직보다는 계약직이거나 아르바이트가 많다. 그리고 최소한의 훈련과 개발 교육을 받고 있으며, 그렇기 때문인지 가장 많은 이직을 경험한다. 물론 이 부분이 최고 경영자에게도 결정하기 가장 혼란스러운 부분이기도하다. 왜냐하면 이직률이 높은 조직에 비용을 투자한다는 것이 경영자의 측면에서 쉽지 않은 결정이기 때문이다. 하지만 경영자들의 현명한 선택이 요구되는 중요한 전략 중 하나이기에 앞서 살펴본 리더십 사례들과 아래의 사례를 통해 기업만의 해결책을 찾길 바란다.

병원과 기타기관에 시설 관리와 부가적인 기능 서비스를 제공하는 서비스 마스터의 사장 겸 CEO였던 케네스 웩스너(Kenneth Wexner)는 "우리는 사람들에게 무언가를 하라고 요구하기 전에, 먼저 그들이 무엇이 되도록 도와주는 것을 원한다"라고 종종 말했다. 사외에서 거의 인정받지 못하는 일에 회사 관리자가 부여하는 자긍심과 위엄은 중요한 요소다. 그리고 교육은 이 목적을 달성하는 중요한 방법인 듯하다. 서비스 마스터 관리자들은 종업원들이 업무를 원활히 수행하도록 제시하는 통상적인 지침 외에 언어 같이 기본적인 것을 포함해 삶의 기술에 대한 책임을 훈련시킬 수 있도록 준비한다.

군인과 일반 고객들을 대상으로 재무 서비스를 제공하는 USAA는 샌안토니오 본사에 75개의 강의실과 200개가 넘는 교과과정을 마련해놓았다. 책임자는 전직 장교로 업무에 대한 광범위한 교육의 중요성과 혜택을 이해하고 주도하면서, 이 개념을 회사에 확장시켰다. 이는 많은 종업원들이 재직 중에 학사 학위를 취득하는 성과로 이어졌다. 그들이 일상 업무에서 고객을 대하는 태도에도 긍정적인 영향을 미쳤으며, 종업원 측에서 보면 USAA를 미국에서 초우량 고용자로 만들어 준 것이다.

BBBK의 신입사원들은 5개월 동안의 교육 프로그램을 받아야 한다. 이 과정은 버거의 강의를 듣는 교실에서 이루어지기도 하고, 현장 관리자의 지휘 아래 실무 현장에서도 이루어진다. 회사는 한 명의 신입사원을 교육시키는 데 월급과 생활비를 포함해 1만 5천 달러를 투자한다. 이 교육은 기술을 개발하고, 종업원들이 고객과 효과적으로 상호작용하는 방식을 개선하는 데 목적을 두고 설계되었다.[18]

참고로 고객과 직접 접촉하는 직업은 '감정 노동'이라 불리는 것에 종사한다고 할 수 있다. 공장이나 농장에서처럼 단지 육체적으로 피곤할 수 있는 직업이 있는 것처럼, 서비스 종사자들도 육체적으로 뿐만 아니라 정신적으로도 피곤할 수 있는 직업이다. 음식을 제공하고, 전화를 받거나 걸고, 제품을 권유하고 판매하며, 택시를 운전하는 서비스에 관한 일은 물리적으로 반복된다는 면에서 육체 노동과 비슷하지만 각기 다른 사람에 대해 반응하고 진행한다는 점에서 다른 어떤 형태의 노동보다 훨씬 더 긴장되는 일일 수 있다. 이

18) James L.Heskett. (2001), *The Service Profit chain.*

는 상황과 고객의 유형이 다르기 때문에 종업원의 개인적인 반응은 약간씩 다를 수 있고, 종업원 각자에 따른 응대 능력에 의해 고객의 단족이 각기 다를 수 있음을 의미하기도 한다.

그리고 너무 많은 고객들과의 접촉으로 느끼는 종업원의 스트레스나 사람과의 과다한 접촉으로 다룰 수 없는 것을 '접촉 초과'라고 하는데, 이는 서비스 종사원들에게 심각한 문제이고, 그것의 증상은 기계처럼 고객을 대하고 고객으로 인해 증가된 짜증을 포함한다. 즉, 접촉 초과는 나쁜 질의 서비스를 낳게 된다. 그렇기 때문에 조직 내 문화가 고객을 위한 서비스에 초점이 맞춰지지 않는다면, 조직은 일정한 질의 서비스를 제공하면서 지속적인 서비스에 대한 명성을 발전시킬 수 있는 기회를 가지지 못한다. 그러므로 시스템이 갖춰진 종업원의 훈련 관리가 필요하다.

효과적인 교육 훈련을 위해서는 우선 실시하고자 하는 목적과 대상이 뚜렷해야 하고, 그 기업에 맞춘 단계적이고 체계적인 프로그램을 갖추어야 한다. 즉, 신입사원부터 경영층까지 교육대상을 구분하고, 신입사원 오리엔테이션, 현장직무 교육(OJT : On the Job Training), 정신 및 교양교육, 전문 서비스 기술 습득 및 고객 만족 서비스 교육, 어학 및 컴퓨터 교육, 관티자 교육, 경영자 교육 등 장기적인 관점에서 단계적이고 체계화되어 있어야 한다. 예를 들어 서비스 접점 직원들에게 매뉴얼에 입각한 고객 응대 서비스 교육을 진행하더라도 신입사원과 경력사원에 따른 대상을 구분하고, 양성하고자 하는 위치에 따른 단계별 훈련을 실시한다. 삼성증권에서는 모든 접점 직원을 PB(Private Banker)화 시키기 위해 단계별 양성 훈련을 실시한다. 기초 단계에서는 모든 직원이 훈련에 참여하지만, 단계별로는 우수한 성적과 성과를 올린 직원들이 그 다음 단계로 진행할 수 있으며 최종 단계로 진입한 직원에게는 특별한 보상과 혜택이 주어진다.

일선 현장에서 보면 서비스 질을 향상시키는 노력으로 여러 회사들은 '미소 훈련'이라는 것을 이용한다. 그러나 의미 없는 미소 훈련은 소용이 없다. 태도는 동기에 의해서 강화될 수 있지만 태도는 가르칠 스 있는 것이 아니다. 만약 종업원들이 무뚝뚝해서 웃는 방법을 훈련시켜야 한다면, 그것은 회사가 훈련상의 문제를 가진 게 아니라, 앞서 리더십에서 밝혔듯이 채용의 문제를 가진 것이다. 미소 훈련은 비효율적일 뿐만 아니라 모욕적이다. 경험이 많고 기술적인 종사원들은 미소 훈련이나 태도 강화 훈련이 그들의 원숙함에 모욕적이라는 점을 안다. 훈련 과정에서 종업원들이 요구하는 것은 웃는 방법이 아니라 '왜 웃어야 하는가'이고 그 다음이 구체적인 방법을 가르치는 것이다. 결국 서비스 제공자들에게 훈련은 구체적인 기술과 개인적 성숙이라는 이 두 가지 주요 범주에 집중된다. 기술 훈련은 객관적으로 측정 가능한 기술에 집중된다. 경영자들은 어떠한 기술, 어떤 기술 수준들이 훈련 프로그램의 목표인가를 이해해야 한다. 간략한 예로 호텔의 컴퓨터 예약 시스템 사용의 능숙함이나, 여러 가지 칵테일을 섞는 능력 그리고 상품판매 고객 응대기술과 고객 컴플레인 응대기술 등을 들 수 있다. 이러한 기술들은 객관적 평가가 가능하고 고려될 수 있다. 개인적 성숙 훈련은 종업원들에게 그들의 직업적이고 개인적인 생활을 강화시킬 수 있는 도구를 준다. 이것들은 태도와는 다르게 배울 수 있는 것이지만, 객관적으로 측정 가능한 것이 아닌 '소프트 기술'들이다. 자신감을 심어주는 마인드 기술, 스트레스 관리, 시간 관리, 이미지 관리, 목표 설정 등은 업무나 개인생활 모두에 있어서 종업원에게 유익한 것이다. 이러한 기술들은 종업원의 권한 부여를 더한다.[19)]

종업원 만족도의 3분의 2 정도가 세 가지 요인에 의해 발생한다. 첫째, 고객 욕구에 부응할 수 있도록 종업원에게 주어진 재량권, 둘째, 고객에게 봉사할 수 있도록 종업원에게 주어진 권한, 셋째, 고객에게 봉사하는 데 필요한 지식과 기술의 소유 여부이다. 이 요인들이 고객 서비스에 대한 보상과 제대로 결합되었을 경우, 일전 종업원이 경험하는 직무 만족의 4분의 3 이상이 발생된다. 이 연구를 통해 직무 만족에 영향을 미치는 업무 역량은 더 명확해졌다. 서비스 업무 역량이 2퍼센트 증가할 때마다 해당 직무에 대해 만족을 나타내는 일선 종업원의 비율은 1퍼센트씩 증가했다.[20)]

이 연구 결과를 바탕으로 하면, 업무 역량은 다음과 같은 요소로 구성된다.

---

19) Mark E. Patton, 『댄싱 서비스』.
20) James L.Heskett. (2001), *The Service Profit chain.*

첫째, 고객에게 결과를 제공할 수 있는 재량권
둘째, 일선 종업원의 활동 허용 범위에 대한 명확한 제시
셋째, 직무를 수행할 수 있는 우수한 교육
넷째, 서비스 시설과 정보 시스템 같이 잘 구비된 지원 시스템
다섯째, 부분적이지만 고객 만족도로 결정되는 우수한 직무 수행에 대한 인정과 보상

결국 종업원의 만족도가 향상되고 그로 인해 업무 역량을 높일 뿐 아니라 이직율을 낮추고, 퇴직 후 기업의 영원한 파트너로서의 그객이 되어 긍정적인 구전을 일으키게 된다. 이는 결과적으로 영구적인 기업의 서비스 품질 향상에 기여하는 것이며 다시 말해, 기업 브랜드 가치를 높이는 것이라 할 수 있다. 이렇듯 앞서가는 서비스 기업들은 교육 훈련을 통해 종업원들의 업무를 원활히 수행할 수 있도록 하며, 종업원들 스스로에 대한 확신과 자긍심 그리고 삶을 윤택하게 영위할 수 있는 능력을 키워준다. 더 자세한 고객과의 접점인 서비스 현장에서의 교육 훈련에 대해서는 5장 이후에 자세히 기록해놓았다. 내용은 서비스 현장에서의 기본적인 훈련법과 교육 기획 관리 그리고 접점의 현장 실무 훈련과 서비스 회복 관리에 대해 실제적인 현장의 실무 사례를 통해 이해하기 쉽게 정리되어 있으니 참고하기 바란다.

제 2 부

서비스 경영 관리

3장 서비스 마케팅과 소비자 행동의 이해 — 안석훈

> 인간이 추구해야 할 것은
> 돈이 아니다.
> 항상 인간이 추구해야 할 것은
> 인간이다.
> — 푸시킨

사례 메모 한강 수영장 '서비스 불만' 고조

한강 시민공원 야외수영장 전경

집 가까이에서 저렴하게 피서를 즐기기 위해 한강 야외수영장을 찾았던 시민들이 입장료 만큼 '값 싼' 서비스에 불만을 터뜨리고 있다. 서울시 한강시민공원사업소는 현재 여의도, 잠원, 뚝섬 등 6개 지구에서 야외수영장을 운영하고 있다. 이들 수영장은 대체로 3천 명이 동시에 이용할 수 있는 규모이며, 입장료도 어린이 2천 원, 청소년 3천 원, 어른 4천 원 등으로 비교적 저렴한 편이어서 여름이면 피서 인파로 북적이곤 한다.

그러나 이들 수영장은 신용카드를 받지 않는 것은 물론 현금영수증도 끊어 주지 않아 불편이 많다는 게 시민들의 지적이다. 더구나 애매한 운영 시간과 불친절한 서비스 등으로 '찜통 더위'에 지친 시민들을 더욱 짜증스럽게 하고 있다는 것. 실제로 서울시 홈페이지에는 한강 수영장을 다녀온 시민들의 항의하는 글이 빗발치고 있는 것으로 14일 확인되었다.

한 시민은 게시판에 글을 올려 "여의도 수영장에 갔는데 입장료를 오로지 현금으로만 받더군요. 왜 카드가 안 되는 건가요? 카드가 되지 않는 '하이 서울'이 말이 됩니까"라며 시정을 요구했다. 오후 7시까지 운영한다는 말만 믿고 수영장에 갔다가 물 속에 몸을 담근지 20분 만에 허망하게 집으로 돌아와야 했던 또 다른 시민도 무원칙한 운영에 분통을 터뜨렸다. 박은정 씨는 "오후 7시까지 운영한다는 말에 아이들과 부랴부랴 뚝섬수영장으로 가 6시쯤 들어갔는데 20분 후에 모두 나오라고 호각을 불더라"며 "그럴 거면 5시 이후에는 입장을 제한하든가 입장료를 받지 않든지 해야 하는 것 아니냐"고 지적했다.

수영장 직원들의 불친절한 태도에 대한 불만의 목소리도 높았다. 한 시민은 "직원들 땡볕에 고생하는 것도 이해하지만 아이들한테 윽박지르고 거친 말 하고… 아이들이 눈치 보느라 어쩔 줄 모르는 것을 보면서 화가 치밀었다"고 불쾌감을 감추지 않았다.

이에 대해 사업소 측은 "결제 액수가 적다 보니 신용카드 단말기를 들여놓는 데 소홀한 부분이 있었고, 워낙 많은 사람들이 찾다 보니 세세한 부분까지 관리하는 데 한계가 있다"며 "앞으로 개선해 나가도록 하겠다"고 밝혔다.

2006년 8월 14일(월) 〈연합뉴스〉

1. 서비스 마케팅

1-1. 서비스와 서비스 마케팅

(1) 서비스의 개념과 특성

1) 현대 사회와 서비스

이른 아침부터 잠이 들 때까지 우리는 참으로 많은 서비스를 제공받고 있다. 활기찬 음성의 모닝콜 서비스로 하루를 열고, 쾌적한 지하철 서비스를 이용해 출근을 한다. 낮에는 협력업체가 택배서비스를 이용해 보낸 신제품 샘플을 받아보고, 저녁에는 패밀리 레스토랑에서 극진한 서비스를 받으며 친구들과 즐거운 시간을 갖는다. 우리가 일상생활에서 누리는 서비스들은 참으로 다양하고 세분화 되고 있다. 더불어 서비스라는 용어가 갖는 의미 또한 다양하다.

영어사전에서 서비스를 찾아보면 가장 먼저 '봉사', '수고'의 의미가 있는데 그래서인지 우리는 '서비스'를 대가를 지불하지 않고도 얻을 수 있는 부수적인 것으로 여기는 경향이 있다. 그러나 실제의 서비스는 현대에서 가장 많은 부가가치를 창출하는 산업으로 성장하였다. 서비스는 어원상으로 *Servitude*에서 유래된 것으로 노예상태를 의미한다고 한다. 1960년대 미국마케팅협회(AMA : American Marketing Association)가 서비스에 대한 정의를 내리면서 현재까지 서비스에 대한 개념과 특성, 본질, 필요성, 서비스 체제나 전략 그리고 품질에 대한 연구가 활발하게 지속되고 있다.

서비스에 대한 정의는 다양하다. 독자적으로 판매되거나 제품의 판매에 연계되어 제공되어지는 활동, 혜택, 혹은 만족이라고 정의하기도 하고, 일방이 타인에게 제공할 수 있는 활동이나 혜택으로서 무형적이며 소유될 수 없다고 정의하기도 한다. 이외에도 관점 및 학자에 따라 서비스에 대해 다양한 정의가 내려지는데 본서에서는 인간 상호관계론적 관점에서 정의한 개념으로 서비스에 대해 접근한다. 즉, 서비스란 무형적 성격을 띠는 일련의 활동으로써 고객과 서비스 제공자 간 상호관계로부터 고객의 문제를 해결해주는 일련의 활동을 말한다.

2) 서비스의 특성

서비스는 일반 제품과 달리 다양한 특성들을 가진다. 그 중 서비스가 갖는 가장 두드러지는 특성은 무형성이다. 제품은 형태를 가지기 때문에 실체를 통해 그 가치를 판단하기가 용이하지만 서비스는 그 가치를 판단함에 있어 소비자의 소비 경험에 의존할 수밖에 없다. 예를 들어 택배서비스는 소비자가 원하는 물품을 원하는 장소까지 제공해주는데 그 서비스를 유형적으로 확인할 수 있는 것은 택배 차량과 택배 담당자가 전부이다.

다음으로 서비스는 생산과 소비가 동시에 일어나는데 이를 비분리성이라 한다. 유형제품의 경우는 생산되는 시점과 소비되는 시점 간에 시공간적 차이가 있으나, 서비스는 소비자와 서비스 제공자 간 상호작용에 근거하므로 시공간적 차이가 없다. 이는 서비스 제공자가 서비스의 품질을 통제할 수 있는 시간적인 여유가 거의 없음을 의미한다.

3.1.1. **서비스의 주요 특성**

특성	주요 내용
무형성 (Intangibility)	• 보이지 않는다! • 서비스는 실체가 아닌 수행이며 그것을 생산 제공하는 것 대부분이 무형적이다.
비분리성 (Inseparability)	• 생산과 소비가 동시에 일어난다! • 서비스는 생산과 소비가 동시에 발생한다.
이질성 (Heterogeneity)	• 표준화가 어렵다! • 서비스 제공자의 업무 수행 상태와 밀접한 관계를 가지는 서비스는 동일한 사람에 의해 제공되더라도 시간 및 고객에 따라 그 질적 수준이 달라질 수 있다.
소멸성 (Perishability)	• 판매되지 않는 서비스는 사라진다! • 서비스는 제공되는 시간이 지나면 소멸되는 것으로 보존성이 없다.

또한 서비스는 이질성을 갖는다. 유형의 제품은 생산시 투입 요소가 같을 경우 동일한 성질을 띠나 서비스의 경우는 동일한 서비스도 소비자에 따라 인식하는 정도가 상이하고, 소비자와 상호작용하는 서비스 제공자의 반응에도 차이가 난다.

마지막으로 서비스는 소멸성을 가진다. 유형의 제품은 판매되지 않으면 재고 형태로 보관이 가능하고 보관 중에 가치 하락이 크지 않다. 하지만 서비스는 재고로 보관이 불가능하고 판매되지 않으면 소멸된다.

(2) 서비스 산업과 서비스 마케팅

1) 국내외 서비스 산업의 현황

현대사회를 서비스 사회(Service Society) 또는 서비스 경제(Service Economy) 시대라고 한다. 그만큼 서비스 산업의 비중이 전세계적으로 지속 증가하고 있다. 세계 제1의 서비스 경제대국인 미국은 GDP(국내총생산)의 74%와 총고용 인구의 79%가 서비스 산업에 의존하고 있다. 또한 전세계적으로도 경제개발도상국 평균 서비스 산업의 비중이 60% 이상으로 나타나고 있다. 이러한 서비스 산업의 발전은 기존의 非서비스 산업과 非서비스 기업에도 막대한 영향을 미치고 있다. 지난 해 9월 세계 최고의 소프트웨어 개발사인 Microsoft 사가 창립 30주년을 맞았는데 이 회사에 대해 경영 컨설턴트들은 다음과 같이 변화를 주문하였다.

> "MS가 이제는 서비스 회사로 거듭나야 한다. 앞으로의 30년은 패키지 소프트웨어가 아닌 서비스가 MS를 먹여 살릴 것이다."

우리 경제에서도 서비스 산업의 비중은 계속 높아지고 있다. 국내총생산(GDP)에서 차지하는 서비스 생산의 비중은 지난 1970년 44.7%에서 지난해에는 56.3%로 확대돼 생산의 서비스화가 꾸준히 진행되고 있다. 또 전체 취업자에서 차지하는 서비스 산업의 취업자 비중도 1970년 34.3%에서 2004년

Microsoft 30주년 기념식과 빌 게이츠

65.2%로 거의 두 배 수준으로 확대됐으며, 제조업 생산에 투입되는 서비스 부문 비중도 지난 1980년 10.1%에서 지난 2000년 14.2%로 상승했다. 반면에 GDP 대비 서비스생산 비중은 미국의 77.4%(이하 2003년 기준)를 비롯해 영국 75.0%, 프랑스 73.6%, 일본 68.5% 등에 비해 턱없이 낮아 생산의 서비스화가 느린 속도로 진행되고 있다.

이는 다시 말해 서비스화가 선진국보다 덜 진전돼 있으며 그나마 소비성 서비스 산업에 의해 주도된 결과, 서비스 산업의 생산성이나 산업 연관도가 매우 낮아 그만큼 서비스 산업의 발전 가능성이 크다는 의미이다.

경제 발전과 삶의 질 향상에 따라 서비스 산업 역시 계속적인 진화를 거듭하고 있다. 온라인서점, 아침식사 배달서비스 등 새롭고 다양한 서비스업의 등장과 더불어 기본 서비스 외에 부가적인 서비스 추가 등으로 인한 기업의 전반적인 서비스 활동 증가, 전통적 제조기업의 서비스 기업화, 서비스의 고급화와 전문화 그리고 다양화 등은 본격적인 서비스 경제시대의 도래를 의미한다고 하겠다.

2) 서비스 마케팅의 특성

서비스 산업에서의 마케팅 활동은 서비스의 특성에 의해 기존의 제품 마케

3.1.2. **제품과 서비스의 차이**

구 분	제 품	서비스
형태	유형성, 물건	무형성, 활동 또는 공정
생산과 분배 및 소비 간	분리	동시에 진행
생산시 소비자 참여 여부	대개 불참	참여
품질	동질성	이질성
재고 보관 가능 여부	가능	불가능
소유권 이전	가능	불가능
가치 창출 원천	공장 생산 시점	제공자 소비자 간 상호작용 접점

팅 활동과 상이한 특성을 가진다. 제품이 형태를 가지고 있고 생산과 소비가 분리되어 발생하며 같은 제품 간에는 동일한 품질을 가지는 특성과 달리, 서비스는 무형성, 비분리성, 이질성, 소멸성 등의 특성을 가진다. 그리고 제품은 소유할 수 있는 권리를 이전할 수 있으나 서비스는 단지 해당하는 서비스를 즐기고 누릴 수 있을 뿐 소유할 수 있는 권리는 주어지지 않는다. 또한 가치(value) 관점에서 제품은 공장에서 그 가치가 거의 확정되지만 서비스는 제공자와 소비자 간 상호작용으로 인해 양자 간 접점에서 그 가치가 증가하기도 하고 감소하기도 한다. 따라서 서비스 마케팅은 기존의 전통적인 마케팅 활동을 수행함과 더불어 서비스 제공자와 소비자 간 상호작용에 대한 관리 방안과 활동이 추가적으로 발생한다. 그리고 전통적 마케팅의 경우는 마케팅 부서만이 마케팅 활동을 담당하였으나 서비스 마케팅의 경우에는 상대방과의 상호작용에 초점을 맞추므로 전 직원이 마케팅 활동에 참여하게 된다. 더불어 양자 간 접점 상호작용의 관리 활동이 서비스 마케팅의 주 활동으로 확대되고 있다.

3) 서비스 마케팅의 사례

이러한 서비스의 특성을 활용하여 성공적인 서비스 마케팅을 실시한 실례를 살펴보자. 특히 서비스의 특성 중 **무형성**과 **이질성**, **소멸성** 등 서비스의 3대 특성을 적극 활용하여 성공적인 마케팅 활동을 이끈 FedEx와 Domino's Pizza, KTX를 소개한다.

3.1.3. 서비스 3대 특성

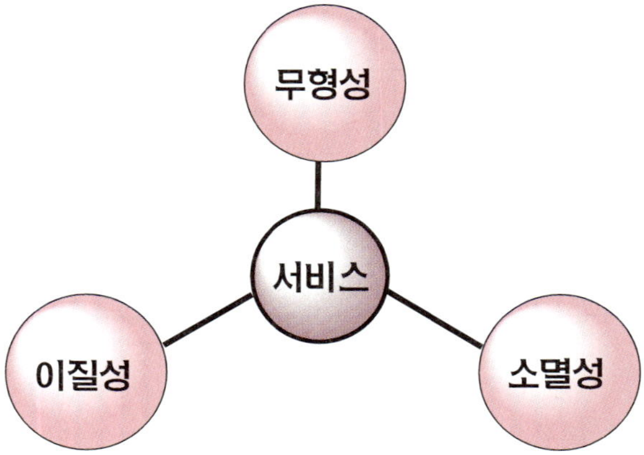

사례 메모

서비스의 유형화 FedEx

FedEx Express

FedEx는 하루 320만 개 이상의 화물을 전 세계 220개 국에 신속하고 정확하게 배달하는 세계 최대의 특급 운송 회사이다. FedEx가 성장할 수 있었던 주된 요인 중 하나는 서비스의 특성상 눈에 보이지 않는 무형성을 극복하고 유형화함으로써 보이지 않는 서비스를 소비자가 신뢰할 수 있도록 한 '60초 30분 보장 시스템'이다. '60초 30분 보장 시스템'은 FedEx를 이용하는 소비자와의 약속 2가지를 담고 있다. 약속 시간보다 60초 이상 늦을 경우 운송 비용을 환불하겠다는 정책을 내세워 소비자에게 배달 시간을 약속하였다. 그리고 소포에 대한 운송 상황을 소비자에게 30분 이내 알려주지 못할 경우 운송 비용을 환불하겠다는 정책을 통해 소비자가 요청한 물건의 종적 조회 및 관련 정보를 제공하기로 약속하였다. 결국 이러한 약속이 보이지 않는 서비스에 대한 소비자의 믿음으로 이어져 오늘날의 글로벌 서비스 기업의 밑거름이 되었다.

사례 메모

서비스의 표준화, 도미노피자

Domino's Pizza

우리에게 배달 서비스는 상당히 낯익은 서비스이다. 비오는 날 자장면 한 그릇을 집까지 배달해주는 서비스를 우리는 당연히 여기고 있기 때문이다. 하지만 배달 요청시마다 배달 시간이 늦거나 맛이 그때마다 다르다면 큰 문제가 아닐 수 없다. 이에 따라 세계 최대 피자 배달 전문점인 Domino' s Pizza는 시스템의 개선을 통해 서비스의 무형성과 더불어 이질성을 극복하였다. 먼저 Domino's Pizza는 콘베이어 오븐을 사용하여 일반 오븐 사용시 요리사에 따라 상이한 요리 시간을 10분으로 표준화하였고, 이를 통해 소비자에게 30분 배달 서비스를 약속하였다. 그리고 피자 맛은 도우가 결정한다는 점에 착안하여 중앙공급 시스템을 구축하고 전 매장에 동일한 품질의 도우를 공급하였다. 더불어 40분간 완성된 피자의 온도를 75°C로 유지할 수 있는 피자 배달 전용 HOT Bag을 개발하여 소비자의 집 앞까지 따끈하고 균일한 품질의 맛있는 피자를 제공함으로써 오늘날 세계 최대의 피자 배달 전문점으로 성장하였다.

사례 메모

서비스의 재고 관리, KTX

KTX : Korea Train Express

수요의 변화에 따라 재고 보관이 불가능한 서비스 산업에서 재고 관리를 위한 제도를 운영하는 기업들이 늘고 있다. 미국 Southwest 항공사의 경우 일반 여객항공사와 달리 좌석이 만석이 되는대로 목적지로 출발하는 시스템을 보유하고 있다. 국내의 경우 KTX는 자유석 제도를 통해 소비자에게 요금 할인 및 이용 시간 제약의 감소라는 혜택을 제공하고 있다. 자유석 제도란 KTX 객차 2량을 좌석을 지정하지 않는 자유석으로 운영함으로써 역에 정해진 열차 출발시각보다 일찍 도착하거나 늦게 도착한 경우 승차권을 변경하기 위해 기다리거나 열차 출발시각까지 대기할 필요 없이 현재 출발 준비 중인 KTX 열차를 바로 이용할 수 있도록 한 제도이다. 이 제도를 통해 소비자는 일반적으로 승차권을 변경할 경우 필요한 변경 수수료와 열차가 출발한 경우 지급해야 하는 반환 수수료를 절약할 수 있으며 상황에 맞게 시간 지체 없이 열차를 이용할 수 있는 혜택을 얻는다. 그리고 KTX의 경우에는 소비자에게 혜택을 제공함으로써 열차 탑승율을 유지하고 확보할 수 있다는 장점을 지닌다.

(3) 서비스 마케팅 삼각형

서비스 경제에서 서비스 기업이 성공하기 위한 핵심은 바로 고객이다. 하지만 기업 입장에서 최종 소비자만을 고객으로 간주한다면 고객의 의미를 제대로 파악하지 못한 기업이라 하겠다. 이에 고객, 특히 고객과의 상호작용에

3.1.4. **서비스 마케팅 삼각형**

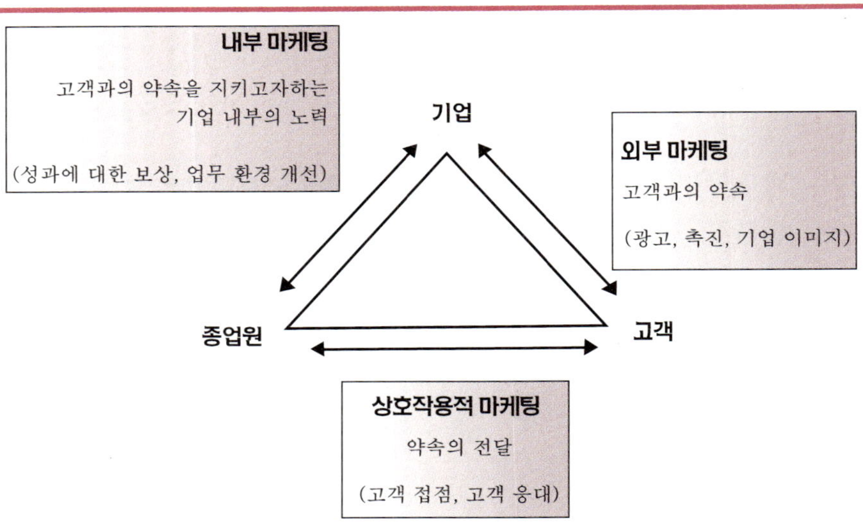

사례 메모

서비스도 '리콜' — 영화 · 숙박업 · 신용카드 환불 · 무료보상 확산

3일 오후 1시, '준오헤어숍' 이화여대 2호점. 분주하게 손을 놀리는 직원들의 명찰에 1,000원짜리 지폐가 끼워져 있다. 벽에는 '미소짓지 않는 직원 가슴의 천 원을 서슴없이 가져가세요'라는 포스터가 붙어 있다. 이른바 '미소 리콜제'. 임미희 점장은 "서비스가 약해질 수 있는 바쁜 주말에는 실제로 지폐를 빼가는 손님이 종종 있다"고 말했다. 이 헤어숍은 또 염색이나 파마를 한 고객에게 'AS 쿠폰'을 나눠주고 있다. 머리 스타일이 마음에 들지 않으면 언제든지 다시 무료로 파마를 할 수 있는 보증서다.

주로 자동차나 가전 메이커가 시행하던 '리콜' 제도가 서비스 업종으로까지 확산되고 있다. 리콜(recall)이란 결함이 있는 제품에 대해 생산업체가 무료로 교환하거나 수리해주는 제도다. 경기 침체 속에서 업체 간 경쟁이 치열해지자 서비스 차별화 전략에 나선 것이다.

여행객 감소로 어려움을 겪는 강원도 속초시 설악동 숙박업소들도 지난 10월부터 리콜제도를 시작했다. 40여 개 업소 주인들끼리 '티콜 인증제'를 맺어, 관광객으로부터 요금 · 서비스와 관련해 항의를 받으면 요금을 환불해 준다. 3회 이상 적발된 업소는 리콜제 인증 업소에서 제외시키기로 했다.

영화 관람에 불만이 있다면, 이것도 리콜이 된다. CJ CGV는 3년째 '리콜 시사회'를 실시해 큰 호응을 얻고 있다. 서비스에 불만 있다는 의견을 제시한 고객을 초청해 미개봉 영화를 관람시켜 주는 것이다.

지난 1일에는 신용카드 업계에서 대대적인 '서비스 리콜'이 발생했다. 연회비 50만 원짜리 비자 인피니트 카드에 골프 관련 서비스 민원이 제기되자, 연회비를 모두 면제하고 추가 서비스를 제공하기로 약속한 것. 국민은행도 주택담보대출 리콜제를 실시하고 있다. 대출 조건이나 서비스에 불만을 가진 고객이 대출 후 7일 이내에 항의를 할 경우, 대출을 취소하고 그동안의 이자를 물지 않도록 하고 있다.

2005년 11월 4일(금) 〈조선일보〉

따른 관계를 기본 관점으로 서비스 기업이 성공하기 위해 반드시 필요한 마케팅 활동을 나타낸 것이 바로 서비스 마케팅 삼각형이다.

서비스 마케팅 삼각형은 기업과 고객, 종업원 간 관계를 중심으로 **외부 마케팅**(External Marketing), **내부 마케팅**(Internal Marketing), **상호작용적 마케팅**(Interactive Marketing)으로 구성된다.

외부 마케팅은 기업이 고객의 기대를 설정하고 고객과의 약속을 설정하는 활동을 의미한다. 서비스가 제공되기 이전에 기업이 고객에게 전달하는 광고, 홍보, 촉진 등 모든 메시지와 요소들이 이에 포함된다.

그리고 내부 마케팅은 기업이 고객에게 약속한 것들을 종업원들이 지킬 수 있도록 하는 기업 내부의 마케팅 활동이다. 고객과의 약속을 지키기 위해 기업은 종업원들을 교육시키고 업무 환경을 개선하며 성과에 대해 보상을 실시한다.

또한 상호작용 마케팅은 실제 서비스가 이루어지는 현장에서의 활동으로 서비스 기업의 종업원들이 고객들과 직접 접촉하면서 고객을 응대하며 기업이 고객과의 관계에서 설정한 약속을 이행하는 마케팅 활동 전반을 의미한다.

이와 같이 서비스 마케팅 삼각형은 성공적인 서비스 마케팅 활동을 위해 각 서비스 기업이 처한 상황에 대한 분석과 함께 반드시 숙지하고 관리해야 한다.

1-2. 서비스와 고객 만족

(1) 고객 만족과 가치(Value)

서비스 기업에 있어 고객을 얼마나 정확하게 이해하고 있느냐 하는 것은 기업의 존폐가 걸린 매우 중요한 사안이다. 고객에 대한 관점의 변화를 간략히 살펴보면 1970년대까지는 수요가 공급을 초과하여 고객의 욕구가 10인 1

색이었고, 1980년대에는 수요와 공급이 거의 동일해지면서 고객의 욕구는 10인 10색이 되었다. 그리고 2000년대 들어서는 공급이 수요를 월등히 초과하면서 고객의 욕구는 1인 10색이 되어 기업들은 그에 맞는 맞춤 서비스를 제공하기 위해 노력하게 되었다.

이러한 상황에서 모든 기업들은 고객 만족을 외치게 되었다. 고객 만족(Customer Satisfaction)이란 무엇인가?

1) 경제학적 관점에서의 고객 만족

기업이 제공하는 재화나 서비스는 해당 재화나 서비스의 가격을 통해 소비자가 보유하고 있는 화폐와 교환하게 된다. 이때 소비자는 합리적인 판단하에 제공되는 재화나 서비스가 자신이 지불하는 화폐의 가치보다 클 때 교환하게 된다. 기업의 경우에는 제공하는 재화나 서비스의 생산 원가보다 높은 가치(가격)가 형성되어야만 이를 소비자와 교환하게 된다. 이러한 교환 과정에서 기업은 가격과 원가의 차이 만큼 기업 이익을 획득하게 되고, 소비자는 교환을 통해 획득하는 가치에서 실제 지불한 가격을 뺀 만큼의 고객 만족을 획득하게 된다.

2) 고객 가치 관점에서의 고객 만족

다음으로 고객의 가치 관점에서 고객 만족을 살펴보자. 일반적으로 가치(value)란 **사람들이 재화나 서비스를 통해 기대하는 이익이나 혜택이며 소비자들이 구매를 결정하는데 있어 가격보다 오히려 더 중요한 역할을 한다.** 앞서 경제학 관점에서의 가치 개념은 저렴한 가격(Value is low price), 지불한 가격에 대해 얻

3.1.5. **경제학 관점에서의 고객 만족**

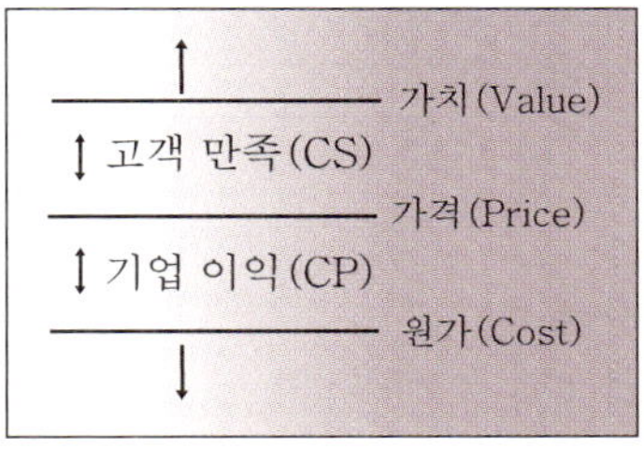

3.1.6. 고객의 가치와 고객 만족

은 품질(Value is the quality I get for the price I pay) 등으로 설명할 수 있는데 반해 가치 관점에서는 지각 가치(Perceived Value)와 기대 가치(Expected Value)로 설명할 수 있다.

소비자들은 구매를 통해 자신이 얻게 될 가치에 대해 기대 수준을 형성하게 되는데 이를 기대 가치라고 하고, 구매를 통해 실제 획득하게 된 가치를 지각 가치라고 한다. 그리고 실제 지각한 가치와 구매 이전에 기대한 가치 간의 차이를 비교하게 되는데, 이때 구매 후 사용을 통해 지각한 가치가 구매 전에 기대한 가치보다 큰 경우에는 만족하지만, 기대 가치보다 지각 가치가 낮은 경우에는 불만족하게 된다.

과거의 고객 만족은 크게 상품과 서비스, 기업 이미지 등의 3요소로 구성

3.1.7. 고객 만족의 3요소

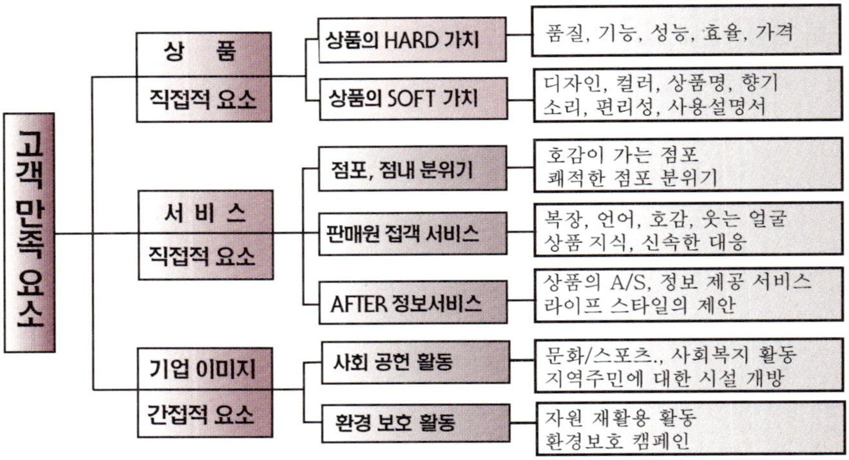

되었는데 고객 만족의 직접적 요소인 상품의 차별화가 어려워지면서 기업들은 서비스를 통한 고객 만족의 향상에 큰 관심과 노력을 기울이게 되었다. 이는 같은 상품도 판매하는 이의 태도나 이미지에 따라 구매 여부를 결정하는 경우가 점점 늘어나게 된 까닭이기도 하다. 참고로 기업들은 고객 만족의 간접적 요소인 기업 이미지의 형성 및 개선을 위해 여러 사회공헌 활동을 펼치고 있다.

(2) 고객 만족과 기업 경영

1) 기업의 목표는 계속 기업

거의 모든 기업들이 고객 만족을 위해 오늘도 노력하고 있다. 심지어는 TV 광고에서도 고객 만족이 최고의 기업 덕목인 것으로 표현하는 사례도 종종 목격된다. 하지만 고객 만족이 실제 기업 경영을 위해 추구해야 할 최고의 목표 또는 목적은 아니다.

기업의 제1의 목표는 다름 아닌 계속 기업이다. 계속 기업(Going Concern)이란, **기업이 계속적으로 존재한다는 가정 아래에서 사업을 영위하는 기업, 사업을 반영**

3.1.8. 기업 경영과 고객 만족의 관계

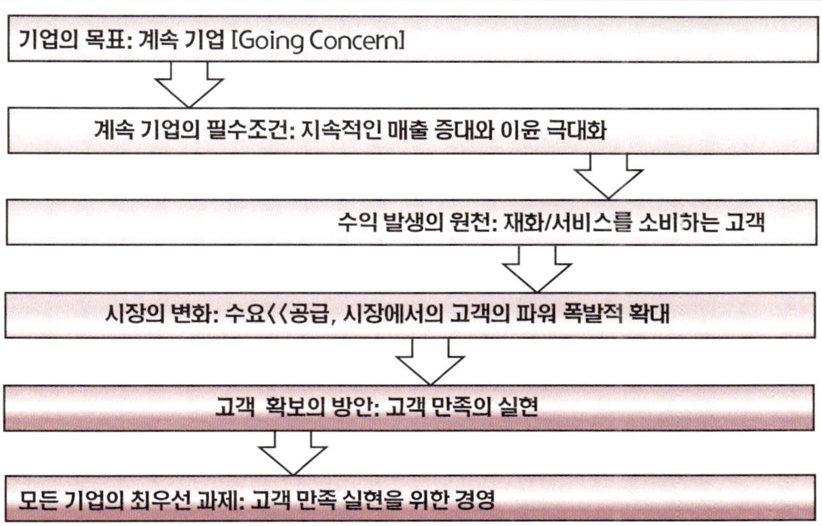

구적으로 계속하는 기업을 말하며 사람과 같이 그 생명을 유지하기 위해 끊임없이 노력한다는 것을 의미한다. 사람이 생존과 활동을 위해 음식물을 섭취하고 수면을 취하듯이 기업은 그 생명을 유지하기 위해 지속적인 매출의 증가와 이윤의 극대화를 필요로 한다. 여기서 매출의 증가와 이윤의 극대화를 위한 원천은 바로 재화와 서비스를 소비하는 고객이다. 과거에는 큰 어려움 없이 고객을 획득할 수 있었지만 치열한 경쟁으로 인해 가만히 있어서는 고객을 획득하는 것이 거의 불가능하게 되었다. 이는 수요에 비해 공급이 폭발적으로 증가하면서 정보의 흐름이 고객으로 흐르게 되었고, 그 결과 고객의 파워가 그 어느 때보다 막강해졌기 때문이다. 이에 기업들은 고객을 확보하기 위한 다양한 방안을 모색하기 시작하였고 결국 고객의 만족을 실현하는 것이 고객을 얻을 수 있는 단 하나의 방법임을 인식하게 되었다. 결국 고객 만족의 실현을 위한 경영이 모든 기업의 화두가 된 것이다.

2) 고객 만족을 위한 가치 혁신

고객 만족을 위해 노력하는 수많은 기업들 중에 단연 돋보이는 기업이 있다. 바로 미국의 사우스웨스트 항공(Southwest Airlines)이다. 이 기업은 잘 알려진 바와 같이 고객을 향한 전혀 새로운 관점과 접근으로 고객을 위한 가치 혁신(Value Innovation)을 일궜다.

우리가 항공편을 이용하는 가장 중요한 이유는 무엇일까? 맛있는 기내식, 아름다운 스튜어디스의 친절한 서비스, 시원한 맥주에 최신의 영화 한 편. 이러한 서비스를 마다하지는 않겠지만 실제로 항공기를 이용하는 모든 이들의 바램은, 원하는 곳으로 원하는 시간에 저렴한 비용으로 이동하는 것이다. 즉, 항공기를 이용하는 소비자들이 바라는 핵심적인 가치에 착안하여 불필요한 서비스를 최소화하여 승객들의 부담을 줄이고 승무원들이 더 많은 시간을 승객에게 투자할 수 있도록 함으로써 사우스웨스트 항공은 비용 절감과 고객 만족이라는 2마리 토끼를 모두 잡았다. 사우스웨스트 항공의 Herb Kelleher 회장은 지금도 "우리의 경쟁 상대는 노스웨스트 항공사와 유나이티드 항공사가 아닙니다. 바로 포드, GM, 토요타 등입니다"라고 자신있게 이야기하며 새로운 고객 가치의 실현을 위해 노력하고 있다.

3.1.9. 사우스웨스트 항공의 C.I와 Herb Kelleher 회장

3) 내부 고객 만족을 통한 고객 만족의 실현

앞서 서비스 마케팅 삼각형에서 내부 마케팅의 중요성에 대해 설명하였는데 사우스웨스트 항공은 효과적인 내부 마케팅 활동으로 모든 임직원들이 기업과 고객과의 약속을 지킬 수 있도록 최선의 노력을 다하고 있다. 바로 FUN 경영이 그것이다. 직원들과 함께 재미있는 이야기와 유머를 즐기는 Herb Kelleher 회장은 "유머는 조직의 화합을 위한 가장 효과적인 촉매제"이며 "일은 언제나 즐거워야 생산성도 높아진다"고 주장한다. 또한 "직원들이 가장 중요한 고객이며 승객이라도 항상 옳지는 않다"고 말한다. 실제로 고객이 잘못한 상황에 대해서 사우스웨스트 항공은 임직원에게 지적이나 문책을 하기 보다 문제에 대한 정확한 파악 후에 승객에게 그 책임을 묻는다고 한다. 이러한 기업의 내부 마케팅 활동은 전 임직원으로 하여금 고객에게 먼저 다가갈 수

3.1.10. **사우스웨스트 항공의 대고객 서비스**

있는 준비와 여유를 가지게 하였다. 비행기 이착륙 후 기장이 가장 먼저 수하물 처리 장소로 이동하여 승객들의 짐을 확인하고 전달하는 등 모든 임직원이 솔선수범하는 모습을 보임으로써 일반 고객에게도 호의적인 이미지를 심어주고 있다. 그리고 이러한 전반적인 가치 혁신과 마케팅 활동을 통해 세계 최고의 최저가 항공사로 자리매김하게 되었다.

1-3. 교육 서비스와 서비스 마케팅

(1) 교육 서비스의 개념과 특성

교육이 서비스 개념으로 받아들여진 것이 그리 오래된 일은 아니다. 오랜 유교사상의 전통 아래 스승을 섬기는 옛 전통의 관점에서 교육 서비스는 어찌 보면 전혀 다른 세상의 이야기일 수도 있다.

3.1.11. 교육 서비스의 기본 개념과 특성

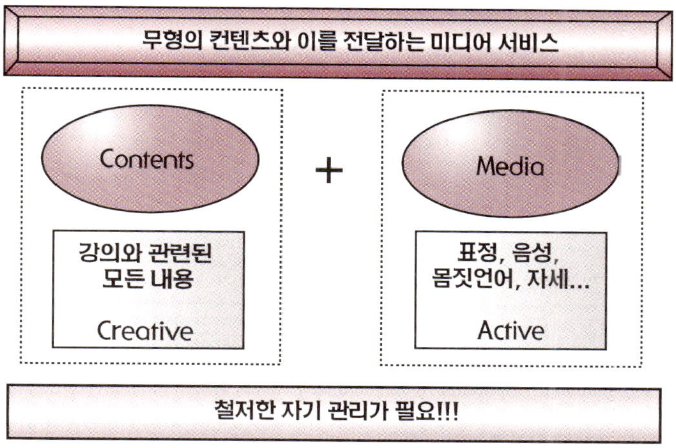

우선 서비스 관점에서 교육 서비스는 **교육 서비스 제공자와 소비자 간 상호작용을 바탕으로 무형의 컨텐츠와 이를 전달하는 미디어가 결합한 서비스라고 정의할 수 있다. 효과적인 교육 서비스를 제공하기 위해서는 이 두 가지 요소가 조화를 이루어야 한다.** 특히 학교 교육과 달리 기업 교육 서비스의 경우 **강의와 관련된 모든 내용을 의미하는 컨텐츠는 창의적이어야 하고, 그러한 창의적 컨텐츠를 전달하는 표정과 음성, 몸짓언어, 자세 등의 매체는 적극적이고 의욕적이어야 한다.** 따라서 지속적인 컨텐츠 개발과 매체 효과의 개선을 위해 교육 서비스 종사자는 철저한 자기 관리가 요구된다 하겠다.

전통적인 유교 사상에 기인하여 교육 서비스는 단순히 지식의 전달이 아니며 교육 서비스 제공자의 인성과 매너가 발현되어야만 진정한 교육의 목적을 달성한다 하겠다. 그리고 기업 교육 서비스의 경우에는 고객과의 관계를 감안하여야 한다. 즉 교육을 의뢰한 목적을 정확히 파악하고 그에 맞는 컨텐츠를 개발하여 이를 효과적인 방법으로 전달해야 한다. 예를 들어 진행해야 할 교육이 단순히 강의를 수강하는 피교육자의 스트레스 해소를 위한 것인지 아니면 접점 응대에서 개선해야 할 부분을 교육하여 장기적으로 기업 이미지 및 매출 향상을 기대하는 것인지 등, 구체적인 교육의 목적과 대상을 분석하여야만 성공적인 교육 서비스의 제공이 가능하다.

3.1.12. 기업 교육 서비스의 조건

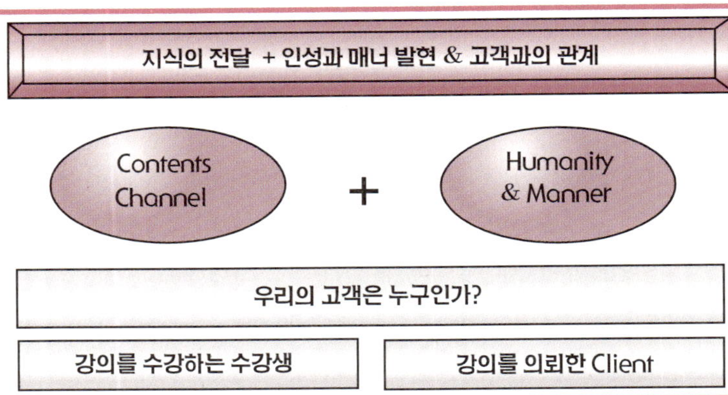

(2) 서비스 마인드의 확립

서비스 교육자를 꿈꾸는 분들에게 가장 먼저 바라는 것 중의 하나가 바로 서비스 마인드에 대한 인식과 확립이다. 서비스 교육자는 컨텐츠 개발 능력과 미디어 전달 능력 등의 스킬도 중요하지만 교육 서비스 제공자로서의 마음가짐이 더욱 강조된다. 교육 서비스 제공자로서 갖춰야 할 마음가짐은 바로 긍정적인 사고 그리고 말과 행동의 일치이다. 항상 먼저 '예라고' 할 수 있는 긍정적인 마음가짐과 자신의 말과 행동을 가다듬는 등 끊임없이 서비스 마인드를 수양한다면 미래의 인재를 길러내는 진정한 스승이자 존경받는 교육 서비스 제공자가 될 것이다.

3.1.13. 교육 서비스 제공자에게 필요한 서비스 마인드

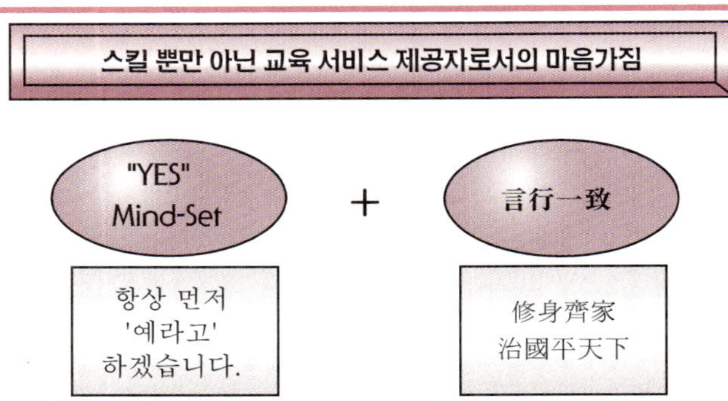

2. 소비자 행동

> 인간의 가장 위대한 발견 중의
> 하나는 태도를 바꾸면
> 운명이 바뀐다는 점이다.
>
> ── 윌리암 제임스

사례 메모 소비자의 공격적 변신

소비자가 공격적으로 변신하고 있다. 제조사에서 만든 것을 그냥 구매하는 수동적 입장에서 벗어나 제품 개발과 판매에 영향을 미치고 자신의 개성에 따라 물건을 구매하는 소비자가 늘고 있다. 이에 따라 단순한 '소비자'(Consumer)가 아니라 '프로슈머(Prosumer 생산적 소비자)', '크리슈머(Cresumer, 창조적 소비자)' 등으로 세분화되고 있다.

자동차 마니아 신중민(35)씨는 회사원으로서 수입 스포츠카를 살 여유가 없어 현대 투스카니 스포츠카를 샀다. 그런 다음 튜닝(차량 개조)을 했다. 그는 "스포츠카를 튜닝하는 사람이 많아지면서 일부러 고급 부품을 쓰지 않은 스포츠카도 나왔다"고 말했다. 신씨 같은 '크리슈머'가 제조 회사에 영향을 미친 셈이다.

샐러리맨 김병철(28)씨는 야근이 잦아 물건 사러 다닐 시간이 없어 인터넷으로 많이 구매한다. 그는 인터넷에 올라 있는 소비자 반응을 보고 제품 구매 여부를 결정한다. 전형적인 '트윈슈머(Twinsumer, 사용후기를 참고해 구매하는 소비자)'다.

'스포슈머'(Sposumer, 스포츠에 돈을 아끼지 않는 소비자) 박강민(30, 회사원) 씨는 얼마 전 100만 원이 넘는 수상스키 장비를 구입했다. 스노보드 등 겨울 스포츠 용품도 100만 원대 이상 제품이 많다.

온라인 광고기획사에 근무 중인 김정훈(29) 씨는 일 주일에 적어도 한 번은 백화점에 들러 3~4시간 정도 쇼핑을 한다. 한 달 평균 4~5벌의 옷을 산다. 여자친구 선물을 살 때 스타일을 생각해 선물을 고르고, 주변 사람에게 옷차림에 대해 조언을 자주 한다. 김씨 같은 '맨슈머(Mansumer, 소비에 적극적이고 취향이 확실한 남성 소비자)'가 늘자 LG패션 남성복 'TNGT'는 고객이 직접 제품 기획에 참여하는 'TFL(TNGT Fashion Leader)' 프로그램을 운영하고 있다.

유명은(24, 회사원)씨는 필요한 정장 구두를 사고 피부관리 비용을 마련하기 위해 친구들과 계를 들어 한 달에 10만 원씩 붓고 있다. 그는 한 달 월급의 20% 정도를 미용, 패션 쪽에 쓴다. 고운세상 마케팅연구소는 "미(美)를 위해 투자를 아끼지 않는 소비자는 '보떼슈머(Beautysumer)'로 분류할 수 있다"고 말했다.

디자인 회사에 다니는 장은화(29)씨는 '그린슈머(Greensumer, 친환경, 유기농 제품을 찾는 소비자)'다. 미혼인 장씨는 친환경 식단으로 손수 음식을 만들어 먹는다.

2006년 8월 11일(금) 〈조선일보〉

2-1. 소비자의 이해

(1) 소비자와 고객

우리는 흔히 고객 만족 시대에 살고 있다고 한다. 많은 기업들이 고객 만족을 최우선으로 한다는 메시지를 끊임없이 보내고 소비자들은 기업들 간 치열한 경쟁 속에서 상당한 혜택을 보고 있다. 그리고 이러한 상황은 소비자에게 더욱 큰 결정권을 부여하게 될 것이다. 그런데 우리는 소비자라는 용어와 고

3.2.1. 소비자와 고객

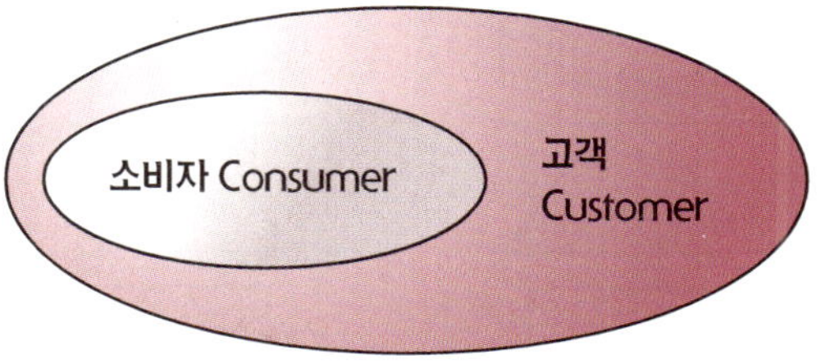

객이라는 용어를 같이 사용하고 있다. 이 용어 간 개념은 학문에 따라 조금 상이한데 여기서는 경영학적 관점에서 이들 용어를 정의하고자 한다.

먼저 소비자는 **영어로는 *Consumer* 이며 소비하는 사람이라는 뜻이다. 즉 사업자가 제공하는 상품과 서비스를 소비생활을 위하여 구입하거나 사용하는 사람을 말한다. 그리고 고객은 영어로 *Customer* 이며 재화나 용역을 구매하고 사용하는 일련의 과정에 참여하는 모든 이해관계자를 의미한다.** 이상의 정의를 통해 두 용어 간의 관계를 살펴보면 고객 개념이 소비자를 포함하는 보다 큰 개념으로 볼 수 있다. 소비자가 실제 구매와 소비에 초점을 두었다면 고객은 실제 구매와 소비 전후에 관련된 모든 사람을 포함하는 개념이기 때문이다. 이에 본 장에서는 소비자와 고객을 혼용하되 소비자라는 용어를 주로 사용하기로 한다.

(2) 소비자 행동의 이해

1) 소비자 행동 개관

우리는 매일매일 무엇인가를 구매하고 소비한다. 그리고 기업과 학자들은 사람들의 구매와 소비에 대해 수많은 연구를 해오고 있다. 어디서, 어떻게, 얼마나 자주, 얼마나 많이, 왜 구매하는지에 대해 깊이 있는 연구를 진행하고 있다. 기본적으로 소비자 행동을 이해하기 위해서 소비의 두 가지 과정 즉, 의사결정 과정과 정보처리 과정을 이해해야 한다. 그리고 소비자 행동에 영향을 미치는 개인적 영향 요인과 환경적 영향 요인과 함께 소비자의 의사결정 과정과 정보처리 과정에 따라 형성되는 태도에 대해 개괄적으로 이해해야

3.2.2. 소비자 행동의 기본 체계

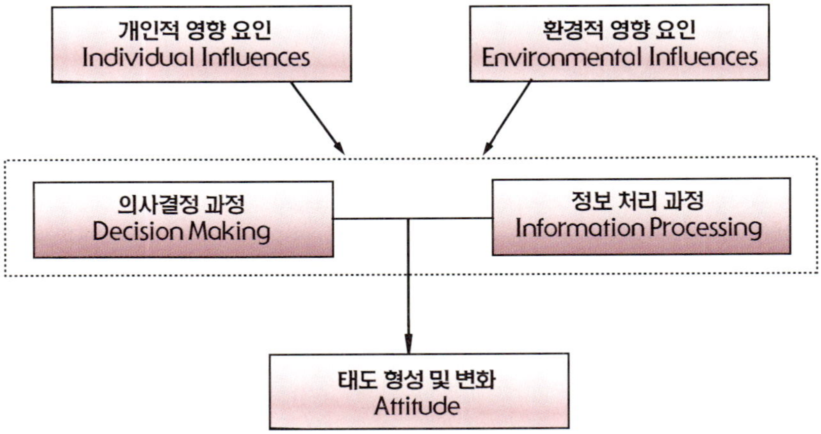

한다. 본 서에서는 소비자 행동의 이해를 위한 기본적인 내용을 살펴보기로 하고, 보다 구체적인 사항은 전공 서적을 참조하기 바란다.

2) 소비자 행동에 영향을 미치는 요인들

소비자 행동에 영향을 미치는 요인들은 여러 가지가 있는데 크게 개인적 영향 요인과 환경적 영향 요인으로 나눌 수 있다. 개인적 영향 요인(Individual Influences)은 개인의 나이와 성격, 직업과 경제적 상황, 라이프 스타일, 동기(Motivation), 학습(Learning), 신념과 태도 등을 의미하고, 환경적 영향 요인(Environmental Influences)은 개인이 속한 준거집단과 가족, 문화와 사회계층, 집단 내 커뮤니케이션과 집단 간 커뮤니케이션 등을 말한다. 다원화 된 현대 사회에서 소비자의 의사결정에 영향을 미치는 요인들 역시 점점 다양해지고 여러 단계를 거쳐 형성되고 있다. 특히 개인이 속한 준거집단의 영향력은 그 어느 때보다 크게 작용하고 있는 실정이다.

3) 관여도

우리는 일어나서 잠들 때까지 매일 엄청난 양의 정보에 노출되지만 그 정보 중에 일부에만 관심을 기울이고 그 외의 정보에는 별 주의를 기울이지 않는다. 무엇인가를 구매하려 할 때도 마찬가지이다. 어떤 것들은 별 생각없이 반복적으로 구매하는가 하면 또 어떤 것들은 몇 일을 고민하고 다른 것들과 비교에 비교를 거듭하면서 구매를 결정하게 된다. 왜 그럴까? 그 이유를 설명해주는 개념이 바로 관여도이다. 관여도(Involvement)는 **주어진 상황에서 특정 대상(제품)에 대한 개인의 중요성 지각 정도 또는 관심도라고 정의되기도 하고, 주어진 상황에서 특정 대상에 대한 개인의 관련성 지각 정도로 정의되기도 한다.**

예를 들어 우리가 껌을 구입할 때는 편의점 매대 앞에서 주저없이 하나의 제품을 선택하지만 MP3 플레이어나 노트북 컴퓨터를 구매하는 경우에는 몇 일 밤낮을 가리지 않고 비교하고 또 비교하면서 심사숙고 후에 구입할 제품을 선택할 것이다. 여기서 껌의 경우는 소비자의 관여도가 낮은 저관여 제품이며 MP3 플레이어나 노트북 컴퓨터는 소비자의 관여도가 높은 고관여 제품이다. 그런데 이러한 관여도는 앞서 정의에서 본 바와 같이 3가지 요인에 의해 결정되는데 바로 개인적 요인, 제품 요인, 상황적 요인이 바로 그것이다.

같은 제품이라도 그 제품에 대한 관여도는 개인마다 상이하다. 이는 대상과 제품에 대해 개인이 가지는 선호도 및 관심의 정도가 다르기 때문이다. 예를 들어 신제품 담배 광고에 대해 애연가들은 상당한 관심을 가지고 광고에 집중하겠지만 비흡연자들의 경우에는 무관심하거나 광고와 광고 모델에 대해 비호의적인 태도를 형성하기도 한다. 그리고 어느 날 갑자기 샴푸 중에 머리카락이 한 뭉치 빠졌다면 평소에 별 신경을 쓰지 않던 모발 관련 제품광고가 너무도 선명하게 보이게 된다.

다음으로 소비자는 자신이 중요시하는 가치를 충족시키는 제품에 대해 높은 관여도를 보이고 특히 즐거움과 쾌락적 가치를 부여하는 제품에 대해 높

3.2.3. 관여도의 3가지 결정 요인(상황, 개인, 대상)

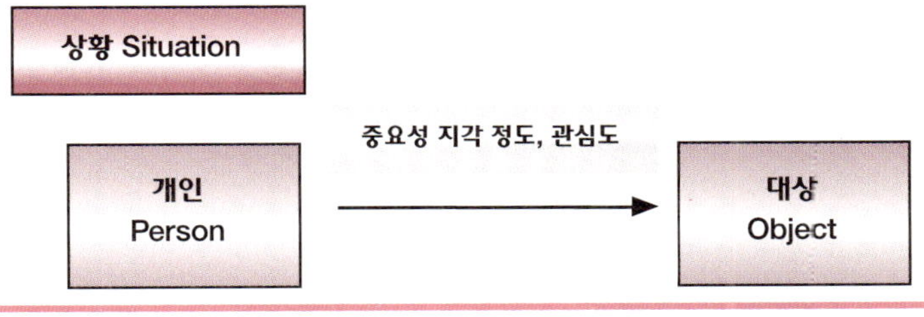

3.2.4. 관여도 결정 요인과 광고 : 개인적 요인, 제품 요인, 상황적 요인

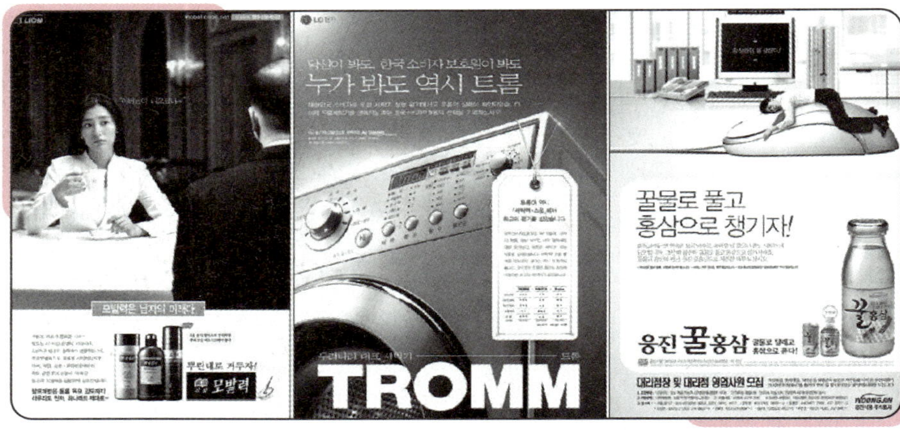

광고 : CJ라이온, LG전자, 웅진식품

은 관심과 애정을 보이게 되는데 이것이 관여도를 결정하는 제품 요인이다. 예를 들어 세탁기 제품에 대해 소비자들이 가장 중요시 하는 부분은 조사 결과 세탁력과 모터의 정숙성일 때 모 세탁기 업체가 이 점을 간파하고 세탁기의 가장 중요한 속성인 세탁력과 소음을 광고에 활용함으로써 소비자들의 관여도를 높였다.

또한 상황에 따라서도 제품에 대한 소비자의 관여도는 달라진다. 특히 특정한 상황에 있어 위험을 크게 지각할수록 관여도는 커진다. 예를 들어 존경하는 분을 방문하게 되어 선물을 고르고자 하는 경우 선물 선택에 대한 관여도는 매우 높아지게 된다. 그리고 〈3.2.4〉의 음료 광고에서와 같이 전 날 과음한 상황에서 해당 음료에 대한 관여도가 상당히 높아지게 된다.

사례 메모

은행들의 야박한 '에어컨 인심'

여름 최고의 피서지(避暑地)는 '은행' 입니다. 요즘 은행에 가보면 시원한 에어컨 바람을 맞으며 더위를 식히려는 인근 동네 주민들을 자주 볼 수 있습니다. 그런데 몇몇 은행들이 이런 '불청객' 들을 밀어내려는 작전에 돌입했습니다.

아스팔트가 지글거리던 지난 4일 오후 1시. 종로 근처의 A은행 창구에서 볼 일을 보고 있었습니다. 마침 3명의 노인들이 은행으로 들어와 "역시 은행 만한 곳이 없다"며 에어컨 앞에 앉아 땀을 식히더군요. 5분이 채 지나지 않아, 유니폼을 입은 보안 직원이 노인들에게 다가와서 이렇게 말했습니다."왜 번호표를 안 뽑으십니까? 그냥 이렇게 앉아서 에어컨 바람 쐬시면 안 됩니다. 다른 분들이 싫어하세요." 그러자 노인들은 무안한 표정으로 엉거주춤 일어났습니다.

내친 김에 취재를 해보았더니 B은행의 분당 지점은 우대 고객을 모시는(?) 객장 안쪽 공간엔 에어컨을 상시로 틀어놓고, 창구 쪽은 뜨내기 고객이 오면 에어컨을 꺼버린다는군요. C은행은 앉아 있는 고객들에게 신용카드를 판촉하는 방식으로 불편하게 만드는가 하면 D은행은 창구 쪽 좌석을 모두 없애, 오래 있을래야 있을 수 없게 만들었습니다.

'디마케팅(De-Marketing, 돈 안 되는 고객 쫓아내는 마케팅)' 이야기를 많이 듣긴 했지만 좀 심하지 않습니까. 매년 몇 조원씩 버는 은행들, 여름 한철 동네 주민들에게 에어컨 인심 좀 쓰는 것은 어떨까요.

2006년 8월 8일(화) 〈조선일보〉

2-2. 구매 의사결정 과정

소비자의 구매 의사결정 과정(Decision Making Process)은 **일반적으로 다음과 같이 문제의 인식, 정보의 탐색, 대안의 평가, 구매, 구매 후 평가의 5단계로 나누어 볼 수 있다.** 소비자는 어떤 본원적이거나 구체적인 욕구가 발생하면(문제의 인식) 이를 충족시킬 수 있는 수단에 대해 정보를 탐색하게 되는데 먼저 자신의 기억 속에서 필요한 정보를 떠올리게 된다(내부 정보의 탐색). 이 때 자신의 기억 속에서 충분한 정보를 얻지 못하면 외부로부터 더 많은 정보를 찾는다(외부 정보의 탐색). 그리고 그러한 정보들로부터 수용 가능한 대안들을 선별하여 평가하게 되고(대안의 평가) 그 중 가장 최선의 대안을 선택하고 구매한다(구매). 이어 소비자는 구매와 더불어 소비 및 사용을 하면서 구매한 대안에 대해 만족 혹은 불만족을 경험하게 되고 이를 통해 구매에 대한 적절성 여부를 평가하게 된다(구매 후 평가).

서비스 제공자의 입장에서도 서비스 소비자에 대한 이해를 위해 구매 의사결정 과정의 각 단계에 대해 개괄적으로 학습하는 것이 필요하다. 이에 구매 의사결정 과정의 각 단계에 대해 살펴보자.

(1) 문제의 인식(Need Recognition)

소비자는 어떤 시점에 자신이 상태와 이상적인 상태 간에 상당한 차이를 느끼면 그 차이를 해소하기 위한 수단을 모색하게 되는데 이 단계가 문제의 인식으로 의사결정 과정의 첫번째 단계이다. 이러한 문제의 인식은 배가 고프거나 갈증이 나는 경우와 같이 내부적 욕구에 의한 경우도 있지만, 분식집을 지나다가 떡볶이를 보거나 친구의 새로 산 핸드폰을 보는 경우처럼 외부

3.2.5. 의사결정 과정의 프로세스

문제의 인식 → 정보의 탐색 → 대안의 평가 → 구 매 → 구매 후 평가

적 자극에 의해 일어나기도 한다.

(2) 정보의 탐색(Information Search)

정보의 탐색은 내부의 기억 정보를 탐색하는 내적 탐색과 외부의 정보를 탐색하는 외적 탐색으로 구분된다. 내적 탐색(Internal Search)은 소비자의 기억 속에서 문제의 인식에 따라 자연스럽게 필요한 정보를 회상하는 것을 말하고, 외적 탐색(External Search)은 인식한 문제 자체가 상당히 어려워 문제의 해결을 위해 보다 많은 정보가 필요한 경우 외부로부터 더 많은 정보를 얻기 위해 노력하는 것을 의미한다. 예를 들어 운동을 하다가 심한 갈증을 느끼는 경우 이전에 갈증을 느꼈을 때 해소했던 음료가 무엇이었는지 떠올릴 것이고, 경차를 구매하고자 한다면 마티즈와 모닝 등을 쉽게 떠올리게 될 것이다. 하지만 새로운 음료를 마시고 싶은 욕구가 있다면 가까운 편의점이나 매점에 가서 새로운 제품이 무엇이 있는지 확인하게 될 것이고, 경차가 아닌 준중형자 이상을 구매하고자 한다면 기존의 차종과 더불어 신차종과 수입 차종에 대한 정보를 필요로 하게 될 것이다.

(3) 선택 대안의 평가(Alternative Evaluation)

정보를 탐색하는 과정을 거치고 나면 많은 상표들 중에 무엇을 선택할 것인가 하는 문제에 이르게 된다. 바로 여기서 소비자는 선택을 위해 대안들을 평가하는 단계를 거친다. 대안들을 평가하기 위해 소비자는 먼저 평가를 의한 기준(Evaluative Criteria)을 설정하게 되는데 각 제품이 지닌 다양한 속성(attributes)에 대한 개인별 중요도가 그것이다. 그리고 소비자는 제품이 지닌 속성에 따른 개인별 신념(belief)을 형성하는데 여기서 신념이란 각 대안이 속성별로 어떠할 것이라는 소비자의 생각을 뜻한다. 그리고 이러한 평가 기준과 신념으로부터 형성되는 각 선택 대안에 대한 소비자들의 상대적 평가가 바로 태도이다.

예를 들어 보자. 한 소비자가 A라는 화장품 전문점은 가격이 저렴하지만

3.2.6. 자연주의 화장품 전문점과 저가형 화장품 전문점

그다지 청결하지 않으면서 친절하지 않고, B라는 화장품 전문점은 깨끗하고 친절하지만 제품의 가격이 조금 높다는 신념을 가지고 있는 경우에, 소비자가 제품의 가격에 더 큰 비중을 둔다면 A라는 화장품 전문점을 선호할 것이다.

(4) 구매 및 구매 후 평가(Purchase and Postpurchase Behavior)

선택 대안의 평가를 통해 소비자는 자신의 지불 능력 등을 고려하여 가장 마음에 드는 대안에 대해 구매 의도(Purchase Intention)를 가지고 실제 구매(purchase)를 하게 된다. 하지만 소비자의 구매 의도가 반드시 구매로 이어지지는 않는다. 소비자가 선택한 대안에 대한 준거집단의 태도, 예기치 않은 상황 등에 의해 구매 의도가 영향을 받아 선택 대안의 변화, 구매 시기의 지연, 구매 결정의 회피 등으로 나타나는 경우 실제 구매로 연결되지 않는다. 그리고 구매 과정에는 특정 상표에 대한 구매 결정과 더불어 해당 상표를 취급하는 점포의 선택 및 점포 내 쇼핑 과정이 포함된다.

구매가 이루어지면 소비자는 구매한 제품에 대한 사전 기대와 실제 사용에 따른 제품 성과(Product Performance) 간 차이를 통해 만족 또는 불만족을 결정한다. 그리고 그 결정은 이후 동일한 의사결정에 절대적인 영향을 미치고, 구전(word of mouth)에 의해 타인의 구매 의사결정에도 긍정적 또는 부정적 영향

을 미친다.

또한 소비자는 구매 이후에 자신의 의사결정에 대한 확신의 부족으로 일종의 불안감을 가지기도 한다. 구매한 제품에 대해 대체로 만족하는 소비자는 자신이 구매하지 않은 제품의 결점을 회피할 수 있었던 점에 대해 다행으로 생각하겠지만, 그렇지 못한 경우에는 자신이 선택하지 않은 대안이 더 나은 것이 아닌가 하는 심리적 불안감을 느끼게 되는데 이를 구매 후 부조화(Postpurchase Dissonance)라고 한다. 불만족이 제품성과와 기대간의 차이에 기인한 반면에 구매 후 부조화는 자신의 의사결정 자체에 대한 의구심이다. 소비자는 구매 후 부조화가 발생했을 경우 이를 감소시키기 위해 자신의 의사결정을 지지하는 정보를 다시 탐색하기도 하는 등 합리화 과정(Rationalization Process)을 거치는 경우도 있다.

2-3. 정보처리 과정과 태도

(1) 정보처리와 기억

앞서 언급한 바와 같이 소비자는 매일 수많은 정보에 노출되고 있다. 소비자는 그 많은 정보에 대해 주의를 기울이고 그 내용을 이해하여 새로운 신념과 태도를 형성하거나 기존의 것을 변화시키기도 하는데 이러한 일련의 과정을 정보처리 과정(Information Processing)이라고 한다. 그리고 우연적으로 정보에 노출되어 정보처리를 하는 경우에 형성된 신념과 태도는 소비자의 기억(memory) 속에 저장되며 이후 관련된 의사결정 과정에 있어 내적 탐색에 이용된다. **정보처리 과정은 노출, 주의, 이해, 기억의 4단계로 이루어진다.**

3.2.7. **정보처리 과정의 프로세스**

노 출 → 주 의 → 이 해 → 기 억

1) 노출(Exposure)

소비자가 정보에 노출되는 경우는 우연적 노출(Accidental or Random Exposure)과 의도적 노출(Purposive or Intentional Exposure) 그리고 선택적 노출(Selective Exposure)이 있다. 우연적 노출은 소비자가 의도하지 않은 상태에서 정보에 노출되는 것을 의미하고, 의도적 노출은 소비자가 의사결정 과정 중에 내적 탐색으로 충분한 정보를 얻지 못한 경우 외부로부터 적절한 정보를 찾기 위해 소비자 스스로 정보에 노출시키는 것을 뜻한다. 그리고 선택적 노출이란 소비자 자신이 관여된 제품군에 대한 정보에 대해서 자신을 노출시키고 그렇지 않은 정보는 회피하는 경향을 말한다.

2) 주의(Attention)

노출되는 정보에 대해 소비자가 의도적으로 노출시킨 경우에는 자연히 주의를 기울이게 된다. 반면에 우연한 노출에 대해서는 해당 정보가 자신에게 관여된 제품군에 관한 것일 경우에 상당한 주의를 기울이고 그렇지 않으면 별 주의를 하지 않는데 이를 선택적 주의(Selective Attention)라고 한다. 주의의 정도는 개인의 관여도와 자극의 강도 등에 따라 영향을 받는다.

3) 이해(Comprehension)

소비자가 유입된 정보 내용을 조직화하고(지각적 조직화) 그 의미를 해석하는 과정이다(지각적 해석). 지각적 조직화(Perceptual Organization)는 정보처리 대상을 종합적으로 지각하는 메커니즘을 의미하고, 지각적 해석(Perceptual Interpretation)은 지각적 조직화를 통해 대상에 대해 자신의 기억을 활용하여 자신만의 주관적인 의미를 부여하는 것이다.

4) 기억(Memory)

정보처리 과정을 통해 처리된 정보는 기억에 저장된다. 기억에는 소비자의 과거 경험과 환경적 영향 요인 뿐만 아니라 다양한 정보가 저장되어 있다. 소비자는 제품의 구매와 사용에 따른 긍정적 또는 부정적 경험을 하게 되고, 이러한 경험은 신념과 태도, 만족 정도로 소비자의 기억 속에 저장된다. 기억에 관한 이론 중 대표적인 것이 다중 기억구조 모형이다. 이 모형은 기억이 감각

기억, 단기기억, 장기기억으로 구성되는데, 제공되는 정보가 먼저 감각기억에 들어가고 그 중 소비자가 관심을 갖을 만한 정보가 단기기억으로 이전되며, 단기기억은 유입되는 정보를 처리하면서 장기기억으로부터 관련 정보를 인출한다는 것이다. 예를 들면 한 소비자가 애니콜 DMB폰에 관한 광고를 보고 정보처리하는 중에 장기기억에 보유 중인 애니콜과 DMB폰에 대한 정보를 인출하여 유입된 정보를 평가하고 처리하게 되는 경우이다. 그리고 이 때 유용하다고 판단되는 정보는 다시 장기기억으로 이전되어 저장된다.

5) 태도(Attitude)

소비자는 의사결정 과정과 정보처리 과정을 통해 소비자가 가진 전반적인 신념인 태도를 형성하게 된다. 태도(attitude)란 어떤 대상의 각 속성에 대한 신념의 총체로 정의되는데 이를 보다 쉽게 표현하면 대상에 대해 전반적으로 갖는 긍정적 혹은 부정적 감정이라 하겠다.

이러한 태도가 소비자 행동과 서비스 산업에서 중요한 이유는 구매를 위한 의사결정에 태도가 다른 어떤 요인보다 큰 영향을 미치기 때문이다.

2-4. 소비자 행동과 교육 서비스

(1) 교육 서비스 소비자의 구분

기업 교육 현장에서 고객 만족에 관한 교육 서비스의 소비자는 현장에서 실제 최종 고객을 응대하는 접점 직원이 대부분이다. 하지만 그 외에도 각 기업의 임원진과 중간 관리자급, 신입사원 등 다양한 교육 서비스 소비자들이 존재한다. 따라서 교육 서비스 제공자는 교육 서비스 소비자에 대해 명확한 구분과 이해를 필요로 한다. 교육 서비스 역시 서비스가 지니는 특성을 가지고 있다. 즉, 교육 서비스 소비자와의 상호작용을 통해 내용을 전달하게 되며 따라서 원활한 상호작용을 통해 효과적인 교육 서비스를 제공할 수 있다. 따라서 서비스 제공 이전에 교육 서비스 소비자를 구분해야 한다.

3.2.8. 기업 교육의 현장

(2) 효과적인 교육 서비스 제공을 위한 필수 확인사항

교육 서비스 소비자의 구분과 더불어 교육 서비스 제공자의 입장에서 효과적인 교육 서비스의 제공을 위해서 다음의 3가지를 필수적으로 확인해야 한다.

첫째, 교육 서비스 제공자의 전문 분야와 능력을 파악해야 한다. 주위를 살펴보면 교육생들로부터 인기있는 강사분들이 상당수 있다. 재미있는 제스처와 유머러스한 언변으로 좌중을 압도하기 때문이다. 하지만 아무리 재미있고 인기있는 서비스 강사라고 하더라도 자신의 전문 분야가 아닌 내용에 대해서는 교육에 대한 질을 자신할 수 없으며 실제 비전문 분야의 강의를 통해 그동안의 명성에 악영향을 미친 사례도 다수 있다. 그러므로 효과적인 교육 서비스를 제공하기 위해서는 교육 서비스 제공자의 전문 분야와 함께 그동안의 명성과 능력을 검증할 필요가 있다.

둘째, 교육 서비스 의뢰와 실시의 목적을 파악해야 한다. 기업 입장에서 교

3.2.9. 효과적인 교육 서비스 제공을 위한 조건

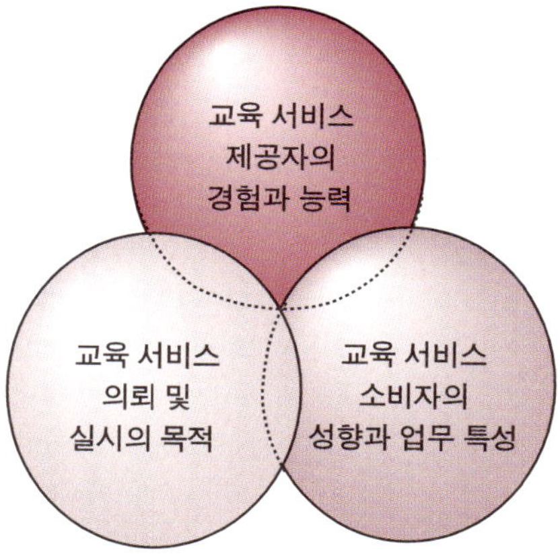

육 서비스를 의뢰하는 경우에는 반드시 그 목적이 따르기 마련이다. 기업은 영리 추구를 통한 계속기업을 목적으로 하기 때문에 기대 성과가 없는 일은 실시하지 않기 때문이다. 따라서 요청한 교육 서비스가 무엇을 위해 진행되고 어떤 성과를 기대하고 있는지 파악하여야만 성공적인 교육 컨텐츠를 구성할 수 있으며 교육의 성과도 거둘 수 있다.

셋째, 교육 서비스 소비자의 성향과 업무 특성을 파악해야 한다. 교육 서비스 소비자의 구분과 함께 피교육자의 개인적인 성향과 업무 특성의 파악을 통해 보다 현실적인 맞춤교육이 가능할 것이다. 또한 개인적인 성향과 업무 특성 간의 관계를 이해함으로써 현장에서 발생하는 문제점을 찾아내어 향후 신입 사원의 빠른 업무 적응을 도모할 수 있을 것이다.

4장 서비스 접점 관리 — 안석훈

고객의 신뢰를 굳게 다지는 비법은
약속을 하는 것이 아니라
약속을 이행하는 것이다.

— 레오나르 L. 베리

사례 메모 일본의 서비스업, 문제는 친절한 직원

일본 도쿄 소재 은행 무인점포

일본 도쿄에 있는 은행 무인점포에서 송금을 시도했는데 실패했다. 은행에 연락을 하니 "현금카드에 문제가 생긴 듯하니 지점을 방문해 주세요"라고 말했다. 한 달 전에 나온 새 카드였다. 가까운 지점까지 지하철로 한 정거장, 내려서 땡볕에 10분을 걸어야 한다. 구조조정으로 은행 유인점포가 10년 전보다 30%나 줄었다. 짜증을 내자 "죄송합니다. 드릴 말씀이 없습니다"라는 소리를 연발했다.

할 수 없이 지점에 갔다. 90도 각도로 허리를 굽히고 "드릴 말씀 …"을 연발하는 직원을 보니 꽁한 마음이 좀 풀렸다. 순간, "손님, 새 카드는 2주일 후

에 나옵니다." '아~, 객지에서 착하게 살려고 했는데 …'

"현금카드 한 장 만드는 데 1주일 걸렸는데 바꾸는 데 2주일? 현금카드 없으면 매번 여기 와야 하는데, 당신이 지하철 표(왕복 320엔) 사줄 거요?" 직원 얼굴이 하얗게 질렸다. 친절한 일본인 기준에서 이 말은 거의 야쿠자 수준일 테니까. 직원이 안으로 달려들어갔다. 중년의 상사가 구원등판했다.

"드릴 말씀이 없습니다. 발급받은 지점으로 가시면 1주일 만에 발급됩니다만..." 드릴 말씀이 없는 건 정말 맞는 말이었다. '착하게 사는 게 속 편하겠다.' 이런 생각을 하면서 웃고 말았다.

일본 서비스업체 직원은 대부분 친절하다. 하지만 서비스업 경쟁력은 세계 최하위권이다. 이 수수께끼의 해답을 친절한 직원에게서 찾는다면 너무 역설적일까? 옆에서 보면 일본 소비자들은 친절한 직원을 통해 산업 자체의 비효율을 감내하는 경향이 있다. 일본 소비자들이 더 모질었다면 일본 서비스업은 지금보다 발전했을지 모른다.

2005년 8월 16일(화) 〈조선일보〉

1. 서비스 접점

1-1. 서비스 접점의 의의

(1) 서비스 접점, MOT

서비스의 정의에서 우리는 서비스를 고객과 서비스 제공자 간 상호작용을 통해 고객의 문제를 해결해주는 일련의 활동이라고 정의하였다. 여기서 고객과 서비스 제공자 간 상호작용이 이루어지는 순간이 서비스 접점을 의미하는데 이를 흔히 진실의 순간, 결정적 순간 또는 MOT(Moments of Truth)라고 한다. 진실의 순간, MOT는 **대고객 서비스를 평가하고 서비스 품질에 대한 견해를 형성하는 시점이라 할 수 있으며 이러한 진실의 순간은 주로 고객 서비스 제공자 간 상호작용이 이루어지는 동안 발생한다.**

1) MOT의 유래

MOT는 스페인의 투우 용어인 "Moment De La Verdad"를 영어로 옮긴 것인데 투우사가 투우경기의 마지막에 긴 창으로 소의 급소를 찌르는 순간에서 유래하였으며, **"피하려 해도 피할 수 없는 순간" 또는 "실패가 허용되지 않는 매우 중요한 순간"을 의미한다. MOT는 스웨덴의 마케팅 학자인 1984년 리차드 노만(R. Norman)이 그의 저서 "서비스 관리"에 처음으로 사용하면서 알려지기 시작하였다.**

2) MOT의 의미

MOT는 고객이 조직의 어느 일면과 접촉하는 일로 비롯되며 조직의 서비스 품질에 관하여 어떤 인상을 얻을 수 있는 순간을 말한다. 서비스의 품질은 보다 하찮은 단계에서 순간적으로 결정되며 서비스 제공자와 고객과의 관계는 양자가 접촉할 때마다 형성되므로 다른 표현으로 결정적 순간이라고도 한다.

(2) 서비스 접점의 중요성

1) 서비스 접점의 역할

서비스 접점이 중요한 관심사로 떠오르기 시작한 것은 MOT를 서비스에 도입하여 큰 성과를 거둔 스칸디나비아 항공사(SAS)의 사례로부터 기인한다. 얀 칼슨(Jan Carlson) 사장은 1970년대 말 석유파동으로 인해 큰 시련을 맞이한 SAS에 사장으로 취임하였다. 고객이 직원들과 접하는 처음 15초 동안의 짧은 순간이 회사의 이미지, 나아가 사업의 성공을 좌우한다고 강조한 그는 1년 만에 적자를 흑자로 바꿔놓았고, 1983년도 '올해의 최우수 항공사', 1986년도 '고객서비스 최우수 항공사'로 선정되었다.

SAS 사례 뿐만 아니라 현대의 모든 서비스 기업들은 서비스 접점을 매우 중요시하며 서비스 접점에 대한 교육훈련을 실시하고 있다. 그만큼 서비스 접점이 중요하기 때문이다. 우리가 흔히 고객 접점을 관리한다는 말을 하는데 이는 고객 접점 서비스 품질을 유지하고 향상시키는 것을 의미한다. 그리고 대고객 서비스 접점 관리가 중요한 이유는 현대사회와 같이 상향 표준화된 품질 경쟁 상황에서의 결정적 차별화 포인트를 확보할 수 있고, 접점의 관리가 고객 확보를 위한 핵심적인 역할을 수행하고 있기 때문이다. 다시 말해서 고객과 서비스 제공자 간 서비스 접점이 계속기업을 위한 수익 발생의 원천의 역할을 하고 있는 것이다.

4.1.1. 스칸디나비아 항공사와 얀 칼슨 회장

2) 서비스 접점의 3요소

이러한 서비스 접점은 크게 하드웨어, 소프트웨어, 휴먼웨어 등 3개 요소로 이루어진다. 하드웨어적 요소로는 제품의 품질과 성능, 디자인 외에도 점포 분위기와 시설 및 설비의 사용 편리성 등이 포함된다. 그리고 소프트웨어적 요소에 서비스 운영 시스템(프로세스)과 더불어 서비스 제공자의 업무처리 절차가 속하며, 휴먼웨어적 요소로는 서비스 제공자의 접객 태도와 언어 및 억양, 자세 등이 포함된다.

이러한 결정적 순간은 일반적으로 고객과 서비스 제공자 간 접촉에 의해 발생하지만 그렇지 않은 상황에서 발생하기도 한다. 예를 들어 고객이 광고를 볼 때, 고객이 해당 기업의 건물을 볼 때, 주차장에 차를 세울 때, 로비에 들어섰을 때, 우편으로 받은 청구서나 문서를 접할 때, 운행 중인 해당 기업의 차량을 보았을 때 등의 상황에서도 고객들은 실제 서비스 제공자와 접촉한 상황 만큼 기업의 서비스 품질에 대해 판단한다.

4.1.2. 서비스 접점의 3요소

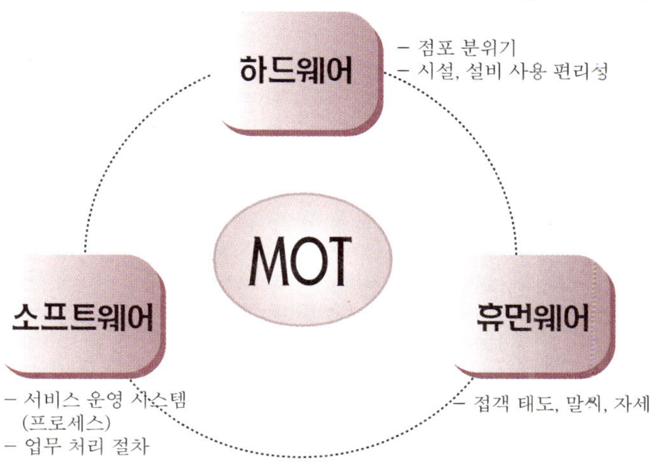

1-2. 서비스 접점의 구분과 관리

(1) 서비스 접점의 구분

서비스 접점은 고객과 서비스 제공자 간 상호작용 접점의 순서에 따라 구분하는 것이 일반적이다. 그리고 최근에는 접점 순서에 따른 구분 외에 고객 만족 관점에서 서비스 요인별로 서비스 접점을 구분하기도 한다.

1) 시계열 관점

시계열 관점은 MOT 순서에 따라 서비스 접점을 구분하는 경우로 가장 기본적인 서비스 접점 구분 방법이다. 고객과의 최초 접촉부터 최종 접촉까지 모든 서비스 접점을 일어나는 순서에 따라 나열하고 각 서비스 접점을 표기한다. 아래 〈4.1.3.〉은 골프용품 전문점의 매장 서비스 접점을 순서대로 분석한 것인데 일반적으로 소매점의 서비스 접점은 이와 유사하다.

2) 고객 만족 관점

고객 만족 관점에서 **서비스 접점의 구분은 MOT의 순서에 따라 세분화 된 모**

4.1.3. **순서에 따른 서비스 접점의 구분 실례**

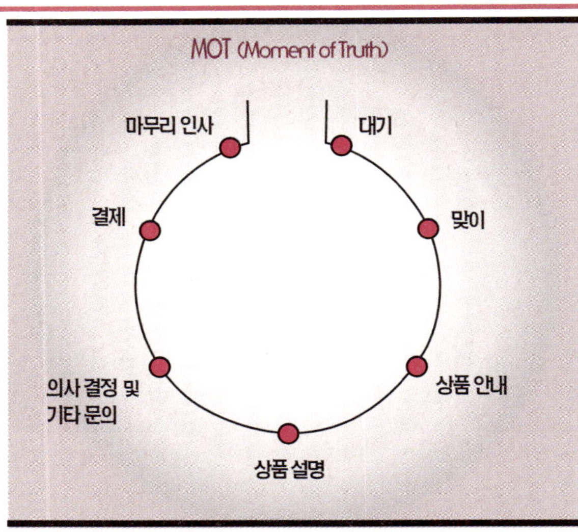

든 서비스 접점을 고객 만족 관점에서 3~4개 부분으로 분류, 종합적으로 살펴보는 방법이다. 최초 서비스 접점부터 최종 서비스 접점을 파악한 후 다음과 같이 기본 자세와 태도, 도입과 종결, 음성 및 화법, 문제의 파악 및 해결 등의 4개 부분으로 분류하여 고객이 원하는 요소를 종합적으로 파악하게 된다.

(2) 서비스 접점의 관리

오늘날 고객 만족 시대에서 가장 중요한 화두는 바로 서비스 품질의 유지와 관리이다. 그리고 서비스 품질 경영의 기본 용어가 된 MOT는 SAS 얀 칼슨이 1987년에 쓴 *Moments of Truth*란 책이 발간되면서 급속히 보급되었다. 그는 MOT의 개념을 제대로 적용하기 위해서 다음과 같은 두 가지 면에 특히 주의해야 한다고 밝혔다.

1) MOT 사이클의 종합적 관리

일반적으로 MOT는 고객이 종업원과 접촉하는 순간에 발생하지만, 앞서 이야기한 바와 같이 광고를 보는 순간이나 대금 청구서를 받는 순간 등과 같이 조직의 여러 자원과 직간접적으로 접하는 순간도 포함된다. 그리고 이러한 결정적 순간들이 하나 둘씩 모여 전반적인 서비스 품질이 결정된다. 따라서 서비스 제공자들은 고객을 대하는 단 몇 초안에 고객들로 하여금 최선의

4.1.4. 고객 만족 관점에서 서비스 접점의 구분

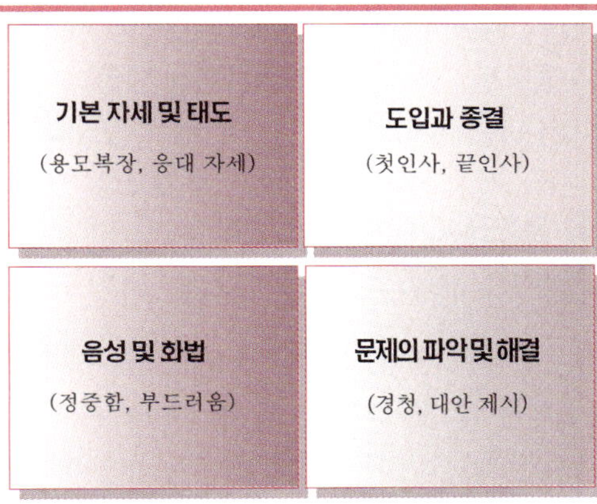

4.1.5. 항공 서비스에서의 MOT 사이클 예시

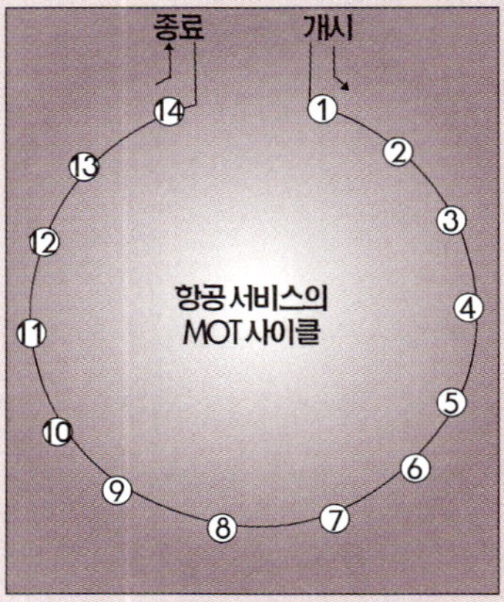

① 정보를 얻기 위해 전화했을 때
② 예약할 때
③ 공항 카운터에 다가갔을 때
④ 순서를 기다리고 있을 때
⑤ 탑승권 판매직원과 카운터에서 만났을 때
⑥ 요금을 지불하고 탑승권을 받을 때
⑦ 출발 입구를 찾고 있을 때
⑧ 보안검사대를 통과할 때
⑨ 출발 라운지에서 출발을 기다릴 때
⑩ 티켓을 건내고 탑승할 때
⑪ 탑승하여 승무원의 환영을 받을 때
⑫ 좌석을 찾고 있을 때
⑬ 수화물보관소를 찾고 있을 때
⑭ 좌석에 앉았을 때

선택을 하였다는 생각이 들도록 해야 한다. 항공서비스의 경우에 고객은 다음과 같은 MOT들을 경험할 수 있다.

따라서 서비스 기업은 고객과 맞이할 수 있는 모든 서비스 접점을 확인하고 일련의 서비스 접점 사이클을 종합적으로 관리할 수 있는 방안을 모색해야만 한다. 고객이 경험하는 서비스 품질이나 만족도에는 소위 '곱셈의 법칙'이 적용된다. 이전의 서비스 접점에서 아무리 만족한 고객이라도 서비스 접점 사이클 중 어느 하나만 만족스럽지 못하거나 좋지 않은 기분을 느낀다면 그 기업은 이미 고객을 잃어버리고 난 후이다. 예를 들어 고객과의 직접적인 서비스 접점이 적은 경비원, 주차관리원, 전화교환원의 접객 태도가 바로 회사의 운명을 좌우할 수 있다.

2) 고객의 시각을 통한 MOT 관리

서비스 제공자가 빠지기 쉬운 함정 중 하나는 자신이 해당 분야의 베테랑이므로 모든 고객의 기대와 요구를 확실히 파악하고 있다고 생각하는 것이다. 그러나 현실은 그렇지 않다. 다음의 사례는 이러한 차이를 보다 선명하게 보여준다.

4.1.6. **고객의 마음은 늘 변한다.**

한 연구에서 컨벤션 센터 또는 호텔에서 열리는 세미나의 휴식 시간에 우선적으로 고려해야 할 5가지 요소를 조사하였다. 세미나 참석자들은 커피나 홍차가 준비되어 있을 것, 신속하게 나갔다가 다시 돌아올 수 있을 것, 화장실이 가까이 있어서 빠른 시간 내에 이용할 수 있을 것, 자기 사무실에 손쉽게 연락을 취할 수 있도록 전화가 있을 것, 다른 참석자들과 대화를 나눌 수 있는 충분한 공간이 있을 것과 같은 순서로 중요도를 평가하였다. 반면에 연회 담당 매니저들은 동일한 질문에 전혀 다른 답변을 하였는데 이들이 제시한 주요 5대 항목은 따뜻하고 향이 좋은 커피를 제때 내놓을 것, 롤과 머핀, 신선한 과일, 주스 등 다과류를 준비할 것, 서비스 장소를 멋있게 꾸밀 것, 깨끗하고 흠집이 나지 않은 식기를 사용할 것, 깨끗한 테이블을 적절히 배치할 것 등이었다.

이처럼 서비스 제공자와 고객의 기본적 시각이 다른 경우가 많기 때문에, MOT를 효과적으로 관리하기 위해서는 항상 고객의 관점에서 고객의 목소리에 귀를 기울여야 한다.

(3) 기업들의 서비스 접점 관리

이번에는 실제 기업들의 서비스 접점 관리 사례를 통해 고객 만족 시대의 기업들이 어떠한 노력을 기울이고 있는지 살펴보자.

1) 스칸디나비아 항공(Scandinavian Airlines, SAS)

스칸디나비아 항공은 스웨덴, 덴마크, 노르웨이 3개국의 민간과 정부가 공동으로 소유하고 있는 항공사이다. 39세의 젊은 나이에 사장으로 취임한 얀 칼슨은 MOT라는 새로운 개념을 도입하여 위기에 빠진 회사를 구하고 서비스 품질경영의 전설적 신화를 창조하였다. 그는 MOT 개념을 소개하기 위해 불결한 트레이의 예를 자주 들었는데 만약 승객들이 자신의 음식 트레이가 지저분하다는 것을 발견하게 된다면, 그들은 그 순간에 자신이 탑승하고 있는 비행기가 불결하다고 느끼게 된다는 것이다.

일반적으로 항공사 직원들은 항공기, 정비시설, 사무실, 업무수행 절차 등의 집합이 회사라고 생각하나, 고객들은 항공사로부터 어떤 경험을 하였는가를 중심으로 이야기한다. 이에 칼슨은 서비스기업의 본질은 물적 자산의 집합이 아니라 일선 직원들이 개별 고객에게 제공하는 서비스의 품질이라고 강조하였다.

1986년 SAS에서는 대략 1,000만 명의 고객이 각각 5명의 직원들과 접촉했으며, 1회 응대 시간은 평균 15초였다. 따라서 1년에 5,000만 번 고객의 마음속에 회사의 인상을 새겨넣는 순간이 존재했던 것이다. 칼슨은 이 15초 동안의 짧은 순간 순간이 결국 SAS의 전체 이미지, 나아가 사업의 성공을 좌우한다고 이야기하면서, 이 순간들이야말로 SAS가 최선의 선택이었다는 것을 고객들에게 입증해야만 하는 때라고 강조하였다. 진정한 자산은 만족한 고객들이라는 신념 아래 칼슨은 SAS를 고객 중심적 기업으로 변화시켜 나갔다.

2) 노드스트롬(Nordstrom)

노드스트롬은 시애틀에 본사를 두고 100년의 전통을 자랑하는 미국 최고의 백화점 중 하나다. 노드스트롬의 창업자인 노드스트롬은 미국으로 이민와서 철도 노동자, 벌목공, 광부 등 온갖 궂은 일을 하면서도 오직 근면과 성실을 통해 자수성가한 인물로 훗날 손자들을 모두 백화점의 신발 매장에서 일하게 했다. 그것은 고객들 앞에서 '무릎을 꿇는 법'을 가르치기 위해서였다. 이것이 오늘날 노드스트롬의 고객 서비스 정신의 밑바탕이 되었으며 노드

4.1.7. 노드스트롬 백화점

스트롬은 고객에게 절대로 'No'라고 이야기하지 않는 것으로 유명하다. 몇 가지 사례를 소개한다.

어느 날 중년의 아주머니가 옷 한 벌을 사곤 비행기를 타러 공항으로 나갔는데 공항에 가보니 비행기표가 없었다. 서두르다가 그만 비행기표를 노드스트롬 백화점 의류 매장에 놓고 온 것이다. 발을 동동 구르고 있는 와중에 누군가 다가와서 아주머니에게 비행기표를 건넸는데 그 사람은 바로 의류 매장의 여사원이었다.

세일이 끝난 다음날, 한 부인이 노드스트롬에 바지를 사러 왔다. 그녀는 세일 기간이 끝난 줄도 모르고 자기가 눈여겨 봐두었던 고급 브랜드의 바지를 사려 했으나 그녀에게 맞는 사이즈가 모두 팔리고 없었다. 판매사원은 그녀가 원하는 바지가 백화점 내에 있는지 알아보고 재고가 없자 건너편 백화점에 알아본 후 고객이 찾는 바지를 찾아 정가에 사와서 세일 가격으로 고객에게 판매하였다.

3) 국내의 경우

가구 전문업체인 리바트는 지난 2월 물류와 사후 서비스(AS), 고객 상담 등 고객 접점의 서비스 업무를 전담하는 별도 법인인 '리바트 서비스 주식회

4.1.8. 가구업체 MOT 분석 리스트

구분	단계별 MOT 내용	비고
1단계	이동 ~ 첫인사 1) 설치 장소로 출발 전 고객 정보, 제품 정보, 관련 서류 확인 2) 고객에게 확인 전화 3) 설치 장소로 이동하여 주차 후 고객에게 전화 4) 설치 장소로 가구를 이동한 후 인터폰으로 도착을 알림. 5) 고객과의 첫대면이 이루어지며 인사 실시	
2단계	고객 확인 ~ 설치 후 확인 및 주변 정리 1) 고객 방문을 위한 덧신 착용 2) 고객이 원하는 설치 위치 확인 및 설치 공간 확보 3) 설치 위치로 해당 상품을 이동 4) 포장재 제거 후 공구 등을 활용하여 설치 5) 상품의 이물질 등을 제거하고 세척 6) 설치 후 시험 작동과 스티커 부착 실시 7) 포장재 처리 8) 설치 장소 정리정돈	
3단계	고객의 제품 확인 1) 고객에게 상품 사용에 관한 설명 2) 고객이 직접 해당 상품을 작동해보도록 함. 3) 고객 문의사항에 대한 대응 4) 기존 보유 가구에 대한 간단한 보수	
4단계	상품 인도 확인 및 명함 전달 1) 해당상품에 대한 A/S 등 관련사항 설명 2) 상품 인도에 따른 확인서 작성 3) 명함 전달	
5단계	끝인사 1) 추가적인 고객 요청사항 여부 파악 2) 고객에게 마무리 인사 3) 차량으로 이동 후 다음 내방 예정 고객에게 전화	

사'를 설립했다. 리바트는 그동안 가구업계 최초로 택배 서비스를 실시한 바 있으며 2004년에는 고객사랑센터를 설립해 웹 기반의 실시간 고객 상담을 진

행하는 등 대 고객 서비스 활동을 강조해 왔다. 그리고 고객 서비스 접점을 단계별로 분석하고 대응 방법을 마련하여 이를 담당 사원들에게 교육시킴으로써 고객에게 최고의 서비스를 제공하고 있다.

홈쇼핑업체인 GS홈쇼핑(구 LG홈쇼핑)은 VIP 전담 여성 도우미 서비스를 펼치고 있는데 당사 VIP 고객들에게 25~35세의 용모 단정한 여성 택배원들이 상품을 배달한다. 이들은 부드러움이란 여성 특유의 강점을 살려 일반 택배보다 한 차원 높은 배달 서비스를 펼치면서 고객의 호응을 얻고 있다.

건설업체인 현대산업개발은 아파트 애프터서비스의 중요성이 갈수록 커지는 현실을 감안, 입주자 응대 요령을 사진과 함께 쉽게 설명한 '입주자 응대 매뉴얼'을 발간했다. 전국 130개 현장 직원들은 하자 접수, 입주자 방문, 보수 작업, 퇴실까지의 전 과정에서 어떻게 행동하고 일을 처리해야 하는지 사진과 함께 자세히 설명한 책을 보면서 고객이 조금이라도 불쾌한 감정을 느끼지 않도록 하고 있다.

전통적인 서비스업종인 호텔업계에서도 업체마다 고객을 위한 차별화 된 서비스를 제공하고 있다. 그 중 신라호텔은 SBS(Serviced by Silla)란 서비스를 통해 고객의 요구를 신속 정확하게 처리하고 있다. 버튼 하나로 식사 주문, 식당 예약, 투숙 일정 변경, 메시지 체크, 객실 내 문제 해결 등 모든 고객의 요구사항을 10분 내에 처리하는 것을 목표로 하고 있다. 여기서 끝나는 것이

4.1.9. GS홈쇼핑의 VIP 전담 여성 도우미와 현대산업개발의 응대 매뉴얼 교육 현장

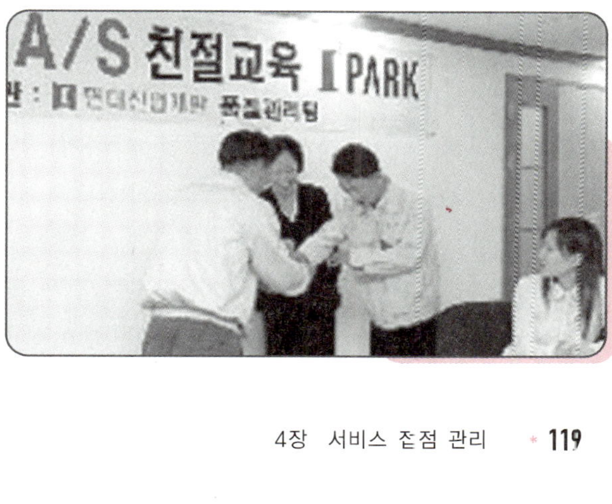

아니다. 고객 주문 처리 후 30분 이내로 전화를 걸어 고객의 요구 사항이 만족스럽게 처리되었는지 재확인한다.

2. 서비스 모니터링

> 고객과의 관계가 안 좋거나 나빠지고 있다는
> 가장 확실한 신호가 있다.
> 그것은 바로 불평 불만이 없다는 점이다.
>
> — 테어도어 레빗

사례 메모

주부 모니터, 그것도 돈 좀 되네!

주부 모니터에게 '선물' 이상의 수당을 지급하는 업체들이 늘고 있다. 신제품 개발이나 개선 등에 적극적인 의견을 반영할 수 있고, 짭짤한 부수입을 올릴 수 있는 기회를 잡을 수 있는 모니터 제도에 주부들의 관심이 모인다. TV 홈쇼핑 회사들은 대부분 3개월에서 6개월 정도 활동하는 8~30명 규모의 모니터링 그룹을 운영하고 있다. 성별, 연령, 지역, 학력 등에 제한이 없지만 보통 주요 고객이 20~50대 여성인 점을 감안, 주부들이 선호하는 편이다.

TV 홈쇼핑 모니터 요원이 되면 주 3~4회 정해진 프로그램을 시청한 후 리포트를 제출하고 정기적으로 열리는 간담회에 참석, 토론과 발표를 하게 된다. 초창기에는 주로 방송 모니터링에 치중했으나 지금은 고객의 입장에서 상품이나 프로그램, 서비스 등을 평가하는 것은 물론 지역별 택배 서비스, 방송 송출 등 회사에서 알기 힘든 상황이나 전체 홈쇼핑 동향, 신상품 제안이나 테스트 등 전방위 컨설턴트 역할로 영역을 넓혀가고 있다.

월 30~40만 원 선의 고정비를 받으며 간담회 참석 때는 교통비까지 별도로 지급되는 경우가 많다. 적립금이나 직원 수준의 구매 할인 혜택, 우수한 제안에 대한 할인쿠폰, 적립금 등 보상도 있기 때문에 타 업종 모니터에 비해 상대적으로 대우가 좋다. 고객 사은행사에 우선적으로 초청받고, 신상품을 먼저 써볼 수 있는 것도 매력이다.

그러나 너무 쉽게 생각해서는 안 된다. 정해진 시간에 케이블 TV나 위성방송을 시청해야 하고, 보고서를 사실감 있게 작성하기 위해 글 쓰는 훈련과 MS워드 등 문서 작성도 능숙해야 한다. 리포트나 간담회 등 기업이 지정한 날짜와 시간을 엄수하는 책임감도 중요하다. 방송 중 오류를 순간적으로 지적할 수 있는 순발력과 새로운 아이디어를 내놓을 수 있는 창의력도 요구된다.

홈쇼핑 회사들은 자사가 운영하는 쇼핑몰 홈페이지를 통해 보통 3~6개월에 한 번씩 모니터 모집 공고를 내고 있으며 인터넷이나 우편 접수를 통해 제출된 이력서와 시청 소감, 상품 제안 등을 토대로 선발한다. GS홈쇼핑이나 CJ홈쇼핑의 경우 매 기수마다 1000명이 넘는 주부들이 지원해 100대 1의 경쟁률을 보일 정도로 인기가 높다.

GS홈쇼핑(www.gseshop.com)은 96년 초부터 20~50대의 주부 12명으로 구성된 '고객 모니터'를 운영하고 있다. 벌써 35기째 모니터 요원을 뽑았다. CJ홈쇼핑(www.cjmall. com)은 98년부터 고객모니터 제도 '심미안'을 운영하고 있으며, 주부 고객 20~30명을 선발한다. 현대홈쇼핑(www.hmall.com)도 8명의 모니터링 그룹을 운영 중이고, 우리홈쇼핑은 고객평가단 7명을 매주 신상품 위원회에 참가시켜 신상품에 관한 의견을 듣는다.

주요 인터넷 쇼핑몰들도 모니터링 그룹을 운영 중이다. 인터넷 쇼핑몰은 비교적 대규모 인원을 선발하는 데다 별도의 리포트 제출이 없고 온라인 설문 조사에 참가하는 형태가 대부분이다. 많은 시간을 투자할 필요가 없지만, 고정적인 보수가 없는 경우가 많다는 게 단점. 설문 조사에 응할 경우 적립금이나 할인쿠폰 등을 부여하고 있으므로 평소 인터넷 쇼핑몰에서 쇼핑을 즐긴다면 도전해 볼 만하다.

2005년 11월 11일(금) 〈조선일보〉

2-1. 서비스 모니터링의 개념

(1) 서비스 모니터링의 이해

1) 서비스 모니터링(Service Monitoring)

서비스 모니터링은 기업이 고객의 소리를 현장에서 듣기 위해 실시하는 고객 만족 경영 활동의 일부이다. 즉, 서비스 모니터링이란 **고객과 서비스 제공자 간 상호작용에 있어 제공되는 서비스의 품질을 평가하는 활동이며 그러한 활동을 수행하는 이들이 서비스 모니터(Service Monitor)이다.** 고객 만족을 극대화함으로써 단 한 사람의 소비자라도 우리 회사의 단골로 만들고자 하는 취지에서 비롯되었다.

4.2.1. **각 사별 서비스 모니터링 홈페이지** — 애경, 현대증권, 농심, 서울시청

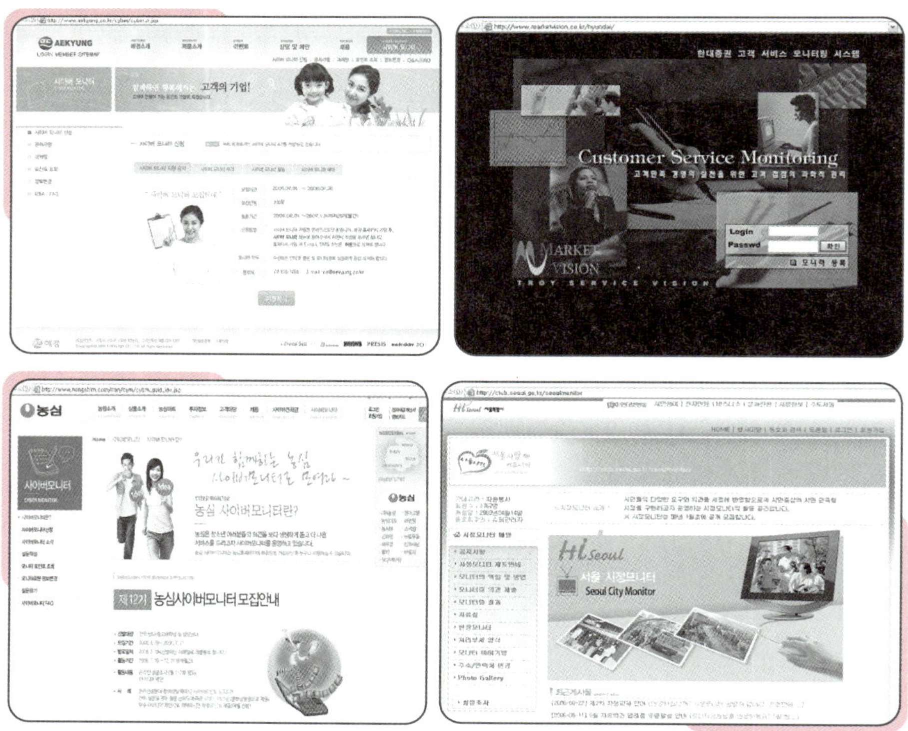

서비스 모니터링을 위해서 서비스 모니터는 서비스 접점을 방문하기 전에 해당 매장의 위치, 환경, 직원수, 판매 제품 등 전반적인 서비스 접점에 대한 정보를 파악한다. 그리고 직접 매장을 방문하여 상품에 대하여 물어보고, 구매를 하고, 환불을 요구하는 등 실제 고객이 하는 행동을 있는 그대로 실현한다. 그러면서 매장 직원들의 반응과 서비스, 발생 상황 및 개인적 의견을 가지고 서비스 모니터링 보고서를 작성한다. 최근 외식업체와 금융회사, 백화점, 병원, 관공서, 판매업체 등에서 매장 직원의 평가를 위해 서비스 모니터링을 실시하는 회사가 지속적으로 늘고 있다. 일반적으로 30~40대 기혼 주부가 주류를 이루고 있으며 해당 제품 및 서비스에 따라 연령 및 성별, 지역이 상이하여 다양한 이들이 서비스 모니터로 활동 가능하다.

2) 미스터리 쇼핑(Mystery Shopping)

일반 고객으로 가장하여 매장을 방문하여 물건을 사면서 점원의 친절도, 외모, 판매기술, 사업장의 분위기 등을 평가하여 개선점을 제안하는 일을 미스터리 쇼핑이라고 하고 그러한 일을 하는 사람을 미스터리 쇼퍼(Mystery Shopper)라고 부른다. 상품의 질과 더불어 서비스의 질에 대한 소비자의 평가에 따라 기업의 매출이 큰 영향을 받게 되면서 생겨난 새로운 직업 가운데 하나이며 이들의 업무와 역할은 서비스 모니터링과 큰 차이가 없다. 대신 서비스 모니터링이 접점 서비스의 품질만을 평가하는데 반해 미스터리 쇼핑은 점포의 분위기 등 하드웨어 측면의 요소도 함께 평가한다는 점과 여러 문제들로 인해 직접적으로 소비자의 평가를 파악하기가 어려운 기업을 대신하여 소비자의 반응을 평가한다는 점에 차이가 있다.

(2) 서비스 모니터링의 운영과 현황

서비스 모니터링의 운영 주체는 크게 3가지로 볼 수 있다. 첫번째는 자체 모니터링 제도를 운영 중인 기업, 두번째는 기업의 의뢰를 받아 자체 인력으로 모니터링을 진행하는 서비스 컨설팅 업체, 그리고 세번째는 개별 모니터 요원을 패널로 보유하고 기업의 의뢰를 받아 모니터링을 실시하는 기관 및 단체가 그것이다.

모니터링 제도를 직접 운용하는 기업의 경우는 일정 조건에 부합하는 모니터 요원을 선발하여 일정 기간 기업이 필요로 하는 부문에 대해 모니터링을 실시한다. 이때 선발된 모니터 요원은 일정 기간 당사가 요청하는 각종 모니터링 활동에 참여하고 그에 따른 물질적 보상을 받는다. 그리고 서비스 컨설팅 업체의 경우는 자체 보유 중인 전문 인력을 활용하여 클라이언트의 요청에 따라 일정 시점 또는 일정 기간 모니터링을 실시한다. 또한 미스터리 쇼퍼 또는 주부 모니터와 같은 모니터링 기관 및 단체의 경우는 모니터 요원으로 활동하고자 하는 이들에게 교육 및 관련 정보를 제공하고, 모니터링을 요청하는 기업이 있을 경우에 적절한 모니터 요원을 선별하여 모니터링을 진행한다.

1) 미스터리 쇼퍼

현재 국내에서는 미스터리 쇼퍼만을 전문으로 하는 회사는 없으며, 보통 여론조사 업체, 마케팅 전문업체에서 함께 운용하고 있다. 2002년 리스피아르 조사연구소에서 국내 최초로 미스터리 쇼퍼 전담사업부를 운영하고 있다.

4.2.2. 미스터리 쇼퍼의 공통 체크리스트

공통 체크리스트

고객 입·퇴점 시	고객 안내 시	근무 자세/업무 처리 능력	점포 위치 및 환경
▶첫 인사/끝 인사 ▶고객을 맞이하는 표정/자세 ▶절제된 인사말 ▶안내요원의 태도	▶대기 시간 ▶대화시 상냥함 ▶주차 안내/고객 안내 ▶고객 대기 시간 지연시 인사말	▶직원의 복장/용모 ▶전화 수신 및 배달의 신속성 ▶직원 간의 협조도 ▶직원의 적절한 언어 사용 ▶불만사항에 대한 대처 능력 ▶문제발생시 직원의 관심 정도 ▶직원들의 근무 분위기 ▶직원들의 잡담 및 흡연	▶매장 위치의 접근 용이성 ▶쾌적한 실내환경 (조명, 온도 등) ▶점포의 넓이 ▶편의시설의 적절성 ▶실내 인테리어 체크(전체적인 분위기, 의자, 테이블) ▶주차시설 ▶종원원의 수

(점선 부분은 서비스 모니터링의 주요 체크리스트와 동일)

4.2.3. 주부 모니터 커뮤니티 사이트와 미스터리 쇼퍼 홈페이지

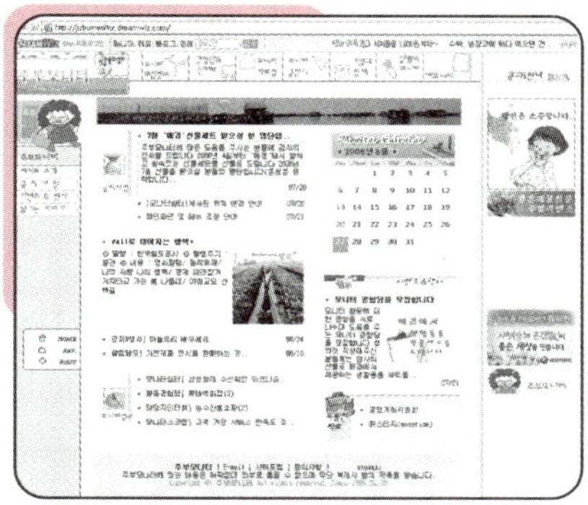

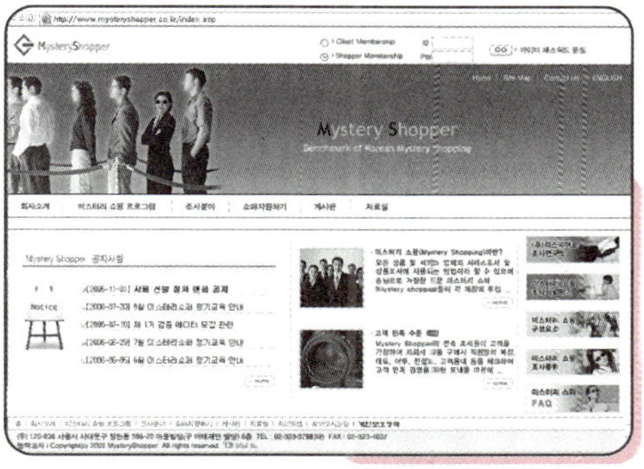

리스피아르 조사연구소는 전국적으로 약 1,000여 명의 전문 미스터리 쇼퍼를 보유하고 있으며 경우에 따라 월 평균 56회의 미스터리 쇼핑을 진행한다. 매월 정기교육을 통해 미스터리 쇼퍼를 육성하고 관리하고 있다. 미스터리 쇼핑을 실시한 후에는 다양한 분석을 통해 미스터리 쇼핑을 의뢰한 기업에 결과 보고서를 제공하여 향후 고객 만족도 향상과 관리를 위한 방안을 제시한다.

2) 고객 모니터링 사례

일반적인 형태의 모니터링 외에 기업에서 경영 활동 중 고객들의 의견이나 불만 등을 직접 모니터링하여 그에 따른 마케팅 활동을 진행하는 사례도 늘고 있다.

CJ CGV는 CGV에 불만을 토로했던 고객들을 초청해 고객을 감동시키는 마케팅 활동으로 리콜 시사회를 실시하고 있다. 타당한 클레임을 제기했던 고객 100명을 초청, 미개봉작에 대한 사전 시사회를 실시하였다. 특히 실제 불만고객의 20%가 오히려 감사 메일을 보내 불만 고객이 우호 고객으로 전환되는 효과를 얻었다.

대한항공 조양호 회장은 매일 한 시간씩 '고객의 말씀'이란 인터넷 사이트를 방문, 고객들 불만을 직접 확인하면서 "고객들로부터 같은 불만을 두 번 듣는 부서는 존재할 가치가 없다"고 강조하고 있다. 더불어 고객의 불만과 제언을 처리하기 위해 사내 공개 처리 시스템을 운영하고 있다.

4.2.4. 미스터리 쇼퍼 결과 보고서 사례

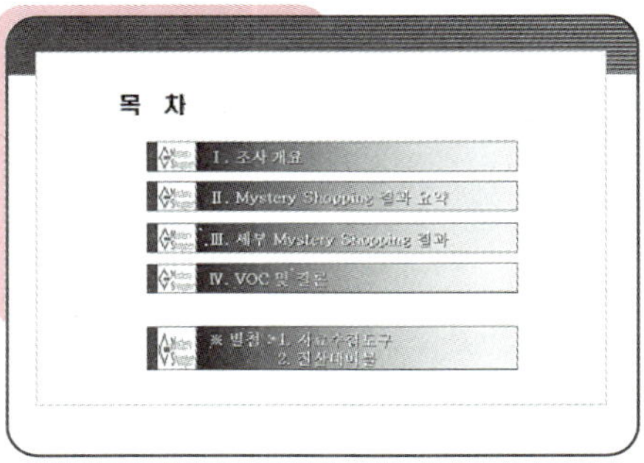

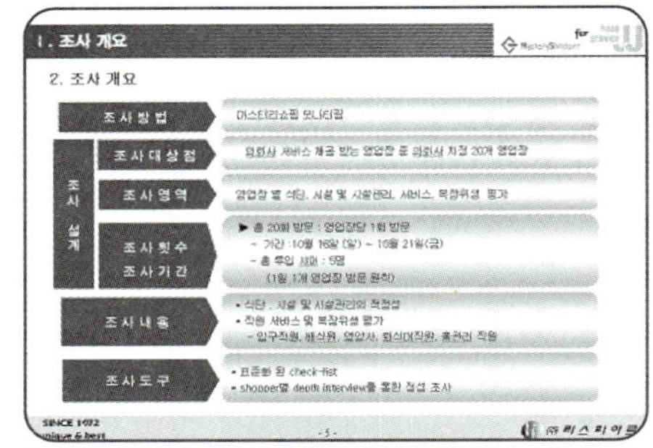

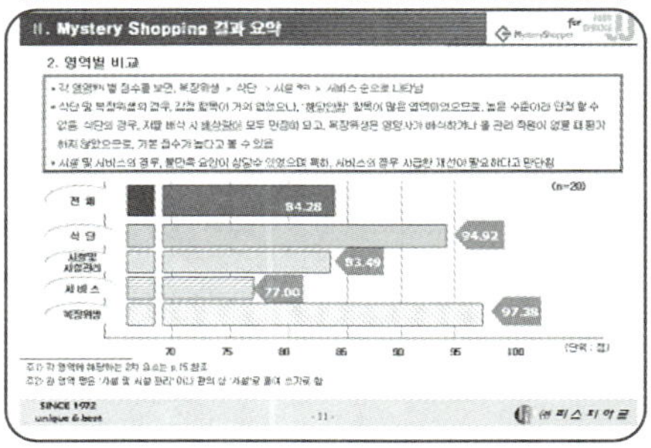

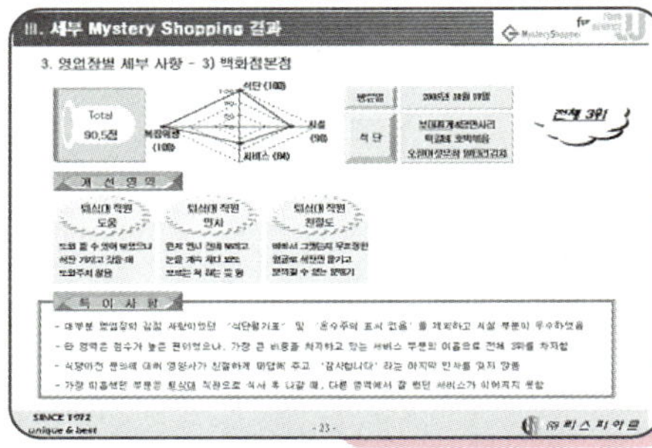

수시로 고객 만족도 조사, 통화 품질 만족도 조사, 전화 친절도 모니터, 객장 친절도 모니터를 실시하고 있는 금융업체 중 삼성카드는 업계 최초로 '삼성카드 고객 옴부즈맨'을 개설하여 회사의 상품과 서비스에 대해 외부인들이 상시 모니터링 하도록 하고 있다.

신라호텔은 VOC(Voice of Customer)라는 '고객의 말씀제'를 운영하고 있는데 고객의 요구나 불만사항을 편지, 팩스, 홈페이지 등을 통해 내용을 문서화하고, 1주일에 한 번씩 전사적 미팅을 통해 고객의 불만을 개선한다. 그리고 여기서 발전한 것이 '서비스 예보제'로 '고객의 말씀'에 접수된 내용 2년치를 분석해 자주 발생했던 고객 불만 요인을 사전에 예방하는 시스템이다.

2-2. 서비스 모니터링의 실시

(1) 서비스 모니터링의 특성

서비스 모니터링에 대해 4W 1H(What을 제외한 Who, When, Where, How, Why, 5하 원칙)를 통해 좀 더 구체적으로 알아보자.

1) 누가 하는가?

서비스 모니터링은 서비스 모니터링에 대한 전문적인 교육을 받은 서비스 모니터에 의해 진행된다. 이때 전문 교육이라 함은 서비스 모니터링 중에 발생할 수 있는 다양한 오차를 최소화하기 위한 내용, 서비스 모니터링 전후에 진행해야 하는 사항에 대한 내용을 의미한다.

2) 언제 하는가?

서비스 모니터링은 서비스 수요를 감안하여 실시한다. 예를 들어 A라는 소매점의 서비스 모니터링을 실시한다고 하자. A 소매점의 경우 일반적으로 평일 저녁과 주말에 내방객이 많고 비가 오는 날에 내방객이 상대적으로 적다고 할 때 서비스의 품질은 요일과 시간, 날씨와 근무자 등 서비스의 수요에 따라 그 질이 상이할 수 있음을 추정할 수 있다. 따라서 서비스 수요를 고려

4.2.5. **서비스 모니터링 특성(4W 1H)**

4W1H	
Who? [누가 하는가]	서비스 모니터링 전문요원
When? [언제 하는가]	요일 / 시간 / 날씨 / 근무자 / 서비스수요
Where? [어디서 하는가]	서비스 접점 / 서비스 현장 / 현장외 지역
How? [어떤 방법이 있나]	1:1 대면 / 현장 방문 / 전화 / 온라인
Why? [왜 하는가]	고객에 대한 적극적인 대응

하여 서비스 모니터링의 횟수 및 실시 시점을 결정해야 한다.

3) 어디서 하는가?

서비스 모니터링은 실제 고객으로 가정하여 서비스 제공자와의 상호작용 중에 실시하는 경우가 대부분이다. 하지만 서비스 제공자와의 개별 접촉이 불가능하거나 서비스 모니터링 지역의 전반적인 서비스 수준을 평가하기 위해서 서비스 현장의 전반적인 서비스 품질을 평가하는 경우도 있다. 예를 들어 B라는 은행을 방문하였을 때 서비스 제공자들이 고객과 상호작용하고 있는 상황을 관찰함으로써 특정 근무자가 아닌 B은행의 전반적인 서비스 품질을 평가할 수도 있다. 또한 서비스가 실제 이루어지는 현장 이외의 지역에서도 서비스 모니터링이 가능한데 전화를 이용하거나 인터넷을 이용하여 서비스 제공자와 질의 응답하는 방식으로 서비스 모니터링을 실시한다.

4) 어떤 방법이 있는가?

서비스 모니터링을 위해 활용되는 방법에는 서비스 제공자와 1 : 1로 대면하는 경우(대면 모니터링), 서비스가 이루어지고 있는 현장을 방문하여 전반적인 서비스 수준을 평가하는 경우(현장 모니터링), 그리고 전화와 온라인으로 서비스 제공자의 서비스 품질을 측정하는 경우(전화 모니터링과 온라인 모니터링) 등이 있다.

5) 왜 하는가?

가장 중요한 내용인 서비스 모니터링을 실시하는 이유는 기업과 고객 간 상호작용이 일어나는 최접점에서 고객과의 커뮤니케이션을 통해 고객이 원하는 것과 원하지 않는 것에 대한 명확한 이해와 분석을 통해 고객에게 대응함으로써 기업 매출과 이익의 증대를 가져오고 나아가 기업의 목표인 계속기업을 지향하기 위함이다.

(2) 성공적인 서비스 모니터링

1) 성공적 서비스 모니터링을 위한 조건

성공적인 서비스 모니터링을 위해 갖춰야 할 조건에는 크게 **대표성, 객관성, 신뢰성, 타당성 등 4가지**가 있다.

먼저 대표성(representativeness)은 실시한 서비스 모니터링이 평가 대상 서비스의 품질을 전반적으로 추정할 수 있어야 함을 의미한다. 이어 객관성(objectivity)은 서비스 모니터가 표준화된 평가지표를 사용하고, 평가자 자신의 주관이 배제된 평가를 내려야 함을 뜻한다. 다음으로 신뢰성(reliability)은 동일한 서비스 접점 대상을 평가하는 경우 평가 시점에 따라 그 결과가 차이가 나지 않아 믿을 수 있음을 말한다. 마지막으로 타당성(validity)은 평가하고자 하는 서비스 대상과 품질을 제대로 평가하였는가를 의미한다. 다시 말하면 대표성은 몇 회의 서비스 모니터링 결과가 고객이 경험하는 전반적인 서비스를 대표할 수 있느냐 하는 것이고, 객관성은 미리 검증된 평가지를 통해 객관적으로 평가하였느냐의 문제이다. 신뢰성은 서비스 모니터링 결과를 있는 그대로 믿을 수 있느냐 하는 것으로 대표성과 유사하다. 그리고 타당성은 평가 대상을 제대로 평가했느냐의 문제이다.

백화점 안내 데스크를 예로 들어보자. 안내 도우미가 백화점 고객에게 동일한 서비스를 제공하는지 평가하는데 단지 1회의 서비스 모니터링만을 실시한다면 이는 대표성이 확보되지 않은 것이다. 그리고 안내 도우미가 너무나 아름다워 해당 서비스에 대해 평가자가 실제보다 높은 점수를 부여한다면 이는 서비스 모니터링의 객관성이 결여된 것이다.

고객이 없는 한적한 시간이나 가장 바쁜 주말 오후 시간에만 집중적으로 모니터링을 실시한다면, 그 결과 또한 신뢰성이 부족하다 하겠다. 그리고 백화점 안내 도우미에게 인근 주유소 위치를 묻는 등 백화점 이용과 사뭇 동떨어진 질문을 통해 서비스 모니터링을 실시한다면 타당성이 결여된 서비스 모니터링이 된다.

이상과 같이 서비스 모니터링은 4가지 조건이 충족될 때 효과적인 결과를

4.2.6. 대면 모니터링 작성 사례와 전화 모니터링 시트 양식

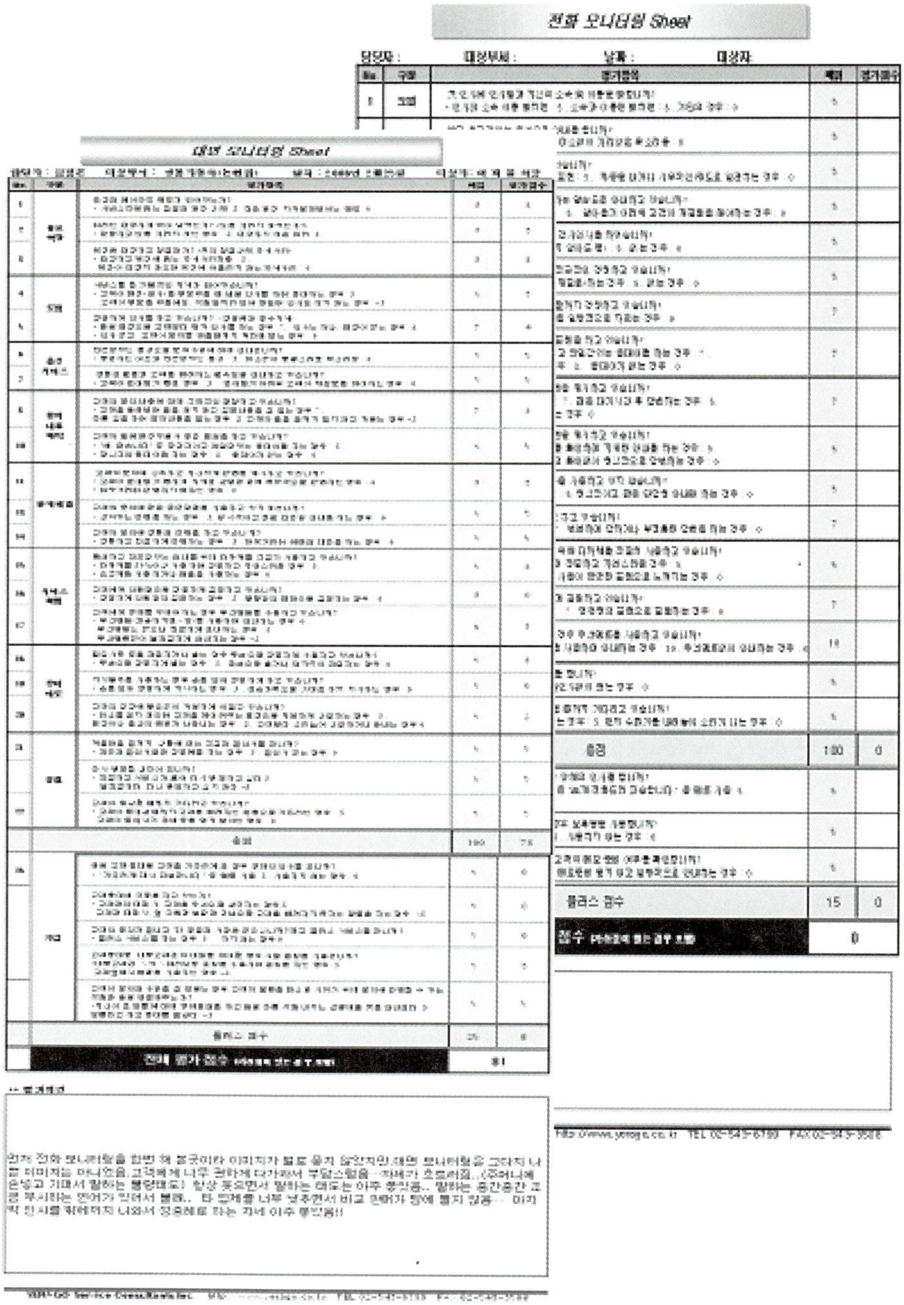

얻을 수 있다. 그렇다면 이상의 조건들을 갖추려면 어떻게 해야 하는가? 바로 서비스 모니터링 계획과 시행 중에 발생할 수 있는 오차를 최소화 하여 이들 조건을 갖춤으로써 성공 서비스 모니터링이 가능하다.

2) 오차의 종류와 오차의 최소화 방법

서비스 모니터링을 계획하고 시행하는 중에 발생할 수 있는 오차는 크게 5가지이다. 첫번째 오차는 모니터링 횟수에 의한 오차이다. 백화점 안내 데스크의 도우미가 하루에 응대하는 고객의 수는 수백 명이다. 이때 도우미의 서비스 품질과 수준을 평가하려면 전수 조사가 가장 확실한 방법이겠지만 현실적으로 전수 조사는 불가능하다. 대신 몇 차례 서비스 모니터링을 실시하고 그 결과를 통해 전반적인 서비스 품질과 수준을 추정하게 된다. 하지만 하루 수백 명을 응대하는 도우미를 단 한 번의 서비스 모니터링으로 평가한다면? 그 결과는 의미 없는 것과 마찬가지이다. 일반적으로 통계학에서는 표본 수가 30개 이상이면 정규 분포를 이룬다고 가정하고 이때부터 조사 결과를 의미가 있는 것으로 간주한다. 서비스 모니터링도 개념상 표본조사와 동일하므로 예산 및 시간적 제한을 고려한 서비스 모니터링 횟수를 확보함으로써 그러한

4.2.7. 발생 오차와 최소화 방법

1. 모니터링 횟수에 의한 오차
통계적 유의 수준 확보를 위해 충분한 모니터링 회수 확보

2. 주관적 평가 항목에 의한 오차
표준화 된 평가지표 및 객관적 평가 기준안 마련

3. 서비스 모니터에 의한 오차
실전 연습 및 교육 강화 통한 일관적 평가 가능

4. 모니터링 시점에 의한 오차
쇼핑 수를 각 시간 및 요일별로 할당

5. 부적절한 시나리오에 의한 오차
업주/서비스 직원의 표준 응대법에 적절한 가상 시나리오 설정

오차를 줄일 수 있다.

두번째 오차는 주관적으로 작성된 평가 항목에 의한 오차이다. 우리는 서비스 모니터링을 하면서 미리 작성된 평가지표를 사용하여 서비스 품질과 수준을 수치로 표시하게 된다. 그런데 백화점 안내 데스크 도우미를 모니터링 하면서 어제 평가한 기준과 오늘 평가한 기준이 상이하고 평가하려는 대상의 파악도 부적절한 상태에서 작성자가 임의적으로 만들어진 평가지표를 사용한다면, 실제 서비스의 품질과 수준의 평가가 불가능할 것이다. 이러한 오차를 최대한 제거하기 위해 해당하는 서비스 접점의 특성을 반영한 객관적이고 표준화된 평가지표와 기준을 마련하여야 한다.

세번째는 서비스 모니터에 의해 발생하는 오차이다. 인간은 합리적 동물이면서 감정적 동물이다. 그리고 이성보다 감정이 앞서는 경우 또한 적지 않다. 이러한 특성으로 인해 서비스 모니터링 진행시 서비스 모니터에 의해 발생하는 오차가 빈번히 그리고 크게 나타날 수 있다. 특히 훈련과 경험이 부족한 서비스 모니터의 경우 서비스 제공자의 외모와 복장 등 이미지에 상당한 영향을 받는다. 따라서 서비스 모니터들은 서비스 품질과 수준에 대해 일관적인 평가가 가능하도록 충분한 교육과 지속적인 훈련이 요구된다.

네번째 오차는 모니터링 시점에 의한 것이다. 앞서 서비스 모니터링의 횟수에 의한 오차를 설명하였다. 그러나 횟수만을 늘린다고 모든 오차가 제거되지는 않는다. 동일한 서비스 제공자를 대상으로 동일한 시간대에 반복해서 서비스 모니터링을 실시하는 것은 전혀 도움이 되지 않는다. 따라서 모니터링 횟수를 증가시키는 만큼 서비스 수요를 고려하여 요일과 시간대를 감안한 모니터링 계획을 수립하고 실시해야 한다.

〈표 4.2.8.〉은 백화점을 예로 들어 서비스 모니터링 계획을 수립한 경우이다. 휴무일인 월요일을 제외하고 총 6일간 주중과 주말 각 4회씩 오전과 오후 그리고 저녁 시간대를 고려하여 총 8회의 서비스 모니터링을 실시하는 사례이다.

마지막 다섯번째 오차는 부적절한 시나리오에 의한 오차이다. 앞서 든 예와 같이 백화점 안내 데스크 도우미에게 백화점 이용과 사뭇 동떨어진 엉뚱한 질문을 던져 그에 따른 대응을 점수화 한다면 그것은 서비스 모니터링으

4.2.8. 서비스 모니터링 실시 계획

시간대 \ 요일		주중					주말	
		월	화	수	목	금	토	일
오전	10시							
	11시		모니터링				모니터링	
	12시							
오후	13시							
	14시			모니터링				모니터링
	15시							
	16시					모니터링	모니터링	
	17시							
저녁	18시							
	19시				모니터링			모니터링
	20시							

(백화점 사례, 월요일 휴무)

로써의 의미가 없다. 그러므로 해당 서비스 접점에 적합한 서비스 응대법과 그에 적절한 시나리오를 마련하여 서비스 모니터링을 실시함으로써 이상의 오차를 제거할 수 있다.

3) 서비스 모니터링 평가 지표의 이해

다음은 서비스 모니터링에 사용되는 평가지표에 대해 살펴본다. 서비스 모니터링의 평가 지표는 **서비스 접점에서의 시간 흐름에 따른 MOT를 기준으로 한 방식과 이를 재구성한 고객 만족 관점의 방식으로 작성한다. 이 중 고객 만족 관점의 평가 지표는 기본 자세 및 태도, 서비스 도입과 종결, 서비스 음성 및 화법, 문제의 파악 및 해결로 나눠진다.**

기본 자세 및 태도는 서비스 제공자의 기본인 용모 복장과 이미지 및 응대의 기본자세, 서비스 도입과 종결은 첫인사와 끝인사 및 인사말과 눈맞춤으로 구성된다. 서비스 음성 및 화법은 고객과의 커뮤니케이션에서 정중함과 부드러움의 정도를 평가하는 부분이며, 문제의 파악 및 해결은 실제 고객이 원하는 사안에 대한 빠른 이해와 대안 제시의 정도를 평가하는 부분이다.

4.2.9. 서비스 모니터링 항목의 구분과 주요 내용

구분	항목	내용
기본 자세 및 태도 (용모 복장, 응대 자세)	얼굴과 머리는 말끔하고 건강한 느낌인가?	(눈, 면도, 메이크업 상태)
	복장은 깔끔하고 청결한가?	(다림질, 청결 상태)
	지시 동작시 정중한 손동작을 하는가?	(손을 모아 동작 시행)
	고객에 동요없이 차분하게 이야기하는가?	(표정과 음성의 변화)
도입과 종결 (첫인사, 끝인사)	정중하게 첫인사를 하는가?	(정중례와 공수 자세)
	적절한 인사말을 하는가?	(밝은 표정)
	눈을 마주치는가?	(eye−cantact)
	정중하게 끝인사를 하는가?	(부드러운 음성과 인사)
음성 및 화법 (정중함, 부드러움)	공감하는 어조가 친근감이 있는 음성인가?	(어조와 음성)
	이야기시 발음과 속도도 적절한가?	(발음과 속도)
	정중한 화법을 사용하는가?	(다까체와 의뢰형 사용)
	필요시 정중하게 양해를 구하는가?	(쿠션 멘트 사용)
문제의 파악 및 해결 (경청, 대안 제시)	고객의 말에 귀기울이는가?	(적극적 경청)
	적절한 의사표현을 하는가?	(응대어 사용)
	신속하고 자신있게 답변하는가?	(고객 신뢰 확보)
	정확한 답변을 하는가?	(고객 만족 확보)

(대면 모니터링 기준)

4) 서비스 모니터링 평가 점수의 이해

일반적으로 **서비스 모니터링은 총 100점을 기준으로 각 항목은 해당 서비스 접점의 특성에 맞도록 배점되며 10점 내외의 플러스 점수가 부여된다. 플러스 점수의 항목은 고객의 대기 시간 발생시 대응 수준으로 구성된다.**

서비스 모니터링의 평가 **점수대별 서비스 수준을 살펴보면, 크게 5단계 정도로 구분이 가능하다.**

가장 낮은 단계인 50점 미만의 경우, 서비스에 대한 인식이 희박하고 교육 경험이 전무한 수준이며 서비스의 필요성을 일깨우기 위해 기본 서비스 교육을 수차례 반복할 필요가 있다. 그리고 50점 이상 70점 미만의 경우가 일반 서비스 업종의 평균 수준으로 중급의 서비스 품질이라고 할 수 있고, 이러한 기업이나 서비스 제공자에게는 고객 응대에 대한 표준화 교육을 실시해야 한다.

4.2.10. 서비스 모니터링 평가 점수대별 서비스 수준

	평가 점수대	서비스 품질 수준	비교점
1	50점 미만	하급 서비스 품질	영세서비스업
2	50～69점	중/중하급 서비스 품질	전체 평균
3	70～79점	중상급 서비스 품질	백화점
4	80～89점	상급 서비스 품질	홈쇼핑
5	90점 이상	최상급 서비스 품질	명품관

중간 단계인 70점 이상 80점 미만의 평가를 받은 경우는 중상급의 서비스 품질로써 일반적인 백화점의 서비스 수준을 연상할 수 있다. 이러한 수준의 기업과 서비스 제공자에게는 고객의 문제를 신속하고 정확하게 해결할 수 있는 문제 해결 능력의 교육이 필요하다. 그리고 80점 이상 90점 미만의 경우는 상급의 서비스 품질 수준을 나타낸다. 비교점으로 홈쇼핑을 들었는데, 홈쇼핑은 대면 서비스가 아닌 온라인 서비스이기 때문에 음성으로 표현해야 하는 한계가 있음에도 일관된 음성과 신속한 문제 해결 능력으로 그 한계를 극복하고 있다. 이 수준에서는 고급 서비스 스킬에 대한 교육이 진행되어야 한다.

마지막으로 90점 이상의 점수는 최상급의 서비스 품질을 의미하며 명품관과 특급호텔의 서비스를 연상할 수 있다. 이때에는 서비스 리더 양성 교육을 통해 지속적인 서비스 개선과 유지가 가능한 인재를 육성해야 한다.

5장 서비스 교육훈련 관리 — 안지선

> 예절이 갖는 힘을 체득하라.
> 두 배의 가치가 돌아온다.
> 예절의 기술은 모든 인간관계를 향상시킨다.
>
> — 그라시안

1. 대면 서비스 교육훈련의 Basic Key Factor

1-1. 인사

(1) 인사의 개념 및 종류

1) 인사의 의의

사례 1

학교에서 왕따로 고통 받고 고민하고 있는 학생들을 대상으로 하는 '왕따닷컴', '친구야 놀자' 모임 캠프에서의 행동 원칙은 다음과 같다.

내가 먼저 친구들에게 웃으며 인사하며 자연스럽게 말을 건다.

쉬는 시간에는 절대 나 혼자만의 일을 하지 않고 친구와 함께 한다.

조금 친해지면 약간의 스킨십으로 친밀감을 높이도록 한다.

친구가 힘든 일이 있을 땐 도와준다.

중요~! 친구에겐 친하거나 말거나 꼭, 반드시 인사한다.(친절하고, 자상하게) 그러면

그 친구와의 관계가 넓어질 것이다.

이때 주의 사항은 한 명씩 한 명씩 하는 것이다.

이렇듯 인사는 인간관계를 형성하고 유지하는 가장 간단하면서도 중요한 방법이다. 하루 중 나는 인사말을 과연 몇 번이나 할까? 인사말을 많이 하는 사람일수록 연봉이 높을 것이며 적게 하는 사람일수록 그 반대일 것이다. 결국 나와 관계를 맺는 사람이 많으면 고객이 많으므로 잠재 고객까지 합하여 일을 벌일 수 있는, 즉 돈을 벌 수 있는 가능성이 높아지게 된다. 지금부터 돈을 많이 벌고 싶다면 관계를 맺어라! 내가 먼저 인사를 함으로써!

2) 인사의 정의

'두산 백과사전'에서 발췌한 내용은 다음과 같다.

인간관계를 원활히 하기 위해 일정한 형식, 또는 의례적인 상호행위이다. 인사는 민족, 시대, 계절, 시간, 조건, 계급, 신분, 종교, 직업, 연령, 성별 등에 따라 각기 구분이 있어 행동 양식을 달리한다.

고대 이집트에서는 길에서 아는 사람을 만나면 서로 아무 말도 하지 않고 손을 무릎 밑까지 내려 절을 하였으며, 국왕에게 경의를 표할 때는 무릎을 굽히거나 땅에 엎드렸다.

구약성서에 의하면 인사를 할 때 상대편의 지위나 중요성에 따라 세 가지 정도의 단계가 있었던 것 같다. 즉, 최대의 경의를 표시할 때는 몸을 땅에 엎드렸고, 보통 경의를 표시할 경우는 중국이나 한국에서 하듯이 상반신을 굽히고, 간단한 인사는 단지 머리만을 수그렸다. 이슬람 교도는 액수례(額手禮 : salaam)라고 하여 몸을 구부리고 오른손 바닥을 이마에 대는 절을 하며, 뉴질랜드 마오리족은 코끝을 서로 맞대며 인사한다. 그리스도교국의 남자 사이에는 몸을 앞에 구부리며 오른발을 뒤로 끌어당기는 騎士시대 또는 宮廷人 시대의 절에서부터, 가볍게 머리만을 숙이는 인사까지 여러 형태가 있었다. 이밖에 탈모하거나 악수를 하는 인사도 행해졌으며, 오늘날에는 딱딱하게 경의를 표하는 인사보다는 간단한 형식의 인사로 변모하였다. 다만 여성의 경우는 여왕이나 고귀한 사람 앞에서는 한쪽 다리를 뒤로 끌며 허리를 굽혀 절하는 궁정풍의 인사가 아직 남아 있다.

한국은 고래로 동방예의지국이라 하여 이에 따르는 인사법도 아침, 점심, 저녁이 다르고 상봉, 이별, 문안, 안부 등에 따라 각각 인사의 양식을 달리한다. 이와 같은 인사법은 '상례'에 자세한 설명이 있으나 요즘은 서구식 문물의 유입과 함께 많이 생략되었고, 한편 서양식 악수나 포옹, 또는 키스 등도 행한다.

악수는 구미에서는 누구나 하는 것으로 오인하나 오히려 보통 때, 몸을 굽히거나 머리를 숙일 뿐이며, 특히 친밀한 사이이거나 특수한 경우에 행해진다. 그것도 윗사람이나 부인 측에서 먼저 손을 내미는 것이 원칙이며 상대방이 내민 손을 한 호흡 동안만 가만히 다섯 손가락을 쥐는 것을 올바른 악수로 여긴다.

결국 인사란 사람들이 하는 일이다. 인사는 우리가 동물과 특별히 다르게 구분되는 인간의 고유한 행위로 만났을 때, 헤어질 때, 식사할 때, 안부를 물을 때, 아플 때, 즐겁고 행복한 일이 있을 때 말이나 제스처로 표시하는 일종의 행동 양식이다.

인사는 다음과 같은 의미를 갖는다. 즉 상대에게 전해지는 내용으로써의 의미다.

첫째, 상대의 존재를 인정한다.
둘째, 상대방에 대해 호의를 가지고 있다.
셋째, 상대에 대한 존경과 복종의 표시다.
넷째, 개인적으로 관계를 맺고 싶다는 신호다.

3) 인사의 종류

반가움을 표현하는 인사, 고마운 마음을 전달하는 인사, 존경을 표하는 인사에도 그 예법이 있다. 우선 우리나라 사람의 공손한 자세에서의 손의 모습은 두 손을 앞으로 모아 맞잡는데 이러한 자세를 취하는 것을 공수(拱手)라 한다. 의식이나 행사에 참여했을 때, 전통 배례를 할 때, 그리고 어른 앞에서는 공손한 자세를 취할 때 공수를 한다.

두 손의 손가락을 가지런히 붙여서 편 다음 앞으로 모아 포갠다. 엄지 손가락을 엇갈려 깍지를 끼고 집게 손가락 이하 네 손가락은 포갠다. 아래에 있는 손의 네 손가락은 가지런히 펴고 위에 있는 네 손가락은 아래에 있는 손의 새끼 손가락을 지긋이 쥐어도 된다. 공수하는 방법에는 평상시에 하는 법과 흉사시에 하는 법이 다르다.

〈평상시〉

남자는 왼손이 위로 가게, 여자는 오른손이 위로 가게 두 손을 포개 잡아야 한다. 왼쪽은 동쪽이고 동쪽은 양(陽)이기 때문에 남자는 왼손이 위다. 또 오른쪽은 서쪽이고 서쪽이 음(陰)이기 때문에 여자는 오른손이 위이다.

〈흉사시〉

흉사시에는 평상시와 반대로 남자는 오른손이 위로 가게, 여자는 왼손이 위로 가게 두 손을 포개 잡아야 한다. 흉사란 사람이 죽은 때를 말한다. 따라서 자기가 상주 노릇을 하거나 남의 상가나 영결식에 참석할 때는 흉사의 공수를 한다. 흉사의 공수는 사람이 죽어서 약 백 일 만에 지내는 탈상 직전까지의 행사에 참석할 때만 하면 된다.

비밀
메모

목례(약례)

인사 중 가장 가벼운 인사를 말한다. 눈으로 예의를 표시하며 허리만 약간 굽히거나 가볍게 머리를 숙이는 정도다.

✔동료와의 인사나 계단에서 상사와 마주쳤을 경우
✔앉아있거나 서 있을 때, 걸어갈 때
✔길 또는 실내나 복도에서 사람과 마주치거나 자주 보았을 경우
✔바쁘게 일하는 중에 내방객과 마주쳤을 경우
✔전화 응대 중에 내방객이나 상사가 왔을 경우
✔응접실에서 차 접대를 받았을 경우
✔나와 관계가 없는 내방객과 눈이 마주쳤을 경우

등 부담 없는 상황에서 할 수 있는 인사이다.

◆ 방법

허리를 15도 정도 가볍게 구부렸다 편다. 목례는 짧은 시간에 이루어지는 인사이며 동작이 크지 않으므로 환한 미소를 동반해 주면 좋은 인상을 줄 수 있다.

✔하나 : 15도 정도 허리를 굽힌다.
✔둘 : 허리를 다시 편다.
✔셋 : 미소

보통례

일상 생활 중 어른이나 내방객을 맞을 때, 상사에게 하는 인사로 상대를 향하여 허리를 30도 정도 굽혀주는 인사다. 전통 인사법의 평절에 가까운 인사로 가장 기본이 되는 인사다.

남자는 양손을 바지 재봉선에 대고 하며 여자는 공수 자세로 인사한다. 일반적인 인사이므로 일상생활에서 가장 많이 한다.

정식으로 인사하는 경우

✔직장에서 상사에게

✔ 나이 많은 어르신께

✔ 매장이나 회사를 찾아오는 내방객에게, 고객에게

✔ 사회활동에서 보편적으로 처음 인사할 때(면접에서 면접관에게)

인사말을 동반하면서 하되 상체의 움직임이 너무 빠르면 성의 없이 느껴질 수도 있으므로 정중하고 예의바르게 보이려면 상체를 천천히 올려주면 된다.

◆ 방법

✔ 하나, 둘 : 허리를 굽힌다.

✔ 셋 : 잠시 동작 정지한다.

✔ 넷, 다섯 : 천천히 허리를 편다.

✔ 여섯 : 미소

정중례

감사하거나 사죄의 마음을 전하는 경우에 45도 정도 허리를 굽혀서 마음을 전하는 인사다.

✔ 큰 도움을 받아 감사의 마음을 전달하는 경우

✔ 상대에게 불편을 끼쳐서 사과하는 경우

✔ 집안의 어르신이나 직장의 상급자를 독대하는 경우

✔ 국가의 원수를 맞이하는 경우

◆ 방법

✔ 하나, 둘, 셋 : 허리를 굽힌다.

✔ 넷 : 숙인 상태로 동작을 정지한다.

✔ 다섯, 여섯, 일곱 : 허리를 펴면서 천천히 상체를 일으킨다.

✔ 여덟 : 미소 또는 공감의 표현

참고) 거수 경례

제복을 입고 정모를 착용한 상태에서 오른손을 올려 인사하는 것이다. 거수 경례를 받았을 경우 민간인이라 할지라도 거수 경례로 답한다.

아랫사람이 먼저 오른손을 올려 윗사람에게 경례를 하고 윗사람이 인사를 받고 손을 내린 후에 손을 내린다.

5.1.1. 인사의 5단계

1단계	바른 자세와 밝은 표정으로 상대를 향해 선다.
2단계	인사말과 함께 상체를 1~2초 숙인다.
3단계	상체를 숙이고 1초간 정지한다.
4단계	2~3초간 천천히 상체를 들어 올린다.
5단계	바른 자세로 서서 상대를 향해 미소 짓는다.

(2) 상황별 인사법

1) 인사의 순서

✔ 내가 먼저, 상대를 바라보며, 밝은 표정과 명랑한 목소리로 한다.

✔ 상황에 알맞게, 정성을 담아서 한다.

✔ 등과 목은 반듯하게 세우고, 배와 엉덩이는 집어넣는다.

✔ 허리부터 상체를 숙이며 상대와 상황에 맞는 각도로 허리를 굽히며 인사말을 덧붙인다.

✔ 남자는 차려 자세로 서서 주먹 안쪽을 바지 양 재봉선에 대고 인사한다.

✔ 여자는 차려 자세에서 공수를 하고 인사를 한다.

2) 인사의 자세

✔ 표정은 부드럽고 밝게

✔ 시선은 애정 어린 눈으로 상대를 바라보며

✔ 고개는 반듯이 들고 턱은 당겨서

✔ 어깨는 힘을 빼고 균형을 유지하고 편안하게

✔ 무릎, 등, 허리는 자연스럽고 곧게

✔ 손은 양손을 둥글게 달걀을 쥔 듯한 느낌으로

✔ 발 뒤꿈치는 서로 붙이고 양 발의 각도는 30도 정도로 벌린다.

(남자는 10시 10분, 여자는 11시 5분 각도)

사례 2 다양한 문화의 인사법

아프리카에서 사람을 만났을 때 상대방이 침을 뱉는다면 당신은 어떻게 하겠는가? 아마 대부분의 사람이 멱살을 잡고 싸울 것이다. 하지만 노여워 할 필요가 없다. 왜냐하면 그 사람은 아프리카 마사이 부족의 한 사람일 테니까 말이다. 마사이 부족 사람들은 반가움의 표시로 얼굴에 침을 뱉는다. 우리나라에서는 굉장히 불쾌한 일이지만 그들에게는 그것이 인사의 한 방법이다. 사람을 만났을 때 인사하는 방법은 나라와 문화마다 다르다. 우리나라에서는 일반적으로 허리를 숙여서 '예(禮)'를 표현하지만 서양에서는 악수나 포옹, 볼 키스 등이 일반적이다. 그 나라를 여행하면서 가장 기본적으로 알아야 할 예절인 인사, 그 다양한 형태를 알아보자. 악수(Handshake)는 나라와 문화를 불문하고 현대사회에서 가장 일반적으로 통용되는 인사로 상대방 손을 적당한 힘으로 잡은 뒤 두 세 번 가볍게 흔든다. 이때 서로의 눈을 쳐다보며 웃는 얼굴로 인사말을 건넨다면 더욱 좋다. 뉴질랜드의 마오리족은 손님을 환영할 때 서로 코를 두 번씩 비비는 코인사를 한다. 지금도 로토루아에 위치한 마오리 민속촌을 방문하면 방문객들을 제일 먼저 이 인사로 반긴다. 태국의 전통 인사인 와이(Wai)는 두 손을 모으고 팔과 팔꿈치를 몸에 붙인 채 '와이'라고 말하면서 고개를 숙인다. 이때 합장한 손이 위로 올라갈수록 공경의 정도가 커진다. 아브라조(Abrazo)는 콜롬비아나 아르헨티나 등 중남미 나라에서 주로 하는 인사로 서로 껴안고 키스를 한 후 친근함의 표시로 어깨를 몇 번 두드리는 인사법이다. 프랑스, 이탈리아, 스페인과 다른 지중해 연안의 나라에서는 주로 양쪽 뺨에 키스(Kiss)를 한다. 하지만 연인 사이가 아니라면 소리만 내고 실제로 키스는 하지 않는다. 사우디아라비아에서는 악수를 한 후 양쪽 뺨에 키스를 하고, 러시아에서는 키스를 하고 포옹을 한다. 인도인들의 절대 다수를 차지하는 힌두교도들의 인사는 '나마스테(Namaste)'이다. 나마스테라는 말은 산스크리트어로 '당신 앞에 절을 합니다'라는 뜻으로 존경의 표시이고, 조금 더 공손한 표현을 쓰고자 한다면 '나마스카'라는 존칭도 있다. 두 손을 공손하게 가지런히 모으며 하는 인사법으로 한국에서의 불교도들의 인사와 흡사하다. 인도에서 가장 많은 수를 차지하는 소수파 무슬림(이슬람

교) 신자들은 나마스테 인사법과는 다르게 오른손을 자신의 왼쪽 가슴(심장이 있는 곳)에 갖다대면서 '아 살람 알레이쿰'이라고 한다. 이것이 이슬람교 신자들의 인사법이다. 아무리 마음이 충만하다 하더라도 그것을 표현하는 방법이 잘못됐다면 호의는 반감될 수 있다. 조금만 신경써서 그 나라의 문화를 반영하는 인사법을 익히고 '예(禮)'의 마음을 표현한다면 일반 여행은 물론 비즈니스에 있어서도 훌륭한 접근이 될 것이다.

〈대한항공 서비스아카데미〉

3) 상황별 인사의 실제

◆ 엘리베이터에서의 인사 : 목례가 기본

✔ 고객과 단 둘인 경우 : 문 밖에서 오픈 버튼을 누르고 목례 후 고객을 먼저 태우고 하차시에는 오픈 버튼을 누르고 고객을 먼저 내리게 한다.

✔ 고객이 2명 이상인 경우 : 먼저 탄 후 오픈 버튼을 누르고 고객들을 모두 태우고 하차시에는 목례 후 오픈 버튼을 누르고 고객들을 먼저 내리게 한 후 마지막으로 내린다.

◆ 출입문에서의 인사

✔ 고객과 마주칠 경우 : 문을 잡고 고객을 먼저 나가게 한다. 이때 밝은 표정으로 '먼저~'라고 말하면서 목례한다.

✔ 고객과 함께 출입할 경우 : 문을 열고 손으로 잡은 후 고객이 먼저 출입하게 한다. 역시 '먼저~'라고 말하면서 목례한다.

◆ 복도에서

✔ 스쳐 지날 경우 : 벽 쪽으로 비켜 서 있다가 스치는 순간 목례 혹은 보통례를 한다.

✔ 고객을 앞지를 경우 : 원칙적으로 앞지르는 것은 실례지만, 급할 경우 어깨가 나란해졌을 때 '실례합니다'라고 말하고 앞지른다.

◆ **악수하는 경우**

✔지위가 높은 사람, 연장자가 먼저 악수를 청하는 것이 일반적이다.

✔악수를 하면서 절은 하지 않는다(서양식 인사법이므로).

✔상대가 아무리 지위가 높아도 두 손으로 잡고 흔들지 않는다.

✔악수는 반드시 서서 장갑을 벗고 한다. 단 여성이 정장을 하여 장갑을 끼고 있을 경우에는 벗지 않아도 된다(예식용, 장식용).

✔단, 날씨가 아주 추운 야외에서 상대가 장갑을 끼고 요청할 경우에는 그대로 장갑을 낀 채로 응해도 괜찮다.

✔손을 쥘 때는 상대의 눈을 바라보며 온화하게 미소를 짓는다.

✔손이 더럽거나 땀으로 젖어 있을 때는 양해 인사를 한 후 악수를 한다.

✔상대방의 눈 · 손 · 눈을 보며 가볍게 두세 번 흔든다.

✔어른이나 상사와 나누는 정중한 악수에서는 허리를 약간 굽히거나 오른손 팔꿈치에 왼손을 가볍게 붙이고 정중하게 인사한다. 특히 상대가 50대 이상인 경우나 소속한 회사의 대표인 경우에는 허리를 굽히는 것이 우리나라에서는 자연스럽게 받아들여진다.

✔서양에서는 흉사시에 악수를 하지 않는 것이 예의이나, 우리나라에서는 어른이 아랫사람의 손을 잡고 위로나 격려의 뜻으로 악수를 하기도 한다.

◆ **소개하는 경우**

✔방문객은 아랫사람이라도 상위가 된다.

5.1.2. 악수법

먼저	나중
여성	후배
남성	연장자
지위가 높은 사람	연소자
지위가 낮은 사람	기혼자
선배	미혼자

- ✔ 소개는 하위자를 먼저 소개하고, 다음으로 상위자를 하위자에게 소개한다.
- ✔ 고객에게 소개할 경우에는 상사라도 극존칭의 경칭을 사용하지 않는다.
- ✔ 즉 "저희 ○○○부장님이십니다"가 아니라 "저희 ○○○부장님입니다"가 옳은 표현이다.
- ✔ 업무 이야기보다는 우선 소개부터 한다. 방문객의 입장을 명확히 해 준다.
- ✔ 방문객은 성명, 직위, 경칭의 순서대로 부른다. ○○○과장님입니다.
- ✔ 방문객을 자기 자리에서 맞이했을 경우 선 상태에서 반 보 가량 우측으로 비켜서 예의를 갖춘 다음 보통례로 인사 후 응대한다.
- ✔ 여러 명을 한꺼번에 소개할 경우 직함이 높은 사람부터 소개함이 원칙이다.
- ✔ 단 양해를 구한 다음 서 있는 순서대로 소개해도 좋다.

◆ 방문객 응대시

- ✔ "안녕하십니까", 혹은 "어서 오십시오"라고 미소를 지으며 인사한다.
- ✔ 안면이 있는 상대에게는 "○○○사의 ○○○씨시군요"라고 이쪽에서 먼저 이야기한다. 그러기 위해서 거래처의 이름이나 담당자의 얼굴과 성명 정도는 기억해 둔다.
- ✔ 한번에 두 명 이상의 방문객이 찾아왔을 경우 먼저 온 사람부터 접수하고 나중 사람에게는 "죄송합니다, 잠시만 기다려주시겠습니까?"라고 정중하게 양해를 구한다.
- ✔ 방문한다는 연락을 받았다면 "기다리고 계십니다" 또는 '전해들었습니다"라고 말하며 마중한다.
- ✔ 방문객이 기다려야 할 경우에는 서성거리게 하지 말고 앉아있을 수 있도록 자리를 안내해 주거나 음료를 권한다. 보안이 유지되어야 하는 사무실일 경우 별도의 응접실로 안내하여 기다리게 한다.
- ✔ 배웅은 가능한 한 정중하게 최선을 다하는 것이 원칙이다. 자동차, 안내데스크가 있는 정문, 엘리베이터까지 배웅하여 마지막 인상을 최대한 좋게 하되 불가피할 경우에는 응접실에서 곧바로 배웅 후 타 직원에게 안내를 부탁하는 등 경우에 따라 적당한 선에서 마무리한다.

◆ **방문하는 경우**

✔ 방문은 반드시 담당자와 사전 약속을 한다.

✔ 약속 하루 전, 당일 아침 반드시 재확인한다.

✔ 오전 11시 30분 이후, 오후 4시 이후의 방문은 피한다.

✔ 약속 시간이란 미팅할 사람과 만나는 시간이지 회사나 장소의 건물에 도착하는 시간이 아니므로 10분 전에 장소에 도착할 수 있게 여유를 갖는다.

✔ 30분 이상 늦었을 경우에는 약속을 취소당할 가능성도 고려한다.

✔ 용건이 끝났으면 바로 자리에서 일어선다.

✔ 회사 방문이 아니라 밖에서 만나기로 한 경우는 가능한 연락이 닿을 수 있는 장소로 정한다.

◆ **명함 교환시**

✔ 명함은 자신의 얼굴이자 첫인상이므로 청결하게 관리해야 한다. 특히 남성은 바지 뒷주머니에도 넣을 수 있는 지갑에서 명함을 꺼내는 것은 금물이므로 반드시 좋은 명함 지갑에 넣어 두었다가 꺼내 건네도록 한다.

✔ 명함 지갑에 명함을 넣을 때는 상대에게 바로 보이게 하는 방향으로 건네주기 위해 거꾸로 꽂아두면 실수할 염려가 없다.

✔ 명함을 건넬 경우에는 손아랫사람이 윗사람에게, 소개받은 사람이 먼저, 방문한 사람이 상대방에게 명함을 건네는 것이 예의에 맞는다.

✔ 선 채로 정중하게 인사를 하고 나서 "○○에 근무하는 ○○○입니다"라고 소속과 이름을 밝히면서 두 손으로 건네도록 한다.

✔ 이때 명함은 왼손으로 받쳐서 오른손으로 건네되 자기의 성명을 상대방이 바로 볼 수 있도록 한다.

✔ 명함을 받을 경우도 일어서서 두 손으로 받는다. 이때 "반갑습니다"라고 한마디 덧붙이면 좋은 인상을 주게 된다.

✔ 받은 즉시 상대방의 소속, 성함을 반복 재창하여 관심을 표명하는 동시에 확인하여 대화 중 상대 신원을 잊어버려 다시 명함을 꺼내 보는 일이 없도록 한다. 다만 대화 중반까지는 상대의 명함을 바로 넣기 보다는 본

비밀 메모

명함 교환시 금기 사항

- ✔명함을 찾는데 시간이 걸린다.
- ✔구겨지거나 지저분한 명함을 내놓는다.
- ✔상대와 대화 중에 명함에 낙서를 한다.
- ✔뒷주머니에서 명함을 꺼낸다.
- ✔아무 말 없이 명함만 건넨다.
- ✔테이블 위에서 직~ 끌어서 건넨다.
- ✔명함을 거꾸로 또는 옆으로 건넨다.
- ✔받은 상대의 명함으로 부채질을 하거나 손장난을 친다.
- ✔한 손으로 명함을 건네거나 받는다.
- ✔받은 명함을 두고 오거나 바닥에 떨어뜨린다.

인의 명함 지갑 위에 올려 놓고 보면서 대화하거나 두 손으로 들고 번갈아 보며 대화할 수 있다.

- ✔상대방의 이름이 읽기 어려운 한자일 경우는 상대방에게 물어서 확인한다. "대단히 죄송합니다만 선생님의 성함을 어떻게 읽어야 됩니까?"
- ✔동시에 서로 주고받을 경우에는 오른손으로 주고 왼손으로 받아 오른손 바닥으로 받쳐들고 인사하며, 상대방이 먼저 명함을 꺼냈으면 일단 명함을 받은 후 나의 명함을 꺼내어 오른손으로 건네 준다.

4) 인사 예우로서의 상석 구분하기

우리나라는 예로부터 어른과 아이의 자리를 구분지어 어른데 대한 예의를 표현하였으며 서양에서도 상석이 구분되어 상급자와 하급자, 어른과 아이를 구분하였다. 회사를 방문한 고객에게 상석을 구분하는 것은 너무도 당연한 일이며 서비스를 제공하는 직업인으로써 반드시 알아야 할 상식이다.

5.1.3. 인사 각도에 따른 인사말

각도	상황	특성
15도 인사	고객 맞이	• 안녕하십니까? • 어서오십시오. • 반갑습니다. • 좋은 아침입니다. • 환영합니다. • 예, 잘 알겠습니다. • 예, 처리해드리겠습니다.
5도 인사	고객 응대	• 제가 도와드리겠습니다. • 찾으시는 물건이 있으신지요? • 네, 확인해드리겠습니다. • 죄송합니다만, 잠시만 기다려주시겠습니까?
5도~15도	고객 대기	• 오랫동안 기다리셨습니다. • 네, 5분 안에 해결해드리겠습니다. • 대단히 죄송합니다. • 정말 죄송합니다.
30~45도	고객에게 사과시	• 이렇게 불편을 드려 정말 죄송합니다. • 착오가 있는 것 같습니다. 바로 확인하고 처리해드리겠습니다. • 이렇게 오랜 시간 지연되어서 정말 죄송합니다. • 고맙습니다. • 안녕히 가십시오. • 다시 찾아주십시오. • 즐거운 하루 되십시오.
30도 인사	고객 배웅시	• 행복한 시간 되십시오. • 다음에 뵙겠습니다. • 건강하십시오. • 조심해서 가십시오. • 댁까지 편안히 돌아가십시오.

비밀 메모

상석의 기본 개념

- ✔동서는 동쪽이 상석
- ✔북남은 북쪽이 상석
- ✔중앙과 양끝에서는 중앙이 상석
- ✔높은 곳과 낮은 곳은 높은 곳이 상석
- ✔상석과 가까운 순서가 다음 상석

*** 승차나 착석시의 상석**

- ✔차창 쪽과 통로 쪽은 창 쪽이 상석
- ✔진입하는 방향을 바라보는 쪽과 등을 지고 있는 쪽은 진행하는 방향을 바라보는 쪽이 상석
- ✔안쪽과 출입문 쪽은 안쪽이 상석
- ✔안전하고 편리한 곳이 상석
- ✔택시나 전세 자동차의 경우에는 뒷 자석의 우측(조수석 바로 뒤)이 상석이고 그 다음은 뒷좌석의 좌측, 마지막이 조수석이다.
- ✔응대자가 운전할 경우 조수석이 제1석, 뒷자리의 우측이 제2석, 좌측이 제3석, 가운데가 제4석이다.

1-2. 표정

선행이란
남의 얼굴에
미소짓게 하는 일이다.

— 마호메트

(1) 표정의 의미

사례 3 '웃음요가' 개발한 선생님

"얼굴을 앞으로 내민 상태에서 혀를 빼고 두 눈을 부릅뜨면서 활짝 웃어보세요".

웰빙시대를 맞아 요가가 인기를 끌고 있는 가운데 중학교 교사가 웃음요가를 개발해 학생들과 학부모들에게 가르치고 있어 화제가 되고 있다.

주인공은 전남 장성군 삼계중학교 김영식(40) 체육교사.

김 교사가 개발한 웃음요가는 명상과 몸동작이 주류를 이루는 일반 요가와 달리 굿거리나 자진모리, 휘모리 등 국악장단과 진도아리랑 등 민요에 맞춰 사자체위 등을 하면서 크게 웃음소리를 내는 신종 요가.

김 교사가 웃음요가를 개발하게 된 것은 지난 1995년.

특전사에서 ROTC 장교로 군 복무를 마친 김 교사는 교편을 잡은 뒤 해학과 웃음을 가미한 한국적 요가가 정신과 육체 건강에 이롭다고 생각해 독창적인 웃음요가를 개발한 것.

이후 대기업 연수는 물론 국가전문행정연수원과 중소기업연수원 등에서 웃음요가 전문강사로 활동하다 2004년부터 삼계중학교 학생들과 학부모들에게 웃음보따리'를 풀어놓고 있다.

김 교사는 6일 "웃음요가를 즐기기 위해 체육시간만을 손꼽아 기다리는 학생들이 있을 정도로 반응이 좋다"며 "1주일에 2차례 무료 강의를 받고 있는 학부모들도 웃음요가를 배울 때는 근심 걱정이 없다'며 좋아한다"고 말했다.

김 교사는 "웃음요가는 무조건 웃자는 것이 아니"라며 "다양한 근육의 움직임과 웃는 행위를 통해 내면에 쌓인 감정의 찌꺼기를 밖으로 배출하면서 면역력이 강화되고 심신의 피로와 스트레스를 덜어낼 수 있다"고 말했다.

한편 김 교사는 웃음요가를 네티즌들이 무료로 배울 수 있는 인터넷 카페(http://cafe.daum.net/recyga)도 운영하고 있는데, 현재 회원이 1천 3백 여 명에 달한다고 한다.

〈연합뉴스〉, 2005. 10. 06, 전승현 기자

어느 유명한 사진사의 이야기다.

웃는 얼굴을 촬영해야 할 때 "활짝 웃어요"라든가 "조금만 수줍게 웃어봐요"라는 식으로, 사진사가 요구하는 다양한 주문을 듣고 곧장 그 표정을 지을 수 있는 사람은 거의 없다고 한다. 다양한 표정 짓기가 가능한 사람은 그것만으로 일류 모델이 될 수 있을 만큼 생각한 대로 표정을 만든다는 것은 그만큼 어려운 일이다.

> "표정은 자연스러운 게 제일이야" 라고 말하는 사람들도 있다. 그러나 자연스러운 것이 좋다고 해서 무의식적인 무표정만 지으며 사는 것이 좋은 것일까?

처음 만난 사람에게 느끼는 여러 가지 감정, 즉 느낌이 좋다, 나쁘다, 나와 맞지 않는다, 상냥해 보인다, 깐깐해 보인다, 쉬워 보인다, 어려워 보인다, 고상하다, 상스럽다 … 이런 첫인상들은 몇 가지 정보로 판단한다.

말투, 옷 매무새, 그 사람의 분위기 등 몇 가지 요소가 있겠지만 60퍼센트를 차지하는 것은 바로 그 사람의 얼굴 표정이다. 오랜 시간을 두고 사귀다 보면 첫인상이 변하기도 하겠지만 인상이라는 것은 이론으로 설명할 수 없는 감성적인 문제이기 때문에, 한번 받은 인상은 좀처럼 바꾸기 어렵다. 인상을 바꾸기 위해서는 많은 노력과 시간이 필요하다. 더욱이 깊이 사귀지 않고, 두 번 다시 만날 기회가 없는 사람에게는 그 당시의 인상이 그 사람의 모든 것을 표현하고 말게 된다.

그렇다면 첫대면에서 호감을 주는 좋은 인상을 전할 수 있는 표정은 어떤 것일까? 밝게 미소 짓는 얼굴, 부드러운 눈매와 시선, 관심을 표현하는 움직임 등 상대에게 기분 좋은 느낌을 갖게 하는 표정이다. 반대로 좋지 않은 인상을 주는 경우는 역시 무표정한 얼굴, 비웃는 듯 입술이 일그러진 표정, 시선을 피하는 눈 등 상대를 불편하게 하고 불쾌하게 하는 표정이다.

현대사회는 과학과 통신 기술의 발달로 커뮤니케이션의 방법이 직접대면보다는 간접대면이 많아졌다. 휴대전화, 이메일, 팩스 등 직접 만나지 않아도 업무를 진행할 수 있다. 그래서 첫 만남시의 좋은 인상이 매우 중요하다. 단지 표정이 안 좋다는 이유만으로 상대방이 자신을 부정적으로 생각한다면 비즈니스 상으로도 많은 손해를 입게 된다.

1) 첫인상에 관련된 심리 이론

가) 부정성의 효과

부정성의 효과란 긍정적인 특성보다 부정적인 특성, 예를 들어 표정이 딱딱하다, 거만하다 등이 그 사람을 평가하는데 더 많은 영향을 준다는 것이다. 그러므로 단점보다 장점이 많아도 어떤 단점 한 가지에 의해 전체적인 평가가 부정적이 될 수도 있다. 그래서 누군가를 처음 만날 때는 사소한 부분까지 신경써서 긍정적인 부분만 보여지도록 하는 것이 가장 중요하다.

나) 초두효과

초두효과란 먼저 제공된 정보가 나중에 제시된 정보보다 더 큰 영향력을 발휘하는 것을 말한다. 소개팅이나 처음 만난 자리에서 첫인상이 좋은 상대가 애교를 떨면 귀엽다고 생각하고, 머리가 좋다는 말을 들으면 지혜롭고 현명하겠군 하고 긍정적으로 생각하지만 첫인상이 나쁜 사람이 위와 같이 행동한다면 푼수가 따로없군, 교활하기 짝이 없군 등등 부정적으로 생각할 가능성이 크다.

다) 인지적 구두쇠 효과

사람이 인상 형성에서 뿐만 아니라 전반적으로 세상을 판단할 때 가능하면 노력을 덜 들이면서 결론에 이르려고 하는 경향이 있는데 이 속성을 인지적 구

사례 4

유능한 경영자들은 외부 사람들에게 그 회사 사원이 어떻게 보이느냐에 따라 회사 평판이 달라질 수 있다는 것을 잘 인식하고 있다.

세계 최고의 경영 기술 자문회라고 자부하는 앤더슨 컨설팅의 경우, 백악관에서 두 블록 정도 떨어진 워싱턴 시내 한복판에 사무실이 자리잡고 있었는데, 아무리 더운 여름날이라도 회사 건물 사방 한 블록 이내에선 양복 상의를 벗어서는 안 된다는 불문율이 있었다. 또한 점심시간에 주위 상점을 기웃거리며 쇼핑하는 것도 금하고 있었는데, 이것은 회사의 사원 하나하나가 어떤 식으로든 그 조직의 얼굴, 이미지를 표출한다는 인식에서 비롯된 것이다. 한마디로 기업 구성원 누구나가 기업 얼굴, 이미지의 창출 요소라는 확신에서 나온 규칙이다.

사례 5

첫인상의 아스팔트 효과

도로를 만드는데 쓰이는 아스팔트는 한번 굳어지면 다시 뜯어내고 고치는데 상당한 시간, 노동, 비용 등이 소요된다. 웬만해서는 뜯어고칠 엄두를 내지 않는 것이 좋다.

사람이 사람을 만났을 때 갖는 첫인상도 이와 비슷하다는 최근 연구 결과가 외신에 소개됐다. 9월 23일 영국 일간 가디언지에 나온 미국 프린스턴대 심리학 연구팀의 조사 결과를 보면 사람을 만나 첫인상인 타인의 얼굴을 보고 그의 매력이나 호감도, 신뢰도 등에 대한 판단을 하는 데 드는 시간은 불과 0.1초라고 한다. 우리가 기존에 알고 있던 3초라는 시간보다 훨씬 더 순식간에 상대의 이미지를 판단한다는 놀라운 결과다.

미국 프린스턴대 심리학 연구팀은 200명을 대상으로 조사한 결과 이 같은 결론을 내렸다. 연구팀은 피실험자들에게 여러 장의 얼굴 사진을 보여준 뒤 매력 · 호감도 · 신뢰도 · 능력 · 공격성 등을 평가해 보라고 했다. 놀랍게도 0.1초 뒤의 판단과 0.5초, 1초 뒤에 내린 결론에 별 차이가 없었다. 이렇게 형성된 첫인상을 바꾸기 위해서는 상당히 오랜 시간 접촉이 필요한 것으로 나타났다. 연구팀의 앨릭스 토도로프 교수는 "좀 더 오래 관찰한다고 해서 타인의 얼굴에 대한 사람들의 판단이 달라지는 것은 아니다"며 "관찰 시간이 길어질수록 자신의 최초 판단을 더욱 확신하게 될 뿐이라고 말했다.

결국 접점에서 근무하는 직원들은 고객과 접하지 않는 순간에도 늘 표정과 자세에 신경을 쓰고 있어야 고객과 연결되는 순간 자연스럽게 좋은 인상을 줄 수 있다.

두쇠라고 한다.

"사실 난 알고 보면 좋은 사람인데'라고 스스로를 생각하는 사람이 있다면 첫인상으로 승부할 수 있는 방법을 찾아야 한다. 바쁜 현대사회에서 타인은 우리에게 그렇게 여러 번의 기회를 주지 않는다는 사실을 명심해야 한다.

서비스 접점 근무자는 현장에서 고객을 최일선에서 응대하는 회사의 얼굴, 이미지 메이커로서 회사를 찾는 고객들에게 회사의 첫인상을 가장 먼저 전달하게 되는 임무를 부여받은 정예요원들이다.

따라서 서비스 전문가로서의 이미지를 함께 표정으로 전달할 수 있어야 하며 끊임없는 노력과 훈련이 필요하다. "나는 원래가 …" "나는 그런데 관심없어 …" 등의 말로 자기 자신을 후퇴시키고 이미지 변화를 두려워한다면 서비스 전문가로서의 자질이 부족하며 업무를 하면서도 매우 힘든 나날을 보낼 것이다.

2) 표정의 구분과 시선

사람의 표정에는 크게 고정적인 표정, 순간적인 표정, 상황적인 표정이 있다.

가) 고정적 표정

일반적으로 아무 생각이나 느낌이 없을 때의 표정으로 외부 자극에 반응하지 않고 있을 때의 표정인데 타인에게 주로 보여지는 표정이다.

나) 순간적 표정

순간적 감정의 변화가 생겼을 때 나타나며 외부 자극에 반응하고 있을 때 의식적으로 나타나는 표정이다.

다) 상황적 표정

순간적 표정을 계속적으로 의식해서 형성되는 표정으로 상황에 따라 달라지는 표정이다. 순간적인 표정은 계속적인 의식을 통해 상황적 표정으로 형성되고 그 상황적 표정이 습관이 되어 고정적 표정이 되면 바로 나의 고정적인 이미지로 자리잡게 된다. 결국 좋은 표정이란 얼굴 전체를 부드럽고 온화하게 하는 '미소'가 있는 표정이다.

(2) 미소의 효과

사례 6

모 방송국에서 특집으로 방영되어 화제가 되었던 "생로병사의 비밀 — 웃음"에서 말기 암으로 3개월밖에 살지 못한다는 사형선고를 받으신 김상태님이 아침에 일어나자마자 억지로라도 '하하하하' 하고 거울을 보고 웃고 부인과도 눈을 마주치며 웃으셨다고 한다. 잠시 우울해지려고 하면 오늘 하루도 내가 살아 있음에, 아침에 눈을 뜰 수 있었음에 감사하고 행복해서 다시 "하하하하" 하고 웃고 또 웃으셨다고 한다. 이렇게 하길 3년 …

3개월 밖에 살지 못한다고 하던 사람이 3년이 지나도록 건강하게 살아 있다는 임상 보고였다. 주치의 의견으로는 과학적으로는 설명이 불가능하지만 하루의 삶도 감사해 하는 긍정적인 마음과 억지로라도 웃어서 생기는 호르몬이 항암 효과를 일으키고 있는 것 같다고 한다. 또 웃으면 면역에 관계하는 NK세포의 활성화로 수명이 연장되고 난치병 치료에도 도움이 된다는 연구결과도 보도 되었다.

한 프랑스 건강 전문지에는 다음과 같은 기사가 실렸다.

"웃으면 깊은 호흡으로 공기를 복부 깊숙한 곳까지 들이마시게 됨으로써 복부 근육 운동을 가져와 변비를 치료하는 한편, 침과 기타 소화액의 분비를 촉진시켜 콜레스테롤 증가를 억제하는 효과가 있다".

결국 늘 주변사람을 기분 좋게 하는 스마일 천사들은 건강하다는 의미도 된다.

만병통치약이며 이미지를 아름답게 만들어 주는 미소는 다음과 같은 기능을 갖는다.

첫째, 가장 뛰어난 커뮤니케이션 도구이다. 언어로 의사소통이 가능한 상대 뿐 아니라 언어로 소통이 불가능해도, 종교가 다르거나 환경이나 문화가 전혀 달라도 미소는 어느 나라의 누구에게도 호감을 전달할 수 있는 가장 강력한 도구이며 언어이다. 가장 호소력 있는 국제 공용어인 셈이다.

둘째, 미소는 마인드 컨트롤 효과를 갖는다. 미소는 무의식의 결과물이 아닌 본인이 미리 생각하고 의식하여 만들어 내는 적극적이며 능동적인 행위이다. 이렇게 의식 상태에서 자꾸 근육을 움직이며 미소를 짓다보면 자연스럽게 기분이 좋아지고 자신감이 생겨 대인관계가 원만해진다.

셋째, 삶에 활력을 불어넣어 준다. 미소는 고달프고 힘든 상황에서 그것을 극복할 수 있는 활력을 만들어주며 긍정적이고 적극적인 삶의 자세를 갖게 해준다. 몇몇 심리학자에 의하면 사람은 슬퍼서 우는 것이 아니라 울기 때문에 슬퍼지고 즐거워서 웃는 것이 아니라 웃기 때문에 즐거워진다고 한다.

넷째, 건강을 증진시켜 준다. 웃음이 건강에 좋다는 것은 스탠퍼드 대학의 윌리암 프라이 교수를 비롯하여 여러 학자에 의해 증명된 바가 있다. 쾌활하게 웃으면 혈액 속에 백혈구의 수치가 증가하여 면역 기능을 강화시켜 질병을 예방해 준다고도 했다. 또한 웃음은 위산이 많이 나오는 것을 방지하여 위산 과다의 예방과 치료에도 도움을 준다고 한다.

다섯째, 나이팅게일은 "여성에게 있어서 최고의 화장술은 웃는 것이다"라고 했고 중국인들은 "웃는 얼굴이 아니면 가게문을 열지 말라"고 하였다. 미소는 세상에서 가장 아름다운 메이크업 기술이다.

(3) 표정 훈련의 실제

아무리 웃기고 재미있는 이야기라도, 전달하는 사람이 무표정한 모습으로 들려준다면 제대로 전달이 되기는커녕 실없는 사람, 왜 저 이야기를 할까, 나를 무시하나 하고 듣는 사람이 오히려 오해할 수도 있다. 상대에게 호감을 가지고 즐거운 대화를 나누려 해도 표정에 의미가 담겨 있지 않다면 결과적으로 말하지 않는 것이 나을 수 있다. "사람들이 제가 무섭데요 … 전 그냥 가만히 있는데 …" "전 동료 관계가 별로 좋지 못해요 …" 하고 말하는 사람은 상대가 "그렇겠군요 …" 하고 적극 동조하고픈 표정과 제스처를 갖고 있는 경우가 많다.

"입으로 말하는 것 만큼 눈으로도 말을 한다"는 이야기가 있듯이, 입은 하나의 수단이고 시선에 더 많은 메시지가 담겨 있다. 타인의 얼굴을 봤을 때, 맨 처음 시선이 가는 곳은 눈, 그 다음이 입 주변이라고 한다. 그러나 눈보다 입이 더 크고, 또 눈 주변에 여섯 종류의 근육이 있는데 비해 입 주변에는 얼굴의 70%를 차지하는 근육이 관계하고 있다.

따라서 입을 한쪽으로 치켜 올리거나 앞으로 내밀거나, 옆으로 삐죽거리거

5.1.4. **표정과 상대의 해석**

나의 표정	상대방의 해석
• 맞장구를 치지 않고 무표정함	• 완곡한 거부, 귀찮음
• 잠시 미소를 짓다가 곧 미소를 거둠	• 속으로 무어가 계산하고 있음
• 갑자기 미소를 중단함	• 쓸데없는 말, 행위에 대한 무언의 경고
• 상대를 바라보며 환하게 미소지음	• 도움을 주고 싶다는 호의
• 시선 회피	• 상대에 대한 거부, 부담
• 곁눈질로 쳐다봄	• 대화에 불만, 의문
• 위아래로 훑어봄	• 상대에 대한 불신, 경멸
• 눈을 크게 뜨고 계속 주시함	• 강한 흥미, 관심의 표현
• 눈살을 찌푸림	• 의견에 찬성하지 않음

임혜경 저, 『신세대를 위한 예절 길라잡이』에서

나, 아랫입술을 내밀고 처지게 하는 등, 매우 다양한 표정을 지을 수 있고, 그 움직임도 복잡하다. 그러므로 입 주변의 표정은 우리가 생각하는 것 이상으로 다양한 의미를 전달한다. 기쁨, 분노, 인내, 후회, 부드러움 등, 아무 말을 하지 않아도 단지 입 주변의 표정만으로 상대는 기분을 읽어 낼 수 있다.

스타라고 불리는 사람들은 왜 매력적이고 그 표정과 자세가 담긴 사진 하나 촬영하는데 수 억을 받으면서 사람들을 매혹시킬까? 그들이 태어나면서부터 그런 능력을 가졌다기 보다는 그런 표정을 짓기 위해 매일매일 거울을 보며 끊임없이 노력하고 있기 때문이다.

또한 표정 훈련에서 입 근육과 표정을 만드는데 필요한 것이 시선 처리법이다. 자신의 메시지를 정확히 전달하기 위해서는 눈의 움직임에도 주의를 하는 것이 중요하다. 일반적으로 1:1로 대화를 할 때, 시선의 가로는 어깨 넓이보다 좁게 두고 세로는 이마에서 상체 사이에 두며, 그 안에서 적당한 간격으로 움직이는 것이 좋다. 그 범위에서 벗어나면 상대의 말을 귀담아들을 마음이 없다, 지루하다, 싫다, 어색하다, 대화가 재미없다는 느낌을 주게 된다. 그렇다고 열심히 듣고 있다는 점을 강조하기 위한 나머지, 상대방의 눈을 뚫어져라 쳐다보는 것은 역으로 상대를 당황하게 만들며 부자연스럽게 시선을 두리번거리는 것도 침착하지 못하고 신뢰할 만한 상대가 못 된다는 인상을 남긴다.

◆ 자연스럽게 상대와 시선을 마주치는 법

- ✔ 상대방의 한 쪽 눈만을 본다.
- ✔ 상대방의 콧등을 본다.
- ✔ 남성의 경우 넥타이 매듭 부분이나 가슴 부분을 본다.

◆ 상황별 시선 처리 요령

- ✔ 계단에서 내려오다 올라오는 고객을 응대할 경우 일단 같은 위치로 내려온다.
- ✔ 같은 위치가 되었을 때 시선을 자연스럽게 마주치며 응대한다.
- ✔ 고객이 키가 작고 응대자가 큰 경우에는 약간의 거리를 두어 시선을 마

주친다.

✔어린이의 경우에는 무릎을 꿇어 아이의 눈과 같은 높이에서 이야기한다.

◆ **우리나라에서의 시선**

일반적인 서양 에티켓 중심의 책에는 타인과 대화할 경우 반드시 상대의 눈을 주시하라고 적혀 있다. 상대의 눈을 보지 못하면 거짓말을 하거나 준비가 안 되어 있는 등 신뢰감을 주지 못한다고 한다. 서비스에 관한 책에서도 고객과 눈을 맞추며 이야기를 하는 것이 최소한의 기본이라고 적혀 있다. 그러나 이런 텍스트에 지나치게 충실하는 것도 문제가 있다. 어떤 사람은 상대의 시선을 집요하게 쫓아 오히려 고객에게 불쾌감을 준다. 마치 도둑으로 취급하는 듯한 느낌을 줄 수 있기 때문이다.

외국에서는 예외지만 우리나라에서는 적당하게 시선을 보내는 것이 필요하다. 지나치게 상대를 뚫어지게 보면 "눈초리가 무섭다" "기분 나쁘게 빤히 쳐다본다"는 말을 듣기 쉬우므로 불쾌감을 주지 않도록 조심해야 한다. 그러기 위해서는 상대와 눈을 맞추더라도 적당한 시선을 염두에 두어야 할 것이다.

1) 표정 훈련 워밍업

거울을 앞에 하고 자신의 표정을 객관적으로 살펴보자. 사진을 활용하거나 캠코더로 자신의 표정을 녹화하여 원하는 표정을 자연스럽게 연출할 수 있을 때까지 반복적으로 훈련하여 미소 띤 부드러운 표정을 찾아내도록 해야 한다.

대화시 고개를 숙이는 버릇이 있지는 않은지, 혀를 날름거린다거나 머리를 자주 움직이지는 않는지, 웃을 때 손으로 입을 가리는 습관이 있지는 않은지 찾아내어 자연스럽고 부드러운 표정이 될 때까지 반복 훈련을 해야 한다. 연예인들이 보여주는 역삼각형의 웃음과 양 귀 끝으로 완전히 올라간 입모양도 모두 이런 훈련 과정과 변화하고자 하는 적극적인 의지가 만들어낸 자기 연출의 결과인 것이다.

웃을 때 치아가 4개 이상 보일 수 있도록 하고 안면부의 광대뼈 부근을 긴장시키는 훈련이 밝은 표정에 많은 도움이 된다. 부드러운 표정을 연출하기 위한 방안으로 평소 양 볼에 바람을 불어 넣거나 혀를 입안에서 이리저리 굴리는 등 안면 근육을 자주 움직이고 입을 크게 벌리는 모음 연습을 하는 등의 습관을 익히면 자연스럽게 미소가 나올 수 있다.

◆ **좋은 표정을 짓기 위해서는**

✔ 평소 거울을 자주 보는 습관을 기른다.

✔ 좋은 표정을 짓기 위한 표정 훈련을 지속적으로 실시한다.

✔ 근육 훈련만으로 표정이 자연스럽게 밝아지는데 한계가 있다는 점을 명심하고 밝고 좋은 생각, 마음의 여유를 가지려는 노력을 기울인다.

◆ **표정을 지을 때 유의 사항**

✔ 얼굴 전체를 부드럽고 온화하게 갖는다. 그래야 그늘이 없이 따뜻한 느낌을 준다.

✔ 얼굴의 근육을 긴장시키거나 찡그리지 않는다. 딱딱하면 상대방을 긴장시키고 찡그리면 추하게 보인다.

✔ 눈을 곱게 뜨고 시선을 단정하게 한다.

✔ 입은 조용히 다물어 힘을 주지 않는다. 입에 힘을 주면 단호해 보이고 벌어지면 실없는 사람으로 보인다.

✔ 턱을 자연스럽게 반듯하게 한다. 일부러 턱에 힘을 주어 당기면 실속없이 잘난 척 하는 사람으로 보인다.

✔ 억지 표정을 짓지 않는다. 억지 표정을 지으면 가식처럼 보이고 진실해 보이지 않는다.

✔ 갑작스럽게 표정을 바꾸지 않는다. 온건하고 담담한 표정이 사람을 진실하게 보이게 한다.

✔ 주위 환경과 경우에 맞는 표정을 짓는다. 슬플 때는 슬픈 표정, 기쁠 때는 기쁜 표정, 좋을 때는 좋은 표정을 지어야 정직하고 순순한 사람이다.

2) 표정근 탄력 훈련 요령

◆ **효과**

✔ 표정근을 단련시킴으로써 피부의 탄력을 높여 얼굴의 군살을 방지하고 노화를 지연시켜 줄 뿐만 아니라 얼굴의 표정을 부드럽게 해준다.

◆ 운동 전 유의사항

- ✔표정근 운동은 아침에 일어나자마자 한다.
- ✔규칙적으로 한다.
- ✔긴장을 푼 상태에서 편안한 마음으로 천천히 해야 한다.
- ✔정확한 운동법을 익히기 전까지는 거울 앞에서 한다. 숙달되면 어느 장소에서도 가능하다.
- ✔1개월까지는 매일 해주는 것이 효과적이고 그 이후에는 일 주일에 세 번만 해도 된다.
- ✔피부가 건조하여 당기는 상태에서는 역효과가 날 뿐이다. 건조하면 보습크림을 바르고 운동을 시작한다.
- ✔몸이 피곤할 때는 하지 않는 것이 좋다. 차라리 휴식을 취하는 것이 낫다.
- ✔근육 운동을 할 때는 그곳에 정신을 집중하면 두 배의 효과를 얻을 수 있다.
- ✔빠르면 한 달 뒤에, 늦으면 석 달 뒤에 매력적인 얼굴로 변한 자신을 이미지화 한다.

1단계 : 스트레칭 체조

① 기지개 켜기

- ✔머리를 뒤로 젖힌다.
- ✔두 팔을 뻗어 위로 올린다.
- ✔손을 깍지를 낀 채(손바닥이 위로 향하게) 기지개를 켜듯 등을 쭉 펴서 천천히 다섯을 센다.

② 팔꿈치 돌리기

- ✔어깨에 힘을 빼고 편안히 한다.
- ✔손가락을 세워 양쪽 어깨에 올린다.
- ✔팔꿈치로 천천히 원을 그린다.
- ✔점점 원을 크게 그리다가 다시 작게 그린다. (이때 가급적 정확한 원을 그리면 더욱 효과적이다.)

③ 얼굴 돌리기

✔얼굴을 정면으로 향하게 한다.

✔천천히 얼굴을 한쪽 어깨로 돌린다.

✔다시 얼굴을 정면으로 향한 다음 반대쪽 어깨로 얼굴을 돌려준다.

④ 얼굴 기울이기

✔얼굴을 정면으로 향한다.

✔천천히 한쪽 어깨 위에서 45도 각도로 얼굴을 옆으로 기울인다.

✔다시 얼굴을 정면으로 향하고 반대쪽 어깨 위로 기울인다.

⑤ 어깨 올리기

✔어깨에 힘을 풀고 편안히 양 팔을 떨어뜨린다.

✔양 어깨를 귀 쪽으로 향해 천천히 올린 다음 내려준다.

①~⑤까지 천천히 세 세트를 반복한다.

2단계 : 탄력 있는 볼 근육 운동

① 볼 오므리기

✔양 볼을 입술을 내밀어 최대한 오므린다.

✔오므린 채 다섯을 센다.

✔다시 원 위치로 돌아간다.

② 볼 부풀리기

✔입 안 가득 공기를 넣어 풍선처럼 부풀린다.

✔부풀린 상태로 다섯을 센다.

✔왼쪽 볼로, 다시 오른쪽 볼로 번갈아 공기를 보낸다.

③ 큰 미소 짓기

✔얼굴을 정면으로 향한다.

✔턱은 최대한 아래로 내린다.

✔가장 큰 미소를 지어본다.

✔이 상태로 다섯을 센 다음 다시 천천히 원 위치로 돌아간다.

④ 어금니 깨물기

✔얼굴을 정면으로 향한다.

✔입을 옆으로 벌리면서 어금니를 깨문다.

✔이 상태에서 다섯을 세고 원래의 얼굴로 돌아간다.

①~④까지 천천히 세 세트 반복한다.

3단계:부드러운 입꼬리를 위한 운동

① '아' 소리 내기

✔입을 가장 크게 열어 '아' 하고 소리 낸다.

✔턱이 움직일 정도로 될 수 있는 한 크게 입을 벌려 다섯을 세고 원 위치한다.

② '에' 소리 내기

✔입을 약간 벌리고 입 꼬리를 V자로 만든다는 느낌으로 '에 소리를 낸다.

✔입 꼬리를 의식하고 힘을 넣어 위로 올리는 것처럼 한다.

✔다섯을 세고 원래의 표정으로 돌아간다.

③ '이' 소리 내기

✔양 입 끝을 최대한 옆으로 벌리고 '이' 하고 소리 낸다. 입 꼬리를 한 일자로 좌우로 힘껏 당기고 입술의 근육을 긴장시킨다.

✔다섯을 세고 원래의 표정으로 돌아간다.

④ '오' 소리 내기

✔입술 모양을 최대한 동그랗게 만들어 '오' 하고 소리 낸다.

✔입술을 뾰족하게 내밀고 입에 알사탕을 넣었다는 기분으르 한다.

✔다섯을 세고 원래의 표정으로 돌아간다.

⑤ '우'소리 내기

✔마치 키스를 할 때의 입 모양으로 '우' 하고 소리 낸다.

✔ 입 꼬리를 약간 긴장시키는 것처럼 입술을 가볍게 앞으로 내민다.

✔ 다섯을 세고 원래의 표정으로 돌아간다.

①~⑤까지 천천히 세 세트씩 반복한다.

4단계 : 부드러운 눈매를 위한 운동

① **정면을 향해 쳐다보고 위 눈꺼풀에 정신을 집중한다.**
다섯을 세면서 윗눈꺼풀을 내린다.

② **위, 아래 속 눈썹 라인에 의식적으로 힘을 가하고 다섯을 센다.**

③ **눈 머리 방향으로 눈 전체를 꽉 조여 주고 다섯을 세고 천천히 정면을 향한다.**

④ **눈을 감고 눈썹을 천천히 위로 올리면서 윗 속눈썹 부분을 아래로 잡아 당겨 내려 다섯을 센다.**

⑤ **눈을 살짝 감은 상태에서 눈썹을 최대한 위로 끌어올린 채 다섯을 세면서 서서히 눈을 떠 정면을 본다.**

①~⑤까지 각각 천천히 세 세트 반복한다.

5단계 : 이마와 미간 주름 예방운동

① **양 집게손가락을 이마에 대고 위, 아래로 움직이면서 안팎으로 밀고 당기기를 여러 번 반복하여 근육을 풀어 준다.**

② **한 손을 머리털이 난 선에 대고 위로 끌어 올리고 눈은 아래로 향한다.**

✔ 최대한 잡아당김으로써 주름살을 방지한다.

✔ 여러 번 반복한다.

③ **집게 손가락을 눈썹 위에 대고 지긋이 누르기를 여러 번 반복한다.**

①~③까지 부드럽게 세 세트 반복한다.

6단계 : 아름다운 목선을 만드는 운동

① **얼굴을 정면으로 향하고 턱을 당기는 느낌으로 힘을 주고 다섯을 센다.**

② **턱을 수평으로 유지한 채 잔뜩 목줄이 나오게 하여 천천히 오른쪽 옆으로 돌**

린 상태에서 다섯을 센다.

③ 앞의 2번과 마찬가지로 천천히 왼쪽으로 돌린 상태에서 다섯을 센다. 다섯 세트 반복하고 얼굴을 정면으로 향한다.

④ 정면으로 향한 얼굴로 다섯을 셀 동안 천천히 목을 뒤로 젖혀 천장과 수평이 되게 한다.

⑤ 다섯을 세면서 아래 입술을 위로 당겨 올린다.

⑥ 위 입술도 다섯을 세고 당겨 올려 주고 그 상태로 다섯을 세고 천천히 정면으로 향한다.

①~⑥까지 천천히 움직이면서 3세트 반복한다.

비밀 메모 미소 훈련시 체크 사항

- ✔ 입술 모양이 초승달처럼, 입술 양끝이 위로 올라가는가?
- ✔ 눈이 웃고 있는가?
- ✔ 윗니가 드러나는가? 단, 2mm 이상 보이면 안 된다.
- ✔ 쓴 웃음, 마지못해 웃는 웃음은 아닌가?
- ✔ 표정 전체는 밝은가?

사례 7 웃으면 행복해집니다

✔ "불가능 속에서 가능함이 솟아오르게 하는 것"

— 조르주 바타이유

✔ "땅 위에 하늘이 잠시 나타나는 것"

— 크리스티앙 드 바르티아

✔ "웃는 사람은 실제적으로 웃지 않는 사람보다 더 오래 산다. 건강은 실제로 웃음의 양에 달려 있다는 것을 아는 사람은 거의 없다."

— 제임스 월쉬

✔ "우리는 행복하기 때문에 웃는 것이 아니라 웃기 때문에 행복하다."

— 윌리엄 제임스

일전에 텔레비전에서 우연히 〈표정의 숨겨진 비밀〉이라는 프로그램을 하는 것을 봤다. 사람의 얼굴 표정이 그 사람의 생애에 얼마나 영향을 미치는지 생각케 하는 프로였다.

처음부터 끝까지 본 것이 아니라 중도에 TV 채널을 돌리다가 볼 수 있었는데, 젊은 한 부부의 갈등을 다루고 있는 중이었다. 그 두 사람의 대화나 표정만 봐도 깊은 갈등과 불만을 갖고 있으며 문제를 안고 있음을 얼핏 봐도 느낄 수가 있었다.

이마에 나타난 남자의 경멸의 표정… 경멸의 표정을 받은 사람은 4년 안에 병이 난다고 했다. 이 경멸의 표정은 또한 이혼의 가장 큰 징조라고 했다. 가장 좋지 않은 감정이 경멸, 슬픔, 두려움 등이라고 했다.

또 한 예로 세 여자의 21살 때 찍은 사진을 보여 줬는데 21살 때 찍은 세 사람의 각기 다른 얼굴 표정이 중년의 삶에 어떻게 영향을 미쳤는가를 실험을 통해 나타내 보여주었다. 놀랍게도 세 사람의 사진 중에 중앙에서 활짝 웃고 있는 사진의 주인공은 중년의 삶이 윤택하고 행복한 모습이었다. 매우 만족스러워하며 삶을 영위하고 있었다.

중앙의 사진을 중심으로 양쪽에 있던 또 다른 주인공의 표정은 웃는 것과는 조금씩 달랐는데, 그들의 인생은 또 판이하게 달랐다. 침울한 표정의 여자는 이혼을 했고, 여전히 침울한 표정이었으며 행복해 보이지 않았다. 무표정해 보이던 또 한 사람은 아직 독신으로 살고 있었다. 웃음이 삶에서 얼마나 영향력을 미치는지 보여주고 있었다. 서로 얼굴을 마주하고 웃는 것이 중요하다고 말하고 있었다.

인도에서는 웃음 클럽이 600개나 된다고 한다. 세계적으로는 800개 정도 된다고 하니, 웃음이 곧 건강하고 행복한 삶과 통한다는 뜻이다. 아침에 20분 정도 웃고 나면 실제로 하루종일 기분이 좋다고 한다. "웃음은 사회적 평등을 이끄는 힘"이라고 했다. 일단 사람과 마주하고 웃으면, 마음의 벽을 무너뜨리고, 상대방의 마음의 문도, 내 마음의 문도 열 수 있는 것이니까.

프랑스 격언 가운데 "모든 날들 중에 가장 완벽하게 잃어버린 날은 웃지 않고 지나간 날이다"라는 말이 있다. 우리의 일상생활 속에서 형성되는 크고 작은 버릇은 하나의 습관으로 굳어지고, 그 습관은 품성을 만들고 그 품성은 또한 개성을 만드는데, 사람들에게 평가를 받게 될 때 개성은 곧 인격이 된다고 한다.

한 사람의 인격이 형성되기까지는 이런 과정을 거치는데 좋은 버릇이란 얼마나 중요한지 알 수 있다. 마흔이 되면 사람은 자기 얼굴에 책임져야 한다고 링컨은 말했다. 40대 전후로 해서 사람의 얼굴은 세 번 변한다고 했던가. 얼굴 표정은 곧 그 사람의 살아온 삶의 태도가 그대로 드러나게 되어 있다.

일상 생활에서 굳어진 인상은 자신이 어떤 표정으로 상대방에게 비쳐지는지 의식하지 못할 때가 있다. 좋지 못한 인상을 바꾸기 위해서는 지속적인 노력이 필요하다. 항상 밝게 웃는 모습은 바라보는 사람에게도 기쁨과 평안함을 준다. 함께 웃게 만든다. 그것은 전염성을 가지고 있다.

가게에 물건을 사러 갔을 때, 가게 주인이 퉁명스럽고 인상이 험악하면 두 번 다시 그 가게에 발을 들여 놓기 싫은 게 사람의 심리이다. 집에서 가까운 가게도 있지만 몇 걸음 더 걸어가는 수고를 해야 하는 곳이어도 친절하고 밝게 고객을 맞이하는 집으로 간다. 퉁명스럽게 말하고 가게에 들어가면서 내가 먼저 인사를 해도 도무지 반응이 없던 전에 몇 번 간 적 있는 가게 주인과는 사뭇 달랐다. 밝게 웃는 얼굴로 가게 입구에 들어서면 반갑게 먼저 인사했다.

기왕에 같은 물건을 사는 것이라면 사람들은 좀 더 친절하고 미소짓는 얼굴에 직업 의식이 있는 사람한테 사고 싶어 한다. 돈 주고 물건을 사는 기쁨이 있고 잘 샀다는 느낌을 준다. 하지만 찡그린 얼굴에 퉁명스러운 말투는 같은 물건을 사도 왠지 손해 본 것 같은 느낌을 주고 불쾌하게 만든다. '웃는 얼굴에 침 못뱉는다'는 말도 있지 않은가.

학창 시절에 선생님이 해 주신 이야기가 생각난다. 버스를 탔는데 유독 눈길을 붙잡는 얼굴이 있었다고 했다. 무표정한 얼굴, 지친 얼굴, 찡그린 얼굴 … 우리가 일상에서 맞닥뜨리는 그 많은 얼굴들 가운데 해맑게 미소짓고 있는 여학생을 발견하곤 알 수 없는 신선한 충격을 받아, 그 여자가 내릴 때까지 따라갔다는 것이었다. 무엇이 저렇게 미소짓게 할까. 하도 신기해서 그 옆에서 넋 나간 듯이 바라보며 그 여자가 내리는 정류소까지 갔다가 먼 거리를 되돌아왔다고 했다.

미소 짓는 얼굴은 상대방의 얼굴에도 웃음꽃이 피게 한다. 웃음 띤 얼굴, 늘 웃고 있는 얼굴은 무엇이 저토록 웃게 할까 그 비결이 무엇인지 궁금증을 유발시킨다. 양쪽 입술 끝이 귀밑에 걸리는 환한 미소는 상대방의 마음을 무장해제 시켜 버린다.

웃음은 전염된다. 왠지 만나면 기분이 좋아지는 사람들이 있다. 그런 사람들에게는 공통점이 있다. 항상 반가운 얼굴로 활짝 웃는 사람들이다. 침울했던 마음, 의기소침하거나 긴장한 순간에 그 환한 미소는 마음속에 빛무리들로 가득하게 한다.

지도자가 웃으면 아랫사람들의 얼굴에도 웃음꽃이 피지만, 지도자가 굳은 얼굴, 냉담한 얼굴을 하고 있으면 아랫사람들의 얼굴도 자연히 굳어진다. 지도자가 웃으면 아랫사람들에게 자율적인 분위기를 주지만 지도자가 굳어 있으면 억압적이고 딱딱한 분위기가 되기 십상이다.

사람이 가장 아름다울 때는 웃고 있을 때라고 한다. 웃을 때 암을 이길 수 있는 엔터페롤이 200배나 나온다고 한다. 그리고 기쁜 노래를 할 땐 다이돌핀이라는 성분이 엔돌핀의 4천 배가 나온다는 것이다. 아무쪼록 많이 웃자. 잘 안 웃어지면 웃는 연습을 열심히 하자.

매일 아침, 거울을 보면서 가장 행복할 때의 미소를 지어보자. 나를 향해 최상의 웃음을 선물하자. 그리고 밖에 나가 사람을 만날 때마다 웃음을 선물하자. 웃으면 세상이 환해질 것이란 희망을 가지고, 내게도 행복과 기쁨이 가득할 것이라 믿으며. 무엇보다도 마음으로부터 우러나오는 웃음을 웃자. 웃는 데 돈 안 들고 나도 행복하게 만들며, 상대방도 유쾌하게 한다. 연구소의 종류도 많지만 웃음 연구소도 있다는데 웃음 연구소의 웃음 10계명을 한번 들어볼까! 그럼 한번 들어 봅시다.

웃음 10계명

1. 크게 웃어라. 크게 웃는 웃음은 최고의 운동이며 매일 1분 동안 웃으면 8일 더 오래 산다.
2. 억지로라도 웃어라. 병이 무서워서 도망간다.
3. 일어나자마자 웃어라. 아침에 첫번째 웃는 웃음이 보약 중에 보약이다.

4. 시간을 정해 놓고 웃어라. 병원과는 영원히 결별이다.
5. 마음까지 웃어라. 얼굴 표정보다 마음 표정이 더 중요하다.
6. 즐거운 생각을 하며 웃어라. 즐거운 웃음은 즐거운 일을 창조한다.
7. 함께 웃어라. 혼자 웃는 것보다 33배 이상 효과가 있다.
8. 힘들 때 더 웃어라. 진정한 웃음은 힘들 때 웃는 것이다.
9. 한번 웃고 또 웃어라. 웃지 않고 하루를 보낸 사람은 그 날을 낭비한 것이다.
10. 꿈을 이뤘을 때를 상상하며 웃어라. 꿈과 웃음은 한 집에 산다.

〈오마이뉴스〉, 2005. 4. 12. 이명화 기자

사례 8 엔돌핀의 4,000배 다이돌핀!!

엔돌핀이 암을 치료하고 통증을 해소하는 효과가 있다는 사실이 화제가 되어 한때 이상구 박사의 신드롬으로까지 확산된 일이 있었다. 이 엔돌핀(Endorphin)이라는 호르몬은 피로도 회복하고, 병균도 물리치며 암 세포도 이기게 하는 강력한 힘을 갖고 있다는 것은 누구나 아는 사실이다.

황수관 박사는 이 엔돌핀 인자를 체내에 축적하기 위해 해학과 웃음으로 몸소 실천하면서 강의나 세미나 등 각종 활동으로 유명인사가 되었다. 개그맨 김형곤 씨도 자신은 이미 고인이 되고 말았지만 해학과 웃음이 넘치는 가정과 이웃, 그리고 웃음이 넘치는 회사를 만들기 위한 다양한 분야에서 입담과 재치로 엔돌핀의 수치를 올리는데 크게 기여했다. 그의 저서 『엔돌핀 코드』에서는 웃기만 해도 우리가 갖고 있는 문제의 80%가 해결된다고 하면서 '웃음의 경쟁력'을 세상에 남겼다.

이미 다 아는 사실이지만 사람의 뇌 속에는 여러 가지 뇌파가 나오는데 깨어있는 낮 동안 우리 몸에 해로운 베타(β)파가 나오며 이것은 100% 사람에게 스트레스를 주는 뇌파다. 그래서 낮에는 오감으로 아무리 좋은 것을 먹고, 듣고 본다고 할지라도 남는 것은 점점 스트레스와 피곤 뿐인 것이다. 그런데 밤에 잠을 자는 동안에는 알파(α)파가 나오면서 엔돌핀이라는 호르몬이 분비되는데 이것은 모든 병을 다 고치는 기적의 호르몬이다. 잠을 푹 자고나면 저절로 병이 낫기도 하고 기분도 좋아지는 것이다.

중요한 사실은 깨어 있을 때에도 알파(α)파가 나올 때가 있는데 그것은 웃을 때, 만사를 긍정적으로 생각할 때, 그리고 사랑할 때다. 예를 들어 사랑할 때 마음이 흐뭇하고 기분이 좋은 것은 뇌 속에서 알파(α)파가 나오면서 동시에 엔돌핀이 분비되기 때문이다. 엔돌핀이 분비되면 삶에 리듬감이 생겨 발걸음을 가볍게 하고 여유와 웃음을 가진 생활을 할 수 있도록 만들어준다.

그런데 최근의 의학이 발견한 호르몬 중에 '다이돌핀'이라는 것이 있는데 다이돌핀(Didorphin)의 효과는 엔돌핀의 4천 배라는 사실이 발표되었다. 그렇다면 이처럼 강력한 다이돌핀 호르몬은 언제 우리 몸에서 생성될까? 바로 '감동받을 때'라는 것이다. 예를 들어 좋은 노래를 들었거나 아름다운 풍경에 압도되었을 때, 전혀 알지 못했던 새로운 진리를 깨달았을 때, 엄청난 사랑에 빠졌을 때 이때 우리 몸에서는 놀라운 변화가 일어난다는 것이다.

평소에는 전혀 반응이 없던 호르몬 유전자가 이러한 상황을 맞게 되면 갑자기 활성화 되어 안 나오던 엔돌핀, 도파민, 세로토닌이라는 아주 유익한 호르몬들을 생산하기 시작하게 되는데 특히 굉장한 감동이 왔을 때 드디어 '다이돌핀'이 생성된다는 것이다. 이 호르몬들이 우리 몸의 면역체계에 강력한 긍정적 작용을 일으켜 병도 고치고 암을 공격하는 대단한 효과를 갖는 호르몬이 체내에 생성된다는 것이다.

우리 현실은 직장인 스트레스 지수 95%(미국 40%, 일본 61%), 연 1만 932명 자살, 35만 명 자살 시도, 하루 평균 36명 자살, 2002년 기준 OECD 국가 중 자살 증가율 1위! 우울하고 경직된 우리 사회, 새로운 도약의 해법은 없는가? 그 해법이 바로 '엔돌핀, 다이돌핀 코드'다.

결국 사랑과 감동을 주는 삶은 타인도 살리고 자기도 살리는 인생이다. 이보다 수지 맞는 장사는 없다. 회사 측면에서 보면 직원들이 상사로부터 뜻밖의 칭찬을 받았다거나, 기대하지 않은 성과가 나왔다든가 할 때일 수도 있고, 고객 측면에서는 전혀 생각지도 않은 감동적 서비스를 받았을 때도 여기에 해당될 것이다.

늘, 쫓기는 일상이지만 넉넉한 생각과 여유로운 마음으로 억지로라도 감동을 받고 다이돌핀이 많이 생성되는 삶 속에서 건강과 행복을 함께 거머쥐는

지혜를 갖도록 해보자. 웃을 일이 있어 웃는 게 아니라 웃다보면 웃을 일이 생길 수 있다고 한다.

"컨설턴트 가재산", 〈중앙일보 조인스닷컴〉

고객의 입장에서 볼 때, 볼 수 있거나 잡을 수 있거나 냄새를 맡아볼 수 있거나 휴대해볼 수 있거나 밟아볼 수 있거나 만져볼 수 있거나 맛을 볼 수 있거나 느낄 수 있는 것이 있다면 그것이 다름 아닌 고객 서비스이다.

1-3. 자세

스포츠 중계를 듣다 보면 자주 들려오는 아나운서와 해설자의 멘트가 있다. 야구선수가 배트를 휘둘렀는데 파울이 됐다. "아 … 자세가 좀 안 좋았어요". 축구 선수가 슛을 했는데 노골이 됐다. "아 … 왼쪽 다리가 좀 불안했어요 …" 시원한 장외 홈런이 터졌을 때, "아, 역시 완벽한 동작에서 좋은 결과가 나오는군요".

어떤 일이든 자세를 바로 잡고 잘 다듬는 데서 일이 시작되고 능률이 오르며 좋은 결과를 가져온다. 사무실에서 적당히 긴장한 자세가 업무에 집중할 수 있게 만들어 준다. 바른 몸가짐은 개인의 기품에 영향을 주며 상대방에게는 안정되고 정숙한 느낌을 주기 때문이다. 또한 우리를 괴롭히는 크고 작은 질병이 바로 이 '안 좋은 자세'에서 비롯되는 일이 많으므로 항상 바르고 편안한 자세를 갖도록 노력해야 한다. 바른 몸가짐은 아름다운 이미지를 만들어줄 뿐만 아니라 젊음과 건강을 지켜준다는 사실을 잊지 말아야 한다.

(1) 서비스인의 바른 자세

1) 서 있는 자세

모든 동작의 기본은 서 있는 자세에서 비롯된다. 발 뒤꿈치를 붙이고 발 끝

비밀 메모

서 있는 자세

- ✔ 몸을 곧게 하고 가슴을 펴서 기울어지지 않게 선다.
- ✔ 몸의 중심이 허리와 두 발의 가운데에 있도록 한다.
- ✔ 얼굴 표정은 부드럽고 온화하게 한다.
- ✔ 몸이나 고개, 손, 발을 함부로 움직이지 않는다.
- ✔ 입을 가볍게 다물고 시선은 앞을 향하여 눈과 같은 높이로 한다.
- ✔ 양팔은 자연스럽게 옆으로 내린다.
- ✔ 발 끝을 60~90도 정도 벌리고 허리와 등을 쭉 펴고 서는 것이 바른 자세이다.

은 V자형을 만든다. 몸 전체의 무게 중심을 엄지발가락 부근에 두어 몸이 위로 올라간 듯한 느낌으로 선다. 머리, 어깨 등이 일직선이 되도록 허리는 곧게 펴고 가슴을 자연스럽게 내민다. 이때 등이나 어깨의 힘은 빼야 한다. 아랫배에 힘을 주어 당기고 엉덩이를 약간 들어 올린다. 양손은 가지런히 모아 자연스럽게 내리는데, 여성의 경우 오른손이 위로 가게 하고, 남성은 왼손이 위로 가게 모아야 한다. 이때 양손을 약간 둥글게 하면 보다 정중한 인상을 줄 수 있다. 또한 얼굴은 턱을 약간 안쪽으로 당겨 고정시키며, 시선은 정면을 향하고, 턱이 바닥과 수평이 되도록 하며 입가에 미소를 머금는 것을 잊지 않도록 한다. 그리고 머리와 어깨는 좌우로 치우치지 않도록 조심한다. 오래 서 있어야 하는 경우 여성은 한 발을 끌어당겨 뒤꿈치가 다른 발의 중앙에 닿게 하여 균형을 잡고 서 있으면 훨씬 편안하다. 남성의 경우 양발을 허리 넓이 만큼 벌리고 서는 것이 좋다. 발을 너무 벌려 긴장이 풀린 듯한 느낌을 주거나 너무 붙여 경직된 느낌을 주면 안 된다. 피곤하다고 해서 신발을 반쯤 벗고 있는 모습도 피해야 한다. 그리고 절대 뒷짐을 지고 있어서는 안 된다. 두 손을 깍지끼거나 손을 계속 매만지는 행동도 삼가야 한다. 자칫 경솔하고 건방진 모습으로 비쳐질 수 있다.

이 같은 내용을 토대로 바르게 서는 연습을 한다면 그리 어려운 일이 아니다. 배에 살짝 힘을 주고 등은 곧게 세우고 가슴을 쭉 펴는 습관을 길러야 한다. 자신감과 카리스마가 넘치는 자세를 가진 사람에게는 상대가 호감을 가지면서도 함부로 대하지 못할 것이다.

2) 앉기

가) 여성의 경우

✔상반신의 자세는 서 있는 자세와 동일하다.

✔등줄기를 펴고 손은 허리와 무릎 중간에 가지런히 둔다.

✔무릎은 붙이고 뒷굽을 무릎보다 앞으로 내놓지 않는다.

✔일어설 때는 양 발을 가볍게 끌어당기며, 한쪽 발을 반 보 정도 앞으로 딛고 일어서면서 가지런히 모은다.

나) 남성의 경우

✔시선은 상대를 바라보며 상체를 펴고 깊게 앉되 등받이에 기대지 않는다.

✔손은 엄지손가락이 들어가도록 가볍게 주먹 쥐어서 허리와 무릎 위에 놓는다.

✔다리를 어깨 넓이 정도로 벌려서 앉으며, 양손은 양 무릎 위에 각각 주먹을 살짝 쥐어 올려 놓는다.

✔뒷굽을 무릎보다 앞으로 내놓지 않는다. 다리를 꼬거나 무릎을 떨거나 팔짱을 끼는 등의 태도는 삼가한다.

✔일어설 때는 재빨리 바로 일어선다.

3) 걷기

힘이 넘쳐 보이는 씩씩하고 활기찬 걸음걸이는 보는 사람에게 기분 좋은 인상을 남긴다. 반면에 축 쳐져 터덜터덜 걷는 걸음걸이는 보는 사람을 맥빠지게 만들 수도 있다. 걸음이 너무 빠르면 그 사람이 가벼워 보이고 걸음이 너무 늦으면 일에 대한 의욕이 없는 사람으로 비치기 쉽다.

편안한 보행을 하되 손의 처리가 불편한 경우에는 펜이나 가벼운 물건을 가지고 이동하는 것이 좋다. 당당하고 경쾌하게만 걷는다고 해서 너무 요란한 발소리를 낸다면 곤란하다. 발소리나 구두 굽소리가 크게 울리지 않도록 걷는 것도 타인에 대한 배려이며, 발소리가 소음공해가 되지 않도록 자신의 걸음걸이에 주의를 기울여야 한다. 체중을 발 앞부분에 싣고, 허리로 걷는 듯한 느낌으로 걸어야 한다. 발 앞 끝이 먼저 바닥에 닫도록 하여 전면에 일직선이 그어져 있는 듯 상상하며 똑바로 걸으면 된다.

계단을 오르내릴 때에는 요란한 소리가 나지 않게 조심한다. 구두의 발등을 덮는 정도의 바지를 입었을 때는 옷자락을 살짝 들어 밟지 않는 것이 세련된 행동이며, 누군가 반대쪽에서 계단을 이용한다면 몸의 방향을 비스듬히 하여 걸어야 한다. 그래야 걸으면서 부딪치는 결례를 방지하게 된다. 계단을 올라갈 때의 시선은 살짝 위를 향하고, 내려올 때는 아래로 두고 걸어야 한다. 그래야 계단에서 넘어지는 대형사고를 예방할 수 있다. 올라갈 때는 남자가 먼저 올라가고, 내려갈 때는 여자가 먼저 내려가도록 한다.

부득이 다른 사람 앞을 지나쳐야 할 때는 조용히 좌측 통행을 하고 큰소리로 잡담하거나 오래 선채로 이야기하지 않도록 한다. 또 다른 사람과 마주쳤을 때는 한쪽으로 비켜선다. 급한 일로 바삐 지나칠 때는 마주친 사람에게 "실례합니다"라는 말을 반드시 한다.

가) 걷기의 실제

- ✔실내에서 걸을 때 : 자신의 키보다 3배 앞으로 보며 밝은 표정으로 소리내지 않고 허리를 바로 편 바른 자세로 걷는다.
- ✔실외에서 걸을 때 : 상대방의 눈보다 15도 위를 보며 양손은 바지를 스치고 허리를 편 바른 자세로 걷는다.

나) 나의 워킹 상태 체크

- ✔어깨를 구부정하게 굽힌 채 힘없이 걷고 있지 않는가?
- ✔항상 주머니에 손을 넣고 다니지 않는가?
- ✔배를 내밀고 다니면서 잘난 척 하는 거만한 사람의 이미지를 풍기고 있지 않는가?
- ✔지나치게 쿵쾅거리는 발자국 소리로 허풍에 가득 찬 이미지를 주고 있지

는 않은가?

다) 건강을 부르는 워킹 방법

✔머리는 높이 쳐든 상태로 유지하고 앞을 똑바로 보면서 걸을 것

✔어깨는 아래로 힘을 빼고 가능한 한 움직이지 말 것

✔손바닥이 안으로 향하도록 하고 팔을 자연스럽게 움직일 것(주머니에 손을 넣고 다니는 버릇이 있는 사람은 서류나 책자, 메모지 등을 들고 다니면서 손에 안정감을 준다)

✔등을 곧게 펴고 힘을 주면서 배를 의식적으로 들이미는 자세를 취할 것

✔엉덩이는 절대 좌우로 흔들리지 않도록 주의하고 가볍게 들어올티듯이 걸을 것

✔한 걸음의 폭이 다리 길이 이상을 넘지 않도록 하고 또 너무 좁은 보폭을 피할 것

✔무릎에 힘을 빼고 가볍게 걸을 것(무릎에 힘이 들어가면 자세가 뻣뻣해지고 쉽게 피로를 느낀다)

✔발의 양쪽이 서로 평행이 되게 5cm 쯤의 사이를 두고 걷는 연습을 할 것(발 뒤꿈치가 먼저 가볍게 땅에 닿도록 하고 발목의 탄력을 이용하 다음 스텝으로 경쾌하게 옮겨가며 걷는다)

✔항상 모든 일이 잘 되고 있다는 긍정적인 사고와 희망적인 기대를 마음속에 품고 걸을 것

(2) 상황에 따른 자세, 동작 활용

1) 고객 안내시 기본 자세

기본 자세는 등은 곧게, 허리와 가슴은 편다. 팔은 자연스럽게 늘어뜨리고 양손은 둥글게 쥔다. 발뒤꿈치는 붙이고 턱은 나오지 않게 한다.

가) 방향을 안내하는 경우

✔고객을 안내할 경우에는 상대방이 중앙으로 걸을 수 있도록 배려하여 안내자가 고객보다 두세 걸음 앞에서 수시로 돌아보며 안내한다.

✔수행할 때는 상급자보다 두세 걸음 뒤에서 하며 계단을 이용해서 안내할 경우에는 안내자가 여성이라도 앞서서 안내한다.

✔손가락은 모으고 손바닥 전체를 펴서 방향의 목적지를 호칭하며 가리킨다.

✔손등이 보이거나 손목이 굽지 않도록 한다.

✔시선은 3단계 Eye contact : 상대의 눈 – 가리키는 방향 – 상대의 눈 순으로 이동하고 표정은 밝게 한다.

✔방향 지시가 어려운 곳은 직접 안내한다.

✔오른쪽을 가리킬 때는 오른손을, 왼쪽은 왼손을 사용한다.

✔지시할 때의 행동은 느리지 않게, 신속하게 한다.

나) 출입문 통과시

✔출입문 통과시 먼저 인기척을 낸다. 노크는 1초에 한 번씩 2, 3회가 적절하다. 문을 열고 닫을 때는 손만을 사용하며, 두 손에 물건을 들고 있을 때는 물건을 내려놓은 다음 문을 연다.

✔문턱을 밟고 서거나 넘지 않도록 하며 가능한한 방 안에 있는 사람에게 자신의 뒷모습을 보이지 않는다. 문을 열고 닫을 때는 소리가 나지 않도록 하고 걸을 때 발소리를 내지 않는다.

✔또한 문은 필요 이상으로 활짝 열지 말고, 문을 열어 놓은 채로 일을 보지 않는다.

다) 서류를 주고받을 때

✔두 손으로 가슴 높이에서 받는 쪽이 편하도록 건넨다.

✔바닥에 앉아 있는 사람에게는 앉아서 건넨다.

✔선 사람이나 의자에 앉아 있는 사람은 서서 전달한다.

라) 물건을 주고 받을 때

우리는 무의식적인 습관을 가지고 있다. 여성의 경우 가방을 집어 던지듯 내려놓는 습관이 있거나 전화기, 볼펜 등을 '탁' 소리가 나게 놓는 경우 등이며 남성의 경우 상대방이 미처 받을 준비가 되기도 전에 물건을 건네어 땅에 떨어뜨리는 경우 등이 해당된다.

- ✔손은 허리선보다 위로 하여 가슴과 허리 사이에서 두 손으로 건넨다.
- ✔물건이 무거운 경우 미리 무게를 언급한다.
- ✔웃는 얼굴로 한다.
- ✔시선은 상대의 눈 - 건네는 물건 - 상대의 눈 순서로 이동한다.
- ✔받는 사람이 편하도록 방향을 맞춰서 건넨다.

1-4. 대화

> 인정받는 것이나, 칭찬이나, 부드러움이나, 인내,
> 감당하는 능력 등을 바라지 않는 사람은
> 이 세상에 한 사람도 없다.
>
> —— 헨리 워드 비쳐

> 경청은 「귀」에 관련된 것이라기 보다는
> 「믿음」, 「존경」, 「관심」, 그리고
> 「정보의 공유」에 관한 것이다.
>
> —— 베버리 브리그스, *Customer Connection Newsletter* 편집자

사례 9 상대를 설득하려면 감성을 자극하라.

아리스토텔레스는 일찍이 누군가를 설득할 때는 아토스(Ethos), 파토스(Patho), 로고스(Logos)라는 세 가지 요소가 필요하다고 주장했다.

아토스는 명성, 신뢰감, 호감 등 메시지를 전달하는 사람에 대한 인격적인 측면으로 설득 과정에 60퍼센트 정도 영향을 미친다.

파토스는 공감, 경청 등으로 친밀감을 형성하거나 유머, 공포나 연민 등 감정을 자극해 마음을 움직이는 감정적 측면으로 설득에 30퍼센트 정도 영향을 미친다.

로고스는 논리적인 근거나 실증적인 자료 등으로 상대방의 결정을 정당화시킬 수 있는 근거를 제공하는 논리적 측면으로 설득에 10퍼센트 정도 영향을 미친다.

『끌리는 사람은 1%가 다르다』 이민규 저

세 가지 중 한 가지만 가지고는 설득이 당연히 어렵다. 이 세 가지 요소가 순환하면서 서로 보완해 주어야만 가능하다.

이러한 감성 설득의 원리를 적절하게 활용한 위인들의 몇 가지 사례를 소개한다.

현대자동차 경기도 일산 주엽 지점 이종인 과장! 2002년 240대를 팔아 대리점에서 전국 판매왕, 2003년 200대로 경기 지역 판매왕을 차지했다. 2004년에는 185대 정도로 전국 7등 수준을 기록한 자동차 영업의 달인이다. 그는 악수, 스킨십을 통해 고객의 감성을 자극한다. 이 과장의 영업 원칙은 '1 : 10 : 100의 원칙'. 한 달에 1,000통 정도의 판촉용 DM을 발송하고 있다. 하지만 100통의 DM보다는 10통의 전화가, 10통의 전화보다는 1번의 방문이 낫다는 게 그의 영업 원칙이다. 악수도 먼저 하고 장난스럽게 등도 껴안아준다. 5,000원 짜리라도 밥을 같이 먹으며 스킨십을 키워나간다. 이런 감성 영업 방법이 그가 내세우는 최고 영업 비결이다. 스킨십을 통한 감성 영업의 달인이라 할 수 있지 않을까?

어떤 영업인은 비가 오는 날이면 더욱 공격적으로 가망 고객에 접근한다고 한다. 비가 오면 사람의 마음이 감성적이 되기 쉽기 때문이다. 계약을 따낼 확률도 높아진다고 한다. '이렇게 무더운 날, 이렇게 추운 날에 날 찾아오다니…' 라는 생각을 하면서 고객은 심리적으로 빚진 상태가 되기 때문이다.

감성을 자극하는 또다른 방법은 가망 고객과 같이 일하고 웃고 우는 방법이다.

대한생명보험 판매왕 타이틀을 4회(2001~2002년, 2004~2005년) 수상한 장순애 팀장!

장 팀장의 주력 시장은 남대문 시장이다. 그 중 아동복 상가의 상인들이 주고객이다. 장 팀장은 1998년 보험 영업을 시작한 이래 일요일을 제외하고는 하루도 거르지 않고 새벽 1시부터 고객들을 만났다. 남대문 시장 특성상 가망 고객들이 새벽 1시부터 일하기 때문이다.

하루도 빠짐없이 새벽 1시면 남대문 시장을 도는 장 팀장! 그의 고객들은 이제 그를 '비가 오나 눈이 오나…' 라는 애칭으로 부른다. 장 팀장은 새벽 1시부터 '비가 오나 눈이 오나…' 고객을 찾아간다. 가망 고객들의 감성을 자극하는 것이다. 심리적인 빚진 상태를 만드는 것이다.

이제 가망 고객의 감성을 자극하는 효과적인 접근 시기에 대해 알아보자.

가. 고객이 행복할 때
나. 고객이 어려울 때나 병원에 입원했을 때
다. 고객 신상에 변화가 있을 때
라. 고객이 움직일 때
마. 고객이 무엇인가를 절실히 원할 때

〈코리아인터넷닷컴〉 일부 발췌

(1) 대화의 기본 요소

대화 훈련을 할 때 일반적으로 발신인과 수취인을 설정한다. 이럴 때 수취인을 인식자(Perceiver)라고 표현하는 것이 좀 더 정확하다. 결국 우리가 대화하는 내용은 인식한 것을 토대로 하고 있기 때문이다. 커뮤니케이션은 말로 하건, 글로 하건 항상 이러한 과정으로 이루어진다.

화자가 보낸 메시지가 출력물 이라면 수취인에게 입력물이 들어온다. 수취인은 입력물을 받은 뒤에 이를 가공해 인식한다. 즉 인식이란 수취와 가공의 합이다. 커뮤니케이션이란 한 사람의 사고방식의 틀 안에서 이루어진다. 우리의 사고방식은 다음과 같은 다양한 요소로 구성되어 있다.

- ✔ 태도
- ✔ 신념
- ✔ 문화적 요소
- ✔ 교육
- ✔ 정서 상태
- ✔ 경험
- ✔ 성(性)

모든 사람의 사고 방식, 즉 인식은 제각각, 또는 조금씩 다르다.

아침에 친절하고 명랑한 목소리로 상사에게 "안녕하십니까?" 하고 인사했

5.1.5. **커뮤니케이션 과정**

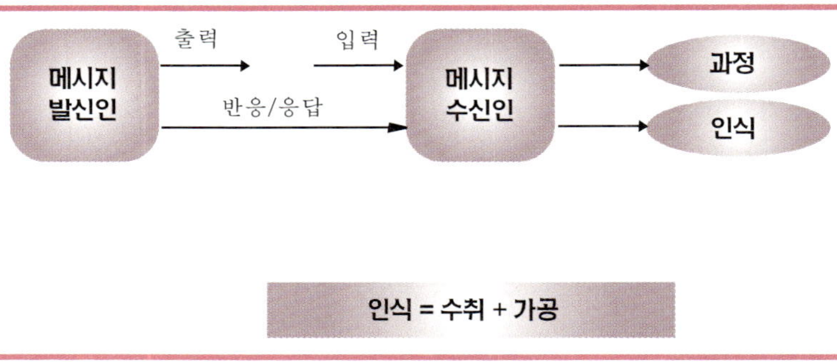

는데 어떤 상사는 기분 좋게 받아주고, 어떤 상사는 무반응이다. 서로 안녕하십니까?라는 인사말을 주고받았지만 다른 사고 방식이 다른 인식을 생성하고 이 때문에 상이한 반응을 하게 만든다.

이러한 인식 과정은 매우 빨리 또한 의식하에서 자동적으로 일어난다. 상대와 만날 때마다 항상 상대에 대한, 또는 상대는 나에 대한 인상이 만들어지고 만들어진 인상은 그와 만나는 동안 큰 영향을 미친다.

1) 대화에 쓰이는 요소들

커뮤니케이션은 세 가지 방식으로 이루어 진다.

- ✔언어 : 사용하는 단어
- ✔음성 : 목소리의 특성
- ✔시각 : 수용자가 보는 모든 것

어떤 방식으로 커뮤니케이션을 하느냐에 따라 이 세 가지 방식이 영향을 미치는 정도는 매번 달라진다. 직접 만나 얼굴을 보며 이야기할 때는 단어의 선택보다는 음성이나 시각적 방식이 보다 많은 영향을 준다. 반면에 전화를 할 때는 시각적 방식을 사용할 수 없기 때문에 음성과 언어가 주도한다. 이메일을 포함한 문서 형식의 커뮤니케이션에서는 단어의 선택, 글의 형식 등이 중요한 요소가 된다. 커뮤니케이션을 할 때마다 상대방이 받는 방식들은 상대가 나에 대해 갖고 있는 인식에 덧칠을 하게 된다. 궁극적으로 우리가 바라는 것은 그런 단서들이 덧붙여져 통합되면서 나에 대해 좋은 인상을 갖게 만드는 것이다.

가) 언어적 방식

사람과 직접 만나 대화할 때 목소리의 톤, 말할 때의 모습에 비해 대화 내용 자체는 상대적으로 영향력이 적다. 하지만 그것은 '대개' 그렇다는 이야기이고, 무슨 말을 할지 잘 골라 이야기 하면 훨씬 좋은 결과를 얻을 수 있다.

나) 음성 방식

말을 할 때 자기 목소리가 사람들에게 어떻게 들릴지 얼마나 자주 의식하는가? 내가 얼마나 의식을 하는지 좀 더 주의를 기울여 보는 것이 필요하다. 대인 관계 기술의 권위자인 앨버트 매라비안(Albert Mehrabian) 박사의 연구에 따르면, 직접 만나서 대화를 나눌 때는 메시지에서 음성적 단서들의 비중이 3분의 1을 넘는데 전화할 때는 더 커진다고 한다.

음성의 특성은 다음과 같다.

✔ 말의 속도

어떤 사람이 빠른 속도로 말하면 어떤 느낌이 드는가? 아마 상대방이 예민하고 신경질적인 사람이라는 인상을 갖게 될 것이다. 또 발표를 하는 경우라면 듣는 사람 모두가 불편할 것이고 발표자에 대한 신뢰도가 떨어질 것이다.

✔ 높이

높은 피치의 목소리는 흔히 성숙하지 못한 것으로 치부되는데 아이들의 목소리가 그렇다. 낮은 피치의 목소리는 쉰 목소리같이 들리며 경우에 따라 중얼거리는 것 같거나 화가 난 것 같아 보일 수 있다.

대개의 목소리의 성질은 사람마다 특징적인데 일관적이고 공명이 울리는 목소리가 안정감을 주며 성숙한 사람이라는 인상을 준다.

✔ 음량

상황에 따라 목소리 크기는 달라진다. 고함을 치듯이 이야기하면 공격적으로 받아들인다. 만일 상대방이 "목소리 좀 낮추실래요?"라고 말한다면 공격적으로 받아들이고 방어 자세를 취한 것이라 해석할 수 있다. 반면 너무 낮은 목소리로 말하면 소심하거나 수줍음이 많아 보일 수 있다.

✔ 목소리 톤

상대방의 목소리 톤을 듣자마자 쉽게 그 사람의 인상을 형성할 수 있다. 그만큼 톤은 매우 중요한 비언어적 단서 중 하나다. 톤만으로 사람을 편하게 또는 방어적으로 만들 수 있다.

부정적인 이미지를 심어 줄 수 있는 가능성이 있는 톤은 다음과 같다.

• 징징거리는 목소리

5.1.6. 메라비안 차트

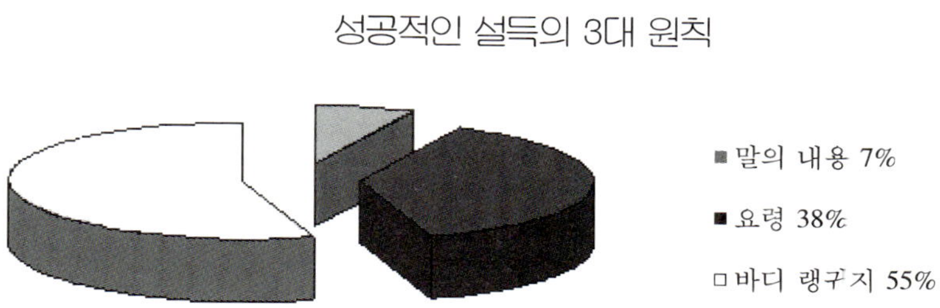

- 방어적인 목소리
- 공격적인 목소리(요구, 반대, 협박시)
- 빈정대는 목소리

다) 시각적인 방식

얼굴 표정, 머리의 움직임, 가령 긍정적이라면 동의의 끄덕거림이 많고 부정적이라면 흔들거나 갸우뚱하는 동작이 많다. 몸짓, 앉아있거나 서있는 자세, 용모 및 복장 등이다.

2) 대화의 장애 요인

의사소통이나 감정 이입 및 정보 교환 과정에서 나타날 수 있는 장애 요인은 과정과 환경에 따라 다양하게 나타날 수 있다.

장애 요인을 정리해 보면 다음과 같다.

✔타인에 대한 이해 부족
✔일방적 커뮤니케이션
✔수신자에 대한 잘못된 가정
✔어의상의 해석 차이
✔정보의 왜곡
✔시각과 경험의 차이
✔감정과 태도 및 시간적 압박 등

가) 타인에 대한 이해 부족

상대를 충분히 이해하지 못하거나 또는 자기를 중심으로 메시지 내용을 구성할 경우에는 대화의 효과는 제한될 수 있다. 상대방에 대한 좋지 않은 선입관을 갖고 있을 경우 이해 부족 현상이 나타날 가능성이 있고, 특히 자기 중심적 해석이나 이해로 내용을 왜곡 또는 변질시키게 된다. 따라서 상대방의 입장에서 메시지를 작성하는 것이 훨씬 효과적이다.

나) 일방적 커뮤니케이션

송신자가 수신자에게 메시지를 전달하고, 그 결과를 피드백시키지 못하는 경우를 일방적 커뮤니케이션이라고 한다. 효과적인 커뮤니케이션은 메시지를 주고 그 결과를 피드백 받는 것을 의미하는데, 발신자의 의사 전달에 수신자가 아무런 반응을 보이지 않는 커뮤니케이션의 경우에는 장애가 발생한다.

다) 수신자에 대한 잘못된 가정

송신자가 수신자에 대해 좋지 않은 선입관을 갖고 있거나 잘못된 가정을 할 경우에는 효과적인 커뮤니케이션을 기대하기 어렵다. 특히 송신자가 수신자의 태도와 감정 및 의지를 잘못 이해하고 상반된 내용을 전달하려고 시도할 때는 장애가 된다.

라) 어의상의 해석 차이

언어를 부적절하게 사용함으로써 해석의 오류를 낳고 또 커뮤니케이션을 왜곡시키는 결과를 의미한다. 이 차이는 개인적인 표현 방법의 차이와 교육 수준의 차이 및 지각과 해석의 차이로 전달한 어의를 상이하게 해석함으로써 발생한다. 따라서 수신자와 일치하거나 수용 가능한 언어와 전문용어를 사용하여 이해를 돕는 것이 바람직하다.

마) 정보의 왜곡

송신자의 의도된 메시지 내용을 수신자의 의향대로 메시지 내용을 판단하는 경우를 의미한다. 특히 송신자의 메시지를 수신자의 자존심을 세우려고 하거나 또는 상황을 개선하기 위해 수정하는 경우에는 메시지의 내용이 왜곡

된다. 흔히 상사와 부하직원 간의 커뮤니케이션 과정에서 발생한다.

바) 관점과 경험의 차이

송신자와 수신자 간에 발생되는 시각과 경험의 차이로 단어나 내용의 개념이 상이하게 인지되어 장애요인으로 나타나는 경우가 있다. 전문적으로 훈련을 받고 교육을 받은 젊은이와 나이 많은 근로자 사이의 관계에서 발생되는 의사소통의 장벽이 좋은 예가 된다.

사) 감정과 태도

수신자의 감정이 안정되지 못한 상태에서 메시지를 보내게 되면 그 내용이 왜곡될 가능성이 높다. 특히 인간의 감정은 태도를 지배하는 경우가 있어서 감정의 불안정성이나 자극 또는 흥분된 상태는 커뮤니케이션의 장애 요인으로 나타나 사실과 다른 내용으로 수용될 가능성이 있다. 보통 말을 잘 하지 않는 사람도 감정적으로 자극되었을 때는 말을 잘하는 사람도 있다.

아) 시간적 압박

수신자가 시간이 충분치 못해 메시지를 받기 꺼려 하는 상태나 수신자가 다른 것에 관심을 갖고 있다거나 다른 일에 몰두하고 있을 때 메시지 수신에 갈등이 생긴다. 즉 수신자가 받고 싶지 않은 송신 내용과 중대한 메시지를 기다리고 있을 때는 수신자의 업무를 방해하는 결과가 생긴다.

(2) 말하기와 듣기

1) 말하기

가) I-message를 사용하여 이야기 한다. 말을 할 때 나의 입장에서 나를 주어로 하여 내가 관찰하고, 생각하고, 느끼고, 바라는 바를 표현한다. 예를 들어 친구가 약속 시간에 늦었을 때 "너 왜 늦었니?" 하는 것 보다는 "나 한 시간 정도 기다리며 걱정 많이 했다"라고 말을 하는 것이 I-message다.

나) 대화할 때는 상대방과의 친분 정도나 상황에 따라 대화 내용이 달라져

5.1.7. 음성 훈련

발음 훈련

루-샬	로-셀	열-타이	욜-티오
리-셀	르-슬	얄-토우	엘-투우
각-파	객-퍼	아-키틸	여-크탤
걱-피	격-파	애캐-털	요캐-틀
어-열	아-얄	짜리-쿨	쩌래-콜
어-욜	아-율	째료-캘	찌려-클
몽-찐	몽-친	빠꾸-싼	뻐-꼬션
몬-쫀	문-칭	삐끼-씬	쁘-끄쓴
랏-쎌	럿-쎌	올-유룰	욜-으릴
롯-쏠	랫-쓸	암-스텔	엄-세틀
킬-쑥	캘-쏙		
컬-씩	클-쓱		

야 한다. 의례적인 관계이면 인사 같은 일상적인 대화에서 머물러야 하고 관계가 친밀해지면 관계에 적절한 차원까지 깊은 대화를 나눌 수 있다.

다) 말을 할 때는 자신을 구체적으로 표현한다. 자신의 생각하는 바와 감정이 어떠한지 솔직히 이야기할 때 상호 부드럽게 대화가 이루어진다. 자신의 감정을 솔직하게 표현하고 말과 행동을 일치시키는 것이 바람직하다.

*** 말을 잘하기 위한 방법**

✔ 말하기 전에는 정리를 한 후 침착하고 조용히, 간결하게 말한다.

✔ 적당히 유머를 사용한다.

✔ 혼자 아는 척하지 말고 남의 비밀이 되는 것, 싫어하는 것은 묻지 않도록 한다.

✔ 남의 말을 가로채지 않는다.

✔ 말은 풍부한 화제와 화술을 쓰되 거짓이나 허풍을 말하지 않는다.

✔ 친한 사이라도 지나친 농담은 삼가한다.

2) 듣기

왜 사람의 입은 하나이고 귀는 둘인가? 어느 학자의 연구에 의하면 사람이 1분간 평균 말하는 속도는 100~120단어이고 듣는 속도는 말하는 속도의

2~3배라고 한다.

결국 대화에 있어서 말을 잘하는 것보다 상대의 말을 정확하게 듣는 것이 효과적임을 알 수 있다. 잘 듣는다는 것은 상대가 말하고자 하는 바를 다 말할 수 있도록 격려하고 그가 말한 의도를 잘 이해하는 것이다.

가) 주의를 기울여 상대방을 진지하게 바라보고 듣는다. 상대의 눈을 쳐다봐야 하고 내용에 맞는 표정 관리와 자세를 갖춘다.

나) 상대의 말을 듣고 있을 때는 내가 귀담아 듣고 있다는 것을 알려줘야 한다. 그러기 위해서는 먼저 주의를 기울여 상대방을 바라보며 듣되, 가끔은 상대방이 하고 있는 이야기를 요점 정리하여 질문하듯 확인해 보는 것도 방법이다.

다) 상대가 하고자 하는 말을 다 할 수 있도록 다독여 주고 중간중간에 상대방의 말을 잘 이해하고 있다는 확신을 심어주는 말과 제스처를 곁들인다면 금상첨화가 될 것이다.

라) '듣기'를 강조한 화법 중에 '123 화법'이 있는데 간단히 요약하면 다음과 같다.

✔ 먼저 1만큼 말한다.

✔ 그 다음은 말한 것의 두 배, 즉 2만큼 들어주어야 한다.

✔ 그런데 이때 단순히 듣고만 있는 게 아니라 들으면서 "왜 저런 말을 하는 것일까?" 또는 '내가 여기서 어떤 말로 맞장구를 쳐주면 되는 것일까?'에 대해 생각해야 한다. 그리고 마지막으로 3만큼 맞장구를 쳐주는 것이다. 즉, 한번 말하고 두 번 듣고, 세 번 맞장구 치라는 말이다. 여기서 맞장구의 방법은 고개를 끄덕이거나 동조하는 말을 하는 등 여러 가지가 있겠으나 그 중에서도 데모하는 것이 가장 효과적이다.

*** 말을 듣는 사람이 가져야 할 바른 태도**

✔ 말을 귀로만 듣지 말고 표정, 눈빛, 몸으로 듣는다는 자세가 필요하다.

- ✔상대가 말할 때 끼어들지 말고, 의문이 있으면 말이 다 끝난 뒤에 묻는다.
- ✔모임에서 가능한 여러 사람과 골고루 대화를 나눈다. 친한 사람 혹은 옆에 있는 사람하고만 대화를 계속할 경우에는 모임의 분위기를 해칠 뿐더러 호감을 주기 어렵다.
- ✔대화에 적극 참여하는 것과 대화에 참여하는 것 못지 않게 자리에서 잘 일어서는 것도 중요하다. 대화 중 이석할 경우에는 양해를 구하고 타인에게 방해가 되지 않도록 한다.
- ✔대화를 마칠 경우에는 "오늘 즐거웠습니다. 뵙게 되어 반갑습니다" 하고 정중하게 인사를 한다

(3) 서비스인의 호감 대화법 활용

1) 경어의 사용

우리의 언어에는 어른이나 직급이 높은 분들을 공경하고 대접하는 의미에서 자신을 낮추는 언어 습관인 경어법이 잘 발달되어 있다. 경어의 사용에는 두 가지 방법이 있다. 상대방을 자신보다 높이는 존칭어를 사용하는 존경법과 자신을 상대보다 낮추는 겸양어를 사용하여 상대를 높이는 공손법이 있다.

가) 존경법

- ✔동료에 관해 말할 때 : 윗사람에게 말할 때는 '시'를 넣지 않는다.
- ✔부장이 부하 직원에게 말할 때 " 김예라씨, 김 과장 어디 갔어요?"
- ✔윗사람에 관해서 말할 때 : 듣는 사람이 누구든지 '시'를 넣어 말한다.
- ✔평사원이 전무님께 보고할 때 "전무님, 이호감 과장님 출장 중입니다"라고 말한다.
- ✔아랫사람에 관해서 말할 때 : 누구에게 말하는가에 관계없이 '시'를 넣지 않고 부장이 "김예라씨, 김기술씨 어디 갔어요?" 하고 말하는 것이 맞다.

그러나 아랫사람을 그보다 더 아랫 사람에게 말할 때는 부장이 "김예라씨, 이과장 어디 가셨어요?" 하고 말할 수 있다. 일반적으로 다른 회사 사람에게 자기 직장의 사원에 대해 말할 때는 다른 회사 사람의 직급에 관련 없이 "예

라씨 은행 갔습니다"라고 한다. 자기보다 직급이 높은 사람을 다른 회사 사람에게 말할 때는 상대방의 직급에 관계없이 평사원이 과장을 다른 회사 부장에게 '이 과장님, 은행 가셨습니다'라고 말한다.

나) 공손법

✔직장 안에서 윗사람에 대하여 말할 때 : 듣는 사람의 직급에 관계없이 '시'를 넣어 말한다. 평사원이 과장을 이사에게 말할 때에도 "이사님, 과장님 어디가셨습니까?"라고 말한다.

우리 회사의 사람을 다른 회사의 사람에게 말할 때, 일반적으로 평사원에 관해 말할 때는 듣고 있는 다른 사람의 직급에 관계없이 존칭을 쓰지 않는다. 자기보다 직급이 높은 사람을 다른 회사 사람에게 말할 때는 상대의 직급에 관계없이 '시'를 넣어 높인다.

*** 잘못된 경어를 바로잡자**

✔다시 한번 말해 주세요. : 다시 한번 말씀해주시겠습니까?
✔내일 만났으면 하는데요. : 내일 찾아 뵙고 싶은데 시간 되십니까?
✔곧 갑니다. : 곧 찾아 뵙겠습니다.
✔과장님께선 지금 안 계십니다. : 과장님이 잠깐 자리를 비운 상황입니다.
✔기다리세요. : 죄송합니다만 잠시만 기다려주시겠습니까?

2) 기타 호감 화법

가) 명령 어미 대신 의뢰형 어미를 사용하여 상대를 배려한다.
"이쪽으로 오세요 : 이쪽으로 와 주시겠습니까?"

나) 상대에게 부탁을 하거나 의뢰를 할 경우 문장 앞에 쿠션 언어를 붙여서 부드럽게 들리게 한다.
"비켜주세요 : 죄송합니다만, 제가 지나가도 되겠습니까?"

*** 쿠션언어**

죄송합니다만, 번거로우시겠지만, 실례합니다만, 미안하지만 …

다) 칭찬하기

예쁘다, 멋지다 등의 추상적인 단어보다는 상대의 장점을 구체적으로 찾아 언급해주면 아부로 오해받지 않고 진심으로 상대가 좋아하며 나에게 호감을 갖게 된다.

✔ 옷 색깔 예쁘네요. 구두 색깔과 어울리는 스카프를 하셨군요… 컬러 감각이 대단하신 걸요? 호호호.

라) 친밀감 형성의 표현

✔ 어머, 잘 알고 계시네요 …
✔ 꼼꼼하게 체크해 보셨군요, 잘 하셨습니다.
✔ 네, 맞습니다.
✔ 자세히 말씀해 주셔서 감사합니다.
✔ 제가 신속히 알아봐 드리겠습니다.
✔ 잘 처리되었습니다.
✔ 축하드립니다.

마) 위로와 사과의 표현

✔ 아유 … 그러셨군요 …
✔ 아 … 그러셨어요?
✔ 아 … 속상하시죠?
✔ 고객님, 죄송합니다만 지금 즉시는 어려운데 어쩌죠?(+ 대안 제시)
✔ 제 마음 같아서는 도와드리고 싶은데 … 아쉽습니다.
✔ 무슨 말씀이신지 충분히 이해가 갑니다.
✔ 어휴, 어떡해요 … 죄송해서 …

1-5. 용모 복장

> 고객서비스는
> 긍정적인 이미지를
> 투사하는 것을 말한다.
>
> — 무명인

사례 10 **옷차림도 호감, 비호감을 결정한다!?**

최근 일간지에 호감, 비호감은 한끗 차이라며 보도된 기사를 보면 소개팅에 나간 여성이 상대 남성이 추운 날도 아닌데 큰 주머니가 달린 자켓에 손을 넣고 있는 것을 보며 비호감이라고 퇴짜를 놓았다는 내용이 있다. 또한 중학생들도 지도하는 선생님들의 옷차림을 보고 호감, 비호감으로 양분한다는 인터뷰 내용도 있다.

인간관계에서 호감, 비호감을 결정하는 요인은 다양하다. 전문가들은 ▶ 인상 ▶ 목소리 ▶ 제스처 ▶ 표정 ▶ 태도 ▶ 유머 ▶ 옷차림 등을 든다. 심리학자에 따르면 호감, 비호감은 본능적인 자기 보호 반응이다. 연세대 심리학과 황상민 교수는 "실험 결과 대다수의 사람은 아이 얼굴에 호감을 느꼈다. 힘이 없는 아이는 자신을 공격할 수 없기 때문"이라고 말했다.

호감, 비호감을 결정하는 것이 단순히 인상 만은 아니라는 사실을 알 수 있다.

단순히 미남 미녀라고 해서 호감을 줄 수 있는 것은 아니다. 우리나라 최초의 인상학자인 주선희 교수는 "사람들은 눈이 맑고 에너지가 넘치는 사람을 좋아한다"고 했다. 얼굴 뿐 아니라 유머 있는 말솜씨와 단정한 자세도 호감지수를 높인다. 이에 비해 탄력이 없고 목소리가 힘이 없으면 비호감에 속한다. 긍정적인 기운이 부족하기 때문이다.

방송인 박경림씨는 외모나 목소리 자체는 비호감에 들 수 있지만 사람들을 배려하는 긍정적인 태도 때문에 지금은 호감주는 이미지에 속하게 됐다.

옷차림도 호감지수에 영향을 준다. 최희승 스타일리스트는 "여자는 지나치게 섹시한 차림, 남자는 체격이 맞지 않는 옷을 입었을 때 상대에게 불쾌감을 준다"고 말했다. 정연아 이미지테크연구소장은 "다른 사람이 싫어하는 면을 고집하는 사람이 비호감을 형성한다"고 말했다.

심리학자 빅맨은 공중전화 동전반환구에 미리 동전을 놓아 두었다가 사람들이 통화를 끝내고 그 동전을 자기 주머니에 집어 넣으면 실험자가 다가가 "제 동전이 거기 있었을 텐데 혹시 보지 못했습니까?"하고 질문했다. 이때 실험자들은 넥타이를 맨 정장 차림이거나 도시락 가방을 든 허름한 작업복 차림이었는데 200명을 관찰한 결과, 정장 차림인 실험 보조자에게 동전을 돌려주는 경우가 허름한 차림에 비해 두 배나 더 많았다.

이렇듯 복장을 바꾸면 평가가 달라지는 중요한 이유가 있다. 즉 복장을 바꾸면 우리의 태도와 행동도 그에 걸맞게 달라지기 때문이다.

이러한 말이 있다.

신은 마음을, 사람은 겉모습을 먼저 본다.

(1) 서비스인의 기본 용모 복장

1) 남성의 용모와 복장

가) 두발

- ✔ 귀가 보이는 형태로 짧고 깨끗하게 한다.
- ✔ 젤이나 무스를 사용하여 앞머리가 흘러내리지 않도록 하는 것이 좋다.
- ✔ 지나치게 유행을 따르는 머리형은 삼가한다.
- ✔ 매일 머리를 감아서 청결을 유지하도록 하고, 항상 단정히 빗는다.

나) 얼굴

- ✔ 수염은 매일 깨끗하게 면도하고, 길게 자란 코털은 깨끗하게 정리하여

지저분해 보이지 않도록 한다.

✔ 화장품은 향이 너무 진하지 않은 것으로 하고 스킨이나 로션을 발라주어 상쾌한 느낌을 유지하도록 한다.

다) 양복

✔ 화려한 원색을 삼가하고 청결하고 단정해야 한다.

✔ 연령, 계절, 근무 환경에 맞게 한다.

✔ 바지 주름은 늘 한 줄로 세우도록 한다.

라) 드레스 셔츠

✔ 흰색이 원칙이다.

✔ 칼라 부분이 양복 상의 보다 1cm 정도 밖으로 보이도록 한다.

✔ 소매는 양복 소매 끝보다 1~1.5cm 정도 나오도록 한다.

마) 넥타이

✔ 목 언저리까지 꼭 여미도록 한다.

✔ 양복과 조화되는 넥타이를 선택한다.

✔ 자신의 개성과 센스가 돋보일 수 있는 것으로 한다.

✔ 때, 얼룩, 구김이 없도록 한다.

✔ 길이는 벨트에 닿을 정도로 한다.

바) 벨트

✔ 검은 색이나 짙은 갈색이 무난하다.

✔ 구두 소재와 색상이 잘 조화될 수 있는 것으로 한다.

✔ 요란한 무늬와 특정 회사의 상표는 품위를 손상 시킬 수 있으므로 주의한다.

사) 양말

✔ 양복과 잘 어울리는 유사 색으로 착용한다.

✔ 넥타이, 손수건 등과 맞춰도 좋다.

✔ 흰 양말은 삼가하고 목이 긴 것을 착용한다.

아) 구두

- ✔구두의 색상은 검은 색(유니폼과 같은 계열)으로 신도록 한다.
- ✔캐주얼화는 피한다.
- ✔뒷굽이 닳은 것은 수선하여 착용토록 하고, 매일 닦아 윤이 나도록 한다.
- ✔슬리퍼는 신지 않는다

자) 액세서리

- ✔지정된 명찰과 배지는 정 위치에 부착한다.
- ✔시계와 반지 1개 정도가 적당하다.
- ✔안경 착용시 지나치게 색깔이 들어 있거나 너무 유행을 따르는 디자인은 피한다.
- ✔멜빵을 했을 경우 벨트를 매지 않는다.

2) 여성의 용모와 복장

가) 메이크업

- ✔무난한 색조화장으로는 갈색 계열, 분홍 계열을 들 수 있다.
- ✔파운데이션은 자신의 피부색보다 한 톤 어두운 색을 주된 빛깔로 선택한다.
- ✔파우더를 바른 뒤에는 옷에 가루가 떨어지지 않도록 큰 붓으로 얼굴 중심에서 바깥쪽으로 털어 낸다.
- ✔볼 터치로 볼과 이마 가장자리, 턱 부분에 다시 한번 음영을 준다.
- ✔눈썹은 자신의 머리 색에 가까운 색을 고른다.
- ✔입술 화장을 오래 유지하기 위해서는 한 번 칠한 후 휴지로 살짝 누른 다음 다시 칠한다.

나) 두발

- ✔항상 머리는 단정하게 묶거나 단발일 경우 드라이해서 정리한다.
- ✔뒷머리의 길이는 가능한한 유니폼에 닿지 않는 길이로 손질한다.
- ✔옆머리나 앞머리가 앞으로 흘러내리지 않도록 고정시키고 눈을 가리지 않도록 한다.
- ✔머리 청결 상태를 위해 젤이나 스프레이는 적당히 사용한다.

- ✔크고 화려하거나 컬러가 있는 핀의 사용은 자제한다.

다) 구강/손

- ✔근무 전 반드시 입 냄새 제거 등을 하고 구강 상태를 점검한다.
- ✔식사 후에는 반드시 양치질을 한다.
- ✔손톱은 항상 청결하고 짧게 유지한다.
- ✔손을 자주 닦아 청결하게 하고, 닦은 후에는 스킨 로션을 사용토록 한다.
- ✔메니큐어는 완전한 상태여야 하며 색깔은 자연스러운 색으로 한다.

라) 유니폼

- ✔유니폼은 깨끗이 세탁한 후 다림질하여 착용한다.
- ✔스커트 및 블라우스 솔기에 실밥이 나오지 않도록 주의한다.
- ✔직원 상호 간에 보이지 않는 부분을 보완해 준다.
- ✔너무 크거나 작을 경우 수선하여 입는다.

마) 양말

- ✔스타킹은 커피색, 살색 등 자연스러운 색상을 사용한다.
- ✔여분의 스타킹을 반드시 준비한다.

바) 액세서리

- ✔지정된 명찰과 뱃지를 정위치에 착용한다.
- ✔지나친 액세서리 사용을 삼가하며, 시계, 반지 1개, 귀걸이 1세트(늘어지는 것은 피한다)가 적절하다.

사) 구두

- ✔뒷굽이 닳거나 벗겨진 것은 수선하여 신도록 한다.
- ✔구겨 신지 않도록 한다.
- ✔항상 청결함을 유지하도록 한다.
- ✔슬리퍼는 신지 않는다.

5.1.8. 여성 용모 복장 체크 리스트

항목	용모 복장	체크
머리	• 청결하고 손질은 되어 있는가? • 일하기 편한 머리형인가? • 앞머리가 눈을 가리지 않는가? • 유니폼에 어울리는가? • 머리 액세서리가 너무 눈에 띄지 않는가? • 청결하고 건강한 느낌을 주고 있는가?	
화장	• 피부 처리 및 부분 화장이 흐트러지지 않았는가? • 립스틱 색깔은 적당한가?	
복장	• 구겨지지는 않았는가? • 유니폼에 얼룩은 없는가? • 다림질은 되어 있는가?(블라우스, 스커트의 주름 등) • 스커트의 단 처리가 깔끔한가? • 어깨에 비듬이나 머리카락이 붙어있지 않은가? • 통근시의 복장은 단정한가?	
손	• 손톱의 길이는 적당한가? • 네일 에나멜과 손은 깨끗한가? • 색깔은 적당한가?	
스타킹	• 예비 스타킹은 가지고 있는가?	
구두	• 깨끗이 손질이 되어 있는가? • 모양이 찌그러져 있지 않은가? • 뒤축이 벗겨지거나 닳아 있지 않는가? • 구겨 신지는 않았는가?	
액세서리	• 방해가 되는 액세서리는 착용하지 않았는가? • 유니폼에 어울리는가?	

5.1.9. 남성의 용모 복장 체크 리스트

항목	용모 복장	체크
머리	• 앞머리가 눈을 가리지 않는가? • 잠잔 것처럼 머리가 뻗쳐 있지 않는가? • 비듬이 있는가? 냄새는 안 나는가? • 수염, 코털이 길지 않은가?	
화장	• 이는 깨끗하고 입 냄새나 담배 냄새는 안 나는가? • 눈이 충혈되거나 안경은 더럽지 않은가? • 소매 부분이나 칼라 부분이 더럽지 않은가? • 칼라 부분의 단추가 느슨하지 않은가?	
드레스 셔츠	• 색상, 무늬는 적절한가? • 다림질은 잘 되어 있는가? • 하얀색 드레스 셔츠에 속옷이 비치지 않는가? • 단추가 비뚤어지거나 풀어져 있지 않은가? • 때, 얼룩, 구김은 없는가?	
넥타이	• 양복과 어울리는가? • 길이는 적당하고 타이핀 위치는 적당한가?	
상의	• 잘 손질되어 있는가? • 주머니 안에 물건을 넣어 불룩하게 보이지 않는가?	
하의	• 다림질은 잘 되어 있고 무릎이 나와 있지 않은가? • 길이는 적당한가?	
손	• 청결한가? • 손톱이 길지는 않은가?	
벨트	• 색은 적당하며 장식이 지나치게 화려하지 않은가?	
양말	• 유니폼 색상에 걸맞는 양말을 착용하고 있는가?	
구두	• 잘 닦여져 있는가? • 굽이 닳아 있지는 않은가? • 색상이나 형태는 업무에 적당한가?	

(3) 체형별 용모 복장 코디네이션

1) 남성의 체형별 코디네이션

가) 키가 크고 마른 체형

✔ 밝은색 계열의 타이가 어울린다.

✔ 단조로운 세로줄 무늬는 피한다.

✔ 구두 끝이 둥글고 낮은 것을 착용한다.

✔ 깃과 어깨가 넓고 각이 진 수트를 선택한다.

나) 키가 크고 뚱뚱한 체형

✔ 짙은 색 수트를 입고, 어깨선이 일직선으로 딱 떨어지는 스타일에 아래쪽으로 갈수록 통이 좁아지는 바지를 입는다.

✔ 차가운 색, 작은 무늬가 어울리며 하체가 뚱뚱한 사람은 시선을 상체쪽으로 끌어올릴 수 있도록 화려한 타이를 선택하는 것이 좋다.

다) 키가 작고 마른 체형

✔ 넉넉하면서 길이가 짧은 상의를 선택한다.

✔ 밝은 색 바탕에 가로 무늬가 들어간 것도 좋다.

✔ 잔잔한 무늬의 타이가 좋고 색상은 수트와 같은 색 계열을 선택하는 것이 안전하다.

라) 키가 작고 뚱뚱한 체형

✔ 짙은 색 수트에 선명한 세로줄 무늬가 있는 것이 좋고, 복잡한 장식이 없는 단순한 디자인이 잘 어울린다.

✔ 화려한 무늬보다는 선명하고 가지런한 줄무늬 타이가 좋다.

2) 여성의 체형별 코디네이션

가) 키가 작고 뚱뚱한 체형

✔ 복잡한 장식이 없는 심플한 디자인이 어울린다.

✔ 상의에 액세서리를 달아 시선을 위쪽으로 끄는 것이 좋다.

✔ 단색은 높이에 대한 착시 현상을 일으켜 키를 커 보이게 하는 효과가 있다.

✔ 허리선이 높은 하이 웨스트 원피스가 키를 커 보이게 한다.

나) 키가 크고 뚱뚱한 체형

✔ 레이스나 망사, 시폰 등 투명한 소재는 피한다.
✔ 직선적인 느낌의 원피스를 입으면 날씬해 보인다.
✔ 스커트는 일자형 주름 스커트가 좋다.
✔ 어두운 색은 무거우므로 무늬 없는 검은색이나 진한 갈색은 피하는 것이 좋다.

다) 키가 작고 마른 체형

✔ 약간 빳빳한 소재의 옷감이 적당하다.
✔ 무늬, 깃, 장식이 너무 크면 상대적으로 더 왜소해 보인다.
✔ 늘어지는 소재는 더 말라 보이므로 피한다.

라) 키가 크고 마른 체형

✔ 이상적인 형으로 거의 모든 스타일이 잘 어울린다.
✔ 여성미가 돋보이는 페미닌 룩, 남성복 스타일의 매니쉬 룩도 잘 어울린다.
✔ 긴 조끼와 바지의 시원스런 디자인이 잘 어울린다.

5.1.10. 얼굴형에 따른 코디

	라운드넥	보트넥	스퀘어넥	V넥	U넥
긴 얼굴	Bad	Good	Bad	Bad	Good
네모 얼굴	So so	Good	Bad	So so	Good
둥근 얼굴	Bad	Good	So so	Good	Good
역삼각형 얼굴	Bad	Good	Bad	Bad	Good

2. 비대면 서비스의 교육훈련 Key Factor (텔레 서비스)

> 내가 전화를 받는다는 것은,
> 그것이 어떤 용건이든 전화를 건 사람을
> 확실히 만족시키는 책임을 내가 떠맡는다는 것을 의미한다.
>
> ——마이클 라문도, MCR 마케팅사 사장

> 당신이 전화를 받는 동안
> 당신 점포의 이미지는
> 전화선 속에 있는 것입니다.
>
> ——〈비디오 비즈니스〉 매거진 표제

사례 11 미리 연락만 하면 만사 해결?!

요즘은 소프트 타임이라고 해서 약속시간이 엄연히 정해져 있지만 이동하면서 미리 휴대전화로 늦는다고 통보만 하면 약속을 지키지 않아도 된다고 한다.

미국 러트거스대학 제임스 카츠교수는 자신의 저서를 통해 휴대전화가 시간과 관계에 대한 근본적 정의를 바꿔놓았다고 주장한다. 전화 한 통화로 약속시간 직전 만날 시간을 늦춰, 지각한다는 의미 자체가 없어지고 있다는 것이다.

이 소프트 타임은 인간관계의 약속 뿐만 아니라 업체의 고객 예약시간 관리에도 변화를 가져오고 있다. 말없는 예약 부도 다음으로 예약시간을 목전에 두고 취소하는 불상사를 예방하기 위해 수시로 문자를 보내 예약시간 확인을 고객에게 알려주고 있기도 하다.

상대를 무작정 기다리게 하거나 일을 지연시키지 않는다는 편리한 점이 있기는 하지만 이 문명의 이기를 사용하는데 있어서 인간 본연의 예의를 잃지는 말아야 겠다.

휴대전화 사용예절

소프트 타임과 관련한 특별한 휴대전화 예절이 있다.

첫째, 늦을 것 같으면 상대방에게 즉시 전화할 것.
둘째, 전화를 했더라도 자신이 지각했다는 사실과 상대방에게 불편을 끼쳤다는 사실을 자각할 것.
셋째, 항상 마지막 순간에 약속시간을 변경하는 사람이라면 스스로의 습관성 지각 성향을 인정하고 약속시간 엄수를 위해 늘 노력할 것.
넷째, 면접이나 중요한 회의에는 절대로 늦지 말 것.

또 에티켓 강사들은 다음과 같은 몇 가지 휴대전화 비즈니스 에티켓을 제시한다.

첫째, 상대방에게 100% 집중할 수 없을 때에는 통화를 피할 것.
둘째, 문자메시지를 보내야 할 경우 정확한 철자와 문법을 지킬 것.
셋째, 정말 급한 경우 외에는 길거리나 정거장 등에서 전화를 걸지 말 것.

(1) 텔레 서비스의 개념 및 중요성

얼마 전 언론 매체에 보도된 사건 사고 뉴스 중에 잘못 걸고 받은 전화의 당사자들이 1년 이상 감정 싸움을 하다가 상대방을 고소했다는 소식을 접한 적이 있다.

실시간으로 올라오는 인터넷 뉴스에 붙는 수많은 댓글 들 중에는 욕설과 잘못 표기된 철자법이 난무하고 업무적인 이메일에도 초등학생들이 사용하는 정체불명의 단어와 이모티콘이 떡 하니 버티고 있어 신구세대의 새로운 커뮤니케이션의 장애가 되고 있다.

장거리 커뮤니케이션 수단의 발전에 결정적인 역할을 한 전화는 오늘까지도 그 어떤 커뮤니케이션 수단보다 유용하게 사용되고 있다. 오늘날 전화기가 없는 가정은 거의 없을 뿐만 아니라 휴대전화의 등장으로 인해 '1가정 1전화기' 시대가 막을 내리고 '1인 1전화기' 시대 속에서 살고 있다. 이렇듯 21세기는 과학 기술의 발달로 최첨단 통신 서비스를 이용할 수 있게 되었지만 기본적인 사용 예절은 서비스 수준을 따라가지 못하고 있다. 특히 전화를 사용하는 대화나 응대는 상대방을 보지 않고 목소리나 상대의 언어로만 평가를 하게 되므로 직접 상대를 대면하게 되는 경우 보다 더 세심한 주의와 예의범절이 뒤따라야 한다.

그러나 우리는 너무나 쉽게 전화 예절을 간과하고 보이지 않는다는 사실 때문에 잘못 전화를 걸어 놓고도 사과는 커녕 아무 말없이 끊어버리거나 무미건조한 목소리로 전화를 건 고객이나 지인을 당황스럽게 하기도 한다. 간단한 전화 예절을 습득하고 실천한다면 무심코 행한 안좋은 전화 매너로 자신의 이미지와 가치를 스스로 떨어뜨리는 결과를 초래하지는 않을 것이다.

1) 전화 응대의 원칙

가) 신속

전화 벨이 울리면 세 번 이내에 신속히 받는다.

나) 정확

정확한 어조와 음성으로 통화자의 신원을 알리고 상대를 빨리 파악하고 용건을 정확하게 전달하고 전달받는다.

다) 정중

상대의 신원에 관계없이 정중히 전화를 주고받으며 혹 잘못 걸려온 전화라도 고객 응대시와 같은 어조와 음성으로 일관성 있게 받는다.

◇ 전화 응대의 3 · 3 · 3 기법

- ✔ 벨이 세 번 울리기 전에 받는다.
- ✔ 용건은 3분 안에 마치도록 한다.
- ✔ 상대가 전화를 끊은 후 3초 후에 수화기를 내려 놓는다.

◆ **송수화기 사용법**

✔수화기는 항상 왼손으로 받는다.

✔오른손에는 메모지와 필기구를 준비한다.

✔음악 소리나 주변의 소음이 상대에게 들리지 않도록 주의한다.

✔급하게 전화를 받는 경우 상대에게 숨이 고르지 못한 상황임을 이야기하고 양해를 구한다.

2) 전화받을 때의 주의점

◆ **전화 응대의 기본 순서**

가) 사전 준비

✔전화 응대시 자세는 고객을 마주한다고 생각하고 바른 자세로 받는다.

✔항상 밝은 미소로 수신한다.

✔전화기 옆에 항시 메모지와 필기구를 준비해 놓는다.

나) 전화 받기

✔벨이 세 번 울리기 전에 신속히 받는다.

✔벨이 세 번 이상 울린 후 받을 경우에는 반드시 "늦게 받아 죄송합니다" 하고 사과의 인사를 먼저 한다.

다) 인사하기

✔첫인사 말과 함께 자신의 소속과 이름을 밝힌다.
"안녕하십니까? 예라고의 김친절입니다."

라) 경청

✔중요한 내용은 반복, 복창으로 재확인하며 메모한다.

✔특히 숫자, 알파벳 등은 반드시 상호 재차 확인하여 메모한다.

마) 문제 해결

✔고객을 적극적으로 도우려는 공감 화법으로 응대하며 해결 방안을 제시한다.

✔해결 방안을 제시할 경우 업무상 사용하는 전문 용어의 남발에 주의한다.

5.2.1. 전화 예절 자기 점검표

체크 리스트		구분
확인 사항		체크
1	벨이 3회 이내 울릴 때 받았습니까?	
2	메모 준비는 되어 있습니까?	
3	바르게 자신의 이름을 말했습니까?	
4	상대방을 확인했습니까?	
5	전화를 신속하게 연결해 주었습니까?	
6	찾을 사람이 부재 중인 경우 적절히 처리했습니까?	
7	요점을 복창했습니까?	
8	용건을 들으며 메모했습니까?	
9	전갈을 부탁받았을 때 상대에게 자신의 이름을 말했습니까?	
10	전화를 여기 저기 쓸데없이 바꿔 주지는 않았습니까?	
11	확실하고 밝은 목소리였습니까?	
12	전문용어를 사용하여 상대를 당황하게 하지 않았습니까?	
13	너무 오래 기다리게 하지는 않았습니까?	
14	경어는 적절했습니까?	
15	알기 쉬운 말로 배려를 하며 전화를 받았습니까?	
16	끝맺음의 인사를 했습니까?	
17	상대방이 끊고 나서 전화를 끊었습니까?	

바) 끝인사

✔ 전체 통화 내용에 대해 요점 정리 후 마무리한다.

✔ 마지막 끝 인사를 잊지 않는다.

"전화 주셔서 고맙습니다" "즐거운 하루 되십시오"

사) 사후 관리

고객이 먼저 수화기를 내려놓는 것을 확인한 후 내려놓는다.

(2) 상황별 전화 응대법

전화를 걸 때는 일반적으로 말하는 상대방의 사정을 생각해야 한다. 이른바 T.P.O를 생각하고 걸어야 한다. 다음으로 전화 걸 준비를 한다. 상대방의 전화번호를 확인하고 용건이나 말할 순서를 간단히 메모해 두는 것이 좋다. 상대방이 전화를 받으면 먼저 자신의 신분을 밝힌 후 상대를 확인한다. 원하는 상대방과 통화를 시작하면 인사를 나눈 후, 용건을 간단하고 요령있게 전달한다. 이때 두세 번 전화하는 실수를 범하지 않기 위해서는 통화가 끝나기 전에 약속이나 결론을 다시 한번 확인하는 것이 좋다. 마지막으로 전화를 끊을 때 정중한 인사를 건넨 후 조용히 끊는다. 다음은 예측하기 어려운 갖가지 상황에 따른 전화 요령이다.

1) 찾는 사람이 부재 중인 경우

- ✔ 전화를 건 입장에서는 통화하고자 하는 상대방이 언제쯤 돌아오는지 묻는 것이 우선이다.
- ✔ 상대방의 대답에 따라 "다시 걸겠습니다" "돌아오시면 전화 부탁드린다고 전해 주십시오" 등의 말로 적절히 대답한다.
- ✔ 전화를 걸었다는 사실과 시간 등의 확인을 위해 현재 전화를 받고 있는 사람의 이름을 물어 보는 것도 빼놓아서는 안 된다.
- ✔ 받는 입장에서는 먼저 찾는 사람의 부재 사유를 간단히 말한다.
- ✔ 쿠션 언어를 사용하여 정중하게 양해를 구하고, 찾는 사람이 언제쯤 통화가 가능한지, 전할 메시지가 있는지 묻는다.
- ✔ 용건에 따라서는 다른 대행자가 대신 받아 처리할 수 있도록 연결해 주는 것도 훌륭한 응대 요령이다.

2) 찾는 대상이 통화 중일 경우

- ✔ "다른 전화를 받고 있습니다만 잠시만 기다려 주시겠습니까?"라고 일단 말하고 통화가 길어지면 "죄송합니다만 잠시만 기다려주시겠습니까?" 이렇게 양해를 구하는 것이 좋다.
- ✔ 만약 다른 사람에게 전해질 내용을 부탁받았을 경우에는 용건을 간단히

메모한다.

✔ 메모는 육하원칙으로 작성한다. (육하원칙 : 누가, 언제, 어디서, 무엇을, 어떻게, 왜에 맞춰서 한다.)

✔ 메모 내용은 확인 후에 빠른 시간에 당사자에게 전달한다.

3) 통화 중 상대방의 말을 잘못 알아들었을 경우의 응대 요령

✔ 상대방이 말하고자 하는 의미를 잘 모를 경우에는 먼저 양해를 구한 후 "번거로우시겠지만 그 내용에 대해 잘 아는 사람을 연결해 드리겠습니다"라고 말한다.

✔ 상대방의 말이 분명하지 않은 경우나 전화기의 고장이 의심스러운 경우에는 "전화기의 감이 먼 것 같습니다"라거나 "좀 더 크게 말씀해 주시겠습니까?"라고 부탁한다.

4) 상대방이 호출을 의뢰할 경우

✔ 불러낼 곳의 번호를 분명히 파악한다.

✔ 상대편이 상사보다 지위가 높을 경우, 상대방이 나오기 전에 상사에게 수화기를 건네준다.

✔ 상대편이 상사보다 지위가 낮을 경우, 상대방이 나온 후에 상사에게 수화기를 건네준다.

5) 회사 내부 이야기, 보고, 연락 등으로 상대방을 기다리게 할 때

✔ 정중하게 미리 양해를 구한다.

✔ 오래 기다리게 하지 않는다.

✔ 반드시 보류 버튼을 이용하거나 송화기를 손가락으로 막는다.

6) 내방객이 있을 경우

✔ 급한 용건인지를 확인한다.

✔ 정중하게 미리 양해를 구한다.

✔ 본인이 방문객과 이야기하는 중이면 방문객에게 양해를 구하고 수화기를 든다.

5.2.2. 전화 응대 화법

상황	세부 화법
첫인사 바르게 하기	감사합니다. 예라고 김친절입니다.
늦게 받을 경우	늦게 받아 죄송합니다. 예라고 김친절입니다
전화 연결시	네, ○○번으로 연결해 드리겠습니다. 혹시 끊어지면 ○○번으로 전화하시면 바로 통화 가능합니다.
전화 상태가 좋지 않은 경우	지금 전화 상태가 좋지 않습니다. 죄송합니다만 다시 한번 전화 주시겠습니까?
전화 연결시	(지명인 임을 확인 후) "○○○님이시지요? ○○○씨에게서 걸려온 전화입니다. 연결해 드리겠습니다. (지명인의 수신 확인 후)
연결된 전화 통화시	"네, 전화 바꿨습니다. 예라고 김친절입니다"
통화 중 메모 받기 및 메모 전달하기	(전화를 연결하고 상대가 통화 중인 경우 즉시 연결을 중단하고 다시 응대한다.) "네, 죄송합니다만 ○○○씨가 통화 중입니다. 통화가 길어질 것 같은데 메모를 남겨주시겠습니까?"
부재 중 메모 받기 및 전달하기	(전화를 연결하고 신호음이 3번 이내 받지 않을 경우 전화 연결을 중단하고 다시 응대한다.) "지금 ○○○씨가 자리를 비웠습니다. 메모를 남겨주시면 제가 전달해 드리겠습니다." (연락처, 이름, 내용 등을 메모 받은 후 재확인한다.) "그러면 용건을 다시 한번 확인하겠습니다."
모르는 내용 응대 (바로 확인 가능시)	"죄송합니다. 잠시만 기다려 주시겠습니까? … 기다려 주셔서 고맙습니다"

7) 회사, 사원, 업무에 관한 것을 물어왔을 때

✔ 신중하게 취급하고 섣불리 답변하지 않는다.

✔ 상사의 지시를 받아 대응한다.

5.2.3. 전화 응대 화법

상황	세부 화법
모르는 내용 응대 (시간 소요시)	"내용을 확인하는데 시간이 걸릴 것 같습니다. 연락처를 주시면 바로 내용을 확인한 후 전화드리겠습니다."
깔끔한 종료 인사 바르게 하기	(무성의 하지 않게 정감 있는 목소리로) "고맙습니다."
상대방이 끊은 후 수화기 내려놓기	(종료 인사 후 1~2초 정도 기다려서 반드시 상대가 먼저 끊었는지 확인 후 끊는다.)
잘못 걸린 전화 응대	"여기는 ○○○-○○○○번입니다. 잘못 거셨습니다. (상대방이 알아렸음을 확인 후) "고맙습니다."

8) 상사를 대신해 윗사람에게 걸 때

✔상대편이 전화를 걸게 하기 보다는 신속하게 먼저 건다.

✔대리임을 미리 말한 뒤 이야기한다.

9) 상대방이 통화 중 불쾌한 감정이 되었을 때

부정적인 감정은 동화되지 말고 냉정한 마음으로, 온화한 말투로 진행한다.

사례 12 병원 현장 응대

◆ **안 좋은 사례**

- 직원 : 네. 병원입니다.
- 고객 : ○○병원 맞아요? 거기 가려고 하는데요, 위치를 잘 몰라서…
- 직원 : 택시 타고 ○○병원 이라면 기사들이 다 알아요. 물어 보세요.
- 고객 : ○○동인데 버스 타고 가려구요. 11번이 있는 것 같은데 11번 버스를 ○○○ 앞에서 타면 되나요?
- 직원 : 글쎄요. 제가 거기 안 살아서 잘 모르겠는데요.

• 고객 : 시간이 얼마나 걸리나요? 여기서부터 …

• 직원 : 그럼 오시기 전에 아는 분한테 물어보고 오세요.

◆ 개선 사례

• 직원 : 친절히 모시겠습니다. ○○병원 ○○○입니다.

• 고객 : 병원을 가려고 하는데요 … 위치를 잘 몰라서.

• 직원 : 아, 위치를 모르시는군요 … 제가 설명해 드리겠습니다.
출발하실 곳과 이용하실 교통편을 말씀해주시면 오시기 편한 방향으로 안내해 드리겠습니다.

• 고객 : ○○동인데 버스로 가려구요.

• 직원 : 네, ○○동이시라구요?
○○○동에서 저희 병원까지 11번이나 12번을 타시면 오실 수 있습니다. 13번 좌석을 타시면 병원 맞은 편에서 내리실 수 있구요 …

• 고객 : 11번 버스를 ○○○ 앞에서 타면 되나요?

• 직원 : 아, 예. ○○○ 앞에서는 길 건너 타시는 편이 시간이 짧게 걸립니다. 약 15분 정도 소요되시겠네요.

• 고객 : 네, 알겠습니다.

• 직원 : 네. 더 궁금하신 내용은 없으신가요?
바로 오시면 제가 지금 예약해 드려도 될까요? 그러면 오셔서 기다리는 시간을 단축하실 수 있습니다.

• 고객 : 아뇨, 지금 갈 건 아니구요 … 출발하기 전에 전화해도 돼요?

• 직원 : 네. 언제든지 전화주시면 친절히 모시겠습니다.
좋은 하루 되시구요, 저는 ○○○였습니다.

• 고객 : 네. 고마워요.

• 직원 : 예, 전화 감사합니다. 안녕히 계십시오.

『병원코디네이터 실무』 권정선 저, – 한국보건의료교육센터 –

(3) E-커뮤니케이션

E-커뮤니케이션에서 E는 어떤 의미일까? 물론 기본적으로 전자(Electronic)이고, 그 외에 아마 쉽고(Easy), 효율적이며(Efficient), 신속하다(Expedited)는 것을 뜻할 것이다. 그리고 정확히 사용된다면 효과적(Effective)일 것이다.

기술의 발달로 언제든, 어디서든, 누구나와 쉽게 커뮤니케이션할 수 있게 되었다. 정보 통신과 컴퓨터의 발전은 커뮤니케이션에 속도와 용이성, 경제성을 더해줬다.

한편 E-커뮤니케이션은 불평의 요인이 되기도 한다. "이메일 확인하는데 몇 시간이나 걸렸어요" "게시판에 글을 올렸는데 답변이 이틀 지나 올라왔어요" 등은 이제 늘 듣는 말이 되었다. 그러나 몇 가지 지침만 잘 지킨다면 좀 더 효과적인 커뮤니케이션을 할 수 있을 것이다.

1) 이메일 및 게시판

어떤 종류의 글을 쓰든지 가장 중요한 것은 가독성을 높이는 것이다. 항상 수신자의 상황을 염두에 두고 그 사람의 형편과 수준에 맞추고 그의 편의를 고려해 글을 쓴다.

항상 KISS(Keep It Short and Straightforward, 용건만 간단히)의 원칙을 떠올린다.

가) 중요한 메일이거나 답신을 원하는 내용이라면 "긴급", "제1순위"와 같은 머리말을 제목 앞에 덧붙인다. 그러나 이를 남용하면 '거짓말쟁이 양치기 소년'과 같이 정말 중요할 때 효과를 보지 못할 수도 있으므로 조심해서 사용한다.

나) 가장 중요한 내용을 첫 문장에 넣고 두 번째 문장부터는 중요도에 따라 배치한다. 그리고 마지막에 중요한 내용을 간략히 반복해서 쓴다.

다) 시간을 지정해야 한다면 구체적으로 명시한다. 월요일, 다음 주가 아니라 '4월 30일 월요일'과 같이 명확히 기재한다.

라) 너무 형식적이고 격식을 차린 마무리보다는 그저 '고맙습니다' 정도로 간략하지만 정중한 인상을 주는 말을 쓰면 된다.

비밀 메모

커뮤니케이션의 다섯 가지 기본 요소

어떤 종류의 커뮤니케이션이라도 다음의 다섯 가지 기본 요소에 대한 답을 알고 있다면 효과적으로 수행할 수 있다.

✔ **누구**

대상이 누구인가? 직장 내부인과 외부 인사인가, 그의 지위는 어떻고 당신과의 관계는 어떠한가? 그들에게 어떤 인상을 줄 것인가?

✔ **무엇**

메시지의 주제는 무엇이며, 요점은 무엇인가? 그렇다면 적절한 형식과 어조는 무엇일까?

✔ **언제**

약속, 회의 마감일 등에 대해 쓴다면 그게 언제인가? 답변은 언제까지 받아야 하나? 직접 만날 약속을 잡아야 한다면 또는 나에게 연락을 하고 싶다면 언제가 제일 좋을 것인가?

✔ **어디서**

어디서 만나는가? 수신자가 어디서 답을 하게 될까?

✔ **왜**

왜 커뮤니케이션을 하는가? 메시지의 목적은 무엇이며 달성하고자 하는 목표가 무엇인가?

마) 서명을 사용하여 수신자가 급히 전화를 하고 싶거나 물건을 보내려 할 때 활용할 수 있도록 주소, 전화번호, 팩스 등을 기재해 둔다.

바) 게시판의 경우 불특정 다수가 볼 수 있으므로 더욱 경어에 신경 쓰되 의뢰한 고객의 사소한 말 한마디 까지도 코멘트를 달아준다.

사) 첨부파일이 한 개 이상이라면 문서 1, 2와 같은 이름을 달지 말고 각각의 문서가 담고 있는 내용을 수신자가 알기 쉽게 각각의 이름으로 저장해서 보낸다.

아) 행을 바꾸지 않고 지속되는 너무 긴 문장은 삼가한다. 이런 경우 복잡해 보이고 읽기가 싫어지며 요지까지 알 수 없게 되어 수신자가 이해하기 어렵다.

2) 팩스

이메일이 보편적으로 퍼지면서 팩스 사용은 줄어들고 있다. 하지만 팩스가 유용할 때도 아직 많은데, 주문서나 여러 장의 문서를 보낼 경우 이메일보다 편리하다.

팩스를 보낼 경우 다음과 같은 사항에 주의한다.

가) 보내려는 문서가 읽을 만한 글씨와 형식을 갖고 있는지 확인한다. 여러가지 컬러가 들어 있거나 음영이 많은 문서보다는 흑백의 대비가 강한 문서가 팩스로 받아볼 때 보기 좋고 명확하게 인쇄된다. 흰 바탕에 검은 글씨가 가장 선명하고 정확하다.

나) 바로 응답이 필요한 팩스를 보낸다면 먼저 전화한다. 팩스를 보낼 것임을 알리면 상대방이 바로 받아보고 반응할 수 있다.

다) 한 장에 보내도 될 내용을 여러 장으로 나눠 보내지 않는다. 첫 장 맨 위에 보내는 사람과 받는 사람을 명기하면 되며, 겉장을 따로 만들 필요는 없다.

사례 13 이메일/게시판 상담 사례

◇ 고객의 문의 사항

수원에 살고 있습니다. 집이 화성 용주사 쪽인데요. 기존에 6월 버전 업데이트 하기 전에는 잘 안내되며 방면 음성정보가 안 됩니다.
따로 경기지역 방면 정보를 업데이트 해야 한다면 용량이 너무 많아서 1기가 메모리에 들어가질 않습니다. 어찌해야 하는 것인지 시원하게 대답 좀 해주세요. 답답합니다. 6월 버전으로 지도랑 프로그램이랑 다 업데이트 했습니다.

◇ 직원 답변 내용

경기지역의 방면 정보가 안내되지 않는다고 하시었는데요, 다른 지역의 방면 정보는 정상적으로 안내되고 있으신지요.
현재 설치된 지도데이터 용량이 918MB(963,635,152 바이트)인지 확인하여 주시고요,
○○ 프로그램을 다시 다운받으신 뒤 재설치 후 확인 부탁드립니다.
메모리카드 내 기존 데이터가 정상적으로 제거되지 않은 경우 오류 발생 우려가 있으니, 중요한 데이터를 백업하신 뒤 메모리카드 포맷하여 주시고요,
아래 설치 방법 참고하여 주세요.
자동설치 프로그램을 이용하여 업그레이드 하시는 경우에는 ○○○○ iPAQ시리즈 업그레이드 페이지 상단에 자동 프로그램을 PC에 다운받으신 뒤 PC와 PDA 동기화 상태(또는 메모리가 삽입된 카드리더기를 연결한 상태)에서 설치를 진행하여 주시고요, 설치 과정에 데이터 백업, 메모리 포맷이 반영되어 있습니다.

…… 〈중략〉 ……

이후에도 방면정보 음성이 정상적으로 안내되지 않는 경우 발생 증상을 보다 상세히 알려주시면 안내드리도록 하겠습니다.
확인 부탁드립니다.

◆ 개선 내용

이종필 고객님.
안녕하십니까? ○○○ 제품을 이용해 주셔서 고맙습니다.
기존에 6월 버젼 업데이트 하기 전에는 타 지역의 방면 음성정보 이용은 불편이 없으신지요.
따로 경기지역 방면 정보를 업데이트해야 한다면 용량이 너무 많아서 1기가 메모리에 들어가질 않습니다. 다음과 같은 순서로 체크해 주십시오.

1. 현재 설치된 지도데이터 용량이 918MB (963,635,152 바이트)인지 확인
2. ○○○○ 프로그램을 다시 다운 후 재설치, 체크.

…… 〈중략〉 ……

어찌 해야 하는 것인지 시원하게 대답 좀 해 주세요. 답답해요.
(가뜩이나 더운 날씨에 불편하셔서 제가 죄송스럽습니다.)
저의 답변이 이종필님의 답답함에 얼음 냉찜질이 되어 드렸으면 합니다. ^^ … 이후에도 방면 정보 음성이 정상적으로 안내되지 않는 경우 발생 증상을 보다 상세히 알려주시면 될 때까지! 도와드리겠습니다.
얼마 남지 않은 무더위, 마음만은 시원하게 보내시길 바랍니다. ^^

사례 14 일본의 전화 응대 매너

일본의 전화 응대 매너는 기본적으로 우리나라와 비슷하다. 특히 기업에서는 표준화 된 매뉴얼을 만들어 그 교육을 실시하고 있다. 예를 들어 전화가 걸려오면 두 번 울린 후 받도록 하고 혹시 3번 이상 벨이 울린 후 받게 되었을 때는 '오래 기다리셨습니다' 하고 응대를 해야 한다. 또한 거래처에서 걸려온 전화인 경우에는 '언제나 신세를 많이 지고 있습니다'라는 인사를 한다. 비록 전화를 한 사람과 직접적으로 대면을 한 적이 없더라도 상대방이 거래처 사람이라면 의례껏 해야 하는 인사말이다. 전화는 동작이나 얼굴 표정이 보이지 않기 때문에 밝고 또렷한 목소리로 말하여 상쾌한 인상을 남겨야 한다.

總務省(そうむしょう) 계열 단체인 일본 전신전화유저협회에서는 고객 만

족 추진을 위해 일 년에 한 번 전화 응대 콩쿠르를 개최하고 있다. 출전 선수들은 특설 무대에서 경기를 하는데 명료한 발성, 발음, 속도, 억양 등의 심사의 기준이 된다. 목소리 뿐만 아니라 경어 표현 등의 말투도 중요한데, 일본어의 경어 표현이 복잡해서이기도 하겠지만 너무 공손하게 말하면 오히려 이상한 일본어가 되어 버리기 때문에 기업 교육에 경어 표현이 들어가 있는 것이 그 특징 중 하나이다.

여담이지만 일반 가정에서의 전화 응대는 우리나라와 약간의 차이가 있다. 가족 중 누군가를 찾는 전화가 걸려왔을 때 우리나라의 경우는 수화기를 통해 상대방에게 큰 목소리가 들리고 일본의 경우는 발소리가 들린다고 얘기한 한국통 일본인이 있었다. 즉 우리는 점잔을 빼고 전화를 받다가도 '야, 누구야. 전화 받아' 하고 외치지만 일본인들은 평소에 남 앞에서 큰 소리 내는 습관이 없어서인지 전화기를 들고 직접 본인한테 가져다 준다는 것이다. 또한 상대가 전화를 끊기 전에는 전화를 끊지 않도록 노력한다. 이는 '남에 대한 배려'를 교양의 지표로 삼는 일본인들에게는 중요한 매너이기 때문이다.

출처 : http://blog.naver.com/kssong38

사례 15 전화 응대 으뜸 인사말 선정

제주시청 공무원들은 '안녕하십니까'와 '좋은 하루 되십시오' 등 두 가지를 가장 친근한 전화응대 인사말로 꼽은 것으로 조사됐다. 제주시가 최근 2주간 소속 직원 1,026명을 대상으로 '고객 만족 전화 친절 멘트'를 공모한 결과, 첫 멘트는 '안녕하십니까? ○○과 ○○○입니다'가 전체의 56.5%(600명)를 차지, 으뜸으로 선정됐다. 또 맺음말로는 71%(729명)가 응답한 '좋은 하루 되십시오. 감사합니다'가 뽑혔다. 이외에 '무엇을 도와드릴까요?' '정성을 다하겠습니다' '만족하셨습니까? 감사합니다' 등의 인사말이 다음을 이었다.

제주시는 이번에 으뜸으로 뽑힌 인사말을 공직자 전화 친절운동의 공식 멘트로 활용해 '친절 1번지 제주시'를 브랜드화 하는데 힘쓰기로 했다.

6장 서비스 교육훈련의 기획 — 손승온

교육의 목적은 인격의 형성에 있다.
교육의 목적은 기계적인 사람을 만드는 데 있지 않고,
인간적인 사람을 만드는 데 있다.
또한 교육의 비결은 상호 존중의 묘미를 알게 하는 데 있다.
일정한 틀에 짜여진 교육은 유익하지 못하다.
창조적인 표현과 지식에 대한 기쁨을 깨우쳐주는 것이
교육자 최고의 기술이다.

— 아인슈타인

나무를 잘 기르면 뿌리가 튼튼하고 가지와 잎이 무성해져서,
동량(棟梁)의 재목을 이룬다.
물을 잘 기르면 근원이 커지고 흐름이 길어서
관개(灌漑)의 이로움이 널리 베풀어진다.
사람을 잘 기르면 관개의 이로움이 널리 베풀어진다.
사람을 잘 기르면 뜻과 기상이 커지고
식견(識見)이 밝아져서 충의(忠義)의 선비가 배출된다.
어찌 기르지 않겠는가?

— 경행록

1. 기업 교육과 사내강사

기업 교육을 이해하기 위해서는 교육 환경을 이해하여야 하며, 교육 환경을 이해하기 위해서는 사회 패러다임의 변화를 알 필요가 있다. 1부에서는 사회 패러다임의 변화에 따른 교육 환경의 변화를 살펴보고, 기업 교육의 개념 정리와 필요성을 살펴보도록 한다.

1-1. 사회 패러다임의 변화와 교육 환경의 변화

(1) 사회 패러다임의 변화

교육 환경의 변화를 이해하기 위해서는 우선 21세기 사회 패러다임의 변화에 대해서 이해를 하여야 한다. 요즈음 우리 사회에서 자주 사용되는 말 가운데 하나가 '패러다임을 전환해야 한다'는 등등 패러다임이라는 단어이다. 패러다임이란 말은 이미 학계 뿐만 아니라 사회 전반에 걸쳐 두루 통용되고 있다.

패러다임이란 원래 미국 토마스 쿤(Thomas Kuhn)이 그의 역저 『과학 혁명의 구조』에서 주장한 개념이다. 그 의미는 한 시대의 특정 분야의 학자들이나 사회 전체가 공유하는 이론, 법칙, 지식, 가치, 심지어 믿음이나 습관 같은 것을 통틀어 일컫는 개념을 말하는 것이다. 사회의 패러다임의 변화로 21세기는 다음과 같이 말할 수 있다.

첫째, 단절의 시대이다. 즉, 과거의 변화가 예측 가능했다고 본다면, 앞으로의 변화는 거의 예측이 불가능한 시대이다.

둘째, 확산적 시대이다. 즉, 한 부분에 변화가 있으면 다른 부분에도 그 변화가 영향을 미칠 수 있는 시대이다.

셋째, 가속적인 시대이다. 즉, 변화가 거의 일률적으로 일어나는 선형적인 변화가 아니고, 아주 급격하게 일어나는 기하급수적인 변화의 시대이다.

넷째, 3C의 시대이다. 즉, Change, Competition, Customer의 시대로 3C 중 한두 가지가 아니라 세 가지를 다 잘해야 생존 가능하다고 보는 시대이다.

21세기의 사회 변화의 특징을 엘빈 토플러의 물결 이론에 따라 살펴본다면 〈표 6.1.1.〉과 같다.

6.1.1. **물결이론에 따른 사회 변화의 특징**

구분	농경사회	공업 · 산업사회	정보사회	지식 · 창조사회
엘빈토플러의 물결	제1의 물결	제2의 물결	제3의 물결	제4의 물결
산업사회에서의 가치	노동집약사회	기술집약사회, 자본집약사회	정보, 지식집약사회	사회적 공동사회
자원	유형자본(땅)	유형 자원(3M) (Man, Menterial, Machin)	유형+무형 자원 (정보, 지식, 문화)	무형 자원 (신. 생태계, 대지)
인재상	근면, 성실	Blue Collar(열심히, 규격품, 모범생)	White Collar (세계인, 정보인)	Gold Collar(학습인, 창조인, 봉사인)
문화, 패러다임	마술, 초자연 신화	이념, 과학, 이성	기술, 프로그램	아이디어, 창의력, 자연
생산	소품종 소량	소품종 대량	다품종 소량, 단품	다품종 단품
물적 자원	철, 도구	증기기관, 에너지, 트랜지스트	컴퓨터, 고밀도집적회로	공등체, 대화
중요한 가치	Reading	3R(Reading, Writing, Arithmetic)	3R+4I+3C(Information, Intellectual, Integrity 또는 Imagination Change, Competition Customer)	3R+4I+3C+4S (Repair, Reuse, Recondition, Recycle, Computer, Conmuication, Creation Collaboration, Small Soft, Speed, Simple)
학습관	삶=학습 교육=삶	행동주의 교육=학교교육 학습과 일의 분리	인지주의, 구성주의 교육=학교교육 학습과 일의 분리 행함으로써 학습 학습하는 방법의 학습	구성주의, 인본주의 교육=평생교육 학습=일 네트워킹에 의한 학습 학습하는 방법의 학습

(2) 교육 패러다임의 변화

21세기 사회 패러다임의 변화는 교육 패러다임의 변화에도 영향을 미쳤다. 특히 새로운 정보통신 기술의 발달로 교수 학습체제의 구조적 재조직이 일어나고 있고, 또 교육의 유형이 전례없이 다양화하여 멀티미디어를 비롯한 새로운 매체는 교육의 규모와 폭을 넓혔을 뿐만 아니라 교육 형태의 기본틀 마저 변화 시키고 있다.

교육 환경에서의 변화는 크게 교육의 대상, 교육시간 및 장소, 교육의 방법, 교수자와 학습자의 역할을 중심으로 요약될 수 있으며 구체적인 내용은 다음과 같다.

첫째, 교육의 대상면에서 학습의 대상이 확대되고 있다. 정보의 양이 폭발적으로 증가하고 사회체제의 변화가 가속화되면서 학습의 대상은 학생 뿐만 아니라 성인 모두에게 확대되고 있으며, 평생 학습의 시대가 도래하였다.

둘째, 학습이 이루어지는 장소와 시간의 개념이 변화하고 있다. 전통적인 교육에서는 정해진 시간에 정해진 장소에서 학습이 이루어져 왔으나, 테크놀로지의 발달은 학습자가 원하는 시간에, 원하는 곳에 학습하는 것을 가능하게 하였다.

셋째, 교수자 중심의 교육에서 학습자 중심의 교육으로 변화하였다. 과거 교수자 중심의 교육에서는 학습자는 수동적인 수용자의 입장을 취하였으나, 이제는 학습자의 특성 및 요구를 이해하고 학습자들과 활발한 상호작용과 피드백을 통해 학습의 방향을 안내해 주고 학습자 스스로 지식을 형성하는 과정을 보조하고 촉진하는 역할을 수행하게 되었다.

넷째, 훈련(Training)에서 학습(Learning)으로 바뀌어 간다. 훈련이라는 패러다임의 경우 타율적이고 수동적인데 비하여 학습은 자율적이며, 능동적이다. 이는 가르치는 사람 중심의 교육(Teaching)보다는 배우는 사람 중심의 학습(Learning)에 더 큰 비중을 차지하게 된 것이다. 교육의 패러다임의 변화를 표로 제시하면 〈표 6.1.2.〉와 같다.

6.1.2. 교육 패러다임의 변화

훈련(Training)		학습(Learning)
시키고 받는 타율적인 교육	→	스스로 참여하는 자율적인 학습
Training(주입식) 교수자 주도형	학습 개념 학습 주체	Learning(과제 해결형) 학습자 주도형
학교 학생	학습 대상	학교 학생, 성인교육
집합식 교실 수업 (고비용 저효율)	학습 형태	Cyber / 자기 주도 학습 (저비용 고효율)
이론 중심	학습 내용	현장 중심
교재 / 교수자 중심	학습 매체	멀티미디어 활용

시사점 : 현장 중심의 맞춤식 교육으로 전환
저비용 고효율의 방법 모색
평생 교육의 일환으로 자기주도적 학습 지원 체제 구축

(3) 환경 변화와 평생 교육

오늘날은 평생 학습의 시대라 할 수 있다. 급격한 사회 변동으로 인해 평생 교육에 대한 관심과 중요성이 그 어느 때보다도 강조되고 있다. 평생 학습의 필요성은 크게 변화와 미완성으로 들 수 있다.

첫째는 변화이다. 지식기반 사회로 특징짓는 현대는 하루가 멀다 하고 새로운 지식들이 쏟아져 나오고 있다. 1945년경에 농부가 가진 지식의 스명이 40년이라면 오늘날 IT산업에 종사하는 사람의 지식수명은 3개월이라고 한다. 심지어 응용과학기술 분야의 지식 중에는 단 며칠만에 그 수명을 다하는 것도 있다. 따라서 이제 배움의 끝이란 있을 수 없다.

인간의 평균 수명과 사회 변화 기간의 대비를 살펴보면 고대 로마시대나 르네상스시대에는 인간의 평균 수명보다 사회 변화 주기가 더 길어서 한번 습득한 지식으로 죽을 때까지 충분히 살아갈 수 있었다. 그러나 이제 평균 수명은 점점 길어지고 사회주기 변화는 점점 짧아져서 한번 배운 지식으로 생을 마칠 때까지 산다는 것은 어렵다고 할 수 있다. 왜냐하면 생을 마칠 때까지는 여러 번의 사회 변화 주기가 찾아오기 때문이다.

이러한 사회 변화가 올 때마다 인간이나 조직은 변화를 그냥 넘길 수는 없다. 변화를 넘기 위해서는 새로운 지식, 새로운 기술, 새로운 사고를 개인이나 조직에 요구하게 된다. 그러므로 개인이나 조직은 계속적인 학습을 통하여 변화를 넘게 된다. 또한 의학기술의 발달로 인한 인구 구조와 삶의 주기 변화로 성인 교육 기회는 더 확대되어 간다. 생명공학의 발달, 동물 및 세포 복제술, 인간 유전자 정보(게놈)지도 개발로 미래의 수명은 130~200세를 살 수 있는 무병장수의 시대가 도래할 수도 있다.(교육인적자원부 1998, 『평생교육백서』)

둘째는 인간의 미완성을 들 수 있다. 동물학자가 말하기를 인간은 다른 동물에 비하여 미완성 존재라고 한다. 다른 동물은 태어날 때 90%가 완성되어 태어나고 10%가 미완성으로 태어나는데, 인간은 90%가 미완성, 10%가 완성으로 태어나는 것이다. 그러므로 인간은 변화의 가능성이 많다. 동물은 10%만 변화를 할 수 있지만, 인간은 90%의 변화를 할 수 있기 때문이다. 방송에서도 보면 강아지, 송아지, 망아지 등 태어나자마자 어미가 핥아주면 10분 만에 걸어 다닌다. 거기에 비해서 인간은 한 살이 되어서야 가까스로 서며 계속

성장을 해나간다.

세계에서 가장 미개척지는 사하라 사막도 아니고 아마존 정글도 아닌 인간의 머리라고 할 수 있다. 세상에서 머리를 가장 많이 개척하고 죽은 사람도 자기 두뇌의 30%만 개척하였다고 한다. 그렇다면 인간은 언제 결과를 알 수 있을까? 결국은 무덤에 들어갈 때 알 수 있다. 즉, 90% 미완성 부분은 어떤 학습을 하느냐, 어떤 경험을 하느냐에 따라 많이 달라질 수 있다. 대기만성(大器晩成)이란 말은 인간에게만 가능한 말이다. 즉, 인간은 계속 변화가 가능하기 때문이다.

(4) 기업 교육의 개념과 필요성

1) 기업 교육의 개념

사원들 개인에게 할당된 직무를 원만히 수행하는데 요구되는 업무수행 능력을 신장시켜서, 조직과 개인의 성장 및 발전을 도모하기 위해 기업에서 실시하는 체계적이고 조직적인 일체의 교육 활동 및 훈련을 기업 교육이라 한다.

비밀 메모

기업 교육과 혼돈되어 사용되는 유사 개념

(1) **교육** : 정신적 의미가 절대적으로 강조되어 소속된 사회의 이상이나 규범, 가치관을 바탕으로 개인의 능력 함양과 잠재력 개발을 유인하는 인위적인 통제 과정으로서 특정 분야만이 아닌 모든 분야에 통용된다.

(2) **훈련** : 육체적이고 기술적인 내용을 연습 과정을 거쳐서 습득, 연마하여 숙련시키는 것으로 특정 분야에 한정되어 있는 실제적이고 구체적인 과정이다.

(3) **교육 훈련** : 사고, 행동의 적절한 관습이나 태도를 향상시킴으로써 개인이 현재 또는 미래에 수행해야 할 직무를 효과적으로 수행할 수 있도록 원조하기 위하여 계획된 조직적 교육 활동을 의미한다.

— 김구현(1990)

(4) **산업 교육** : 기업을 위시한 모든 산업 주체가 조직 목표의 달성 및 성장 발전을 위해 그 구성원의 직무 능력을 향상시키고 자기 계발을 촉진시킴으로써 산업 전체의 발전에 기여하기 위한 제반 활동을 의미한다.

한국능률협회에 의하면(1989),

▶ **기업 내 교육** : 기업이 추구하는 목적 달성을 위해 기업의 주관하에 안에서 이루어지는 모든 교육을 의미한다.

▶ **기업 외 교육** : 교육 개인이 추구하는 목적 달성을 위해서 기업의 지원 없이 개인의 주관하에 기업의 안과 밖에서 이루어지는 모든 교육 활동을 의미한다.

(5) **직업 훈련** : 직무를 수행하는데 필요한 직업 능력을 훈련을 통하여 체득시킴으로써 노동 생산성을 높이는 것을 의미한다.

(6) **HRD** : 직무수행 능력의 향상과 개인적 성장의 가능성을 높이기 위하여 일정한 기한 내에 학습 경험을 조직화하는 것을 말하는데 훈련, 교육 훈련, 산업 훈련, 성인 교육 등의 개념을 포함하고 있으며 아직 그 한계가 규정되어 있지 않다.

따라서 기업 교육의 형태는 크게 교육(Education), 훈련(Training), 개발(Development)의 의미를 포괄한다고 볼 수 있다.

2) 기업 교육의 필요성

글로벌화 지식정보화의 추세 속에서 국제 경쟁이 가속화 되고 글로벌 경쟁력을 갖추기 위해 혁신 역량의 강화가 요구되면서, 인적 자원 개발에 있어서 기업의 역할도 변화하고 있다. 급격한 기술 변화와 환경 변화에 대응하기 위해서 평생 학습의 중요성이 증가하고(Lifelong Education), 교육 훈련의 내용면에서도 특정 분야에 국한된 전문 지식 이외에 학습 능력과 사회적 적응력 등이 중요해지면서 인적 자원 개발의 주체로서 기업의 역할이 증대되고 있다.

P. F. Drucker는 "교육 훈련은 오늘의 필요에 의해서만 이루어지는 것이 아니라 미래의 경영을 담당할 수 있는 능력을 구비하는데 그 목적이 있다"라는

말로 다변화 되는 환경 속에서 인적 자본의 효율적 개발을 위해 무엇보다도 기업 교육 훈련이 중요하다는 것을 시사해 주고 있다(홍영란, 2000).

이렇게 기업이 경쟁 원리에 입각해서 경쟁 우위를 달성하려면 직원훈련 교육에 대한 지속적인 투자를 통해서 높은 수준의 지식, 숙련을 배양해야 하며, 경쟁 우위를 달성할 수 있는 조직 역량을 형성하기 위해서는 지속적인 교육훈련을 통한 인적 자본의 축적, 조직에 대한 고성과 창출 목표, 지식의 공유 등 개선이 이루어질 수 있는 학습 조직을 구축할 필요가 있다.

기업 교육은 실천적인 측면과 기능적인 측면, 그리고 목적론적인 측면을 들어 이야기할 수 있다. 기업 교육의 실천적 측면에서는 주로 행동의 관점에서 성과나 과업의 효율을 높이기 위해 조직의 행동을 계획적으로 변화시키는 데 초점을 두고, 기능적 측면으로는 주로 전통적, 보수적 관점으로 기업 이념이나 경영 방침 등을 계승 발전시킨다. 또한 목적론적 측면으로는 주로 인본주의적 관점에서 개인이나 사회의 궁극적 목적을 달성하기 위하여 성숙되고 자율적인 인간을 양성해 간다. 기업 교육은 이러한 세 가지 측면에서 균형있게 조화시켜 가는 것이다. 일반적으로 교육의 개념을 '인간행동을 바람직한 방향으로 변화시키는 것'이라고 할 때, 기업 교육은 그 특성상 '조직행동의 계획적인 변화'라고 말할 수 있다. 또한 이를 통하여 기업 이념이나 문화를 계승 발전시키고 성숙된 시민으로 만들어가는 것이라고 할 수 있다.

기업에서 직원 교육은 두 가지 측면이 있다. 하나는 기업의 입장이고, 또 하나는 직원의 입장이다. 기업 입장에서는 사원 교육은 인력 개발, 즉, 인적 자원을 관리하는 제도이자 방법이며 아울러 경영상의 문제 해결을 위한 제도이자 수단이다. 또한 직원의 입장에서는 직장생활에서 자신의 능력 개발과 자아실현을 위한 제도이다.

경영에 도움을 주는 교육이 되기 위해서는 교육의 목표 관리, 즉 목표에 의한 교육이 반드시 필요하며, 이것이 바로 성과 중심의 교육이다. 성과 있는 교육을 위해서는 교육의 성과를 높일 수 있는 요인을 갖고 철저히 관리하여야 한다.

비밀 메모

기업 교육의 목적

*** Beach의 기업 교육의 목적**

첫째, 성취 실현을 위해서 필요한 학습 시간을 단축시킨다.

둘째, 현재 직무의 수행 능력과 숙련의 개발을 통해 성과를 개선시킨다.

셋째, 조직 구성원들의 적극적인 근무 태도를 형성한다.

넷째, 인사 문제를 용이하게 해결한다.

다섯째, 개인이 가지고 있는 요구를 적극적으로 실현해 준다.

여섯째, 개인의 능력 개발을 통하여 자기 발전의 가능성을 부여한다.

*** Smith & Wakeley의 기업 교육의 목적(1972)**

기업 교육은 인간의 수행 능력과 태도를 변화시켜 자기 직무에 흥미를 느끼게 하고 자기 직장에 보다 충실하게 근무할 수 있도록 함으로써 궁극적으로 기업의 생산성을 향상시키도록 하는 데 그 목적이 있다.

*** 어윤태(1992)**

건전한 사회인으로서의 인재 육성과 조직 구성원의 만족감을 증진토록 하며, 산업 국가 발전의 원동력이 되도록 함에 그 목적이 있다.

사례 메모

제2의 삼성을 만드는 핵심인재 육성

삼성에는 일본이 갖지 못한 무엇인가가 있다. 일본 〈닛케이비즈니스〉는 지난 7월 14일자에서 삼성그룹 경쟁력의 실체를 다룬 특집을 실었다. 여기에서 경쟁력의 실체로 제기된 것이 '삼성 핵심인재 교육'이었다. 특히 삼성그룹이 90년부터 시행한 지역전문가 제도에 높은 관심을 보였다. 삼성전자가 전세계를 휩쓸 수 있는 배경으로 지역전문가 제도를 꼽은 것이다.

국내 다른 기업들은 어떤가. 글로벌 기업을 표방하는 우량 대기업들을 중심으로 GE 벤치마킹에 바쁘다. 일부 기업들은 GE 핵심인재 교육 모델을 기반으로 나름대로 한국식 핵심인재 교육 프로그램을 도입했다. 그러나 상당수 기업들은 흉내도 내지 못한다. 또한 GE 모델을 본따 한국식 프로그램을 도입한 곳에서도 당초 기대했던 효과를 거두지 못하기 일쑤다. 왜 그럴까?

많은 인재들이 한국을 떠난다. 미국에서 박사학위를 받은 상당수 인재들이 한국 땅을 다시 찾지 않고 현지에 눌러 앉고 만다. 과연 국내 기업들의 핵심인재 교육의 현주소는 어떤 모습일까? 핵심인재 교육 시스템을 갖추고 글로벌 인재를 양성하는 몇몇 우량기업과 미국 GE 사례를 통해 핵심인재 교육이 어떤 방향으로 나아가야 할 것인지를 점검한다.

핵심인재 기업 교육의 현주소

내부 교육 없이 외국 MBA만 선호, 신성장동력을 찾기 위해 2년 동안 매달렸던 K사는 1년 전에 외부 인사를 영입했다. 미국 유명대학 박사 출신으로 컨설팅회사에서 경영전략 경력을 갖고 있었기 때문에 신규 사업을 찾는 일에 적임자라고 판단했다. 그는 40대 후반이었지만 상무이사로 신규 사업 팀장을 맡았다. 그는 여러 가지 신규 사업을 제안했고, 회사는 최종적으로 건강 관련 사업에 진출하기로 결론을 내렸다. 현재 몇 개 체인점을 운영하고 있지만 실적은 미미하다.

요즘 들어 K사는 건강 관련 사업을 접기로 방침을 굳혔다. 제조업에 치중했던 K사로선 유통업에 가까운 건강사업을 영위하는 데 있어 경쟁력이 떨어진다는 결론을 내렸다. 결국 신규 사업 팀장은 옷을 벗었다.

1인당 국민소득이 높아질수록 건강 관련 사업이 인기를 끌 것으로 판단했으나, 현실은 K사에게 냉혹했다. 내부에서는 실패 원인을 내부 인재의 견제 때문으로 해석한다. 자금부와 인사부 등이 신규 사업에 소극적이었다. 신규 사업 성공 가능성이 희박하다고 판단하고, 인력과 자금 지원을 꺼렸던 것. K사 사장은 뒤늦게 핵심인재 양성에 소홀했음을 깨닫고, 똑똑한 부장을 한 명 선발해 신규 사업을 찾는 데 유용하다는 액션러닝 프로그램 교육을 받도록 지시했다. 몇몇 우량 대기업을 제외하고 대부분 대기업들이 K사와 비슷한 실정이다. 100인 이상 제조업 가운데 핵심인재 교육을 시키는 곳은 절반도 안 된다. 한국직업능력개발원이 전국 100인 이상 450개 업체를 대상으로 조사한 결과에 따르면 48% 기업만이 핵심인재 교육을 통해 내부적으로 인재를 양성했다. 핵심인재 교육을 한다는 기업들도 체계적이지 못하기는 마찬가지다. 대부분 내부 교육 대신 외부 교육에 의존한다.

박동준 소프트전략경영연구원장은 "핵심인재 교육이야말로 내부 교육이 중요하며 전체 교육 가운데 80%가 내부 교육으로 길러져야 한다"고 주장한다. GE가 운영하는 크로톤빌 강사진은 대부분 GE 직원들이다. 현장에서 터득한 경험과 지식을 교육시킬 목적에서다. 살아 있는 지식이 전수될 수밖에 없다.

그러나 국내기업들은 내부 교육을 등한시한다. 대신 핵심인재 교육하면 외국 MBA나 국내 대학연수로 착각한다. 김종원 ADL코리아 교육 부문 대표는 "국내 교육기관이 많지만 기업 입맛에 맞는 인재를 육성할 수 있을 만한 교육 프로그램을 갖춘 곳은 소수에 불과하다"고 말한다.

실제로 국내에서 기업 교육을 수행하는 교육기관은 약 4,000곳에 달한다. 고용보험 환급을 받는 곳을 대상으로 집계한 숫자다. 이 가운데 기업 교육만을 전담하는 곳은 100여 개에 불과하다. 이곳에서도 실전에 활용할 수 있는 교육 콘텐츠를 갖고 있는 곳은 10여 곳에 그친다는게 김종원 대표의 설명이다.

김 대표는 외부 교육의 문제점으로 빈약한 교육 콘텐츠와 흥미 위주의 교육을 꼽는다. 또한 대학에 전적으로 기업 교육을 의존하는 것도 문제점으로 지적된다. 박동준 소프트전략경영연구원장은 "교육이 휴식이라는 잘못된 생각이 외부 기업 교육의 하향 평준화를 초래한다"고 평가하면서, "외부에 교육을 맡길 때에는 교육 목적에 부합되는 강사진 확보 유무와 교육 컨텐츠를 잘 파악한 뒤 선정해야 한다"고 강조한다.

선진 사례를 맹신하는 것도 문제점으로 지적된다. 김종원 대표는 이같은 사례로 미국기업 교육협회 컨퍼런스 참가자 숫자를 제시한다. "참가자 수 기준으로 한국은 미국 다음이다. 캐나다와 일본보다 훨씬 많다. 그런데도 왜 한국의 핵심인재 교육은 잘 되지 않고 있는가."

얼마 전 재계인사 20여 명은 GE 크로톤빌이 운영하는 고객 대상 프로그램에 참석했다. 이곳에서 제프리 이멜트 회장으로부터 쓴 소리를 들었다. "기업에서 사람이 가장 중요한 자산이고, 리더의 가장 중요한 임무는 인재를 키우는 일이다. GE는 매년 10억 달러를 교육에 투자하는데 한국 기업은 어떤가."

물론 한국 기업들도 상당 금액을 인재 교육에 쏟아 붓는다. 핵심인재 교육뿐만 아니라 직급별 교육과 직능별 연수를 실시한다. 그러나 당초 기대에 미치지 못한다. 이런 이유가 바로 내부 교육의 중요성을 잘 인식하지 못하고 있기 때문이다.

인재를 제대로 교육시키지 못하고, 교육받은 인재를 충분히 활용하지 못한 탓일까. 많은 두뇌들이 한국을 떠난다. 무역협회 무역연구소가 IBRD(세계은행) 자료를 토대로 조사한 '글로벌 인재의 이동 현황과 각국의 유치 전략'이란 보고서에 따르면 한국은 두뇌 적자국이다. 한국을 떠나는 두뇌가 유입된 인재보다 많다. 두뇌 순유입 비율은 마이너스 1.4%로 나타났다. 반면 호주와 캐나다 등은 10%를 초과했다. OECD 평균은 1.6%였다.

인재들이 한국을 떠나는 이유는 간단하다. 대접이 소홀하고, 희망이 보이지 않기 때문이다. 물론 우량 대기업을 중심으로 핵심인재 교육이 정착된 곳도 있다. 특히 삼성, LG, SK, 포스코그룹 등은 핵심인재 교육 시스템이 자리를 잡은 것으로 평가된다. 직급별로 핵심인재를 선정해 특별교육을 실시한다. 이들 기업은 외부 영입에도 적극적이다. 또한 외국 직원들 중에서도 핵심인재를 선정해 맞춤교육을 시키는 곳도 있다.

* 핵심인재 교육 무용론

박동준 소프트전략경영연구원장은 핵심인재 교육에 부정적인 입장이다. 소수만을 위한 인재교육을 실시할 경우 나머지 다수가 소외되기 때문에 조직력 약화로 이어질 수 있다는 점에서다. "상위 5~10%에 속한 핵심인재만을 교육시킬 게 아니라 오히려 중간 계층자를 대상으로 한 교육이 조직력 향상에 더 도움이 된다"고 박동준 원장은 강조한다.

핵심인재를 교육시킬 때도 '패자부활전'을 만들어야 한다는 주장이 많다. 보통 핵심인재 교육프로그램은 직급별로 선정되게 마련이다. 하위 직급에서 핵심인재 교육을 받지 못했다해도 상위직급에서 업무 평가가 좋아지면 핵심인재 교육 수혜 대상에 포함시키는 장치가 마련돼야 한다는 지적이다.

핵심인재 교육이 결실을 거두기 위해서는 무엇보다도 공정한 평가와 사후관리가 중요하다. 만약 대상자 선정 과정에서 입김이 작용한다면 핵심인재 교육제도를 운영하지 않는 게 오히려 낫다는 지적이 대세다. 또한 핵심인재 교육을 받은 대상자를 잘 관리해야 한다.

경력 관리를 제대로 하지 않을 경우에는 이직으로 나타날 수 있다. 외부에서 핵심인재를 영입할 때도 세심한 배려가 필요하다. 김종원 ADL코리아 교육 부문 대표는 "외부 인재를 영입해 기대했던 효과를 거둘 수 있는 가능성은 매우 낮다"고 평가한다. 오히려 내부 인력을 대상으로 핵심인재 교육을 시키는 게 더 효율적이란 설명이다. 외부 인재가 영입돼 조직에 적응하려면 상당 기간이 필요하다. 또한 최고경영자의 전폭적인 지원이 뒤따라야 한다. 대개 최고경영자는 외부 인재만 영입하면 곧바로 능력을 발휘할 수 있을 것으로 기대한다. 그러나 내부 견제가 심하고 지원 세력이 없으면 외부 인사는 쉽게 적응하지 못한다.

〈매경이코노미〉, 2006.9.6. 이제경 차장(팀장) / 김소연 기자 / 이용현 기자 / 김경민 기자

사례 메모 핵심인재와 Right People

오늘날 세계 일류 기업들은 소수의 핵심인재 확보에 많은 노력을 기울이고 있다. 세계적인 기업의 반열에 오르고 있는 소수 국내 기업들도 이제 국내는 물론 세계적인 우수 인재를 유치하기 위해 해외로 나가 인재를 찾고 있는 상황이다. 급격한 산업의 변화와 치열한 경쟁 속에서 소수의 핵심인재가 기업 성공을 이끌고 있으며, 핵심인재 확보가 기업의 미래를 좌우함에 따라 '핵심인재'는 21세기 일류 기업의 화두가 되고 있다. 일반적으로 기업에 있어서 소수의 우수 인력이 회사 각 부문을 선도하며 기업 경쟁력의 근본 토대가 되고 있다. 하지만 기업들은 인재 확보시 일반적인 우수 인재보다 자사의 경영 정책, 조직 문화, 사업 특성 등 자사의 상황에 최적인 사람을 영입하여야 하며, 이러한 'Right People'이 향후 기업 발전을 이끄는 핵심인재로 양성될 수 있는 것이다.

물론 경영진을 비롯한 각 조직의 Leader들도 또한 Right People로 채워져 있는 경우에 이들이 적절한 제도와 시스템을 갖추어 경쟁력 있는 일류기업으로 발전시킬 수 있다. 경우에 따라서 기업이 경력이 아주 빼어난 인재를 확보하더라도 해당 기업에 적합한 태도나 정서적 역량이 부족한 인물이라면 내부 조화를 이루며 충분한 업무 능력을 실현하는 데는 많은 어려움이 있을 것이다. 따라서 기업들은 핵심인재를 확보함에 있어 절대 기준의 우수 인재보다 자사에 가장 적합한 Right People을 선택하여야 하며, 잘못 선택된 우수 인재

는 화려한 독버섯처럼 주변에 독이 될 수 있다는 점을 이해하여야 한다. 물론 당사자도 명약이 될 수 있는 경험과 역량을 펼치지 못한 채 조직내 부조화 속에서 다양한 좌절을 맛볼 수가 있다. 그러나 회사 내부에 핵심인재(Right People)가 어떻게 배치되어 있느냐에 따라서도 기업의 성패가 변화될 수 있다. 만일 경영진에서 중간관리자 및 실무진에 이르기까지 골고루 핵심인력이 포진되어 있다든지, 혹은 경영관리 부문, 영업 및 마케팅 부문, 기술 부문 등 각 부문에 걸쳐 핵심인력이 균형적으로 역할을 하고 있다면 그 기업은 아주 강력한 경쟁력을 발휘하게 될 것이다. 개인에게 있어서도 핵심인재와 Right People의 관점에서 기업을 평가한 후 선택하여 Join 하여야 한다. 본인이 갖고 있는 가치관, 태도, 정서 등에 가장 부합되는 기업에서 그 동안 축적된 경험과 역량을 제대로 발휘할 수 있으며, 또한 역량 발휘의 결과로서 핵심인재로 인정을 받을 수 있는 것이다. 기업이나 개인들에게 있어 'Right People'이 시사하는 의미가 점점 중요해질 것이다.

[유니코써어치]

1-2. 사내강사의 이해

(1) 사내강사의 역할

사내강사는 교육 스태프로서 학습자와 얼굴을 마주보며 강의함으로써 교육활동의 생산성을 높이는 역할을 담당하는 사람이다. 조직의 효율성 및 생산성은 일반적으로 기계, 재료, 설비 등의 생산과 관련된 물리적 자원과 현금이나 주식, 채권, 유동자금 등의 재정적 자원, 정보 자원, 그리고 인적 자원 등에 의해 결정된다고 볼 수 있는데, 이중에서도 구성원인 인적 자원이야말로 다른 여러 자원보다 중요하다고 볼 수 있다. 그것은 인적 자원이 나머지 자원들을 운용하고 통제하기 때문이다. 인재 육성이야말로 기업 발전의 원동력이라 할 수 있으며 이에 대한 책임은 경영자, 관리자, 감독자, 기업 내 교육 담당자, 나아가 선배사원 모두에게 있으며, 이들이 사내강사로서의 역할을 수행하게 된다.

(2) 사내강사의 조건

사내강사로서 갖추어야 할 조건으로서는 예민한 감각, 인간적 매력, 자기 계발 자세 등을 들 수 있다. 먼저 예민한 감각으로서 문제감지 능력과 문제구성 능력, 문제 분석 및 대책수립 능력 등을 들 수 있다.

1) 문제감지 능력

기업은 경영활동을 계속 하는 한 문제가 발생한다. 따라서 환경에 대응해 나가기 위해서 스스로 변화해야 하고, 판단 기준도 바꿔나가야 한다. 여기서 많은 문제와 교육의 니즈가 발생한다. 이를 감지할 수 있는 예민한 감각이 결여되어 있다면 사내강사로서는 부적격이다.

2) 문제구성 능력

문제를 감지한 후에는 문제의 배경, 현상을 추적하여 문제를 정의할 수 있어야 한다. 자신은 알지만 타인은 모르는 경우, 자신은 할 수 있지만 타인은 못 하는 경우 등의 사례가 있으나, 사내강사는 이것을 가능하게 해주어야 한다. 따라서 문제를 명확하게 언어화, 문장화하고 자신과 타인의 체험도 언어화, 문장화, 이론화하여 표현할 수 있는 능력이 요구된다.

3) 문제분석 및 대책수립 능력

문제를 구성한 후에는 문제를 분석해서 원인을 밝혀내고 대응책을 수립해야 한다. 이때는 현장의 실태 파악과 이를 위한 조사, 현장의 관리, 감독자와 의견 교환, 비공식 조직이나 현장에 숨겨진 정보 수집 등이 요구된다. 비유를 한다면 해당 부서의 담당자로서 지금 당장 발령을 받는다 해도 자신 있을 정도의 대응책을 수립해야 한다.

4) 교수 기술

대응책을 수립한 다음에는 타인에게 이해시켜 행동을 유발시키는 기술이 필요하다. 한 예를 든다면 부모는 자신이 체득한 귀중한 교훈을 자식에게 전달하려고 노력하지만, 자식들은 그 나이가 되지 않으면 이해하지 못할 뿐만 아니라 반발하기도 한다. 이와 같이 이해시켜 행동을 개발시키는 것은 결코 쉬운 일이 아니다.

조직에는 룰과 방침, 목표가 있고 책임과 의무가 명확하게 되어 있다. 사람, 자본, 설비, 정보가 갖추어져 있고 주변 여건이 조성되어 있다면 강사의 교수 기술에 의하여 서서히 그리고 장기적으로 성과가 나타나게 되어 있다. 교수 기술은 경험에 의해서 점차적으로 형성되어 가지만, 말하고, 듣고, 질문하고 판서하는 등의 구체적인 기술의 요령 및 기법은 학습에 의해서 향상될 수 있다.

5) 학습자에 대한 애정과 자부심

강사가 학습자에 대해 애정을 갖는다면 그 교육의 반은 성공한 것이라 볼 수 있다. 보통은 긍정과 부정의 감정이 교차하여 이것이 교육 효과에 많은 영향을 미친다. 따라서 강사는 학습자를 수용하여야 하며, 애정을 가져야 한다. 또한 강사는 자신의 업무에 대해 의욕과 정열을 가져야 한다.

6) 개인적인 매력

기업에서는 학력, 경력, 자격보다 인간적이고 개성적인 매력이 요구된다. 이것을 구체적으로 표현한다면 '항상 변하지 않는 그 사람다움'이다. 경영 기본방침이라던가, 개인의 업무 방식에서 '많은 사람들로부터 공감을 받는 그 사람다움'이란 말이 될 것이다. 강사의 매력은 의욕적이고 업무에 대한 자부심이 있을 때 형성되며, 강사 자신이 스스로의 매력을 가꾸어 나갈 수 있도록 노력해야 한다.

7) 경영 방침과 교육 목적의 합치

강사는 경영층의 요구에 부응하여 교육을 발전시키는 기획자이며, 실행자이기도 하다. 따라서 환경 변화와 장래에 필요한 능력을 지속적으르 개발해 나가는 활동이 필요하다. 경영층이 제시하는 방법, 지시 및 각종 훈시, 훈화 등에서 요점과 골자를 추려내어 적극적으로 교육에 반영시켜나가야 한다.

핵심 메모

기업 교육 환경의 변화

✔현장 중심의 맞춤식 교육으로 전환

✔저비용 고효율의 방법 모색

✔평생 교육의 일환으로 자기주도적 학습지원 체제 구축

✔교수자 중심에서 학습자 중심으로

기업 교육의 두 가지 측면

✔**기업의 입장** : 사원 교육은 인력 개발, 즉 인적 자원을 관리하는 제도이자 방법이며 아울러 경영상의 문제 해결을 위한 제도이자 수단이다.

✔**직원의 입장** : 직장생활에서 자신의 능력 개발과 자아실현을 위한 제도이다.

사내강사의 역할

✔문제감지 능력

✔문제구성 능력

✔문제 분석 및 대책 수립 능력

✔교수 기술

✔학습자에 대한 애정과 자부심

✔개인적 매력

✔경영 방침과 교육 목적의 합치

✔좋은 인간 관계

✔자기 계발 의욕

8) 좋은 인간관계

강의를 진행하면서 교수자는 학습자와의 거리를 없애고자 노력할 필요가 있다. 심리적인 거리감이 학습자의 귀를 멀리해버리기 때문이다. 아무리 기술이 뛰어나고 지식이 많다고 해도 인간적인 매력이 없으면 교수자와 학습자 사이에 친밀감이 생기지 않는다. 따라서 교수자는 강의장의 분위기를 활발하게 조성하기 위해 인간관계에 대해서도 원만한 처리능력을 갖추고 있어야 한다.

9) 자기 계발력과 의욕

강사는 항시 자기 계발에 힘써야 한다. 과거의 경험에 추가해서 예민한 감각을 살린 학습을 계속해야, 경험을 새로운 감각으로 이론화시키는 것이 가능해진다. 끊임없는 자기 계발과 새로운 기술에 도전하고, 어학 능력 등을 갖추어야 한다.

6.1.3. 사내강사의 조건

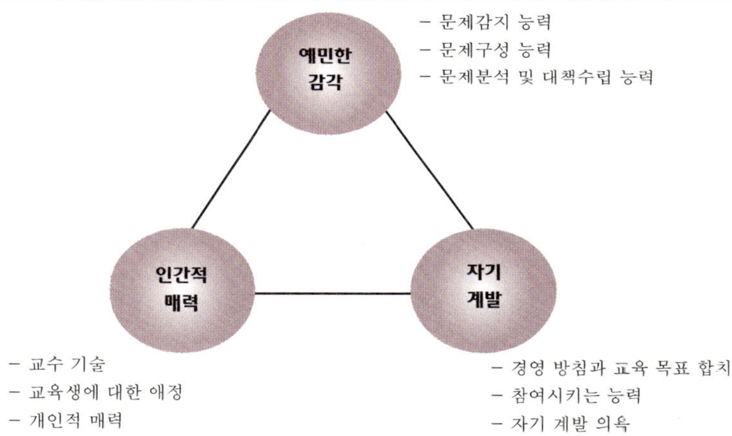

2. 성인 학습의 이해

2-1. 성인 교육의 개념

성인 인구의 비율과 평균수명의 증가로 인한 인구 화학적 변화, 교육 수준의 상승과 여성의 역할 변화 및 생활 유형의 변화로 인한 사회적 변화, 지식의 폭발적 증가와 기술적 변화(Cross, 1981) 등을 배경으로 하여 그 중요성이 대두된 '성인 교육(Adult Education)'의 개념은 Hudson(1851)이 집필한 『성인 교육의 역사 *The History of Adult Education*』에 처음으로 등장하였다(Hudson and Postlethwaite, 1985). 그러나 성인 교육에 대한 관심이 향상되고 관련 문헌이 많이 등장하기 시작한 것은 제1차세계대전 이후이며, 학습의 대상으로서 성인에 대한 관심은 유네스코(UNESCO)에서 평생교육의 중요성을 강조하고 Knowles(1970)가 기존의 교육개념(pedagogy)에서 성인교육의 개념(andragogy)을 분리하여 설명함으로써 본격화 되었다. 페다고지(pedagogy)와 안드라고지(andragogy)의 기본 가정을 비교하면 〈표 6.2.1.〉과 같다.

유네스코(1976)에 의하면 성인 교육이란 내용, 수준, 방법에 관계없이 또한

6.2.1. **페다고지(pedagogy)와 안드라고지(andragogy)의 기본 가정 비교**

기본 가정	페다고지	안드라고지
알고자 하는 욕구	학습자는 교사가 가르치는 것을 학습해야만 한다고 인식한다.	성인들은 그들이 학습하기 전에 왜 그것을 학습할 필요가 있는지를 알고자 한다.
학습자의 자아 개념	교사의 학습자에 대한 개념은 의존적인 성격의 개념이다. 따라서 교사에 대해 매우 의존한다.	성인들은 자기 자신의 결정과 삶에 책임을 진다는 자아 개념을 가지고 있다.
경험의 역할	학습자의 경험은 거의 없다.	매우 풍부한 경험을 가지고 있다.
학습 준비도	교사가 강요하는 것에 대해 학습할 준비가 되어 있다.	성인은 자신의 실제 상황에 효율적으로 대처할 수 있고, 또 그들이 알고자 하는 욕구가 있는 것들에 대해 학습할 준비가 되어 있다.
학습 성향	학습자는 학습에 대하여 교과 중심적 성향을 가지고 있다. 그들은 학습을 교재 내용의 습득으로 본다.	성인들은 학습 성향이 생활 중심적, 과업 중심적, 문제 중심적이다.

기본 가정	페다고지	안드라고지
동기	학습자들은 외재적 동기에 의해 학습이 동기화 된다.	성인들은 외재적 동기에 반응하기도 하지만 보다 강력한 동기는 내적인 동기이며, 직무만족, 자아존중감 증진, 삶의 질 향상 등에 의한 것이다.

그 교육이 학교 교육을 대체하는 것이든 학교 교육을 연장을 하는 것이든 관계 없이 조직화 되는 교육과정의 구현 현상체이다. 여기에서 성인이라 함은 자신이 속한 사회에서 자신의 능력을 개발하고, 지식을 확장시키며, 자신의 기술적/전문적 자질을 향상시키고, 자신의 행동과 태도를 새로운 방향으로 바꿀 수 있는 존재를 말한다. 성인과 성인 교육에 대한 이와 같은 개념 정의는 성인 교육에 대한 중요성과 필요성을 인식시키는데 중요한 역할을 하였다.

2-2. 성인 학습자의 특성

성인 교육의 대상은 바로 성인이다. 성인이란 생활 연령, 발달 정도, 사회적 역할수행 능력에 따라 달리 규정될 수 있으나(Knowles, 1980), 일반적으로 개인적 차원에서 보면 자기 관리를 통해 자기 자신의 생활에 대해 일차적 책임을 질 수 있는 만 18세 이상의 사람이고, 사회적인 차원에서 보면 사회적 역할 수용과 책임수행 능력을 갖춘 사람으로 결혼을 하여 독립된 가정을 가졌거나 조직적인 차원에서 가치를 창출하는 생산적 기능을 수행하는 사람이라고 규정할 수 있다. 만 18세 이상의 다양한 연령층으로 구성되는 성인 학습자 집단은 서로 상이한 심리 및 사회적 발달 단계에 놓여 있으며, 다양하고 풍부한 삶의 경험을 바탕으로 상이한 교육적 필요에 의해 학습하게 된다.

성인 교육을 제대로 수행해 나가기 위해서는 그 대상인 성인 학습자에 대한 이해가 필수적으로 선행되어야 한다. 사람은 성인으로 성숙해 감에 따라 자기 주도적 인간으로 변하고, 풍부한 학습 자원이 되는 경험을 축적하며, 학습에 대한 준비로 발달 과업상의 사회적 역할을 지향하고, 교과 중심에서 수행 중심의 학습으로 변화한다(Knowles, 1980).

이와 같이 성장해 감에 따라 변화하는 성인의 특성을 무시한 채 아동과 성인을 하나의 학습이론으로 설명하는 것은 성인 학습의 실제를 제대로 반영하지 못할 뿐 아니라 성인을 위한 효과적인 교육의 실시를 어렵게 할 것이다. 따라서 성인 교육의 대상인 성인의 주요 특성들을 신체적, 심리적, 사회적 측면에서 살펴보고 이를 통해 성인 교육 방법에서의 합의점을 찾고자 한다.

(1) 신체적 특성

'성인'의 범위가 어디부터인가에 관한 의견은 사회마다 혹은 개인이 지각하는 정도에 따라 다양하며, 각 사회에서 부여하는 법적 기준 또한 다양하기 때문에 정확한 성인기의 범위를 정의하기는 어렵다. 그러나 사람은 일정 연령이 되면 신체 및 정신적 성장이 일어나고 또 어느 시점 이후부터는 성장의 둔화와 함께 서서히 쇠퇴하기 시작한다. 성인기의 변화는 여러 측면에서 볼 수 있는데, 신체적인 측면에서는 '노화'에 초점이 주어지고 있다. 왜냐하면 이는 성인들의 교육 가능성과 직결되는 부분이기 때문이다. 즉, 성인들은 시력 및 청력 등의 노화와 함께 학습이 불가능한 것으로 인식되어지는 것이 일반적이었다고 할 수 있다. 그러나 성인들의 노화는 한번에 일시적으로 일어나는 것도 아니며, 노화가 진행된다고 해서 학습이 불가능한 것은 아니라는 연구들이 쏟아져나오고 있는 등 성인들의 학습 가능성에 대한 긍정적인 전망이 이루어지고 있다. 성인기의 신체적 노화에 대하여 정확하게 이해해야 하는 것은 성인들이 보다 효과적으로 학습할 수 있는 학습환경 조성을 위해서 더 큰 함의점을 가질 수 있을 것이다.

예컨대, 성인기의 노화에서 가장 현저하게 이루어지는 변화인 시각에서의 변화를 살펴보면 성인기 시력에서의 뚜렷한 변화의 하나는 인쇄된 자료 및 컴퓨터 스크린에 나타난 글자와 같이 섬세한 것을 지각하는 능력이 감퇴된다는 것 이다. 또한 나이를 먹을수록 수정체의 투명도가 낮아지고 동공의 변화가 신축적이지 못하기 때문에 무언가를 볼 때 더욱 많은 양의 빛이 필요하며, 빛이 갑작스럽게 변화될 때 금방 적응하기가 어렵다는 것이다.

이러한 사실은 성인들이 학습하는 학습 환경을 조성함에 있어 조명을 밝게 해주며, 일정한 조명 상태를 유지해 준다면 학습에 지장 없음을 의미한다. 또한 청력의 감소에 있어서도 듣는 능력의 전반적 감퇴기라기 보다는 지각의 변화라고 보는 것이 더 정확하다는 것이 최근의 주장이다. 즉, 청력의 감소로 인해 아예 듣지 못하게 되는 것이 아니라 음절의 분별력이 떨어진다는 것이다. 이는 큰 소리로 또박또박 느리게 발음하게 된다면 듣고 이해하는데 별 지장이 없다는 것을 뒷받침한다. 따라서 성인 학습자들을 가르치는 교수자는 명확한 발음으로 천천히 강의를 진행할 것 등이 요구된다고 할 수 있다.

이밖에도 신경 계통의 노화, 신체적 질병에 대한 영향, 지능 및 기억력 감퇴 등이 성인들의 생활 및 학습에 미치는 영향에 관한 연구들은 성인 학습에서의 배려점들을 함의하고 있다(윤진, 1988). 일반적으로 성인의 경우 신경 계통의 노화로 인해 반응 속도가 느려지고 이러한 생리적인 작용은 새로운 대상에 대한 순발력있는 반응을 저하시킨다.

또한 성인들의 경우 지능이 감퇴하므로 학습 능력이 급격히 저하된다는 속설이 있는데, 최근의 지능에 관한 연구들은 이러한 통설을 부정하고 있다. 성인의 지능에 관한 사고에 있어서 중요한 변화의 하나는 Cattel의 연구에 바탕을 두고 있는데, 그는 지능을 단편적으로 보지 않고 두 가지 영역으로 나누어 보고 있다. 하나는 유동적 지능(Fluid Intelligence)으로 이는 선천적인 생물학적으로 결정된 지능을 의미하며 주로 수리력, 공간지각 능력 등이 이에 속하고, 또 하나는 결정적 지능(Crystallized Intelligence)으로 이는 언어 능력, 문제해결 능력 등과 같이 후천적인 교육과 경험의 영향을 더 많이 받는다.

전자의 경우는 나이가 들어감에 따라 쇠퇴하는 경향이 있으나 후자의 경우는 나이가 들어도 지속적으로 증가하는 경향이 있다고 한다. 이밖에도 Guilford나 Gardner와 같이 지능을 다차원적으로 보는 학자들에 의한 지능 이론의 발전에 따라 지능이 감퇴하게 되어 학습능력이 저하되는 통설은 점차 사라지고 있다.

다른 한편으로는 기억력도 사람이 무언가를 습득하는데 있어서 지능과 함께 중요한 요인으로 연구되어지고 있는바, 이에 대해 보는 시각에도 많은 변화가 있었다. 일반적으로 사람은 나이가 들어감에 따라 기억력이 감퇴되는 것은 사실이며, 이것은 중년기 우울증의 원인이 되기도 한다. 그러나 1960년대 이후의 인간의 기억력을 보는 이론으로 '정보처리 이론'이 등장하게 되면서 인간의 기억이 단계적으로 일어난다는 것을 인식하게 되었다(임규혁, 1998). 즉, 인간의 기억은 감각등록기, 작동기억, 장기기억 등 투입된 정보가 머무르는 정보 장소와 이들 저장소 사이에 발생하는 정보의 이동에 관하여 주의 집중, 지각, 시연, 부호화, 인출 등의 인지처리 과정으로 이루어진다는 것이다. 그런데 사람들은 일반적으로 나이가 들어감에 따라 저장량이 적고 저장 시간이 짧은 감각 및 단기적 기억은 감소하지만 일생 동안 저장할 수 있는 장기 기억은 일반적으로 안정적 이라고 한다. 또한 나이 든 성인 및 노인의 경우는 이러한 장기기억을 부호화하고 인출하는데 어려움을 겪는다고 알려져 있는데, 이러한 사실들이 가지는 함의점은 성인의 경우 기존의 정보를 수정하고 새로운 정보를 습득하는 능력이 부족하며, 정보를 효과적으로 조직하지 못하며, 정보를 처리하는 속도가 느리기 때문에 이러한 기억력에 대한 이해를 통해, 성인들이 학습하는 상황에서는 교재의 제시를 잘 조직화해서 전달한다던지 교재 및 교과 내용을 습득하는데 충분한 시간적 여유를 준다던지 하는 배려를 하여야 한다는 것이다.

(2) 심리적 특성

성인기에는 여러 신체적 변화와 함께 심리적인 측면의 변화를 경험하게 된다. 흔히 성인기의 심리적 특성에 대해서는 성격 특성 및 심리적 상태가 학습으로 직접적 영향을 미치기 때문이다. 예컨대, 중년으로 접어든 성인들은 자신의 신체에 민감한 반응을 보이며, 시간 전망이 과거에서 미래 기준으로 변하게 되어 삶의 불안감을 경험하게 된다. 사실 성인이 되면 사회적 요구가 증가하고, 감소하는 에너지를 효율적으로 사용하여야 한다는 강박감이 들게 마련이므로 성인이 되면 안정적인 심리 상태를 이루게 될 것이라는 기대는 신화에 불과하다.

대표적인 성인의 심리 상태 및 성격 특성의 변화 중에는 흔히, 사람이 나이 들어감에 따라 고집이 세어진다고 하는 '중심성 경향 및 경직성'과 새로운 것을 시도해보는데 두려움을 갖게 되는 '내향성 및 조심성'의 증가를 들 수 있다. 이러한 심리 상태는 성인이 되어감에 따라 그동안 살면서 겪어 왔던 많은 긍정적이고 부정적인 경험들의 누적에 기인한다고 할 수 있을 것이다. 즉, 자기 분야에서의 경험의 누적은 자기 중심적으로 사고하는 심리 상태를 만들 것이며, 살아오면서 겪었던 부정적인 경험과 신체적 기능의 감퇴로 인한 자신감의 저하는 다른 새로운 일을 하는데 조심성을 증가시킬 것이다. 또한 나이가 들어가면서 옛것과 친근한 사물에 대한 고집이 강해지는 경직성의 증가는 새로운 것을 학습하는데 두려움을 증가시킬 수 있다.

이러한 성인들의 성격 특성은 성인들의 학습 상황에서 고려해야 할 점으로 볼 수 있는데, 성인들의 조심성 증가는 시험 상황에서 더욱 드러나 나이든 성인들의 경우는 오답률보다는 누락 오답률이 더 많이 나타나는 현상이 이를 나타내준다. 따라서 성인들에게 속도가 필수적인 요인이 되는 상황이 아니라면 학습상황에서 충분한 시간적 여유가 있음을 알려주는 것이 좋다. 뿐만 아니라 학습상황에서 성인들의 심리를 고양시켜 자신감을 가지도록 하는 촉진적 자세가 중요할 것이며, 학습 과제로는 성인들의 경험을 충분히 고려하여 그들에게 친근한 사물 및 상황들을 교재로 활용하는 것이 보다 효과적인 학습을 보장할 수 있을 것이다.

(3) 사회적 특성

나이가 들어감에 따라 성인들에게 요구되는 사회적인 기대 및 요구사항들은 변화해 가며, 이러한 사항들은 성인기의 특성을 형성한다. 이러한 성인들에 대한 사회적 요구와 심리적 특성의 상호작용에 따른 변화의 단계로 대표적인 것은 Erickson(1963), Havighurst(1972) 등에 의하여 제시된 발달 단계 및 발달 과업이다.

이들 발달 이론들에 따르면, 인간은 변화하는 내적, 외적 환경에 어떻게 적응하는가에 따라 성공과 실패가 따른다고 한다. 즉, 신체적이고 심리적인 성숙과 결혼, 자녀 양육, 직업 생활 등의 사회적 요구들의 상호작용이 어떻게 수행되는가에 따라 자아정체감이 생성되기도 하고, 절망감이 생기기도 한다는 것이다. 예컨데, Havighurst(1972)의 발달 과업을 참조해 보면 성년 초기에는 배우자 선택 및 결혼 후 동거, 가정생활 시작, 자녀양육, 시민적 책임 및 사회집단 가입 등의 발달과업을 수행해야 하며, 중년기에는 성숙한 시민, 성인에 필요한 여가 생활, 배우자와 인격적 관계 맺기, 중년의 생리적 변화 인정 등의 발달 과업을, 노년기에는 체력 감퇴 대비, 은퇴와 수입 감소 적응, 배우자 사망에 적응, 동년배와 친밀한 관계, 생활 조건 구비 등의 발달 과업을 성공적으로 수행해야 한다고 서술하고 있다.

이러한 발달 과업들은 사회문화적인 상황에 따라 약간씩 다르게 정의되고 있으나 중요한 것은 이들 발달 과업에 따라 성인들의 교육적 요구가 발생한다는 사실이다. 성인들은 자신에게 부과된 여러가지 과업들을 성공적으로 수행하기 위해서 이에 필요한 새로운 지식과 기술들을 필요로 하기 때문이다. 성인 교육에 대한 요구는 발달 과업과 자신이 맡고 있는 업무를 성공적으로 수행하려는 노력과 연결되어 나타난다(knox, 1986). 성인들은 자신의 발달에 따르는 심리적, 생물학적, 사회적 발달 과업을 수행하는데 있어 자신의 결핍을 느끼면서 교육에 대한 요구를 하게 된다.

다른 한편으로, 성인기에 영향을 미치는 사회적 요인으로는 사회 계층의 영향, 사회적 규범, 사회문화적 요소, 생활 사건 등이 있다. 특히, Darkenwald & Merriam(1982)은 사회 경제적 지위 변인이 한 개인의 성인 교육 참여 가능성에 영향을 미치는 일련의 변인 중 가장 중요한 것이라고 설명하고 있다.

2-3. 학습자로서의 성인

이상의 성인의 제 특성에 관한 논의를 통해 실제 교육 상황에 존재하고 있는 학습자로서의 성인의 특성을 살펴볼 수 있다. 일반적으로 성인은 보다 독립적이고, 자기 주도적이며, 생애 경험을 많이 축적한 존재로 인식된다.

성인기를 정의하는데 있어서 대부분의 성인 교육자들은 나이나 특성보다는 사회적 역할에 중심을 두고 있다. 이러한 관점에서 보면, 성인은 청소년의 주요한 사회적 역할인 학생으로서 보다는 직업인, 배우자, 부모로서의 역할을 갖고 있는 존재라고 할 수 있다(Hursen & Postlethwaite, 1985; Darkenwald & Merriam, 1982).

이러한 성인의 특성은 학습자로서의 특성과 연관되는데, 학습자로서 성인과 청소년의 차이는 교육의 실제 현장을 상상해보면 쉽게 이해할 수 있다. 초등학교 3학년의 학급은 구성원 대부분이 9살이다. 이들은 비교적 공통적인 사회적, 신체적 발달 단계에 위치하고 있다. 그러나 성인 학습자는 18세에서 80세까지 매우 다양한 심리 사회적, 신체적 발달 단계에 위치해 있으며, 복잡한 문제 해결 전략과 풍부하고 다양한 생애 경험을 가지고 있다. 따라서 성인 학습자에 대한 일반화는 매우 어려운 것이 사실이다(Darkenwald & Merriam, 1982). 일반적으로 학습자로서의 성인은 스스로 선택적으로 학습 상황에 참여하며, 다양한 생활 경험을 가지고 그 학습 상황에 들어가고, 구체적이고 직접적인 목표를 가지고 있다. 또한 자신의 목표와 경험을 가지고 자기 주도적 학습자가 되기를 원하며, 밝은 조명, 안락한 의자 등을 요구하는 독특한 신체 구조를 가지고 있고, 확고한 가치 및 견해를 가지고 그에 따라 행동하는 존재로 인식된다(차갑부, 1993).

Tough(1967; 1970)는 성인 학습자가 학습에 돈과 시간을 투자하기 전에 그들이 학습에 얻게 될 이익은 무엇이고, 학습에 참여하지 않았을 때 입게 될 손실은 무엇인가를 탐색하는데 상당한 시간과 에너지를 소비함을 발견했다. 이러한 사실은 성인 학습이 성인 학습자의 알고자 하는 욕구를 거발시키는 것이라는 중요한 시사점을 제공하며, 동시에 성인 학습자가 삶의 수행에 있어 학습이 가지는 의미를 인식하는 일이기도 하다. 따라서 성인 교육 담당자는 성인 학습자들에게 이들의 경험에 기반한 실제적 자극을 제공하고, 학습을 통한 이익이 무엇인지를 실질적으로 검증해줄 수 있어야 한다.

학습자로서의 성인에 특성에 대해 윤귀옥(1997)은 다양한 문헌의 검토를 통해 다음과 같이 요약, 정리하였다.

첫째, 성인은 자신의 잠재력을 개발하여 끊임없이 자아를 실현시키기 위해 특정 목적이나 외부적 압력과는 상관없이 스스로 학습하고자 한다.

둘째, 성인은 여러가지 발달과업을 수행하기 위하여 또는 인생 주기의 전이적 단계에서나 뜻하지 않은 인생 사건이 발생하였을 때 적응하기 위해서 자신에게 필요한 학습을 하고자 한다.

셋째, 성인은 삶을 통하여 풍부한 경험을 축적함으로써 정체성을 확립해 나가고 학습 환경, 학습 형태에 대한 뚜렷한 선호를 가지게 되고 또한 그 경험을 학습 자원으로도 활용할 수 있다.

넷째, 성인은 독립적인 자아 개념을 가지고 있어 위의 특성들과 함께 학습함에 있어서 자신의 학습 욕구에 의해서, 자신에게 필요한 학습 과제를 자신이 선호하는 학습 형태로 학습하는 자기 주도적인 경향을 보인다.

학습자로서의 성인의 특성은 위에서 제시한 바와 같은 성인에 대한 개념 정의에 의해서 드러나지만, 성인 학습에 대한 다양한 원리들에 의해서도 구체화 될수 있다. Tough(1979)는 성인의 학습과제에 대한 연구에서 학습과제란 어떤 명백한 지식이나 기술을 획득하고 보유하거나 또는 어떤 다른 방식으로 바꾸어 보려는 매우 신중히 고안된 노력이며, 성인은 학습 과제를 수행하는 데 일 주일에 평균 10시간을 보내며, 성인의 90%는 1년에 최소한 한 개 이상의 학습과제를 수행하고 있는 것으로 추정된다고 하였다. 또한 성인 학습자의 학습 계획은 총체적으로 학습자 자기 계획 73%, 전문인에 의한 계획 20%, 일대일 도움에 의한 계획 7%, 프로그램화 된 인간 외적 요소 3%, 집단 내 동료들에 의한 계획 4%, 친구에 의한 개인적 계획 3% 등으로 구분된다고 하였다.

이러한 성인 학습의 학습 계획 참여에 대해 Cross(1981)는 첫째, 스스로 계획하는 활동에의 참여는 성인에게 있어 매우 일반적인 현상으로 모든 성인의 79~100%는 일 년에 최소한 하나의 학습 계획에 100시간 가량 투자하고 일 년에 평균 5개의 학습 계획에 참가하는데, 이는 형식적인 학습에의 참여 시간보다 많은 것이며, 성인 학습계획의 약 4분의 3 이상은 완전히 자기주도적으로 이루어진다고 하였다.

이와 같이 스스로 학습을 계획하고 진행시키는데 초점이 있는 성인 학습의 원리를 Darkenwald & Merriam(1982)은 다음의 여덟 가지로 제시하였다.

첫째, 성인 학습에 대한 준비도는 선행학습의 양에 달려 있다. 지식을 많이 축적할수록 더 많은 정보와 복잡한 사고 양식을 습득할 수 있다. 따라서 성인 집단의 다양한 교육적 경험은 교육의 출발점을 다양하게 해야 함을 강조한다.

둘째, 내재적 동기는 영속적이고 포괄적인 학습을 이루어 낸다. 학습 내용이 만족스러울 때, 학습자는 그 내용을 자신의 것으로 흡수, 통합할 수 있다.

셋째, 학습에 대한 정적 강화는 부적 강화보다 조금 더 효과적이다. 많은 성인들은 학교교육에 대한 부정적이고 두려운 경험을 갖고 있기 때문이다.

넷째, 학습을 극대화하기 위해 정보를 조직적으로 제시해야 한다. 단순한 것에서 복잡한 것으로, 유사한 개념끼리 연결시켜 제시하는 것이 바람직하다.

다섯째, 학습은 일정한 기간을 두고 체계적으로 반복하는 것이 바람직하다.

여섯째, 의미 있는 학습 과제가 조금 더 쉽게 학습되고 오래 기억되며, 연령층이 높은 학습자일수록 더욱 그러하다.

일곱째, 수동적인 참여보다는 능동적인 참여가 학습을 향상시킨다.

여덟째, 환경적인 요인들이 학습에 영향을 준다. 기온, 소음, 조명 등의 물리적 환경 뿐만 아니라 피곤, 압박, 긴장감 같은 요인들도 중요하다.

성인 학습의 원리가 무엇인지를 개념적으로 제시하는 것에서 더 나아가 개인적 특성과 상황적 특성의 범주 안에서 아동 학습과 성인 학습의 차이를 비교함으로써 성인 학습의 특성을 드러내는 것으로 Cross(1981)의 CAL(Characteristics of Adult as Learners) 모형이 있다. 개인 학습자를 둘러싼 상황이 강제적인지 자발적인지, 시간제 학습인지 전일제 학습인지에 따라서 나타나는 신체적 노화, 사회문화적/인생 단계, 심리적/발달적 단계 등의 개인적 특성 변화를 개념화 하고 있는 CAL 모형에 의하면, 신체적 특성이나, 생애 단계는 나이에 따라 비교적 동일하게 나타나는 것으로 일정한 연령에 있는 사람들 사이에서 공통된 특성을 나타낸다. 그러나 심리적/발달적 단계는 연령과 비교적 무관한 것으로 나타나고 있다. 이러한 발달 단계는 학습자에게 무엇을 가르쳐야 하는가에 대한 정보를 제공해 주며, 각각의 학습자가 갖는 자아 개념, 도덕적 발달, 인지적 발달에 따라 학습에 대한 주도성이 달리 나타남을 시사해 주는 것이다. 성인을 자기주도성을 갖는 존재로 파악하는 CAL 모형은 일반적으로 성인은 독립적이고 아동은 성인과 아동이라는 형식적 틀에 의하여 고정되는 것이 아니라, 발달의 단계에서 얼마만큼 자아개념을 가지고 있느냐를 고려해야 함을 강조하는 것이다.

권대봉(1998)은 성인 학습자의 정신적 특성을 크게 네 가지로 나누고 그에 따른 교수자의 방침을 제시한 바 있다.

첫째, 성인 학습자는 풍부하고 다양한 경험을 가진 특성이 있기 때문에 교수자는 그 경험을 교실 안에서 공유하도록 할 필요가 있다.

둘째, 성인 학습자는 돈과 시간을 누가 부담하느냐에 따라 학습 자세가 달라지는 특성이 있는데, 학습자 자신이 꼭 필요한 경우는 자기 돈과 시간을 내서라도 열심히 학습하지만 자신이 필요한 것이 아니면 조직이나 단체에서 무료로 제공하는 교육일지라도 열심히 하지 않는 특성이 있다. 따라서 교수자는 학습자가 필요로 하는 교육 내용과 방법을 사전에 파악할 필요가 있다.

셋째, 성인 학습자는 배운 것을 현업에 돌아가서 곧 활용하기를 원하는 특성이 있기 때문에 교수자는 적용 방법에 대한 시간을 할당할 필요가 있다.

넷째, 성인 학습자는 기분에 따라서 학습 효과가 좌우되는 특성이 있으므로 교수자는 성인 학습자들의 학습 동기 유발을 위한 스팟 기법 등의 교수기법을 활용함과 아울러 학습시 이 점을 학습자들로 하여금 숙지하도록 만든다. 한편 성인 학습자의 신체적 특성인 시력, 청력, 체력을 고려하여 인체공학적 측면에서 성인에 적합한 강의실을 마련할 필요가 있다.

이와 같이 학습자로서의 성인은 신체적으로 보다 편안함을 추구하며, 사회적으로 요구되는 역할과 책임을 가지고 있으며, 심리적으로는 독립적인 자아 개념을 가지고 선호하는 방식과 내용을 주도적으로 학습하는 경향을 갖고 있는 존재라고 할 수 있다.

핵심 메모 성인 학습자의 특성

성인 학습자의 특성

성인 학습자 집단은 서로 상이한 심리 사회적 발달 단계에 놓여 있으며, 다양하고 풍부한 삶의 경험을 바탕으로 상이한 교육적 필요에 의해 학습하게 된다. 학습자로서의 성인은 ① 신체적으로는 노화 문제와 관련된 사항으로 시력, 청력 등이 퇴화되며, 보다 편안함을 추구한다. ② 사회적으로는 다양한 발달 과업을 가지고 있으며, 발달 과업과 사회적으로 요구되는 역할과 책임에 따라 교육적 요구가 다양하게 나타난다. ③ 심리적으로는 독립적 자아 개념을 가지고 자신이 선호하는 방식과 내용을 주도적으로 학습하는 경향을 띄는 존재이다. 여러 가지 의견이 있으나 권대봉은 성인 학습자들의 심리적 특성을 다음 네 가지로 정리하고 있다.

가. 성인 학습자는 풍부하고 다양한 경험을 가진 특성이 있기 때문에 교수자는 그 경험을 교실 안에서 공유하도록 할 필요가 있다.
나. 성인 학습자는 자신이 필요한 것이라면 돈 내고도 하고, 필요 없으면 공짜라도 하지 않는다. 따라서 교수자는 학습자가 필요로 하는 교육 내용과 방법을 사전에 파악할 필요가 있다.
다. 성인 학습자는 배운 것을 현업에 돌아가서 곧 활용하기를 원하는 특성이 있다.
라. 성인 학습자는 기분에 따라서 학습 효과가 좌우되는 특성이 있다.

교육적 함의

이러한 특성들을 고려하여 성인 교육 담당자는 성인 학습자들에게 이들의 경험에 기반한 실제적 자극을 제공하고, 학습을 통한 이익이 무엇인지를 실질적으로 검증해 줄 수 있어야 한다.

3. 교수 계획 및 교안 작성법

3-1. 교수 계획의 이해

(1) 교수 계획의 의미와 목적

1) 교수 계획의 의미

우리가 어떤 일을 시작할 때 '사전에 계획을 세우지 않고 일을 하는 것은 실패를 계획하는 것과 마찬가지다'라는 말이 있는 것처럼 교수 활동도 사전에 그 계획을 신중히 검토했다면 이는 목표 달성을 위해서 꼭 필요한 조치일 뿐 아니라 일을 성공시키는 데 있어서도 좋은 방안이 될 것이다. 교수자의 사전 준비는 강의의 승패를 결정하는 중요한 열쇠이다. 따라서 학습자와 교육환경에 맞는 연구, 그리고 학습 내용 및 교수 방법에 대한 최선의 계획을 가지고 있는 교수자만이 교수 활동의 성공을 기대할 수 있다. 실제로 교육활동을 전개하기 이전에 계획된 강의와 계획하지 않고 전개한 강의 간에는 현저한 차이가 있다. 따라서 교육활동이 실제로 전개되기 이전에 구체적인 학습목표나 내용이 결정되어야 하며, 이와 함께 세부적인 교수 학습방법도 계획되어야 한다. 이런 점에서 교수 계획은 학습 활동에 있어서 필연적으로 요구되는 것이라 할 수 있다.

교수 계획이란, 교육과정에 설정된 학습내용을 어떻게 실제교육에 옮기는가에 대한 계획이다. 곧 학습의 실패를 예방하기 위한 사전 계획 활동이며, 수업목표의 성공적인 달성을 위하여 수업에 관련된 여러 가지 요소, 즉 수업 목표, 수업 내용, 수업 방법과 활동, 교육 설비 등을 체계적으로 조직하는 수단이다. 교수자의 성실한 교수 계획은 훌륭한 강의 진행과 아울러 학습자의 학습 성과를 최대한 높일 수 있다. 따라서 교육은 교수자의 인격, 자질, 교육관 등이 크게 반영되는 것이므로 그 계획은 학습자나 교육 환경 뿐 아니라 교수자 자신의 태도와 노력이 크게 작용된다는 것을 명심하여 최선을 다해야 할 것이다.

2) 교수 계획의 목적

교수 계획의 목적은 학습자 개개인의 학습을 촉진시키고 최적의 교수 학습 환경을 조성해 줌으로써 학습 성과를 극대화할 수 있도록 하는 데 있다. 수업을 실시하는 목적이 학습자의 인간적 성숙과 사회적 적응을 위한 것이라면 교수 계획 역시 학습자로 하여금 보다 가치있는 교육적 삶을 영위할 수 있도록 도움을 주는 것이어야 한다.

수업을 계획한다는 것은 무엇보다도 인간다운 삶을 영위하기 위하여 학습력을 성장, 발달시켜 주는 데 큰 의의를 갖는다. 수업 체계를 설계하는 일은 그 핵심이 학습자 개개인의 학습력 신장에 있기 때문에 창의적이고도 인간적인 활동이라 할 수 있다. 결국 교수 계획을 작성하는 목적은 교수자의 훌륭한 강의 진행과 학습자의 바람직한 학습 성과 달성을 위해서 필요하며, 학습자에게 올바른 태도 변화를 유도할 수 있는 행동과 경험을 선택하는 계획이 되어야 할 것이다.

(2) 교수 계획의 원리 및 성격

1) 교수 계획의 원리

교육 목적을 최대한 달성하기 위해서는 적합하고 훌륭한 교수 계획이 필요하다. 이 계획의 원리는 다음과 같다.

- ✔교수 계획은 교육 목적에 적합해야 한다.
- ✔교수 계획은 계속성을 유지해야 한다.
- ✔교수 계획은 학습자 발전의 요소를 포함시켜야 한다.
- ✔교수 계획은 학습자의 개인적, 사회적 필요에 관련된 것을 포함시켜야 한다.
- ✔교수 계획은 각 교과 간의 관련성을 고려해야 한다.
- ✔교수 계획은 융통성이 있어야 한다.

2) 교수 계획의 성격

가) 적합성

교수 계획은 학습 목적에 적합해야 하며, 교수 활동에서 사용하는 교재는 유익하게 계획되어 목적에 부합되는 것이어야 한다. 교육 현장에서 전개되는 학습 목표는 먼저 조직의 목표에 부합되어야 하며, 나아가 사회적,국가적인 목표에도 직결되어야 한다. 교수 계획의 바탕은 학습 목표의 확립이며, 이는 탄력성 있게 계획되어야 한다. 또 교수자는 교재의 내용이 어떤 변화를 가져올 것인가를 예측하여 계획을 수입해야 한다.

나) 역동성

교수 계획은 교수자가 작성하는 것이므로 학습 활동 자체가 교수자 중심일 필요는 없다. 학습지도는 학습자의 자율적인 활동이 활발할 때 그 성과가 더욱 높아진다. 교수 계획이 교수자중심으로 수립된다면 학습활동은 타율적이며 수동성을 면치 못할 것이다.

학습 성과는 교수자의 지도성도 중요하지만, 학습자의 능동적인 활동이 더 중요하므로 이와 같은 관계가 계획에 잘 반영되고 학습자의 능력 및 제반 교육 여건이 교수 계획에 고려될 때 그 효과에 의미 있게 작용됨을 명심해야 할 것이다. 또 교수 계획은 그에 관련되는 모든 관계와 요소의 역동성, 상황, 활동 등을 예상하여 계획을 작성하여야 한다. 작성된 계획이 지도 과정에서 변경될 때는 학습 조건에 맞는 내용과 방법으로 변경할 것을 고려해야 한다.

다) 과학성

교수 계획은 객관적이고 타당성이 있어야 하며, 그 계획이 교수자에게는 적합하나 학습자에게 적합하지 못했다면 바람직하지 못하므로 조직과 지역사회(국가)의 실정에 맞게 작성되어야 한다. 교수 계획에서 말하는 과학성이란 실증적이고 객관적이며 합리적인 의미를 가지며, 어느 특정인에게만 타당하고 가치 있는 것이 되어서는 안 된다. 교수자와 학습자에게 타당성이 공유되고 학습 활동의 요소가 유기적인 관련성을 가지게 되는 것이 되어야 한다.

라) 일관성

일관성은 질서 있는 상호 관련성을 의미하며, 횡적이고 종적인 면에서 모순 없이 조직된 것을 말한다. 예를 들면 기업 교육을 횡적인 측면에서 볼 때 부서, 회사, 가정, 사회로 생각할 수 있으며, 이들이 밀접한 관계를 갖고 또한 일관성을 유지할 때 그 성과는 더욱 커지게 된다. 기업 내의 교육은 교과 지도와 각종 행사에 일관성이 있어야 하며, 기업의 목적을 원활하게 달성할 수 있도록 해야 한다.

한편 기업의 종적인 측면에서는 기업의 목표, 부서의 목표, 교과의 목표, 단원의 목표, 그리고 시간의 목표 등이 모두 일관성을 유지해야 한다. 따라서 교육의 목표는 횡적, 종적인 면에서 상호 연관성을 가지며, 교수 계획과 학습 활동도 당연히 일관성이 있어야 한다.

3-2. 교수 계획의 모델 : ISD 모델 & ESD 모델

(1) ISD 모델

교육공학과 교수공학의 개념을 잘 보면 한 가지 중요한 공통점을 발견할 수 있다. 그것은 문제의 분석, 해결 방안 발견, 실행, 평가 등으로 이어지는 과정을 가지고 있다는 것이다. 이 과정을 ISD(Instructional System Design, 수업 체제 설계 또는 ADDIE) 일반 모형이라고 부르며, 실제 이 과정은 분석, 설계, 개발, 실시, 평가의 다섯 단계로 구성된다.

ISD 일반 모형은 종종 교수 설계 모형이라고 부르기도 하는데, 실제 교수 체제 설계를 위해 쓰이는 가장 기본적인 모형으로 요구에 입각한 투입(input)의 최소화와 성과(output)의 최대화를 모색하는 절차적 모형이다. 이 절차는 교수와 관련된 인간 학습에 관한 지식들과 교수 활동을 사전에 계획하려는 시도에서 획득된 경험적 자료의 산물들에서 파생된 것이다. 이 기본 모형을 바탕으로 다양한 모형들이 개발되어 왔으며, 이러한 ISD 모델들은 다음과 장점을 같은 공통적으로 가지고 있다(김환건 외, 1999).

ISD 모델은 대부분 지침과 준거, 그리고 절차를 포함하고 있어서 교수 설계와 개발 과정에서 발생할 수 있는 수행상의 오류를 방지 하도록 도와준다. 이 모델은 연구 결과와 학습 이론에 기초를 두고 있어서 신뢰성이 있다. 전체 절차가 내적 일관성을 가지고 있어서 산출물이 전체적으로 균형을 가지게 되므로 구성요소들 간에 불균형이 발생될 수 있는 구조적 오류를 최소화하여 준다. 설계과정에서 설계자들이 학습자에 대한 충분한 분석을 할 수 있기 때문에 이를 바탕으로 효율적이며 매력적인 교수 체제가 될 수 있다. ISD 모델을 살펴보면 다음과 같다.

6.3.1. ISD(Instructional System Design, 수업 체제 설계 또는 ADDIE) 모델

과정 개발 단계	세부 설계 영역	산출물
분석(Analysis) 교육 훈련을 정의 하는 과정	✔ 학습자 직무 및 과제 분석 ✔ 환경 분석 ✔ 요구 분석	✔ 수업 목적 ✔ 교수/학습 과제 및 제한점
설계(Design) 수업 방법을 구체화하는 과정	✔ 학습 목표 진술 ✔ 평가 도구 개발 ✔ 학습 내용 계열화와 교수 전략 및 매체 선정	✔ 학습 목표 ✔ 평가 도구와 수업매체 개발을 위한 설계 명세서
개발(Development) 교육 프로그램을 개발하는 과정	✔ 교육 프로그램 개발 ✔ 교수 · 학습 자료 개발 ✔ 형성 평가(수정 및 보완)	✔ 수업 매체를 포함한 교수/학습 프로그램 및 평가 도구
실행(Implementation) 수업을 실제 상황에서 적용하는 과정	✔ 교육 훈련 프로그램의 적용, 실시 유지, 관리를 위한 변인의 확인	✔ 실행된 교수/학습 프로그램
평가(Evalution) 수업적 절성을 평가, 결정하는 과정	✔ 교육 프로그램 총괄 평가 ✔ 교육 결과는 현장에서 추적 평가	✔ 교육 프로그램의 가치 및 적절성 등을 평가한 보고서

1) 분석(Analysis)

분석이란 강의에 영향을 미칠 수 있는 요소들을 생각해 보는 것이다. 교수자는 강의 전에 먼저 3P에 대한 분석이 필요하다. 즉, People, Purpose, Place에 대한 분석을 하고 그에 맞는 강의 준비를 하여야 한다.

가) 학습자 분석(People)

✔ **목적** : 학습자의 보유 지식이나 보유 기술의 분석을 통하여 교육의 수준을 결정한다. 학습자들의 일반적 배경 특성 분석을 통해 교육 참고 사항으로 활용한다. 앞으로 진행될 교수 형태와 교수 매체를 결정한다.

✔ **정의** : 학습자 분석은 교육이 부적절한 것이 될 가능성을 줄여준다. 학습자 분석은 연수생들이 교육을 받기 위해서 가져야 할 출발점 행동을 결정하고 교수 설계시 교수 내용 및 수준 등을 결정하는데 참고하기 위한 것으로(Knowles, 1985, Piskurich, 1993, Renner, 1993), 학습자 특성에 대한 정보를 얻어 내는 과정을 말한다.

✔ **학습자 특성 파악** : 학습자들의 특성을 파악함으로써 교수자는 학습 목표 설정은 물론 교육의 수준을 정하고 각종 예문을 준비할 때도 도움을 받을 수 있다.

ㄱ) 일반적 특성 파악 : 학습자의 수, 성별, 교육 정도, 연령 등의 정보, 일반적 학습 심리에 대한 정보, 일반적 언어, 수리 능력 및 지능에 대한 정보, 업무 부서, 근속 년수, 경험의 폭 등에 관한 정보

ㄴ) 구체적 특성 파악 : 가르치고자 하는 교수 내용에 대한 지식 정도, 선수 학습 능력 정도, 학습 동기의 수준 정도

〈표 6.3.2.〉는 학습자 분석(학습자 수, 연령, 성별, 지식 수준)을 통하여 학습자 특성과 강의시 유의할 점을 정리한 것이다(국민은행, 2003, 사내강사 메뉴얼).

6.3.2. 학습자 분석 체크리스트

구분		특성	강의시 유의점
학습자 수	소수 (~30인)	✔ 학습자 상호 간에 긴밀함. ✔ 학습자 간에 긴장감 있음.	✔ 내용에 따라 참여식 학습 진행 ✔ 내용을 좁혀 깊이 있게 파악 ✔ 비주얼 자료 많이 사용
	다수 (30~100인)	✔ 다양한 학습자 ✔ 학습자에게 긴장감 없음.	✔ 분위기 산간하고 교육생의 집중 ✔ 능력이 저하될 수 있으므로, 집중력에 대한 관심 필요

구분		특성	강의시 유의점
학습자 수	다수 (30~100인)	✔다양한 학습자 ✔학습자에게 긴장감 없음.	✔비주얼에 제한이 있으므로 신중히 준비 ✔보다 세심한 연출이 필요
연령	낮다	✔이상주의적, 혁신적, 자극적 ✔도전적, 모험적	✔편안하고 쉬운 언어 사용 ✔공감할수 있는 키워드 사용, 고사성어는 자제 ✔친밀하게
	높다	✔현실적, 논리적, 보수적	✔현실적이고 논리적인 설명 제시 ✔공손하고 예의바른 태도 유지
성별	여성	✔감성적인 접근 ✔직감적	✔성별에 대한 불필요한 언급 삼가 ✔생활 주변의 구체적인 사례 많이 인용 ✔감성에 호소
	남성	✔논리적 ✔문제 해결력	✔논리적인 내용 전개 ✔인과관계를 보여주고 근거 자료 제시 ✔통계 수치적 자료 적극 활용
지식 수준	낮다	✔구체적, 실제적, 단기적 관점	✔학습자의 눈높이 강의 ✔전문용어 배제, 사용 불가피 시 그 의미 설명 ✔생활 속 사례를 찾아 쉽게 설명
	높다	✔현실적, 논리적, 보수적	✔논리를 뒷받침하기 위하여 많은 데이터 준비
	혼합	✔양쪽 특성 모두 보유	✔쉽게 표현하면서 데이터 제시

나) 학습자 분석(Purpose)

목적이 정해지지 않은 강의를 듣는 것은 학습자 입장에서는 목적지가 정해져 있지 않은 열차에 타고 있는 것과 같다. 학습자가 쾌적한 여행을 즐기게 하기 위해서는 우선 어디로 가는지 목적지를 확실히 정해두어야 한다.

조직 차원에서 교육의 필요성과 학습자 개인의 니즈에 대한 사전 조사의 분석을 통해 학습자들이 알고자 하는 바와 학습자들이 얻게 되는 이익을 파악하도록 한다.

✔ **장소 분석**(Place)

어떤 장소에서 강의를 실시하는지를 사전에 충분히 분석하고 체크한다. 강의 장소에 따라서 교육 보조자료 등이 달라질 수 있기 때문이다. 필요한 장소를 사전에 답사해 보고 현장 분석을 실시하는 것이 좋으나 거리가 멀거나 시간이 허락치 않아 사전 답사가 어려울 때에는 그곳 교육 담당자에게 사전에 전화로 강의 장소에 대하여 상세히 문의하여 준비하도록 한다.

다) 요구 분석

교수자는 학습자들의 니즈에 대한 사전 조사와 분석을 통하여 학습자들이

6.3.3. **3가지 관점의 장소 분석 체크리스트**

구분	내용	유의점
위치 분석	✔ 장소, 명칭, 주소, 전화번호 ✔ 담당자 이름 ✔ 약도, 교통편 이용법, 소요시간	✔ 교통체증, 불의의 사고 등에 의하여 지각하는 일이 없도록 주의 ✔ 최소한 강의 시작 30분 전에 강의 장소 도착
강의실 분석	✔ 크기(수용 인원), 형태(실내의 본래 목적), 조명, 출입문, 창문, 책상 및 의자 배치 등	✔ 학습자의 입장에서 점검함. ✔ 강의 목적에 따라 실내 레이아웃을 조정(학교형, 반원형, ㄷ자 형 등) ✔ 학습자의 위치에서 잘 보이는지, 잘 들리는지 확인 ✔ 기기 문제 발생에 대비, 예비 기기나 대체 자료 준비 ✔ 사전에 진행자와 협의, 사용 가능한 교보재, 사용기기 및 장소 레이아웃 등을 요청
설비, 비품 분석	✔ 화이트 보드, 칠판, 스크린, 컴퓨터 빔 프로젝터, OHP, 마이크, 스피커 교탁, 무대 등	✔ 매우 풍부한 경험을 가지고 있음.

알고자 하는 바, 관심사를 강의에 적극 반영하여야 좋은 강의가 될 수 있다. 강의의 요구 분석에서는 첫째로 누구에게 요구 분석을 할 것인가를 생각하여야 한다. 일반적으로는 학습자에게 하지만 경우에 따라서 조직에서 본다면 학습자의 상사일 수도 있고, 또는 아랫사람, 동료일 수도 있다. 둘째로 어떤 도구를 사용하여 요구 분석을 할 것인가를 생각하여야 한다. 면접법으로 하든지, 질문지법으로 하든지, 관찰법으로 하든지 조사 도구를 결정 하여야 한다. 다음에는 어떤 순서를 밟아서 할 것인가를 결정하여야 한다. 본인에게는 면접으로 하고 상사에게는 설문지로 하는 등의 순서를 결정하여야 한다. 요구 조사의 결과가 나오면 그 다음 구체적으로 강의의 목표, 내용, 방법 등을 정하여야 한다.

6.3.4. 정보 수집의 방법과 특징

방법	의미	장점	단점	활용 지침
면접 (직접 면담 또는 전화)	직접 접촉하여 정보를 수집하는 방법	✔정보를 직접 얻는다. ✔구체적인 정보를 얻는다. ✔주의 깊게 경청한다는 느낌을 받는다. ✔공감대를 형성한다. ✔비언어적 메시지를 파악할 수 있다.	✔시간이 걸린다. ✔비밀 유지가 안 된다고 느낄 수 있다. ✔면접자의 편견에 의한 영향을 받을 수 있다. ✔정보를 정리하기 어렵다.	✔질문 사항을 미리 보내라. ✔분명한 약속을 하라.(비록 전화일지라도)
중점 토의 집단	✔주제에 관심을 가진 사람들이 모여 토론하는 방법 ✔정보 수집팀의 구성원이 집단을 이끎.	✔훌륭한 주관적 정보를 얻을 수 있다. ✔개방적인 분위기를 조성할 수 있다. ✔참가자들이 다른 사람의 정보에 편승할 수 있다.	✔보다 일회적이거나 주관적인 의견을 얻을 가능성이 많다. ✔정보를 관리하기 어렵다.	✔최상의 결과를 얻기 위해 다양한 팀원으로 집단을 구성하라. ✔회의 일정을 짧게 잡아라. ✔참여자의 편의를 고려하라.

방법	의미	장점	단점	활용 지침
설문 조사	정보 수집자 없이 서류상으로 수집하는 방법	✔많은 사람을 조사할 수 있다. ✔비밀 유지가 가능하다. ✔객관적인 결과를 얻을 수 있다. ✔경비가 저렴하다.	✔회수율이 낮다. ✔사람들이 자신의 의견이 어떻게 반영될 것인지 알기 어렵다. ✔의사소통이 일방적이다.	✔질문하는 이유를 설명하는 내용을 표지에 포함시켜라. ✔명확한 지시문을 사용하라.

사례 메모

학습자 분석 —— CEO를 위한 교육

얼핏 동네 구민회관에서 종종 실시하는 주부대상 강의 이름들 같지만 전혀 그렇지 않다. 요즘 인기가 높은 기업체 CEO 대상 강좌다. 최근 재무 관리나 경영 노하우 등 심각한 주제만 다루는 경영자 대상 교육과정 성격이 변하고 있다. 이용규 삼성경제연구소 팀장은 "SERI CEO 사이트를 봐도 심리클리닉, 행복백서 등 얼핏 기업경영과 관련이 없어 보이는 콘텐츠 인기가 아주 높다"고 소개했다. 이 팀장은 "일반적으로 경영 트렌드에 관심도가 높아 보이나 클릭 수를 따져보면 부부관계라든지 상속문제 등을 다룬 메뉴도 만만치 않다"고 말했다. 웰빙(Well being)에서 더 나아가 그 의미가 확장된 웰다잉(Well dying)까지 배우려는 욕구가 크다는 설명이다. 자기 경영, 감성 경영 등 키워드가 중시되는 분위기도 작용했다. CEO를 대상으로 한 대학원 AMP(Advanced Management Program) 일반 과정에서도 요즘 트렌드를 읽을 수 있다. 건강이나 문화생활과 관련된 특강이 한두 개씩은 꼭 들어간 모습이다. 서울대 AMP 과정에서는 부부 동반으로 한 과정당 각 1번씩 건강과 와인 특강을 개최한다. 건강 특강에서는 전 국립암센터장을 지낸 박재갑 서울대 의과대 교수가 연사로 나와 '암 극복할 수 있다' 등 주제를 진행한다. 서울대 AMP 과정을 홍보하는 브이콤 서정현 과장은 "다소 무거운 주제로 진행되는 일반 강의시간과는 달리 가정 및 건강 관리 등에 관한 내용을 부부끼리 다정하게 들을 수 있어 참석자들 반응이 좋다"고 설명했다. 고려대학교 경영대학원 최고경영자 과정에서도 건강 관리는 일반 과정 중 특강 형식으로 진행된다. 송명근 아산병원 흉부외과 교수(과장), 김린 안암병원 원장 등이 강사다.

* 고급문화 배우기 특화과정 인기

최근 이런 추세를 넘어 아예 건강이나 문화생활 주제를 내세우는 강좌도 생겨나고 있다. 서울과학종합대학원, 순천향대 등이 그 예다. 서울과학종합대학원은 음식평론 CEO와 와인문화 리더스과정의 두 과정을 각각 지난해와 올해부터 실시 중이다. 지난해 8월 선보인 '음식평론 CEO' 과정은 프랑스 유명 요리학교인 르 코르동 블루를 수석 졸업한 국내 1호 음식평론가 송희라 세계미식문화연구원장과 함께 운영하고 있다. 지금까지 진행된 1, 2기 과정을 통해 임병석 C&그룹 회장, 하원만 현대백화점 사장, 윤홍근 제너시스 회장, 최등규 대보그룹 회장 등 다양한 분야 CEO들이 교육을 마쳤다. 꼭 외식업계 종사자가 아니더라도 취미 삼아 참석한 경우도 많았다. 가격은 12주에 580만 원이다. 와인문화 리더스과정도 시스템은 비슷하다. 와인토털비즈니스 전문회사인 와이니즈가 강의 및 진행을 맡고 서울과학종합대학원이 국내 유수 CEO들을 끌어온다.

올해 초 서울과학종합대학원 주최로 처음 진행된 8기 과정엔 현정은 현대그룹 회장, 홍화순 산업정책연구원 원장, 정영훈 대법원 판사, 강한영 선우엔터테인먼트 회장, 김은선 보령제약 부회장, 박희정 서울예술기획 대표, 김영삼 대한제분 전무이사 등 160여 명의 CEO가 참여했다. 10주 과정에 350만 원을 낸다.

* 900만 원짜리 명품강좌

일반 AMP는 30년이 넘는 역사까지 자랑하지만 기업 경영이 아닌 자기 관리법을 알려주는 교육과정 역사는 길지 않다. 경영자 대상 웰빙교육을 내건 효시라 할 수 있는 순천향대는 2003년 3월에 '건강과학 CEO 과정' 제1기 코스를 시작했다. 당시는 순천향병원이 개원 30주년을 맞았던 시점. 이정규 대외홍보팀장은 "국내에서 최초로 시도된 주제의 강좌였기 때문에 벤치마킹할 만한 대상자체가 없었다"며 "독자적으로 강의 프로그램과 운영 방법을 개발해야 했다"고 설명했다. 과정은 총 6개월 단위로 운영된다. 기수별로 평균 50~60명 정도가 수강해 현재까지 총 348명이 과정을 수료했다. 현재 7기 57

명이 과정 중에 있다. 순천향대측은 "수료생으로 현재 원우회 총동창회장으로 있는 이상달 삼남개발 회장을 필두로 조정남 SK텔레콤 부회장, 김순진 놀부 회장, 최병오 형지어패럴 사장을 배출했다"고 소개했다. 가격은 6개월 과정 기준 500만 원. 이 팀장은 "건강관리 강좌에 그치지 않고 부부 무료검진, 외래진료비 감면 혜택은 물론 주치의까지 직접 연결시켜주는 게 특징"이라고 말했다.

순천향대 건강관리 CEO 과정은 그 높은 인기에 다른 신생 AMP 과정에 확대 응용됐다. 명품 교육프로그램이라 자평하는 성균관대 'W AMP', 전경련 산하 국제경영원 'LBL(Leader's Best Life) 아카데미'가 이런 유형이다. 모두 자산관리, 건강유지 노하우와 고급문화 감상법은 물론 기존 순천향대 경우처럼 평생주치의까지 연결해준다. 그야말로 돈 잘 버는 노하우를 배우는 수준을 넘어 고급스럽게 유흥을 즐기고 건강하게 사는 법까지 알려주는 셈. 웰빙 교육 정점에 섰다고 볼 수 있다. 그만큼 수강 비용이 다른 곳의 두 배에 육박하는 900만 원 정도이다.

모두 국내 최고급 의료진이 포진된 삼성서울병원을 제휴 기관으로 한다. 김도형 CEO 교육팀 연구원은 "자체 설문 결과는 물론 성균관대 W AMP 과정과 순천향대 건강 CEO 과정 등 기존 프로그램들을 비교분석해 만들어졌다"고 밝혔다.

이들 과정을 운영하는 대학들 포부는 어떨까? 장영광 성균관대 경영대학원장은 "업무에 쫓기는 CEO들이 휴식하듯 편안하게 유용한 정보를 배울 수 있는 과정을 만들어나가는 게 목표"라고 설명했다.

〈매경이코노미〉, 2006. 8. 2. 이윤규 기자

2) 설계(Design)

교수 계획의 두 번째 단계는 설계이다. 집을 지을 때 설계를 잘 해야만 좋은 집을 지을 수 있듯이 강의에 있어서도 학습자들이 정말 멋지고 만족한 강의로 생각하기 위해서는 설계를 잘 해야만 한다. 강의의 설계에는 목표, 내용, 방법, 보조자료 개발, 평가 등을 들 수 있다. 분석이 끝나면 다음 단계로 강의에 대한 구체적인 목표를 세워야 한다.

가) 교수 목표의 개발

설계의 첫 단계는 교수 목표를 설정하고 기술하는 것이다. 교수 목표란 교육후에 학습자가 알아야 할 지식, 기능, 태도, 행동 등을 말할 수 있는데 교수 목표가 바로 세워지지 않으면 강의에 중심점이 없기 때문에 교수자, 학습자 모두 혼란을 가져올 수 있다.

✔ 목표

* 교육 내용 개발의 기초를 제공해 준다.
* 평가 기준을 구체화시켜 준다.
* 명확하고 간결하게 결과물에 대한 정보를 제공한다.

✔ 정의

학습될 능력(기술, 지식 또는 태도)에 대한 명확한 기술이다. 즉 교육을 받고 난 후 연수생들이 나타낼 수 있는 습득된 지식(knowledge), 기술(skill) 및 태도(attitude)를 말한다.

✔ 강의 목표 설정시 고려사항

* 3P(people, purpose, place) 분석 결과를 철저히 반영한다.
* 학습자의 관심사를 파악한다. 학습자의 관심사가 무엇인지를 파악하고 그것을 강의에 적극 반영한다.
* 주어진 강의 시간에 따라 다르게 설계한다.
* 타 과목과의 관계도 고려한다. 내가 해야 할 강의 전후에 누가 어떤 주제로 강의하는지 알아야 강의 흐름을 파악할 수 있다.
* 학습자 특유의 논리와 전달하고자 하는 메시지를 분명히 고려한다.

✔ 교수 목표 기술 방법

목표란 교육 후에 학습자가 알아야 할 지식, 기술, 태도, 행동이기 때문에 교수자의 입장에서 기술하는 것이 아니라 학습자의 입장에서 기술되어야 한다. 예를 들면, 교수 계획의 단계에 대해서 '설명한다'라고 표현하기 보다는 교수 계획의 단계에 대해서 '설명할 수 있다', '말할수 있다 '로 하는 것이 좋다. 즉, '설명한다'는 교수 목표 기술시 바람직한 행위동사이지만 교수자의 입장에서 기술한 것이고 '설명할 수 있다', '말할 수 있다'는 학습자의 입장에서 기술한 것이다.

또한 목표는 막연하게 기술되는 것이 아니라 구체적으로 기술되어야 한다. 구체적으로 기술된다는 것은 행동 목표로서 목표 안에 조건과 기준이 포함되고 행위 동사로서 기술되어야 한다는 것이다. 예로, 식물에 대한 학습에서 '식물에 대해서 안다'로 목표를 기술해서는 안 되고, '자연도감을 보지 않고도(조건) 암술과 수술의 차이점에 대해서 3가지 이상(기준) 설명할 수 있다(행위동사)'. 또한 신입 여사원 교육시 교육 목표를 '신입 여사원 능력 향상'이라는 막연한 목표가 아니라 '상황에 맞는 인사방법을 통해 현업에서 다양한 인사를 할 수 있다'로 기술되어야 한다.

이렇게 교육 목표를 행동목표로 기술하는 것은 목표의 역할이 평가의 기준이 되고 교육 목표 후에 열거되는 여러가지 교육행위에 대한 방향을 제시해 주기 때문이다. 교육성과란 교육 목표에 대한 달성도 라고 이야기할 수 있다. 그런데 교육 목표가 막연하게 '신입 여사원 능력 향상'이라고 하면 교육 후에 교육성과를 측정할 때에 여사원 능력 개발이 되었는지 안 되었는지를 잘 알 수 없기 때문에 교육성과를 기술할 때 수필식으로 쓸 수밖에 없다.

교육 목표의 두번째 역할은 목표 후에 나오는 여러가지 교육행위 즉, 교육 내용 선정, 교육 방법 결정, 교육 매체 선정 등에 대하여 방향을 제시해 주어야 하는데 교육 목표가 막연하면 방향을 제시해 줄 수가 없다.

또한 하나의 문장에는 하나의 행위 동사로서 기술되어야 한다. 예를 들면 '평생교육의 중요성에 대해서 알 수 있다'가 아니라 '평생교육의 개념에 대해서 설명할 수 있다' '평생교육의 중요성에 대해 쓸 수 있다' '평생교육의 종류에 대해서 말할 수 있다' 이렇게 하나의 목표 문장에는 하나의 동사가 나와야 한다.

나) 교수 내용 선정 및 배열

설계의 두번째 단계는 교수 내용을 선정하고 배열(조직)하는 것이다.

✔교수 내용 선정 및 관련 자료의 수집

학습 목표를 달성하기 위하여 교수자는 필요한 교수 내용과 그와 관련된 예시문, 기타자료를 수집하여 분석하여야 한다. 이를 위하여 교수자는 기존의 교재 및 각종 지침서, 참고 도서를 참조할 수 있으며 아울러 각종 학술지, 잡지 및 전문 서적들을 읽고 분석 정리하여야 한다. 또한 교수 내용에 대하여 잘 알고 있는 현장의 전문가들로부터 자문을 얻는 것도 필요하다. 일단 내용과 관련된 자료가 수집되면 그 내용의 정확성과 최신성을 검토하면서 학습자의 목표에 맞는 최종 내용을 선정한다. 학습 목표를 달성하기 위하여 내용을 선정하여야 하는데 교육 내용 선정에 있어서는 먼저 목표를 달성하는데 기여를 많이 할 수 있는 내용을 선정하여야 한다. 또한 그 내용이 학습자가 학습할수 있는 내용 이어야 한다. 즉, 목표에 적합한 내용과 학습 가능성이 있는 내용을 선정하는 것이 중요하다.

✔교수 내용의 배열(조직)

교수 배열이란 내용상의 특성 및 학습자의 특성에 따라 교수자가 가르쳐야 할 내용의 순서를 정하는 일이다. 강의에 있어서는 강의 내용을 선정하는 것도 중요하지만 선정한 내용을 어떻게 배열하여 제시하는가도 중요하다. 일반적으로 쉬운 내용에서 어려운 내용 순으로 역사적 사건의 경우 오래된 내용에서 최근 내용 순으로, 원론에서 각론의 순으로 한다.

학교에서도 가르칠 과목을 정하는 것도 중요하지만 그 정한 과목을 어떤식으로 제시할 것인가 즉, 1학년 1학기에 들어갈 과목과 2학년 2학기에 들어가야 할 과목의 순서가 잘 배열되는 것도 중요하다. 음식도 가벼운 것이 먼저 나오고 그리고 메인 음식, 후식 순으로 소화가 잘 되는 순서로 나온다. 강의도 내용을 잘 배열하여야만 학습자가 강의에 대한 소화를 잘 하여 학습의 효과를 높일 수 있다.

사례 메모

우리나라의 기업 교육 방법 사례

1. 변하지 않는 교육과정

기업들의 신입사원 교육이 시대 흐름에 따라 변화를 거듭하고 있지만 수십 년째 변하지 않는 교육과정들이 있다. 이런 교육과정은 급변하는 기업환경 속에서도 해당 기업의 전통이자 신입사원의 통과의례로 자리잡고 있다. 20년 가까이 같은 교육을 받은 사람이 늘어나면서 이 붙박이 교육은 임직원들을 하나의 공동체 의식으로 묶어주는 역할까지 하고 있다.

요즘 신입사원 교육에 한창인 삼성그룹 관계자는 7일 "20여 년째 진행 중인 거리훈련 '라마드'와 극기훈련 'MAT(Marginal Ability Training)'가 삼성 훈련의 트레이드 마크"라고 말했다. 라마드는 신입사원들이 팀 단위로 무연고 지역에서 삼성의 각종 제품들을 직접 판매하는 것. 현장에서 소비자를 대하면서 제품과 기업의 이미지 등에 대해 몸으로 배우게 하는 효과가 있다는 것이다. MAT는 야간 산행에서 팀별로 과제를 해결하며 팀워크를 다진다.

LG그룹에서는 10여 년째 이어지는 야외교육 '백척간두 진일보'란 프로그램이 손꼽힌다. 팀별로 10~20개의 다양한 과제를 하루 안에 해결해야 하는 이 프로그램은 과제의 우선순위나 해결 방식 등을 팀원들이 협의해 빨리 정해야 유리하므로 팀워크의 효율성과 중요성을 익히는 데에 도움이 되는 것으로 알려져 있다. LG 관계자는 "팀워크를 통해 성과를 내는 LG 문화의 기본을 담고 있는 프로그램"이라며 "LG 사람이라면 누구나 애깃거리와 추억을 갖고 있다"고 말했다.

SK는 기체조의 일종으로 SK식의 심신수양법인 '심기신(心氣身) 수련'을 15여 년째 진행하고 있다. 또 고 최종현 회장 시절 완성한 SK 고유의 경영시스템인 SKMS와 실천 방법인 '수펙스 추구법'을 1979년 이래 바꾸지 않고 있다. 특히 신입사원 교육 마지막 날에는 전 계열사 최고 경영자들이 신입사원과 만나 대화하는데 이 프로그램도 30여 년째다. SK측은 "경영 원칙의 첫째인 인간 위주 경영 이념 속에 SK만의 독특한 교육 방식들을 많이 개발해 왔다"고 강조했다.

효성, 현대중공업 등 일부 제조업체들의 경우 현장직과 사무직의 벽을 허무는 현장 체험이 신입사원 교육의 핵심이다. 현대중공업은 지난 10년 동안 신입사원이면 누구나 현장에서 철판의 절단부터 용접, 페인트칠까지 하면서 과제물을 완성하는 '장인혼' 교육을 받도록 했다. 효성도 울산 · 구미 공장에서 현장 실습을 하고 있으며 특히 동양나이론 회장을 지낸 송인상 고문(한국능률협회장)의 특강이 20여 년째 빛을 발하고 있다.

이밖에 코오롱엔 10여 년째 야간에 팀별로 목적지를 찾아가는 '보행 랠리', 현대상선엔 7년째 신입사원들이 스스로 자료를 조사, 회사의 이미지 광고를 만드는 '신입사원 광고대회'가 각각 있다.

전경련 관계자는 "각 기업의 '간판' 프로그램들은 협력과 팀워크를 강조하는 경우가 대부분"이라며 "개인주의적인 신입사원들을 하나로 녹여내는 교육은 앞으로도 인기를 누릴 것"이라고 분석했다.

〈경향신문〉, 2002. 2. 8. 도재기 기자

2. 기업은행의 사이버 연수원

기업은행은 금융환경 변화와 지식정보화 시대에 대비, 직원들의 대외경쟁력을 강화하기 위해 사이버 연수원인 "화인 사이버 아카데미(Fine Cyber Academy)"를 개원했다고 13일 밝혔다.

이에 따라 앞으로 기업은행 직원들의 연수는 기초학습의 경우 모두 사이버 연수를 통해 실시된다. 직원들이 한 곳에 모이는 집합 연수는 대화와 토론형식으로 진행된다. 사이버연수원은 최근의 첨단 인터넷 기술을 활용해 각종 행사나 강의를 동영상, 사운드 등 멀티미디어를 통해 생생하고 현장감 있게 전달하게 된다.

기업은행은 이와 함께 임직원과 가족들이 사이버 공간상에서 함께 어울릴 수 있는 장소를 제공하고 다양한 교육 혜택 기회를 주기 위해 "사이버 문화센터"와 "북코스모스"를 함께 운영키로 했다.

"사이버 문화센터"에서는 주부교실, 생활교양, 자녀교실(유아 · 초등학교 대상 강좌, 중학 교실), 취미 교실 등이 열리며 오락실 등 쉼터와 각종 시사정보도 제공된다.

"북코스모스"에서는 매달 발간되는 해외 신서 15종, 국내 베스트셀러 15종, 서양고전 10종의 핵심만을 간추린 "가이드북"을 제공한다.

〈한국경제신문〉, 2002. 6. 13. 하영춘 기자

3. 외환은행의 해외연수

외환은행이 인재개발실을 행장직속으로 설치한데 이어 직원들의 해외연수 기회를 확대, 인력 양성에 박차를 가하고 있다. 외환은행은 12일 올 8월께 상반기 영업성과가 좋은 점포장들을 대상으로 유럽, 미국, 중국 등에 견학연수를 실시할 예정이다. 이는 은행의 영업력을 강화하는 한편 영업점장들에게 해외견학을 통해 시각을 넓히도록 하는 차원이라는 것이 은행 쪽의 설명이다.

외환은행은 또 4분기에 소매금융(CRM)과 기업금융(AM)의 핵심 실무인력들에 대해 중국 연수를 계획하고 있다. 산업뿐만 아니라 금융분야에서도 세계 최대의 경쟁국으로 떠오르고 있는 중국에 직원들을 파견, 치열한 국가 간 경쟁의 실상을 체험하도록 하자는 것이 은행 쪽의 의도다.

프라이빗뱅커(PB)들에 대해서는 하반기에 소매금융을 전문으로 하는 미국 현지법인(퍼시픽 유니온뱅크)와 캐나다 법인(KEBOC)에 파견, 업무연수를 받도록 했다. 외환은행은 프라이빗뱅킹의 중요성이 점점 증가하지만 국내에서 실질적인 연수를 받을 기회가 여의치 않다고 판단, 해외 법인에 인력을 파견한 것이라고 설명했다. 아울러 외환은행은 이달 중 3명의 직원을 헬싱키 경제경영대학원의 E-MBA(Executive MBA)과정에서 연수토록 했으며 정기적으로 이같은 계발 기회를 마련, 직원들에게 제공할 방침이다. 이와 함께 IMF 이후 중단된 신임 대리들에 대한 해외연수를 부활, 하반기 중 신임 대리 100여 명에 대해 중국 연수를 추진하고 있다.

외환은행 관계자는 "이강원 행장 취임 후 인재개발실을 만들어 은행이 인력양성에 비중을 두겠다는 것을 천명한데 이어 해외연수프르그램을 준비했다"며 "앞으로 해외 MBA 등을 비롯 장기적인 차원의 프로그램을 보완해갈 것"이라고 말했다.

〈머니투데이〉, 2002. 6. 강기택 기자

4. MBA 교육

국내 주요 대기업들에 경영학석사(MBA) 과정 붐이 경쟁적으로 일고 있다. 기업들은 글로벌 안목과 경영혁신 능력을 지닌 인재육성 프로그램의 일환으로 국내외 대학과 공동으로 MBA 과정을 만들고, 임직원 교육을 위탁하고 있다. 임직원들을 해외 유명대학 MBA 과정에 파견해 교육을 받게 하던 기업들은 파견자 수와 지원 규모 확대에 나서는 등 MBA 붐이 급속하게 퍼지고 있다.

24일 업계에 따르면 현대자동차는 올해 처음으로 연세대, 서강대, 한국과학기술원(KAIST) 등 3개 대학과 제휴, 사내 MBA 과정(41주, 410시간)을 마련했다. 현대차는 이 과정에 한해 180명씩 선발, 앞으로 5년 동안 경영지식과 실무능력을 겸비한 900명의 인재를 양성할 계획이다.

현대차 인재개발팀 김종근 차장은 "자동차업계 글로벌 톱5에 진입하기 위해 글로벌전략 수행능력을 갖춘 관리자를 양성한다는 목표 아래 MBA 과정을 신설했다"고 말했다.

포스코도 포항공대와 제휴, 올해 처음으로 MBA 프로그램을 개설하고 지난 1월부터 팀장급을 대상으로 교육에 들어갔다. 경북 포항의 포스코인재개발원에서 주관하는 'e리더스 아카데미' 프로그램 중의 하나인 MBA 과정은 포항공대 교수가 직접 인재개발원에 출강을 하는 형태로 진행하고 있다. 현재 연수자는 총 25명으로 교육 시간은 6개월 360시간이다. 인재개발원 김웅규 그룹장은 "포스코를 이끌어갈 미래 리더를 교육하기 위해 가장 기본적인 MBA 과정과 함께 다양한 교육프로그램을 운영 중"이라고 말했다.

효성은 서강대와 함께 이사급 이상 임원을 대상으로 올 2월부터 MBA 과정(13주, 144시간)을 열고 있다. 효성은 교육차수마다 25명씩을 MBA 과정에 입학시켜, 세계적 안목과 미래경영환경 변화에 대한 적응력을 갖춘 리더를 양성함으로써 회사 전체의 경영 역량을 키워나갈 방침이다.

민영화와 함께 대대적인 인재 육성에 나선 KT는 현재 마련 중인 인력개발 마스터플랜 안에 국내외 대학 MBA 과정 파견제도를 포함시키고 현재 세부 시행안을 마련 중이다. 홍보실 오만수 과장은 "해외대학 MBA 과정 지원이 중심이 될 것"이라며 "선발 인력 등 구체적 내용은 하반기에 확정될 것"이라고 말했다.

한편, 삼성전자와 LG전자, SK글로벌 등도 이미 수년 전부터 진행 중인 해외 MBA 교육 연수자를 대폭 늘리기로 하는 등 제도의 확대 운영에 나서기로 했다.

〈파이낸셜뉴스〉, 2002. 6. 24. 김수헌 기자

5. 신입사원 교육의 확대

대기업들이 신입사원 교육을 대폭 강화하고 있다. 입사 전부터 교육을 하는 것은 물론 연수 기간도 크게 늘렸다. 내용도 교양 위주의 교육에서 탈피해 기업 현장을 직·간접적으로 경험할 수 있는 체험교육을 강화하고 애사심을 높일 수 있는 극기훈련도 도입하고 있다.

LG는 계열사별로 체험교육 및 팀워크 양성을 위한 프로그램을 강화하고 교육 횟수를 크게 늘리는 등 신입사원 교육과정을 전면 개편하 지난해 하반기부터 시행하고 있다. 채용방식이 수시채용 형태로 전환됨에 따라 과거에 채용시기에만 운영되던 신입사원교육과정을 매월 1회 이상 수시로 운영하고 있다. 기수별 교육 인원도 과거 4백여 명에서 2백여 명 수준으로 줄여 효율적인 운영을 꾀하고 있다.

코오롱은 과거 3~4주간 운영하던 신입사원 교육프로그램을 지난해 하반기부터 3개월로 대폭 늘렸다. 연수 비용도 과거 1인당 1백만 원 수준에서 올해는 5백만~6백만 원이나 된다. 코오롱 관계자는 "입사 초기부터 예비기업가를 양성한다는 목적으로 프로그램을 운영한다"고 말했다.

효성은 세계적 컨설팅회사인 맥킨지의 교육프로그램을 벤치마킹해 올해부터 신입사원 연수에 적용하고 있다. 무려 1년 동안 연수원 주관으로 신입사원 교육프로그램을 운영한다. 연수 내용도 직접 현장을 체험하면서 창의성을 키우는 프로그램이 대거 도입됐다.

LG는 신입사원들이 팀별로 '고객 만족'을 주제로 창의적인 실천방안을 수립하고 역할을 분담해 실행에 옮기는 '고객의 날' 교육을 하고 있다.

현대차는 일정 주제에 대한 토론과 회의를 거쳐 팀원 모두에게 발표토록 하는 수업방식을 운영하고 있다.

인터넷을 이용해 사전교육을 시키는 것도 새로운 교육형태로 자리잡았다. 포항제철은 연수원 입소 2주 전에 인터넷 홈페이지에 올려진 회사의 경영이념, 역사, 기본 철강지식을 마스터 하도록 하고 있다. 코오롱은 e메일로 필독도서 인터넷서핑 등을 과제물로 제출받은 후 연수를 시작하며 효성도 사이버교육과 독서교육 등을 사전교육으로 하고 있다.

애사심을 높일수 있는 '극기훈련'은 빼놓을 수 없는 교육 메뉴다. 포철은 제철소에서 가장 노동환경이 열악한 현장을 지정, 신입사원들이 1일 근무토록 하고 있다. 코오롱은 다음 달 20일 신입사원 연수가 끝나는 날 강원도 산악과 관악산을 등반한 후 코오롱 본사에 들어오는 코오롱인 입문식을 준비해

놓고 있다.

효성 인사팀 관계자는 "과거 그룹공채 등 대규모 채용이 사라지면서 신입사원에대한 교육도 질적인 변화를 겪고 있다"며 "기업들마다 신입사원을 소수정예의 인력으로 육성하기 위해 투자를 늘리는 추세"라고 말했다.

〈산업사회〉, 2002. 2. 24. 김태완 기자

6. 심리학 프로그램의 운영

[한국에서 뛴다] 맥킨지&컴퍼니, 직원들을 변화시켜라.

'글로벌 스탠더드의 전도사' '상경계 대학생들이 가장 취업하고 싶어하는 회사'. 이처럼 화려한 수식어 만큼이나 국내에 진출한 다국적 경영 컨설팅 회사가 한국 경제에서 차지하는 위상도 높아지고 있다. 특히 90년대 말 외환위기를 거치면서 구조조정에 내몰린 국내 기업들의 컨설팅 프로젝트를 전담한 전략 분야의 컨설팅 회사가 많은 주목을 받고 있다. 하지만 기업이 당면한 문제점을 진단하고 해결책을 제시하는 '의사'라 할 수 있는 컨설팅 회사들은 일반인들에게 다소 생소하다.

'빅3'로 불리는 맥킨지앤드컴퍼니(Mckinsey & Company), 보스턴컨설팅그룹(Boston Consulting Group), 베인앤드컴퍼니(Bain & Company)는 어떤 회사이고, 이들이 제시하는 새로운 경영 트렌드에는 어떤 것이 있는지 알아보자.

"기업들은 '왜 사람들이 이러이러한 방식으로 사고하고 행동하는가'를 설명해 주는 심리적 메커니즘을 이해함으로써 직원들의 생각과 행동을 변화시킬 수 있습니다." 맥킨지앤드컴퍼니는 최근 보고서에서 기업문화 변화의 원동력으로서 심리학의 중요성을 강조했다. 맥킨지의 콜린 프라이스 디렉터와 에밀리 로슨 파트너는 "많은 기업에 전사적 차원에서 직원들의 행동방식을 변화시키는 노력만이 획기적인 목표성과를 달성할 수 있는 유일한 길"이라며 "이 경우 최고경영자(CEO)들은 심리학에서 도움을 얻으려고 한다"고 밝혔다. 프라이스 디렉터와 로슨 파트너는 사람들의 특정 사고방식과 행동을 설명하는 이론들이 최근 들어 빛을 보는 사례가 늘어나고 있다고 얘기했다. 이들은 "최근 몇몇 기업이 실적 향상을 위해 개발된 심리학 관련 프로그램을 통해 직원들의 행동방식에 놀랄 만한 변화를 이끌어냈다"고 전했다. 이들은 기업들이 직원들에게 '고객 중심적'이 되기를 요구하는 것을 예로 들었다. 프라이스 디렉터와 로슨 파트너는 "과거에 고객들에게 큰 관심을 기울이지 않던 기업이 갑자기 고객 중심을 외친다면 직원들은 갈피를 잡지 못한다"며 "이를 통해 만족할 만한 결과를 얻어낸다고 해도 직원들은 변화의 중요성을 공감하지 못할 것"이라고 말했다.

이들은 이 경우 직원들의 적절한 행동양식 변화를 이끌어낼 수 있는 수단으로 심리학을 활용할 수 있다고 주장했다. 성인 학습 사이클과 관련된 심리학 이론을 적용해 직원 변화에 필요한 스킬을 습득할 수 있다는 것. "교육 내용을 일방적으로 듣는 것만으로는 학습이 불가능합니다. 직원들에게 시간 여유를 주고, 새로운 원칙을 되새기고, 실험하고, 적용하는 심리학적 단계를 거치며 변화를 유도하는 것이 훨씬 효과적입니다." 프라이스 디렉터와 로슨 파트너는 심리학에서 자주 언급되는 개념인 '역할 모델'도 조직 변화에 유용하다고 목소리를 높였다. 이들은 "어떤 조직에서든 사람들은 영향력 있는 위치에 있는 인물을 행동 모델로 삼는다"며 "최고위층부터 말단 직원까지 모든 직급에 있는 역할 모델들이 솔선수범하는 모습을 보일 때 직원들의 변화 의지도 탄력을 받는다"고 말했다. 이와 함께 심리학에 자주 등장하는 '또래 집단'의 중요성에도 주목해야 한다고 덧붙였다. 10대들이 자신들을 둘러싼 또래 집단의 영향력을 받는 것처럼 직원들 역시 자신과 동일시 하는 집단에서 인정을 받을 때 달라지고자 하는 의욕이 생긴다는 설명이다.

"심리적 메커니즘을 이용한 실적 향상 프로그램은 일반 프로그램에 비해 복잡하고 실천하기 어려운 것이 사실입니다. 하지만 이 프로그램들은 업무 관행의 장기적 변화에 영향력을 발휘함으로써 결국 향상된 사업 성과가 지속되도록 이끌어 줄 가능성이 큽니다."

〈매일경제〉, 2005. 10. 18. 방정환 기자

3) 개발(Development)

위의 사례에서도 보듯이 우리나라의 각 기업에서는 다양한 교육과정들을 개발, 운영하고 있다. 교과목 개발 단계에서는 어떤 부분들이 이루어지고 있는지 살펴보도록 하자.

가) 교과목 내용 개발

- ✔ 설계 단계에서의 교육 내용을 중심으로 각 강좌와 단원으로 분류하여 적절한 내용을 선정한다.
- ✔ 학습자 분석을 통해 교육의 출발점을 확인한다.
- ✔ 출발점이 확인되고 교육 내용들이 선정되면 교육 내용을 강사 매뉴얼과 학습자 교재로 나누어 내용을 배열한다.

나) 교수 방법의 개발

교수 방법의 종류는 다양하나 강의에 있어서 최고의 교수 방법은 없다. 다만 최적의 교수 방법만이 있을 수 있다.

최적의 교수방법에 영향을 미치는 것은 내용, 교수자, 학습자, 목적, 환경 등의 요소들이다. 내용이 주로 지식을 전달하는 것이라면 아직도 강의식 교육이 효과적일 수 있고 기능을 전달하는 것이라면 토의식이 적합할 것이다.

그리고 학습자의 대상과 환경도 교수 방법에 영향을 준다고 할 수 있다. 즉, 그 기관의 성격, 분위기도 영향을 준다는 이야기이다. 즉, 중공업처럼 업종이 중후 장대한 기업에서는 아기 자기한 게임식 교육이 잘 맞지 않다는 것이다.

ㄱ. **전통적인 강의** : 이 교육 방법은 시간이 절약되며 짧은 시간 안에 많은 사람에게 내용을 전달할 수 있다. 일반적인 정보를 알려주는데 효과적이며, 집단이 클 경우 사용한다. 그러나 이 방법은 학습자가 교수자에게 의존적이 될 수 있고, 교수자가 학습자들의 다양한 요구에 적절하게 반응할 수 없으며, 학습자들의 주의가 부족할 수 있고, 배운 내용을 다시 기억하기 어려운 담점이 있다.

ㄴ. **참여적 교육 방법** : 참여식 교육 방법에는 소집단 훈련, 게임 이용법, 연습 활용법 등이 있다.

✔ **소집단 훈련** : 소집단 훈련에 알맞은 인원은 20명 정도이다. 한 팀당 4명의 인원으로 구성되어지며 팀장, 사회자, 기록자, 발표자로 팀장은 관찰자의 역할을 겸한다.

✔ **게임 이용법** : 이 방법은 말 그대로 게임을 이용하여 동료 상호 간의 학습이 이루어지도록 하는 방법이다. 게임은 교육 프로그램의 도입 부분에 사용할 수 있으며, 하나의 과정에서 다음의 과정으로 들어가기 전에 분위기를 전환하고자 할 때 사용하면 효과적이다.

✔ **연습 활용법** : 이 방법은 개인의 강점 강화 연습, 가치 판단의 연습, 성공 혹은 실패 사례 분석의 연습, 진단과 처방 연습, 위임 연습 등이 있다. 이 모든 연습은 실제 상황을 연습하도록 하여 스스로 느끼면서 배우고, 그것을 실행에 옮기도록 진행되어야 한다.

ㄷ. **문제 해결식 교육 방법** : 이 방법에는 역할 연기법, 사례연구법, 스스로 학습법, 문제 해결 훈련법 등이 있다.

✔ **역할연기법** : 역할 연기를 통해서 학습자들은 실제상황의 위험부담 없이 경험할 수 있다. 역할 연기는 대인관계 기술을 연마할 때, 타인의 행동이나 감정을 이해할 때, 실제 문제에 부딪힘으로써 동기유발이 될 수 있다고 판단 될 때에 사용하는 것이 효과적이다. 그러나 역할연기가 서투르게 진행될 경우 소기의 효과를 거둘 수 없으며 실제 상황이 아니기 때문에 진지하지 않을 수 있다.

✔ **사례 연구법** : 사례에서 기술된 현상이나 징후들을 통해 문제의 본질을 발견하고 문제 해결을 위한 대책을 연구하는 데 적합하다.

✔ **스스로 학습법** : 구조적으로 만든 학습질문지를 통해 학습자로 하여금 스스로 학습할 수 있도록 도와주는 방법이다.

✔ **문제 해결 훈련법** : 이 훈련법은 기존의 아이디어를 학습자에게 들려주는 방법이 아니라 학습자들로부터 새로운 아이디어를 끌어내기 위하여 필요하다. 이 방법은 관리자의 훈련, 품질 관리 서클, 고객 만족 훈련 등에 사용할 수 있으며 교육 절차는 다음과 같다.

첫째, 문제 정의

둘째, 문제 해결을 위한 자료 수집

셋째, 문제 해결 방안 모색

넷째, 문제 해결 방안 선정

다섯째, 시행

다) 교수 매체 및 보조자료 개발

교수 방법이 정해지면 실행하기에 필요한 각종 교수 자료 및 매체들을 수집하거나 개발하여 강의 보조자료로 이용한다. 교수 현장에서 사용될 각종 자료들은 학습 목표와 내용에 맞게 논리적으로 구성되고 학습자의 수준을 고려하여 흥미로우면서도 명확하고 구체적으로 개발되어야 한다. 교수법의 선정에 있어서와 마찬가지로 매체를 선정할 때도 최고의 매체는 없고 다만 최적의 매체만이 있을 수 있다.

교수매체를 선정할 때 고려해야 할 요소는 첫째, 실용성이다. 즉, 장비를 쉽게 구할 수 있어야 하며, 지금 강의 환경에서 쉽게 사용할 수 있는가 등이 고려되어야 한다. 둘째, 적합성이 고려되어야 한다. 즉, 학습자들의 일반적인 능력이 비디오를 보기에 적합하지 않다던지 인쇄매체를 잘 볼 수 없다던지 등에 대해 고려해야 한다.

교수 매체를 활용할 경우 5관에 의하여 지각 정도의 비율과 기억 잔류도 비율을 살펴보면 각각 〈표 6.3.5.〉와 〈표 6.3.6.〉과 같다.

이러한 내용들은 강사가 수업 동안의 교수 학습 활동을 위한 지침서로 사용할 수 있다. 반면 학습자용 교재에서는 주로 학습자가 이해하기 어려운 내용들이나 학습을 위한 지침이나 연습문제 등을 포괄한다.

6.3.5. 5관에 의한 지각 정도

구분	비율
시각	83%
청각	11%
후각	3.5%
촉각	1.5%
미각	1.0%
계	100%

6.3.6. 기억 잔류도(24시간 경과 후)

구분	기억 잔류도
읽기	10%
듣기	20%
보기	30%
보고, 듣기	50%
자기가 한 것	70%
자기가 말로 표현하고 행동하기	90%

비밀 메모

교수 매체 개발시 고려 사항

- ✔첫째, 목표를 지원해야 한다.
- ✔둘째, 학습자 중심이어야 한다.
- ✔셋째, 설계 단계의 구체화 된 설계를 충족시켜야 한다.
- ✔넷째, 효과적인 학습으로 구성된 기술들을 사용해야 한다.
- ✔다섯째, 학습자들에게 호소력을 가져야 한다.
- ✔여섯째, 학습자들의 관심을 끌 수 있도록 의미있고 흥미있는 것이어야 한다.

비밀 메모

학습자 교재/강사 매뉴얼 작성

가) 목적

- ✔교재를 토대로 수업에 필요한 강사용 지침서를 개발한다.
- ✔학습자 활동을 용이하게 하는 학습자용 교재를 개발한다.

나) 정의

강사 매뉴얼이란 교육 내용, 교수 학습자 활동, 교수시 유의 사항, 교보재, 학습과제, 수업활동별 소요 시간 등 효과적인 교육을 위해 강사가 따라야 할 지침을 제시해 놓은 것이다. 또한 학습자 교재는 학습자의 교육을 위해 필요한 내용들과 학습자 활동, 학습자가 따라야 할 지침 등을 체계적이고 명료하게 제시해 놓은 학습자를 위한 교재이다.

다) 내용

강사용 매뉴얼은 실제 교수시 강사가 필요로 하는 구체적인 정보를 제공하고 이것을 문서화 하는 것이다. 이러한 강사용 매뉴얼은 다음과 같은 정보를 포함한 각각의 단원으로 조직화 된다.

- ✔제목, 단원의 명칭과 같은 강좌의 기술
- ✔목표의 진술
- ✔선호하는 방법으로의 교수 내용의 배열화
- ✔교수 시간과 목표를 위한 시간의 적절한 배분
- ✔교수 지원을 위한 교육 기준의 기술
- ✔강사가 요구하는 교수시 필요사항
- ✔강의, 실습, 자기주도 학습과 같은 교수 방법
- ✔유용한 매체
- ✔교수 지침

비밀 메모

평가 도구의 개발

가) 목적

- ✔연수생들의 교육 만족도를 알아보기 위한 연수생 반응 평가 도구를 개발한다.
- ✔강사들을 위한 강사용 평가 도구를 개발한다.
- ✔연수생들의 목표를 어느 정도 달성했는지 평가하는 학습 결과 평가 도구를 개발한다.

나) 정의

이 단계에서는 형성평가에 의한 평가 도구를 개발한다. 평가란 크게 형성평가와 총괄평가로 나뉘어지는데, 형성평가는 강좌 시간에 대한 일종의 요약으로 작용한다. 형성평가의 결과는 평가 설계의 적정성 뿐만 아니라 수업에 대한 학습자의 숙달 정도를 알려준다. 게다가 형성평가의 자료는 강좌를 개정할 필요를 알려주는 역할을 한다. 이때의 평가는 학습자 뿐만 아니라 강사에 대한 평가도 포함된다. 총괄평가는 수업이 끝난 후 몇 달, 몇 년이 지난 후에 이루어지는 추후평가이다. 이 평가의 목적은 학습자들에게 훈련이 어떻게 사용되고 있는지와 훈련 프로그램의 전반적인 성공을 알아보기 위한 것이다.

다) 내용

- ✔반응 평가 : 학습자들이 프로그램의 내용, 시기, 주변환경, 강사에 대해 얼마나 만족하는가에 대한 평가, 교육 프로그램과 학습자에 대한 강사의 평가
- ✔학습 성취에 대한 평가 : 학습자가 교육 내용(지식, 기술, 태도)을 제대로 성취했는지에 대한 학습 성취도 평가
- ✔행동 및 태도 변화에 대한 평가 : 교육을 받은 후 향상된 행동 및 태도의 결과로 인하여 어느 정도 업무 개선이 이루어졌는가에 대한 평가
- ✔교육 투자 결과 평가 : 훈련 프로그램이 조직에 미치는 경제적 효과에 대한 평가

4) 실행(Implementation)

실행 단계는 강의를 실행하는 과정으로 강의화술, 강의 매체 활용 기술, 스팟 기법 등 제7장 프리젠테이션 스킬에서 살펴보도록 한다.

5) 평가(Evalution)

실제로 평가는 강의 후에 이루어지지만 평가 계획은 설계 단계에서 수립되어야 한다. 평가는 Kirkpatric이 주장한 4단계 평가 방법을 사용하여 설명하고자 한다. 1단계 평가는 반응평가로 학습자의 교육에 대한 만족도를 조사하는 것이다. 교육에 대한 만족도가 높으면 강의 효과가 있다고 보는 것이다. 2단계 평가는 학습 평가로 의도하였던 지식, 기능, 태도가 얼마나 습득되었는지를 평가 하는 것이다. 3단계 평가는 행동 평가로 학습하였던 내용대로 행동이 변화되었는지를 평가하는 것이다. 4단계 평가는 기여도 평가인데 학습 후

교수내용이 조직이나 기관에 얼마나 기여하는가에 대한 평가를 말한다. 즉, 평가는 준비 단계인 설계에서 어느 단계까지 어떤 방법으로 평가할 것인가 제시되어야 한다. Kirkpatric이 주장한 4단계 평가방법은 다음과 같다.

6.3.7. **Kirkpatric이 주장한 4단계 평가방법**

단 계	Kirkpatrick
1	✔ 반응(Reaction) ✔ 연수생의 교육 프로그램, 강사, 진행 등에 대한 만족도
2	✔ 학습(Learning) ✔ 연수를 통한 습득된 지식, 태도 변화, 기술 향상의 정도를 측정하는 것
3	✔ 행동(Behavior) ✔ 교육 후 현업 직무행동에서 교육 프로그램에 기인한 행동 변화
4	✔ 결과(Results) ✔ 비용 감소, 질 향상, 양의 증가 등 교육의 조직적 효과

(2) ESD(Educational System Design & Development) 모델

ISD 모델은 1950년대 미국 군대에서 프로그램 학습법을 사용하다가 이를 개선하여, 1974년에 미국 국방부가 군인 교육의 효율성을 높이기 위하여 개발한 수업체제 설계(Instructional System Design) 모델이다. 1970년대에 미국 기업들이 ISD모델을 변형, 개발하여 사용하기 시작하였고, 1980년대에 일본 기업들이 이를 일본화여 사용하였으며, 한국 기업들은 1990년대에 들어와 이를 수입하여 들어와 사용하고 있다. 하지만 문화와 기업 풍토의 차이로 효율적이지 못하다는 비판이 있어 ISD가 갖는 제한점을 극복하고 프로그램 개발과 수업체제 설계를 통합하는 새로운 모델이다.

ESD 모델의 특징은 정의적인 영역이 포함될 수 있도록 기업인재상 정립을 바탕으로 교수 설계를 하는 것과 ISD 모델의 직무 분석 뿐만 아니라 직위 분석을 통해 핵심 자질을 추출해 냄으로써 계층별로 필요한 정의적 영역의 교육이 가능하다는 점이다. ESD 모델은 핵심 교육 내용을 개발함으로써 급격히 변화하는 경영 상황에 신속하게 대응하도록 고안되었다. 핵심교육 내용을 개발하여 급격히 변화하는 비즈니스 상황에 대응하여 교육 내용을 수정할 수 있도록 하고, 급격한 변화를 요하지 않는 기업시민 정신과 회사가 요구하는 핵심 자질을 지속적으로 교육시킬 수 있도록 하는 것이다. ESD 모델은 다음 〈표 6.3.8.〉과 같다.

6.3.8. ESD 모델

준비 단계	경영자의 요구 분석, 교육 대상자 선정, 교육 방법 결정
요구 분석	현존 자료 분석, 학습자 분석, 직무/직위 분석, 기업의 요구 분석
설계 단계	핵심 교육 내용 선정, 과목별 교육 목표, 시간 배정, 평가 계획 수립
교재 개발	교과목 개발, 교수 방법 선정, 강사, 교재 작성, 평가 도구 개발
실험 교수	교육 일정 확정, 강사 선정 교육, 교육 환경 변화 분석, PILOT Test 실시
평가 단계	연수 반응 평가, 지식/기술 평가, 행동/태도 평가, 교육 투자 평가

(3) 강의 RROCESS

1) 강의 계획 세우기

조금 더 강의를 잘 할 수 있는 기술이나 비법은 없는 것일까? 그 비법은 다름 아닌 '계획'이다. 링컨 대통령은 "내게 만약 나무를 베어 넘어 뜨릴 시간이 여덟 시간 주어진다면 그 중에서 여섯 시간은 도끼날을 가는데 쓰겠다"라고 말한 적이 있다. 이것이야말로 '계획'의 핵심을 찌르는 말이다.

계획은 먼 여정의 나침반과 같다. 멋진 휴가를 즐기기 위해서는 목적지를 정확하게 정하고, 어디로 가야 차가 덜 밀릴지, 또 중간에 맛있게 점심식사를 할 수 있는 집은 어디에 있는지 여행 가이드를 펴놓고 고민을 해야 한다. 치밀한 계획은 위험을 감소시키고 좋은 결과를 가져온다.

가) 강의 PROCESS

강의를 처음 할 때 부담스러워 하는 것은 강의를 준비할 시간이 부족하다는 점이다. 강의안을 만들 시간조차 부족하기 때문에 강의에서 더 많은 비중을 차지하는 강의 스킬을 연마할 시간이 거의 없게 된다. 이러한 문제점으로 인하여 강의에 대한 개선이 거의 이루어지고 있지 않다. 성인 교육에서는 강의 내용도 좋지만, 철저한 계획에 의거하여 강의 내용을 효과적으로 전달할 수 있어야 한다.

다음에 제시하는 강의 프로세스를 고려하여 참신한 강의 계획을 수립해야 한다. 계획 단계에서 투자한 1분의 노력이 실제 강의에서는 그 열 배인 10분의 노력을 덜어줄 수 있다.

강의프로세스에서 가장 중요한 것은 강의 주제에 의거하여 교육 니즈를 파악하는 일이다. 그리고나서 자료와 정보를 수집한다. 자료는 중요성을 고려하여 우선순위를 매긴다. 강의 대상자에 따라서 이 우선순위도를 바꿀 수 있으므로 주의해야 한다.

다음은 교안을 작성하고 교안이 다 완성된 후에는 리허설을 해야 한다. 강의를 잘 하기 위한 질문에 대한 답은 의외로 간단하다. 철저한 계획과 연습이라 할 수 있다. 강의 프로세스를 살펴보면 다음과 같다.

6.3.9. 강의 PROCESS

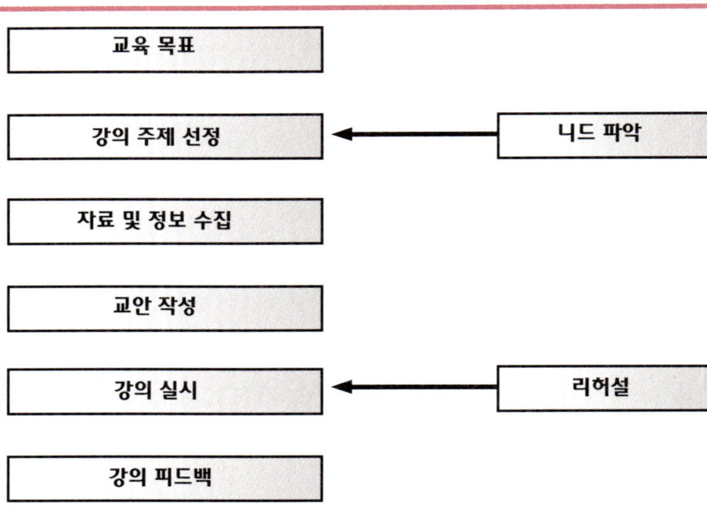

가-1) 교육 목표의 진술 : 교육을 계획하였다면 그 속에는 반드시 목표가 있다. 교육 목표와 관련하여 우리는 ISD(Instructional System Design, 수업 체제 설계)모델과 관련하여 교육 목표의 진술을 살펴보았다. 기업에서 실시되는 교육의 목표는 기업의 이념, 비전, 인재상 등에 대한 정확한 이해가 있어야 한다.

목표는 교육 내용을 준비할 때나 강의시에 궤도를 이탈하지 않도록 하는 정확한 가이드 라인이 된다. 교육 목표에는 〈표 6.3.10.〉과 같은 항목이 연관되어 있다.

6.3.10. **교육 목표**

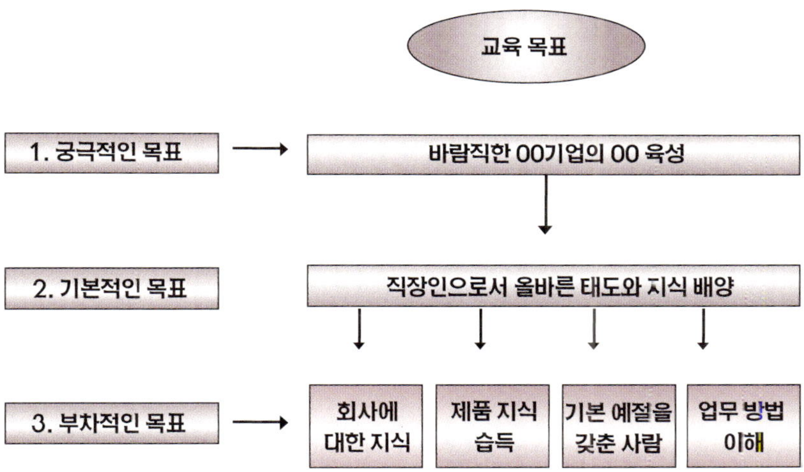

'지피지기(知彼知己)면 백전불태(百戰不殆)' (손자병법)

'상대를 알고 나를 알면 백번 싸워도 위태롭지 않다'는 이 이야기는 경영전략을 수립할 때만 해당되는 이야기가 아니다. 강의에서도 마찬가지이다. 강의에서의 상대는 바로 교육 대상자이다. 성공적인 교육이 되기 위해서는 교육대상자들의 Needs(요구 수준) 파악이 선결 과제(先決課題)가 된다.

교육 니드는 교육계획을 수입할 때에 교육 담당자들에 의해 충분히 연구되어지지만, 실제 강사는 소홀할 수도 있다. 그러나 어떠한 경우라도 교육 전에 반드시 교육 대상자를 파악하고 기대되는 효과를 규명해야 한다. 예컨대 직무와 관련된 강의라도 단순 직무 교육인지, 아니면 지금 뭔가 중대한 문제점이 발생되어서 실시하는 교육인지 정확히 알아야 나름대로 처방을 내릴 수 있다.

또한 교육 대상자에 따라 교육 내용도 차이가 있을 것이다. 갓 입사한 신입사원이라면 그들이 이해하기 쉽게 교육 내용을 준비해야 할 것이며, 경험 많은 관리자들이라면 그들의 업무와 회사 목표와의 관계, 조직에서의 문제점 등 미리 파악하여 어떤 요인들이 목표 달성에 영향을 미칠 것인가를 고려하여 심도있게 구성하여야 한다. 교육 대상자들의 파악은 다음과 같이 한다.

6.3.11. 교육 대상자들의 파악

교육 대상자들의 파악

- ✔대상자의 일반적인 특성 : 인원, 연령 구성, 인적 구성, 주요 인물 등
- ✔대상자의 직무 특성 : 직무상의 권한과 책임
- ✔대상자의 학습 특성 : 학습 능력, 학습의 욕구, 선수학습 정도
- ✔대상자의 현재의 문제점과 기대하는 목표점
- ✔대상자의 집단적인 특성

가-2) **자료 및 정보의 수집** : 자료는 모든 것이 강사의 얼굴이요 신뢰다. 좋은 강의가 되기 위해서는 우선 좋은 자료가 수집되어야 한다. 강사의 자료 수집에 대한 감도를 높이는 방법은 '호기심'이다.

자료를 수집할 때는 가장 먼저 해야 하는 것이 있다. 그것은 바로 정말로 유익한 것인가? 자문자답 하는 일이다.

다음으로 교육의 가치를 높이기 위해서는 인터넷, 신문, 잡지, TV 등 각종 매체를 통해 자료를 수집하는 일인데, 이는 아무리 강조해도 지나치지 않다. 이러한 매체들은 나름대로의 고유한 성격으로 인해 같은 사안에 대해서도 관점을 달리하는 경우도 많으므로 이러한 특성을 판단하여 자료를 수집해야 한다.

6.3.12. 정보의 3대 조건

정보의 3대 조건

✔ 신선도(Fresh) : 정보는 신선해야 한다.
✔ 정확도(Sure) : 출처가 분명해야 한다.
✔ 신속도(Speed) : 빠르게 제공되어야 한다.

✔ 정보의 보고(寶庫), 인터넷

정보화시대라는 말이 실감날 정도로 인터넷을 이용한 자료 공유가 급속히 증가하고 있다. 인터넷을 통해서 누구나 웬만한 정보는 얻을 수 있게 되면서 이제는 어디서, 어떻게 찾을 것인가의 문제가 아니라, 얼마나 빨리 찾을 것인가가 문제이다.

정보의 홍수로 오히려 혼란과 시간의 낭비가 초래되고 있을 정도로 인터넷은 방대하다. 따라서 분야별로 즐겨찾기를 잘 정리해 두고 시간 나는 틈틈히 정보의 바다에서 유용한 사이트에 눈도장을 찍어 두면 쉽게 인터넷을 활용할 수 있다. 인터넷에서는 많은 시간과 노력을 투자해야만 얻을 수 있는 정보들이 잘 정리되어 있다.

✔ 신문에서의 정보 수집

신문은 과거의 일이나 흥미거리를 정리해놓은 것이 아니다. 어떤 사안에 대해 '앞으로 전개될 방향은 이러하다'라고 쓰지 않고서는 경쟁에서 살아남을 수 없는 상황이 되어버렸기 때문이다. 신문광고, 도표나 그래프, 사원모집 광고, 인사 이동, 부음란 등 여러가지 기사들 가운데서 무엇을 집중해서 읽을 것인지에 대한 자신만의 방식을 만드는 것이 필요하다.

사례 메모

종합 사고력 향상, 신문 속에 답 있다

김영관 (교육평론가, 아동문학평론가)

신문은 매일 국내외 크고 작은 사건들을 기록해 독자에게 전달한다. 정치, 경제, 사회, 문화, 종교, 예술, 광고, 역사, 과학, 인물 등 사회현상들을 종합적으로 바라볼 수 있는 각종 정보가 망라돼 있다.

따라서 학생들은 신문을 통해 교과서에서 배울 수 없는 살아있는 세상 이야기를 만날 수 있다. 세상을 바라볼 수 있는 다양하고 깊이 있는 시각, 사고력, 종합적인 판단력, 창의성을 함양시키는데 도움을 줄 뿐만 아니라 학습 능력을 향상시키고, 독자적인 시각으로 종합적인 비평 능력을 키울 수 있다.

신문은 현장 수업에 매우 유용한 교수 매체이다. 이제까지 우리는 교수 매체로서의 특성을 가장 잘 갖춘 신문을 수업 현장에서 홀대해 왔다. 엄연하게 교육과정 속에 들어 있는 신문활용교육(NIE : Newspaper In Education) 활동이 언제부터인가 구시대의 낡은 교육 방법으로 잘못 인식되어 슬그머니 사라지고 있다.

아직도 NIE를 오로지 신문만을 활용한 교육으로 오해하는 사람들이 많다. NIE는 단순히 신문만을 활용하자는 교육이 아니다. 신문을 활용하여 다양한 교수 학습을 할 수 있는 발판을 마련하자는 것이다. 90년대 중반부터 초등학교를 중심으로, 단순히 신문을 오리고 붙이는 활동이라는 고정관념이 아직도 사라지지 않아 거부감이 있지 않나 생각된다.

신문을 읽으면 읽기 능력은 물론 글쓰기 능력, 분석력, 비판력, 논리력을 키우는데 커다란 도움이 된다. 또한, 사설이나 칼럼 등은 비판적으로 글을 읽고, 쓸 수 있는 시각과 능력을 자연스럽게 키울 수 있다. 현실을 진단하고 분석할 수 있으며, 사회현상을 연결시켜 생각하는 통찰력과 깊은 사고력은 교과서보다 오히려 신문에서 배울 수 있게 된다.

요즘 논술교육을 두고 많은 갈등과 고민들을 하고 있다. 대학을 가기 위한 논술, 학생을 평가하기 위한 논술로서 논술이 필요하다면 논술교육의 해법은 없다. 우리 조상들은 과거제도를 통해 관리를 등용하는 시험에서 논술은, 등용되는 선비들의 됨됨이를 가늠하는 척도가 되었다. 이는 논술이 단순한 글재주가 아닌, 풍부한 사고력과, 내면 깊은 통찰력 그리고 건전한 삶의 철학과 지조, 고결한 인품까지 보여주는 거울이었음을 알 수 있다. 따라서 신문활용교육은 훌륭한 인품을 지닌 참다운 인간을 만드는 교육 활동으로서, 바람직한 논술교육의 해법이 될 수 있다.

논술이 단순한 글재주가 아닌, 풍부한 사고력과, 내면 깊은 통찰력 그리고 건전한 삶의 철학과 지조, 고결한 인품까지 보여주는 거울이었음을 알 수 있다. 따라서 신문활용교육은 훌륭한 인품을 지닌 참다운 인간을 만드는 교육 활동으로서, 바람직한 논술교육의 해법이 될 수 있다. 급변하는 사회를 가장 잘 반영하는 신문이 효과적인 교재라는 것을 알면서도, 교사나 학부모들이 외면해서는 안 된다. 교사들이 학교교육에 신문을 활용하는 것은 해도 된다거나 권장 사항이 아니라 의무라고 생각한다. 21세기의 교육은 신문 속에 있다. 그리고 신문이 존재하는 한 신문활용교육은 계속되어질 것이다.

〈강원일보〉, 2005. 9. 27.

6.3.13. 신문을 보는 포인트

신문을 보는 포인트

- ✔ 최소 두 가지 이상의 신문을 비교하여 읽는다.
- ✔ 그림, 도표, 사진, 박스 기사에 주목한다.
- ✔ 행간의 숨은 내용을 찾을 수 있도록 노력한다.

✔ 잡지에서의 정보 수집

잡지는 그 다양한 수만큼 종류별로 목표시장이 크게 다르다. 시사 월간지와 주간 경제지의 경우에는 직장인이나 사업을 하는 성인남자를 목표로 하여 가장 최근에 이슈가 되고 있는 시사문제와 기업에 관련된 상황, 인물 등정, 그리고 정치와 사회 분야의 숨은 이야기들을 다루고 있다. 여성 잡지에서는 상당 부분 연예인들과 관련된 동정이 주가 되지만, 의외로 생활 패턴, 소비패턴, 다양한 라이프 스타일에 대한 부분이 상당수 담겨 있다. 이러한 기사거리들은 언제나 미혼인 여성이나 주부 독자들의 관심 사항에 민감할 수 밖에 없다. 또한 잡지 광고는 소비자의 변화를 제품 정보에 즉각 반영하므로 이를 통해 어떤 변화의 방향을 예측할 수 있다.

✔ 서적에서의 정보 수집

세상이 바뀌어도 지식의 원천은 서적이다. 강의 자료를 모으는데 이보다 중요한 공급원은 없다. 카프카가 말하길 '좋은 책이란, 우리 내면의 얼어붙은 바다를 깨뜨리는 도끼여야 한다'고 말하였다. 책 제목에 끌리어 책을 구입했다가 안타깝게도 내용이 별로 도움이 안 되는 경우도 있다. 그러므로 이러한 실수를 되풀이 하지 않기 위해서 다음과 같이 주의해서 책을 고르도록 하자.

– 머리말은 반드시 읽는다.

머리말은 저자의 집필 의도를 알 수 있으며, 전체적인 내용에 관해서도 간략하게나마 설명이 되어 있다. 예컨대 '제1장에서는 주로 ○○내용을, 제2장에서는 … 제3장에서는 …'라는 식이 대부분이기 때문에 머리말만으로도 책 전체의 내용을 짐작할 수 있다.

– 목차와 머리말을 참고로 한다.

목차와 함께 머리말을 보면 저자와 논지를 조금 더 확실하게 파악할 수 있게 된다.

– 저자를 확인한다.

저자의 약력, 경력, 실적을 보고 판단한다. 즉, 전문가인가 아니면 다른 사람의 생각을 다시 진술한 것인가를 확인할 필요가 있다.

– 내용을 살핀다.

참고서적은 잘 되어 있는지, 제시된 추론이 독창적인지 등을 체크한다. 이와 함께 통계자료나 그래프를 확인한다. 통계는 근거를 갖고 있는지, 통계치의 경우에 2003년도 이전 자료라면 별로 도움이 되지 않는다. 설문조사의 경우에도 너무 적은 인원을 대상으로 한 것은 신빙성이 없다.

책을 골랐다면 바로 읽기 시작한다. 원래 관심을 가지고 있는 분야이기 때문에 '내가 어떻게 강의에 참고할 것인가'를 염두에 두면서 읽는다면 빠른 시간에 다 소화할 수 있을 것이다.

시간이 없어서 인터넷을 이용하여 책을 구입할 때에도 반드시 책 내용을 미리 살펴본 후에 결정을 하는 것이 좋다. 가장 좋은 방법은 서점에서 직접 확인 하는 것이지만, 신문의 신간서적 소개나 전문가들의 독서평을 메모해 두었다가 구입하는 것이 가장 확실하다.

✔**사람을 통한 정보 수집**

최근 인터넷을 통한 자료 수집이 보편화 되고 있다. 그러나 인터넷에 아무리 좋은 정보가 많이 들어있다고 해도 실제로 중요하게 여기는 정보는 인터넷에 들어 있지 않다.

그렇다면, 귀중한 정보는 어디에 있는가? 정말로 귀중한 정보는 사람에게 있다. 한 통계에 따르면 일생 동안 한 사람이 관계 맺는 사람의 수는 평균 500명 수준이라고 한다. 시간과 공간이 제약되어 있기 때문에 이 수를 크게 늘리기란 어렵다. 그러나 똑같은 인간관계 속에서 그것을 잘 활용하는 사람이 있는가 하면, 그렇지 못한 사람도 있다. 이들 중 어느 편이 효과적인 것인가는 자명하다.

사람이 정보의 원천이자 정보 통합자라는 사실을 간과해서는 안 된다 강의 프로세스를 이해하는 것은 강의를 하는데 있어서 매우 중요한 일이라고 할 수 있다. 자료 및 정보 수집 후 교안 작성을 하고 강의를 실행하는 부분은 다음 내용에서 구체적으로 살펴보도록 한다.

3-3. 교안 작성법

(1) 교안의 정의와 원칙

1) 교안의 정의

좋은 집을 짓기 위해서 잘 짜여진 설계도가 필요한 것과 같이 교안은 좋은 강의를 위해서 꼭 필요한 것이다. 교안이란 교수자와 학습자 간 학습 활동의 기반이 되는 학습 지도안으로 교수활동의 단계 및 내용을 자세히 기록하여 놓은 것이다. 교수자는 교안을 작성함으로써 학습 내용을 빠짐 없이 교수할 수 있고 교수 활동의 일관성을 유지할 수 있다. 교안 작성의 필요성을 살펴보면 다음과 같다.

6.3.14. 교안 작성의 필요성

교안 작성의 필요성

- ✔ 어떻게 무엇을 가르칠 것인가를 사전에 점검할 수 있다.
- ✔ 강의에 일관성, 통일성을 유지해준다.
- ✔ 강의의 개선이 가능하다.
- ✔ 많은 자료를 강의장으로 갖고 갈 필요가 없다.
- ✔ 강의 시간을 관리할 수 있게 된다.
- ✔ 강의 내용의 중복을 막을 수 있다.

2) 교안 작성의 원칙

가) 구체성

교안은 구체적으로 작성되어야 한다. 아무리 암기력이 뛰어난 사람이라 할지라도 교수할 내용이라면 다 교안 속에 기록 되어야 한다. 사소한 내용이라든지 몇 번씩이나 사용한 적이 있어 충분히 기억하고 있는, 예를 들어 사용할 이야기들까지 귀찮게 교안에 적을 필요가 있는가 하고 말하는 교수자도 있지만, 일단 그 시간에 강의할 내용이라면 모조리 사전 기입함으로서 충실하고 여유있는 강의를 할 수 있다.

나) 실용성

교안은 교수 활동에 실질적으로 사용될 수 있도록 작성되어야 한다. 교수자는 교안을 작성하면서 '강의를 효과적으로 하기 위해 어떻게 구성하여야 하는가?'를 항상 생각하여야 한다. 교안에 포함되는 모든 정보는 강의에서 전달되는 것을 전제로 강의 순서대로 작성한다. 교안은 작성 했으나 실제로 강의에서 사용하지 않는다면 소용없다. 기업에서 교안은 결재를 위하여 작성하는 것이 아니라는 사실을 명심한다.

다) 평이성

교안은 쉽게 작성되어야 한다. 교육생의 수준을 고려하여 모호한 언어의 사용을 피해야 하며, 이해하기 어려운 용어나 내용을 기록함으로써 교수자 자신이 학습 진행 중 당황하는 모습을 보인다면 교육생들로부터 신뢰성을 상실하는 일이 될 수 있다.

라) 논리성

교안은 이론적이고 체계적으로 작성되어야 한다. 교안의 내용 서술은 곧 강의와 마찬가지이다. 그러므로 객관적이고 보편타당성이 있어야 하며, 체계적이어야 한다.

마) 독창성

교안은 자신의 독창적인 이야기를 전달해야 한다. 물론 강의 내용은 전부가 자신의 독창적인 것이 될 수는 없다. 그러나 다른 사람의 이야기나 평이한 사실을 전달하더라도 강사 자신의 주장이나 표현방식에 최대한 변화를 주어 교육생으로 하여금 공감을 불러일으킬 수 있어야 한다. 그러한 변화가 교육생의 흥미를 자아낸다.

2) 교안 작성시 유의사항

강의식 교수법은 준비하기가 가장 용이한 방법이다. 그러나 교수자가 막상 사용하기에는 곤란한 점이 많다는 것을 곧 느끼게 된다. 교수자가 교육생들에 대해 학습 목적과 학습성과를 설정하고 난 후에 아래와 같은 사항을 점검해 보아야 한다.

가) 소기의 학습 성과는 관련된 자료에 의하여 충분히 지원되고 있는가?

보조적 자료는 흥미를 자극하고 학습 분위기를 계속 유지하며 다양성을 제공할 만큼 충분한가를 점검한다. 또한 보조적 자료는 급속한 논리적 판단, 감정적 호소 등을 내포하고 있는가? 더 나아가서 한 개의 논점에 대한 지원은 자연적으로 교육생에게 제시될 다음의 구상과 적합성 및 융통성이 있는가를 검토해 보아야 한다.

나) 교안에 포함된 학습 지도는 교육생으로 하여금 소기의 성과를 성취하도록 돕기 위하여 의의 있는 활동을 기약하는가?

삼단식 학습 지도는, 만일 교수자가 단순히 교육생들에게 '청취하고 기록을 한다'라고만 표기한다면, 분석에 대해서는 언급하지 못한 것이다. 학습 지도안이란 교육의 학습 성과를 성취하기 위하여 교육생이 수행해야 할 활동 사항을 구체적으로 기술해야 하는 것이다.

다) 개개의 소기 학습 성과에 대한 지원은 학습 수준에 적합한 것인가?

즉, 과목 내용은 지식 수준과 관련된 교육생들이 쉽게 이해하기 쉽도록 상세히 기록되어져 있는가? 방법과 이유는 교육생이 이해하기 쉽도록 적당히 전개 되었는가? 개개의 학습 성과를 위한 지원의 밀도는 소기의 학습 수준에 적절한가? 등을 점검하여야 한다.

라) 서론은 학습 환경을 위하여 준비되었는가?

마) 학습 내용을 습득하는 충분한 이유를 교육생들에게 제공하는가?

바) 학습 전체를 인식하는 데 사용될 조직체계를 논리적이고 명백하게 제시하였는가?

사) 계획은 교육생들로 하여금 제반 사항 및 구상을 개념으로 구체적으로 인식 하도록 모든 기회를 이용하는가?

아) 시청각 보조자료는 잘 준비 되었는가? 또한 학습 목적 달성에 기여할 수 있는 것인가?

자) 더 나아가서 중요한 관념을 명시하기 위하여 색채는 사용하였는가? 그리고 간단한가? 등을 점검하고 유의하여야 한다.

차) 학습을 위한 준비는 충분한가?

교수자는 성공적인 요점식 강의 방법에 의한 학습방법을 시행할 만큼 충분히 학습 조직체를 알고 있는가 등에 유의해야 한다. 교수자가 자기의 교안을 강의 전에 준비함에 있어서 이러한 문제들을 기준으로 충분히 검토한다면 그 교수자는 강의에 전체적인 효과를 향상시킬 수 있을 것이다. 우수한 강의를 할 수 있게 되려면 건전한 계획에 의거하여 학습 목적을 효과적으로 달성할 수 있도록 꾸준한 노력이 필요하다.

비밀 메모

교안 체크리스트

- ✔경영상의 요구 충족이 되었는가?
- ✔내용이 쉽게 들어오도록 정리되었는가?
- ✔공감을 불러일으킬 만한가?
- ✔시간 배분은 적절한가?
- ✔도입은 교육생의 흥미를 끌 만한 것인가?
- ✔전개에서 주제를 잘 끌어내고 있는가?
- ✔내용 전개가 산만하지 않은가?
- ✔학습자를 동참시키기 위한 질문은 적절한가?
- ✔유머나 예화는 준비하였는가?
- ✔판서할 부분은 정해져 있는가?
- ✔정리 메시지는 간결하고 명확한가?
- ✔내용의 연결성이 결여되지는 않았는가?
- ✔통계 자료의 출처는 명확한가?

비밀 메모

교안에 포함시켜야 할 항목

- ✔ 목표 : 무엇을 이해 또는 습득시킬 것인가?
- ✔ 내용 : 도입, 전개, 종결의 3부로 나누어진다.
- ✔ 판서 : 무엇을 판서할 것인가, 주제와 대 · 중 · 소 항목 및 내용
- ✔ 요약 : 강조점이 무엇이며 요약은 어떻게 하나?
- ✔ 시간 배분 : 5분 또는 10분 단위로 표시한다. 그 이하가 되면 실제 사용이 어렵다.
- ✔ 시청각 자료 : 자료명과 활용 방법 등
- ✔ 기타 교수 활동 : 질문, 예화를 비롯해 통계, 인용, 유머 등은 별도로 표시해 둔다.

(2) 교안의 구성 요소

교안은 도입, 전개, 종결의 3단 구성이 일반적이다. 도입에서는 무엇을 이야기할 것인지를 먼저 말한다. 전개에서는 학습 내용을 전달한다. 종결에서는 이야기한 것을 다시 정리한다. 교안의 구성을 살펴보면 다음과 같다.

6.3.15. **교안의 구성**

구 분	내 용	시간 배분(100%)
도입 단계	1. 주의 집중(Attention) 2. 동기 부여(Motivation) 3. 학습 개요(Overview)	5 ~ 10%
전개 단계	1. 학습 내용 및 주제의 전달 2. 투웨이 커뮤니케이션 3. 상호 피드백	80 ~ 90%
종결 단계	1. 요약(Review) 2. 재동기 부여(Remotivation) 3. 결어(Closure)	5 ~ 10%
* 부록	1. 별첨(통계 및 인용자료 등) 2. 참고문헌	

1) 도입

도입 단계에서는 학습자와 교수자 간에 공통된 기반을 형성하는 단계이다. 첫단계는 학습자로 하여금 학습에, 주의를 집중시키는 주의 집중(Attention) 단계와 문제를 해결하고 배워야겠다는 학습 활동의 동기를 일으키는 동기 부여(Motivation) 단계가 있으며, 강의의 내용을 제시해 주는 학습 개요(Overview)의 단계가 있다. 도입 단계의 시간은 강의 시간의 약 5~10%를 점유한다.

가) 주의 집중(Attention)

주의 집중을 위해서 교수자는 먼저 선수학습을 소개함으로써 학습자들의 주의집중을 요할 수 있다. TV드라마에서 보면 지난 시간에 방송하였던 것을 잠시 다시 보여줌으로써 시청자들에게 그 드라마에 대한 관심을 더 유발시키는 것을 볼 수 있다. 이처럼 학습을 하는데 있어서도 지난 시간에 하였던 것을 소개함으로써 관심을 불러일으킬 수 있다. 만약 연결된 강의가 아닌 처음 시간이라면 가벼운 시사문제나 날씨, 주변 환경 등에 대하여 간단하게 말하면서 주의 집중을 하도록 자연스럽게 할 수 있다. 다음은 본인 소개를 통하여 주의 집중을 할 수 있다. 이때 주의할 것은 본인 소개를 너무 장황하게 하면 학습자들은 자랑한다고 느낄 수 있다. 그러므로 본인 소개는 간단명료하면서도 재미있게 하면 학습자들은 주의집중을 하면서 그 교수자에 대하여 오래 기억을 한다. 그리고 행동을 유도해서 주의를 집중시키는 방법도 있다. 즉, 간단한 스팟 기법이나 바디랭귀지를 통해서 주의 집중을 시킬 수 있다.

비밀 메모

주의 집중 방법

- ✔강사의 유명도나 경력, 이름, 출생 배경, 태몽
- ✔강사의 경험담
- ✔상식을 뒤엎는 사실
- ✔어떤 사건, 사실의 뒷이야기

- ✔ 강사 특유의 새로운 발견이나 특이한 해석
- ✔ 열정적인 강의
- ✔ 주제에 대한 관심도가 높을 경우
- ✔ 롤 플레잉
- ✔ 유머
- ✔ 판서
- ✔ 질문
- ✔ 움직임
- ✔ 시청각 자료

나) 동기 부여(Motivation)

도입의 두번째 단계는 동기 부여이다. 이 강의를 왜 열심히 들어야만 하는 이유를 설명하는 단계이다. 동기 부여는 학습자가 배우기를 원하고, 배울 준비가 되어 있고, 배울 이유가 있어야 한다는 것을 의미한다.

학습자가 '이 주제가 왜 나에게 중요하지?'라는 질문을 교수자에게 던진다고 생각해 보자. 교수자는 학습자의 숨은 동기를 일으켜야 한다. 이것이 학습자의 행동 실천에 기폭제가 된다. '이 주제가 왜 나에게 중요하지'라는 의구심이 해결되지 않는다면 학습 단계의 진행은 그 만큼 늦어질 수밖에 없다.

'말을 물가에 끌고 갈 수는 있지만 물을 먹는 것은 말 자신'이라는 영국 속담이 있다. 여기서 교수자의 역할은 말을 물가에 끌고만 가는 것이고 그 다음 물을 먹고 안 먹는 것은 말 자신 즉 '학습자의 책임'이다. 그런데 지금은 교수자가 학습자를 물가에 끌고 가는 것은 당연한 일이며 이와 더불어 학습자를 갈증나게 해야 한다. 학습자 즉, 말을 갈증나게 하기 위해서는 소금을 먹여야 한다는 것이다. 학습자에게 무엇이 소금인가를 찾아서 동기 부여 시간에 제시해주어야 한다. 예를 들어 문화센터에 컴퓨터를 배우러 온 학습자들에게 컴퓨터를 배우면 그냥 좋다가 아니라 소금 즉, '컴퓨터로 쇼핑도 할 수 있고, 아는 사람들에게 전화가 아닌 이메일로도 안부를 주고받을 수 있다'는 것을 알게 하면 학습자들은 더욱 열심히 하게 된다. 이렇듯 동기 부여를 확실히 해주어야 한다.

비밀 메모

동기 부여 방법

- ✔ 학습의 중요성을 강조한다.
- ✔ 학습자의 이점이나 교육 결과로 가져올 결과나 기대감을 반영한다.
- ✔ 교육생들이 알고 있는 내용으로부터 화제를 꺼낸다.

다) 학습 개요(Overview)

도입 단계에서 마지막 단계는 강의 개요에 대하여 말하는 것이다. 학습에서 다루게 될 범위를 미리 알려줌으로써 교육생들로 하여금 목표를 설정하고 스스로 진행 정도를 파악하게끔 도와주는 것이다. 학습 개요를 설명할 때는 다음의 기준들을 충족시켜 주어야 한다.

① 강의 내용과 주요 목차에 대하여 사전 개괄한다.

중요한 내용을 열거한다. 2~3가지 이내의 요지만을 설명한다.

② 강의에 관한 안내사항을 알려준다.

교육의 배경, 범위 등에 대하여 설명한다.

③ 진행 절차 및 전체적인 진행 안내

진행 절차에 따른 학습 방법과 전체적인 시간 배분을 소개한다.

2) 전개

교육의 전개 단계에서는 도입에서 언급된 학습 내용을 강의 순서에 입각하여 전달해야 한다. 전달할 내용에는 목표, 주제 및 화제가 있다. 이 세 가지를 어떻게 가공하고, 연결하고, 조합하느냐가 전개 단계에서 매우 중요한 관건이 된다. 즉, 목표에 의거해서 주제와 함께 화제가 적절하게 조화를 이루어야 성공할 수 있다.

가) 수시로 동기 부여한다.

동기 부여는 서론에만 필요한 것이 아니다. 본론에서도 수시로 동기 부여를 한다.

나) Two Way Communication으로 진행한다.

강사 혼자서 이야기 하는 것이 아니라 교육생에게 관심과 흥미를 갖게 하여 자유롭게 말할 수 있는 분위기를 만든다.

다) 정교화 한다.

다양한 예를 제시하고 빔 프로젝터, OHP, 동영상 등의 Tool은 물론 목적에 따라 사례, 도표, 실물, 사진, 도형 등 시각 자료를 준비한다. 이러한 것들이 강의에 대한 신뢰성을 더해주게 된다.

비밀 메모

전개 단계에서의 포인트

목 표

목표의 구체화 된 형태를 이미지화 해서 교육생의 머리에 각인시켜야 한다.

주 제

강의에서 하고자 하는 말인 동시에 강의의 결론이며 강사 자신의 주장을 명확히 표현한다.

화 제

주제를 뒷받침하는 재료로서 사실, 사례 등을 구체적으로 이야기한다.

가) 목표를 벗어나지 않는다.

✔반드시 강의 목표에 초점을 맞추어야 한다.

✔목표를 충족시키는데 필요한 정보를 한 번에 한 가지씩 전달한다.

✔설명의 예는 목표와 관련이 있을 때 의미가 있다.

나) 효과적으로 주제를 전달한다.

✔핵심 주제들을 조직화 하여 서로가 부드럽게 연결되어 끊기지 않도록 구성한다.

✔강사 자신의 지식과 교육생의 니드에 기초하여 주제 상호 간의 인과관계를 밝히고 공통의 주제를 찾는다.

✔상황에 따라 여유 있는 미소와 몸동작으로 능숙하게 주제와 관련된 화제로 바꿀 수 있어야 한다.

다) 정확한 화제로 주제를 보강한다.

✔강의 주제를 뒷받침 할 구체적인 화제가 있어야 한다.

✔주제를 뒷받침하기 위한 화제의 선택은 매우 중요하다. 교육생들이 '강사가 이 바쁜 시간에 왜 저런 이야기를 할까?' 하고 의문을 갖게 되면 교육의 효과는 반감된다.

✔강사의 주제와 화제들이 모순되지 않게 인과관계에 예중, 사례 등으로 연결고리를 만들어야 한다.

✔너무 흥미 위주로 흐르지 않도록 주의한다.

전개 단계에서 고려할 점

성인들은 어떠한 방식이든 기존에 자신이 사용하고 있는 방식이 있기 때문에 새로운 방식이나 변화에 대하여 일단 거부감을 보이기 쉽다. 따라서 변화에 대한 교육생의 내적 동기를 유발하고 촉진할 수 있어야 한다.

라) 판서 계획을 세운다.

판서는 강의 중에 갑자기 쓰는 것이 아니라 사전에 계획되어야 한다. 특히 영어나 한자로 화이트보드(혹은 칠판)에 쓸 경우 영문 철자가 틀리지 않도록 확인해야 한다.

마) 상호 피드백 한다.

전개의 마무리 단계에서 질의응답 시간을 마련한다. 질문을 통해 교육생의 의문점을 해소시켜 주어야 한다. 질문이 없는 경우에는 어느 정도 이해했는지 강사가 질문을 던지는 것도 바람직한 방법이다.

3) 종결

종결 단계는 본론에서 말한 것을 다시 요약, 마무리 하는 단계이다. 만약에 본론의 마지막에서 질의 응답 시간을 갖지 않았다면 종결 단계에서 반드시 질문을 받아야 한다. 질문을 통해 강사 자신이 미처 언급하지 못한 내용을 보충하고 다시 확인할 수 있게 된다.

가) 요약(Review)

✔ **강의 중에 말했던 중요한 포인트를 다시 요약한다.**

- "오늘 배운 것은 세 가지 였습니다."(보통 2~3개 정도만을 강조하는 것이 바람직하다.)
- 슬라이드 화면으로 요약하는 것도 좋은 방법이다.

✔ **토론식으로 하지 않는다.**

종결 단계의 토론은 시간이 많이 소요되며 또 다른 논쟁거리가 된다.

✔ **새로운 것을 이야기하지 않는다.**

새로운 것을 언급하면 요약의 초점이 흐려질 수도 있기 때문이다.

나) 재동기 부여(Remotivation)

✔ **지금까지 학습한 내용이 매우 중요한 것이었고, 앞으로는 더욱 중요한 효용치가 커질 것이라는 점을 깨닫게 한다.**

- 학습 내용의 기억을 돕도록 한다.
- 학습에 대한 새로운 동기 부여를 하는 것도 한 방법이다. "오늘 학습한 내용이 결코 전부는 아닙니다. 단지 …의 새로운 계기가 되었으면 합니다."
- 다음 내용과의 관련성을 이해시켜야 한다. "다음 시간에는 오늘 강의에 이어서 …에 대하여 살펴 보도록 하겠습니다."

다) 결어(Closure)

- '적극적인 경청과 참여에 감사하다'는 식의 코멘트가 무난하다.
- 진심어린 충고의 말을 덧붙인다.
- 긴 시간을 할애해서는 안 된다.

• 절대로 그냥 힘없이 끝내지 않는다. 최초에 준비하였던 이점(Benefit)과 계량화된 수치 등을 보여주며 확신을 심어주고 끝낸다.
• 마지막으로 기억에 남는 멘트를 하여 교육생에게 깊은 인상을 심어 주는 것도 좋다.

4) 부록

✔ 부록에서는 강의했던 참고서적이나 자료명 등을 표기한다.
✔ 심화학습을 원하는 사람들을 위한 인터넷 싸이트명을 싣는 것도 잊지 않는다.
✔ 찾아보기 등 강사가 판단하기에 교육에 필요한 내용 등을 삽입한다.

5) 교안 구성의 예

6.3.16. 교안 구성의 예

결재란	

교 안

주제(강의 제목)	
강의 일시	
시 간	
대 상	
강 사	
작성 일자	

– 강의 제목 –

구분	강의 내용	비고
서론	1. 주의 집중(Attention) 2. 동기 부여(Motivation) 3. 학습 개요(Overview)	시간, 강의 방법, 교수 매체 표기
본론	1. 학습 내용 및 주제의 전달 2. 투웨이 커뮤니케이션 3. 상호 핸드백	
결론	1. 요약(Review) 2. 재동기 부여(Remotivation) 3. 결어(Closure)	

– 강의 개요 –

강의 목적		
강의 목표 (범위)		
강의 주요 내용		
강의 성과 (기대 효과)		
타 교과목과의 연관성		
보조자료		
교수매체 및 준비물		
학습자 정보		
참고 자료	자료명	출판사

핵심 메모

교수 계획 및 교안 작성법

교수 계획의 모델 : ISD모델

과정 개발 단계	세부 설계 영역	산출물
• 분석(Analysis) 교육 훈련을 정의하는 과정	✔ 학습자 직무 및 과제 분석 ✔ 환경 분석 ✔ 요구 분석	✔ 수업 목적 ✔ 교수/학습과제 및 제한점
• 설계(Design) 수업 방법을 구체화하는 과정	✔ 학습 목표 진술 ✔ 평가 도구 개발 ✔ 학습 내용 계열화와 교수 전략 및 매체 선정	✔ 학습 목표 ✔ 평가 도구와 수업 매체 개발을 위한 설계 명세서
• 개발(Development) 교육 프로그램을 개발하는 과정	✔ 교육 프로그램 개발 ✔ 교수, 학습 자료 개발 ✔ 형성 평가(수정 및 보완)	✔ 수업 매체를 포함한 교수/학습 프로그램 및 평가 도구
• 실행(Implementation) 수업을 실제상황에서 적용하는 과정	✔ 교육 훈련 프로그램의 적용, 실시 유지, 관리를 위한 변인의 확인	✔ 실행된 교수/학습 프로그램
• 평가(Evalution) 수업 적절성을 평가, 결정하는 과정	✔ 교육 프로그램 총괄 평가 ✔ 교육 결과는 현장에서 추적 평가	✔ 교육 프로그램의 가치 및 적절성 등을 평가한 보고서

핵심 메모

강의 PROCESS

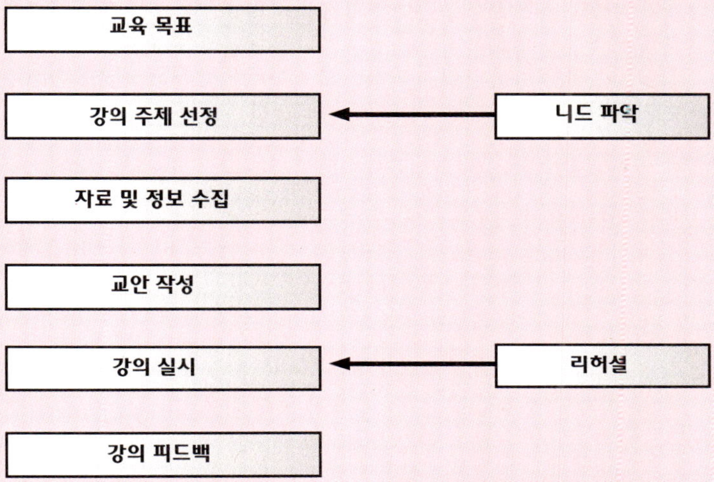

핵심 메모

교안 작성법

✔ 유능한 강의는 더 이상 보탤 것이 없는 상태가 아니라 더 이상 뺄 것이 없는 상태이다.

✔ 교안 작성의 원칙 : 실용성, 평이성, 논리성, 독창성

✔ 교안의 구성

구 분	내 용	시간 배분(100%)
도입 단계	1. 주의 집중(Attention) 2. 동기 부여(Motivation) 3. 학습 개요(Overview)	5 ~ 10%
전개 단계	1. 학습 내용 및 주제의 전달 2. 투웨이 커뮤니케이션 3. 상호 피드백	80 ~ 90%
종결 단계	1. 요약(Review) 2. 재동기 부여(Remotivation) 3. 결어(Closure)	5 ~ 10%
* 부록	1. 별첨(통계 및 인용자료 등) 2. 참고문헌	

7장 프리젠테이션 스킬 — 손승온

성공적인 프레젠테이션을 위해서는
먼저 청중의 니즈(Needs)를 파악하라.
상대가 뭘 원하는지 제대로 알아낸다면
무엇으로 설득할지를 준비하기는 수월하다.

— 손자병법

1. 프리젠테이션 화술

1-1. 교수자(강사)의 용모와 태도

(1) 교수자의 용모와 복장

1) 용모

가) 헤어

✔ 앞머리를 이마를 가리지 않도록 하며, 옆머리는 귀를 덮지 않도록 한다.

✔ 머리의 청결함과 단정함을 유지한다.

✔ 무스나 젤을 발라 머리가 헝클어지지 않도록 한다.

✔ 어깨에 비듬이 떨어져 있는 경우가 없도록 항상 주의를 한다.
✔ 여성의 경우 화려한 머리 모양은 피하도록 한다.

나) 안면

✔ 남성의 경우 화장품을 발라서 얼굴이 푸석푸석해 보이지 않도록 하며, 수염은 말끔하게 면도하도록 한다.
✔ 입술이 거칠어지지 않도록 항상 주의하도록 한다.
✔ 담배의 니코틴이나 음식의 찌꺼기 같은 것이 끼어 상대방에게 불쾌감을 주는 일이 없도록 식사 후 반드시 양치질을 하도록 한다.

2) 복장

강사의 복장은 강사가 아무말 하지 않아도 교육생에게 많은 것을 생각하게 한다. 의상이 내용보다 앞서서는 안 된다. 이러한 것이 모여 교육생의 신뢰감을 얻는데 도움이 된다.

① 강사의 복장은 보수적인 것이 무난하다.
② 너무 유행에 앞서서도 안 되지만 유행을 무시해서도 곤란하다.

가) 정장

남성의 경우 색상은 청색, 짙은 회색이 무난하다. 싱글 2버튼 양복의 경우에는 윗단추를 채우도록 한다. 싱글 3버튼 양복은 위에서부터 첫째, 둘째 단추만 채우고 맨 아랫단추는 풀어 두는 것이 보기에도 좋고 입었을 때도 편안하다. 더블 4버튼 양복은 서 있을 경우에는 반드시 모두 채워야 한다. 바지의 길이는 구두 위에 가볍게 닿을 정도(구두의 3분의 2 지점)로 한다.

여성의 경우 짙은 회색, 브라운, 검정, 감청색 스커트나 바지 정장이 가장 무난하며, 체형에 따라 심플한 디자인의 정장을 입는 것이 좋다.

나) 와이셔츠

와이셔츠는 백색이 원칙이나 하늘색이나 가는 줄무늬 와이셔츠도 무난하다. 손목은 양복 소매로부터 1~1.5cm 정도 보이게 한다. 목단추까지 다 끼워서 착용하고 소매나 깃에 더러움이 타지 않도록 청결을 유지하며 입는다.

다) 넥타이

와이셔츠에 어울려야 하는 것이 포인트. 화려한 넥타이는 교육생이 넥타이에 집중하게 되어 바람직하지 않다. 규칙적인 잔잔한 무늬의 넥타이가 무난하다. 너무 유행에 앞설 필요도 없지만 유행을 무시해서도 안 된다. 허리띠에 맞추어 적당한 길이로(버클을 가릴 정도) 바르게 매어야 한다.

라) 구두와 양말

남성의 경우 구두는 반드시 검정색 구두여야 한다. 특이한 형태의 구두를 신지 않아야 하며, 흙이 묻어서는 안 된다. 깨끗이 닦아 윤기가 나야 한다. 양말 역시 구두의 색상에 맞추어 검정색을 신는 것이 무난하다. 여성의 경우 정장의 색상과 맞추어 브라운이나 검정색 구두가 무난하다. 스타킹의 착용은 민무늬 스타킹으로 더운 여름일지라도 반드시 착용하도록 한다.

마) 명함집

명함은 자신을 소개하는 얼굴이나 다름 없다. 강의 전에 일정한 매수를 챙겨 항상 가지고 다니는 습관을 길러야 한다. 그리고 명함은 간략한 소개와 함께 강사의 이름이 상대방 쪽에서 보일 수 있도록 공손하게 두 손으로 드리도록 한다.

바) 여성의 액세서리

액세서리는 이용하기에 따라서 약이 될 수도 있고 독이 될 수도 있다. 단색의 정장을 입으면 약간 평범하다는 인상을 주게 된다. 그런 경우 스카프는 전체적인 분위기를 살릴 수가 있다. 팔찌나 귀걸이의 경우도 마찬가지이다. 요란한 인상을 풍기는 것은 절대 금물이다. 액세서리는 말 그대로 액세서리이다. 전체적인 분위기에 빠져 있는 부분을 '덧붙여' 강조하는 것이어야 한다.

3) 강사의 태도와 자세

교육생 스스로는 해빙이 잘 되지 않으므로 강사가 명랑한 분위기로 교육장의 분위기를 서서히 자신의 페이스로 이끌어가야 한다. 이러한 강사의 태도와 자세는 강의의 효과성에 직접적인 관계가 있다.

가) 태도

지나치게 자신감 넘치는 강사의 태도는 근무경력이 짧은 교육생으로 하여금 감히 접근하기 힘든 사람으로 보여 그 시간의 분위기는 활성화 되기 어렵다. 반대로 지나친 겸손은 교육생들로 하여금 '별로 배울것이 없거나 준비가 덜 된 강사는 아닌가?' 하는 의문을 일으킬 수 있다.

나) 바람직한 자세

교육생은 강사에게 나오는 언어보다 강사의 자세에서 빨리 상황을 판단하게 된다. 예컨대 뽐내는 태도는 교육생에게 '한 수 가르쳐 준다'는 것을 무언중에 나타내 보이는 태도로 교육생들의 반감을 일으키게 된다. 따라서 바람직한 자세를 갖는 것은 매우 중요하다.

1-2. 비언어적 스킬

(1) 아이컨택(Eye Contact)

사람을 볼 때 먼저 그의 눈을 보게 된다. 강의를 하는 동안 강사의 시선처리는 강의의 실제에서 매우 중요한 사항이라고 할 수 있다. 자칫 잘못하다가는 편애한다는 소리를 들을 수도 있고 그렇다고 모든 교육생들을 주시할 수도 없기 때문이다.

아이컨택(Eye Contact, Eye to Eye)이 이루어지지 않으면 의사 전달은 실패하고 만다. 눈은 진실을 말해 준다. 눈을 통해 교육생의 마음을 읽을 수가 있다. 내용에 수긍이 간다든지, 지루하다든지 하는 여러가지 상황을 읽을 수 있다. 사람이란 누구나 어떤 상황에서도 주목받고 싶어하는 존재이다. 주목받지 못하면 흥미도 적어지게 된다는 점을 명심한다.

1) 아이컨택을 할 때 주의할 점

✔ 충혈된 눈이나 졸린 눈으로 강의를 하지 않도록 주의한다.

비밀 메모

강사의 올바른 자세

- ✔바르게 선다 : 시작할 때는 바른 자세로 중앙에 위치한다.
- ✔말한다 : 책을 읽는 것이 아니라 대화를 하듯이 …
- ✔바라본다 : 아이 컨택을 염두에 둔다.
- ✔활용한다 : 제스처를 적절히 활용한다.
- ✔움직인다 : 한 곳에 서서 부동 자세로 이야기하는 것이 아니다.
- ✔해 보인다 : 필요에 따라서 시범을 보이면서 말을 한다.

비밀 메모

강사의 잘못된 자세

- ✔호주머니에 손을 넣고 설명하는 자세
- ✔뒷짐을 진 자세
- ✔머리나 입을 자주 만지는 자세
- ✔칠판에 몸을 의지하여 서 있는 자세
- ✔양손으로 교탁을 잡고 상체를 굽힌 자세
- ✔비스듬히 서 있는 자세
- ✔손가락 마디를 꺾거나 손을 만지작 거리는 것은 삼간다.
- ✔반지나 시계를 만지작 거리는 자세
- ✔손가락으로 교육생을 가리키거나 손가락을 흔드는 행위는 공격적인 느낌을 주므로 바람직하지 않다.
- ✔몸을 흔들거나 의미없는 동작을 빈번하게 하는 행위

- 시선을 교육생들에게 고르게 분배하면서 동시에 눈맞춤을 해야 한다(너무 똑바로 10초 이상 보는 것은 자칫 도전적인 느낌을 줄 수 있는 시선 공포나 다름 없다. 그러므로 시선은 미간이나 코 언저리를 보는 것도 무방하다).
- 적어도 2~3초 동안 각 사람의 눈과 마주치며 주의를 집중시킨다. 2~3초 동안 교육생들과 눈을 마주치고 표정을 읽었다면 교육생은 강사가 자신에게 관심이 있다고 느끼고 강의에 집중할 것이다.
- 교육생들을 대충 빠르게 훑어 보거나 장시간 강의실 뒷벽이나 스크린, 노트 등을 보는 것은 삼가야 한다.
- 따뜻한 시선이 필요하다. 아무리 교육생과 눈맞춤이 잘 된다고 할지라도 차갑고 날카로운 시선은 교육생들에게 긴장감만 불러일으킬 수 있다.

2) 구체적인 아이컨택 기술

가) Look Smile Talk법

아이컨택에서 가장 먼저 알아야 할 것이 Look Smile Talk법이다. 먼저 맨 뒤의 사람을 바라본다. 왜냐하면 강사의 말소리가 잘 들리는지, 안 들리는지 맨 뒤에 있는 사람을 통해 알 수 있기 때문이다. 그리고 전체를 향해 미소짓고 이야기한다.

다음으로는 우호적인 눈길을 주는 사람에게 눈을 마주쳐야 강의에 자신감

7.1.1. Look Smile Talk법

Look – Smile – Talk 법

- ✔ 먼저 맨 뒤의 교육생과 시선을 맞춘다. (Look)
- ✔ 밝게 미소짓고 (Smile)
- ✔ 강의 (Talk)

이 생기게 된다. 자신감이 생기게 되면 표정이 없는 교육생들에게도 시선을 주도록 한다. Look Smile Talk법은 강사와 교육생 간에 호흡의 일치를 가져오고 주의를 집중시키는데 효과가 있다.

나) 블록 이동법

강의장 전체를 4개로 나누어 블록으로 나눈다. 아이컨택의 순서는 Ⅰ에서 Ⅱ로, 다시 Ⅲ에서 Ⅰ순이며, 같은 블록이라도 시선을 골고루 보낼 수 있어야 한다. Ⅳ블록은 강사의 바로 앞쪽이기 때문에 특별히 시선을 보내지 않아도 된다. 주의할 곳은 (가), (나)의 구석진 곳, 이른바 사각지대인데 의식적으로 시선을 주지 않으면 교육 시간 내내 아이컨택이 안 되기 쉽다. 따라서 (가), (나)에도 가끔씩 신경을 써서 신경을 주도록 한다. 블록이동법은 다음과 같다.

7.1.2. 블록 이동법

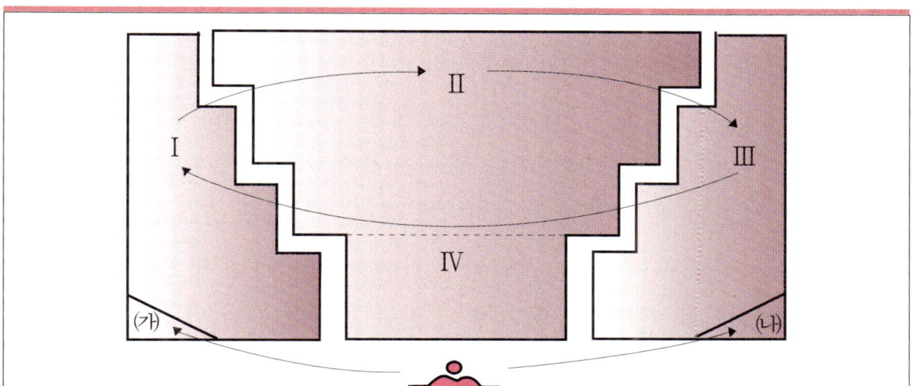

다) Zig Zag법

강사가 한 군데만을 주시하는 것이 아니라 전체적으로 지그재그 방법으로 아이컨택하는 방법이다. 그밖에 S형, Z형 그리고 역 Z형 등이 있다. 어느 형태가 됐건, 이때 한 라인에서 2~3초 정도로 응시한다. 한 교육생에게 5초 정도 아이컨택하는 방법도 있다. 강사가 교육생 전체에게 아이컨택할 수 있는 가장 좋은 방법을 선택해서 사용하는 것이 바람직하다.

(2) 바디 랭귀지(Body Language)

강의는 언어적 커뮤니케이션의 활동이라고 생각하기 쉬우나 사실상 비언어적 커뮤니케이션도 매우 중요하다. '무엇을 말하는가가 중요한 것이 아니라 그것을 어떻게 말하는가가 중요하다' 예를 들어 TV의 일기예보에서 아나운서들이 우리나라 지도를 배경으로 각 지방의 날씨는 손으로 가리키면서 날씨에 대하여 소개한다. 만약, 오늘 비가 온다고 하면 노란색 우비를 입고 나오는 경우도 있다. 말로 백 번 설명하는 것보다 한 번 보는 것이 훨씬 강력한 느낌을 받게 된다.

60년대 미국의 대통령 선거에서 케네디와 대결했던 닉슨이 "케네디는 보여주었고, 나는 들려주었다"라는 선거 패배의 말이 '百聞而不如一見'이라는 속담이 말해주듯이 비언어적 방법이 의사소통에는 더욱 효과적이다.

1) 바디 랭귀지와 제스처

비언어적 커뮤니케이션에서 대표적인 것이 바디랭귀지와 제스처이다. 바디 랭귀지는 제스처를 포함하는 내용이라고 할 수 있다. 제스처는 '신체를 이용하여 그림을 그리는 일'이다. 예컨대 신체를 이용하여 원, 삼각형, 사각형, 바람 등을 나타낼 수 있다. 제스처는 말로는 표현할 수 없을때나 칠판에 사용하기에도 부적절할 때 그 형상을 이미지화 해서 메시지를 강조하게 된다.

또한 신체를 이용해서 크다, 작다의 크기나 양을 나타낼 수 있다. '바다 낚시를 갔다가 정말로 커~다란 물고기 …'라는 이야기를 할 때 손으로 커다란 물고기를 공중에다 형상화 하면 이해하기 쉬울 것이다. 사람의 마음을 끄는 것은 말이 아니라 태도라는 점을 기억해야 한다.

가) 효과적인 제스처 방법

강의 내용을 충실하게 전달하기 위해서는 언어를 동작과 얼마 만큼 조화시키느냐에 유의해야 한다.

- ✔크고 확실하게 : 제스처는 크고 확실하게 한다. 제스처는 위로는 머리 끝과 아래로는 배꼽을 기준으로 한다. 양 옆으로는 몸에서부터 30cm를 넘지 않는 것이 바람직하다. 그 이상으로 너무 커도 작아도 좋지 않다.
- ✔얼굴 표정을 살려서 : 강조할 부분에서 내용과 어울리는 얼굴 표정과 함께 해야 효과적이다. 눈을 크게 뜬다던지, 눈을 지긋이 감는다든지의 표정을 활용한다.

2) 비주얼 핸드(Visual Hand)

TV 프로그램의 진행자들을 가만히 살펴보면 알게 모르게 손을 자연스럽게 사용하면서 자신의 메시지를 효과적으로 전달하는 것을 볼 수 있다. 강의에서도 비주얼 핸드는 강력하다. 예를 들어 1, 2, 3 … 등의 숫자를 말로 이야기하는 것보다 엄지, 검지 등의 손가락을 사용하여 숫자를 표시하면 더욱 효과적인데 이처럼 이야기의 내용을 손이나 손가락으로 시각화 하는 것을 '비주얼 핸드(Visual Hand)' 스킬이라고 한다. 강의에서는 단어나 말들이 머리 속에 그려질 수 있도록 비주얼 핸드와 같은 시각적인 언어를 사용해야 한다.

예를 들면 손가락 두 개를 세우면서 "중요한 점은 두 가지가 있습니다"라고 해결해야 할 건수를 말한다. 여기서 주의할 점은 반드시 비주얼 핸드를 말보다 먼저 해야 한다는 점이다.

가) 비주얼 핸드의 효과

- ✔내용에 대해 수용할 준비를 갖게 된다 : 강사가 비주얼 핸드로 제시하며 말했기 때문에 내용을 받아들일 준비를 하게 된다.
- ✔강조하는 점을 분명히 할 수 있다 : 비주얼 핸드로 강조하는 점을 분명히 제시했기 때문에 교육생은 그것이 무엇인지 알고 싶어지게 되며 내용을 정확히 인식하게 된다.
- ✔개념 정리가 뚜렷하게 된다 : '강사가 세 가지를 말했으니까 이제 마지막으

로 한 가지가 남았다'고 잊어버리고 있는 것까지 생각해내며 머리 속에 개념 정리가 뚜렷하게 그려질 수 있다.

3) 교단에서의 움직임

교육생은 강사가 나올 때부터 호기심을 갖고 주목하므로 강사는 세련된 몸동작과 자신감 있는 태도로 강의할 수 있어야 한다. 역으로 말하면 강사로서 가장 피해야 할 태도는 움직임이 없는 것이다.

강사는 움직여야 한다. 움직임이 자연스러우면서도 절도가 있어야 한다. 불안한 움직임은 자신감이 없는 강사라는 느낌을 줄 수 있다.

가) 교단에서의 효과적인 움직임

✔ **움직임을 통해 변화와 자극을 주어야 한다** : 강사는 교단과 학습자들 사이를 오가며 프로젝트, 교탁, 칠판, 스크린 등 사용 가능한 교육 기자재는 모두 활용하여 역동적인 강의를 만들어야 한다. 강사의 이러한 움직임이 교육생에게 자극을 주게 된다.

✔ **의식적으로 교육생에게 다가간다** : 교육생에게 다가갈수록 전달 내용을 어

필할 수 없다. '몸이 멀어지면 마음도 멀어진다'는 것은 사랑하는 연인들 사이에서만 적용되는 것이 아니다. 이는 강의에서도 마찬가지이다. 교육생에게 다가가면 다가갈수록 교육생에게 어필할 수 있고, 교육생으로부터 멀어지면 멀어질수록 교육생들은 딴 생각을 하게 될 것이다.

1-3. 언어적 스킬

(1) 강의의 기본 화술

강사의 화술은 기본적으로 강사의 열정과 자신감이 느껴져야 한다. 교육생을 끌어당겨 흥미를 유발시킬 수 있도록 변화를 주어야 한다. 기본적으로 좋은 화술은 다음과 같이 여섯 가지의 조건이 있다.

① 목소리의 울림(Vibration)
② 목소리의 고저(Pitch)
③ 말의 속도(Speech rate)
④ 목소리의 성량(Volume)
⑤ 억양(Intonation)
⑥ 발음(Articulation)

1) 목소리의 울림

강사의 목소리 가운데 목소리는 매우 중요한 역할을 한다. 좋은 목소리는 경청을 촉진시킨다. 따라서 자신의 목소리가 목 속 깊숙한 곳으로부터 나오는지 혹은 입에서만 나올 때처럼 목소리가 가늘거나 약하지는 않은지를 알아야 한다.

목소리에 울림이 있으면 어떤 장소든지 당신의 목소리로 꽉 채울 수 있다. 자신의 성량이 조금 부족하다면 뱃속에서 목소리를 내는 것을 연습하는 것이 바람직하다. 또한 낮은 목소리로 단호한 투로 말하면, 교육생들이 강사의 말에 집중하게 된다.

2) 목소리의 고저

목소리의 높낮이는 어떠해야 하는가? 우리나라 말은 단어를 발음할 때 높낮이의 차이를 두지 않는다. 그러나 문장 전체를 발음할 때는 적절한 높낮이가 있어야 한다. 그렇다면 목소리의 높낮이는 어느 정도면 적당한가? 다시 말해서 도레미파솔라시도에서 어느 정도의 음이 적당한가 하는 것이다. 남성은 약간 낮은 톤의 '미'음 정도가 바람직하며, 여성은 '파', '솔' 음 정도가 적당하다. 이러한 음의 고저는 각 단어보다는 문장 전체에 변화를 주는 것이 바람직하며 연극배우처럼 다소 과장되게 훈련할 필요도 없다.

3) 말의 속도

강사의 말의 속도는 어느 정도가 적당한가? 일반적으로 말이 너무 빠르면 무슨 소리인지 잘 알아듣지 못한다. 반면에 너무 천천히 말하면 듣는 사람이 지루해 하며, 그 사람의 생각까지도 굼뜬다고 단정해 버린다.

강사의 말의 속도는 적당해야 한다. 사내강사 교육에서 리허설을 하다 보면 말의 속도가 너무 빠른 사람을 쉽게 발견할 수 있다. 강사는 교육생의 반응과 상태를 주시하고 교육생들이 자신의 생각을 정리할 수 있도록 천천히 말해야 한다. 페이스를 맞추면서 속도를 조절하는 것이 중요하다.

우리나라 사람들이 가장 듣기 쉬운 말의 속도는 분당 260~270자라고 한다. 그러나 계속적으로 천천히 말하라는 것은 절대로 아니다. 말의 속도를 항상 의식하고, 강조하거나 주의를 높이기 위해서는 말의 속도를 다양하게 하는 것이 중요하다.

4) 목소리의 성량

목소리의 성량은 어느 정도로 크게 하여야 하는가? 이에 대한 정확한 대답은 교육생의 수와 장소, 마이크 사용 여부에 따라 달라져야 한다. 목소리의 성량은 처음부터 신경을 써야 한다. 예를 들면 긴급한 내용과 내적인 인간의 마음을 다루는 내용은 목소리 성량이 달라져야 한다. 마찬가지로 15명 내외의 적은 인원을 대상으로 하는 강의와 100명 이상 되는 대규모의 강연에도 차이가 있어야 한다.

5) 성량

강의를 할 때 목소리의 다양성이나 음조의 변화를 고려해야 한다. 역시 프로 강사들은 다양한 억양과 목소리의 변화를 통해 강의의 효과를 높이고 있다. 예컨대 아이들의 대화 내용을 이야기할 때는 아이들의 목소리와 억양으로 말하면 더욱 재미있을 것이다. 따라서 강의시 어떤 단어나 문구에 어떠한 억양을 넣어야 효과적일까를 고려해야 한다.

또한 몇몇 단어들은 조금더 중요성을 부여하기 위하여, 오런 시간 동안 발음해야 하는 것도 있을 것이다. 단음조의 목소리나 무미건조한 목소리는 강의를 지루하게 만든다는 점을 고려한다.

6) 발음

당신의 단어 한 마디가 분명하게 발음되고 있는가? 아니면 뒤로 섞여 있는가? 강사의 정확한 발음은 매우 중요하다. 이것은 특히 남성들이 관심을 기울여야 할 사항이다. 남성들은 여성들보다 말을 더 우물거리는 경향이 있기 때문이다.

사투리가 심한 사람은 입을 벌릴 때와 닫을 때, 말을 시작할 때와 달을 끝낼 때 확실하게 하는 것이 중요하다. 이를 위해서 입을 크게 벌리고 얼굴 전체의 근육을 모두 사용하는 발음 연습을 해야 한다. 예컨데 아-에-이-오-우를 큰 소리로 짧게 발음하거나 자주 소리내어 책을 읽어야 한다. 그리고 중요한 것은 강의 내용을 반드시 녹음하여 직접 들어보면서 점검하는 것이다. 불필요한 발음은 없는지, 입에서 웅웅 맴도는 소리는 없는지 다른 사람과 함께 자신의 강의를 들어보고 개선을 하는 작업이 필요하다.

(2) 설명

1) 설명의 의미

설명은 사람의 언어활동 가운데 가장 기본적인 것이다. 강의에서 설명은 교육생에게 어떠한 정보, 사실, 지식, 원리, 개념 등을 체계적으로 풀이하여 교육생에게 정확하게 이해하도록 하는 것이다.

한편 설명에는 여러 가지가 있는데 목적에 맞게 사용하여야 한다.

✔ 지정(확인) : 가장 단순한 방법으로 어떠한 대상을 지정하거나 확인하는 방법

예 여기에 있는 것이 새로 나온 신제품입니다.

✔ 정의 : 어떤 용어나 단어의 뜻 또는 개념, 성격 등을 규정하는 방법

✔ 예시 : 개념이나 사실을 이해시키기 위하여 구체적인 사례를 들어 설명하는 방법

✔ 분류 : 대상을 비슷한 특성에 근거해서 나누거나 묶는 방법. 분류와 구분의 차이점은 분류는 작은 항목에서 큰 항목으로 묶어가는 것이고, 구분은 큰 항목에서 작은 항목으로 묶어가는 방법이다.

✔ 분석 : 어떤 대상을 하나 하나의 구성요소로 나누어 설명하는 방법

✔ 비교 : 둘 이상의 것을 견주어 공통점이나 유사점을 밝혀 내는 방법

✔ 대조 : 둘 이상의 것을 견주어 차이점을 밝혀내는 방법

✔ 묘사 : 어떤 대상이나 사물, 현상 따위를 표현하는 방법으로 주관적인 해설을 담고 있는 경우도 있다.

✔ 증언 : 권위자나 전문가의 말을 인용하여 강의 내용을 신빙성 있게 제시하는 방법

2) 설명의 기본 기술

가) 순서를 고려하여 설명한다.

설명은 교육생이 알고 있는 것에서 점차적으로 수준을 높여서 말한다.

✔ 쉬운 것에서 어려운 것으로

✔ 개인적인 수준에서 끄집어 내어 큰 주제로

✔ 하위 목표에서 큰 목표로

나) 쉽게 설명한다.

최근 TV를 보면 건강, 의약, 법률 등 다소 딱딱하고 지루할 수 있는 내용을 재미있게 바꿔놓은 프로그램을 볼 수 있다. 강의에서도 딱딱하게 원리나

이론을 교육생들이 이해하기 쉽게 설명하여야 한다.

다) 구체적으로 설명한다.

교육생이 이해할 수 있도록 구체적인 실물이나 모형, 사진, 그림, 도표, 통계자료를 보여주면서 말한다.

라) 명확하게 설명한다.

설명은 명확성이 생명이다. 예컨대 다음과 같은 애매모호한 표현과 명확한 표현을 염두해 두고 설명한다.

비밀 메모

애매모호한 표현과 명확한 표현

- "~이 있는 것 같습니다." (×)
- "~ 해 보고자 합니다." (×)
- "~ 준비해 보았습니다." (×)
- "~ 이 있습니다." (○)
- "~ 해 보겠습니다." (○)
- "~ 준비했습니다." (○)

마) 한 번에 한 가지 내용을 설명한다.

사람의 기억에는 한계가 있다. 처음 접하거나 다소 생소하게 느낄 수 있는 내용을 설명할 때는 한꺼번에 모든 것을 다 알려주겠다는 생각을 버려야 한다. A라는 내용을 말할 때는 A나 이와 관련된 a만을 말해야 한다.

바) 확인하면서 설명한다.

강의 내용을 중간중간에 교육생이 알고 있는가를 수시로 확인하면서 설명한다. 예컨대, "지금까지 이야기한 것은 모두 2가지입니다." 이와 같이 하면 교육생들은 전체의 흐름을 이해할 수 있게 된다. 또한 교육생의 반응을 주시하면서, 이해 여부를 확인하면서 설명해야 한다.

사) 시점을 바꿔서 설명한다.

강의 내용을 이해시키고자 할 때는 목적에 따라 입체적으로 시점을 바꿔서 설명할 필요가 있다. 설명할 때 어느 시점에서 시작해서 어느 시점으로 이야기를 이끌어 나가면 효과적인가를 생각하면서 강의해야 한다.

(3) 설득

효과적인 강의가 되기 위해서는 설명만으로는 불충분하다. 객관적인 설득력이 필요하다. 설득이란 상대방의 태도나 신념 또는 가치관을 자신이 의도하는 방향과 일치 시키거나 행동으로 옮기도록 하는 행위를 말한다.

강의 기법 가운데 가장 어려운 것이 설득이다. 설득 단계에서는 강사와 교육생의 상호 교감이 중요하다. 서로가 공감대를 형성해야 한다. 강사의 행동이나 강의하는 내용이 교육생의 적극적인 상상을 유도하여 강사와 공감대를 형성하거나 교감을 이루어야 설득하기 쉬워진다.

1) 효과적인 설득

가) 논리를 갖춘다.

논리란 사물을 올바르게 생각하고 이끌어가는 이치를 말한다. 논리적으로 증명하기 위해 '인간관계, 예증, 가치 기준'을 제시하여 설명하면 설득력이 생긴다.

나) 추론이나 단정을 피한다.

강사는 어디까지나 객관적인 사실을 판단의 자료로 제공하여야 한다. 추론이나 단정은 가급적 피해야 한다. 추론이나 단정에서 생기는 폐단을 막으려면 구체적인 사례를 들어 사실만을 정확하게 전달하고 그것에 대한 판단은 교육생이 하도록 해야 한다.

다) 대조법을 사용한다.

대조법은 강약, 장단, 광협 등으로 대조되는 내용의 단어나 구절을 대립시켜 표현하는 방법이다. 서로 반대되는 내용을 맞세워 강조하거나 선명한 인상을 주면 설득하기 쉬워진다.

✔ 단어의 대조 : 예 인생은 짧고 예술은 길다.

✔ 의미의 대조 : 예 산천은 의구하되 인걸은 간데 없다.

✔ 색상의 대조 : 예 푸른 버들에 노랑 꾀꼬리가 운다.

라) 구체적인 사례로 비유, 증언 등을 사용한다.

비유는 설명하고자 하는 사항을 예나 상황을 대체하여 이해시키는 방법이다. 증언은 권위자나 전문가의 말을 인용하여 강의 내용을 보다 신빙성 있게 제시하는 방법이다.

(4) 예화의 개발과 사용

1) 예화의 의미

예화는 단순히 이해를 돕는 수단이 될 뿐만 아니라 의욕을 불러일으켜 행동을 유발시키는 자극제로서도 중요한 의미를 갖는다. 추상적인 이야기일수록 구체적인 실례를 들어주어야 한다. 그러나 예화는 그 자체가 주가 아니라 목적을 뒷받침하기 위한 수단임을 잊지 말아야 한다.

2) 예화의 개발 방법

강의에서 주제를 뒷받침할 예화를 개발하는 것은 강사의 노하우다. 강사가 보고, 듣고, 읽고, 생각했던 것들 가운데 주제에 적합한 것을 뽑아내는 센스가 필요하다.

가) 사실적 예화의 개발

✔ 예화에는 강사가 직접, 간접으로 체험한 것이 있다. 직접 체험에서는 강사의 독특한 예를 제시하는 것이 무기가 될 수 있다.

✔ 간접 체험에서는 역사적 사실, 외국의 예, 일반적인 사례들이 포함된다.

나) 생각하게 하는 예화의 개발

많은 사람들이 자신의 인식의 범주 내에서 살고 있다. 그러나 고정된 인식은 미래를 창조하기 위해 부적당하다는 것을 우리는 잘 알고 있다. 강의 중간중간에 교육생들이 새로운 관점으로 인식을 전환할 수 있도록 생각을 요하는 예화를 제시하는 것이 필요하다. 이러한 예화에는 격언, 명언, 속담, 우화 등에서 많이 인용하고 있다.

(5) 질문

1) 질문의 중요성

질문은 교수법의 핵심 기술이며 강사의 강력한 무기라고 할 수 있다. 질문은 모든 강의에서 사용되지만, 특히 토론식 교육에서는 교육생의 관심을 높이고 답변을 자극하는 질문을 통해 토론을 촉진시킨다.

2) 질문의 사용 시기

강사가 질문을 던지는 시기는 따로 정해져 있지 않다. 강사가 필요하다고 느낄 때 언제든지 자유자재로 사용할 수 있어야 한다.

- ✔ 질문을 받는 사람은 물론이고 교육생 전체의 주의집중을 요할 때
- ✔ 질문을 던져서 화제를 적극적으로 생각하게 할 때
- ✔ 교육생의 흥미를 일으켜 참여시키고자 할 때
- ✔ 교육생의 사고를 자극할 때
- ✔ 이해를 검토할 때
- ✔ 집중하지 않을 때
- ✔ 중요한 사항을 동기 부여할 때

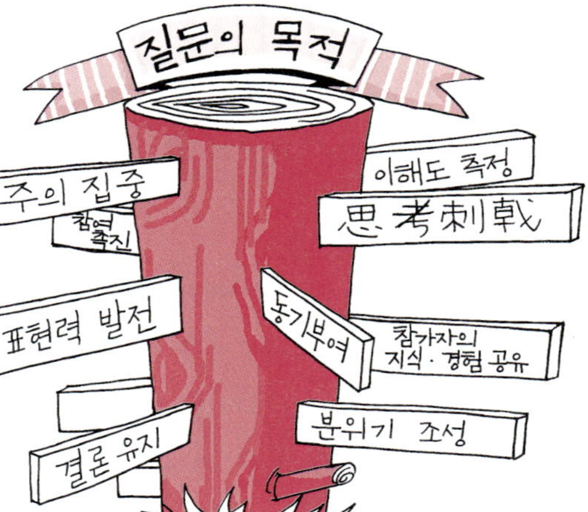

3) 교육생에게 질문할 때 강사의 태도

- ✔질문의 타이밍을 고려한다.
- ✔질문을 할 때는 묻고자 하는 바를 명확하게 한다.
- ✔목표에서 이탈된 질문은 하지 않는다.
- ✔가급적 많은 교육생들이 질문에 참여할 수 있도록 한다.
- ✔공평하게 질문한다.
- ✔이해하기 쉬운 말을 사용하여 질문한다.
- ✔대화처럼 자연스럽게 질문한다.
- ✔교육생을 무시하는 인상이 들지 않도록 질문한다.
- ✔감정적인 방향으로 흐르지 않도록 주의해서 질문한다.
- ✔질문을 한 후 답변을 듣기까지 시간 여유를 둔다.

4) 강의에서 많이 사용되는 질문

가) 전체 질문 : 교육생 전원에게 질문하는 형식이다.

- ✔"~에 대해 들어보신적 있습니까?"
- ✔"이런 문제에 대해서 누구든지 말씀해 주실분 계십니까?"

나) 직접 질문 : 특정인을 지명하면서 던지는 질문 형식이다.

- ✔"김○○씨는 이 문제를 어떻게 생각 하십니까?'
- ✔"혹시 박○○씨, 무슨 좋은 아이디어가 있을까요?"

다) 반대질문 : 질문한 당사자에게 질문을 되돌리는 방법이다.

- ✔"그렇다면 질문하신 본인은 무엇이라고 생각하십니까?"
- ✔"그럼, 질문하신 본인의 다른 의견이 있습니까?"

라) 중계 질문 : 교육생의 질문에 강사가 직접 답하지 않고, 다른 교육생에게 대답을 넘기는 방식이다.

- ✔"지금 ~ 질문이 나왔는데 이 부분에 대하여 답변하실 분 계신가요?"

마) 되받기 질문 : 학습자의 질문에 보다 구체적인 표현을 써서 다시 묻는 방법이다.

✔ "예를 들면 어떤 것이 있을까요?"

바) 유도 질문 : 질문 자체에 어느정도의 해답이 포함되어 있는 형식이다.

✔ "~ 이러 이러한 변수가 들어가면 어떻게 될까요?"

5) 교육생의 질문에 대한 응대

강사의 설명을 듣고도 잘 이해가 되지 않았거나, 관심이 있어서 추가적인 정보를 얻고 싶을 때 교육생이 질문을 하게 된다. 강사는 교육생들이 자유롭게 질문을 할수 있도록 분위기를 조성해야 한다.

가끔씩 자신의 의견을 내보이고 싶을 때나 두드러져 보이려고 질문을 하는 경우도 있으나 그러한 질문을 받았을 때에는 성실히 답변을 하고 가볍게 인정해 주는 것이 강사의 기본 스킬이다. 다음은 질문에 대한 응대 프로세스이다.

7.1.3. 질문에 대한 응대 프로세스

질문을 받는다.	- 한걸음 앞으로 나가 경청한다. - 교육생과 자연스럽게 시선을 맞춘다.
↓	
질문을 복창한다.	- 질문 요지를 복창하고 내용을 공유한다. - 개인적인 질문이라도 전체가 공유할 수 있도록 유도한다.
↓	
전체를 향해 답변한다.	- 성실한 답변은 강사의 매력이다. - 친절하게 답변한다.
↓	
만족 여부를 확인한다.	- 답변하고 난 후 질문자에게 이해가 되었는지 이해도나 만족도를 확인한다. - 만약 시간의 제약으로 답변이 불충분했을 경우 휴식 시간에 처리하는 방법도 있다.

Tip 모르는 질문을 받았을 경우

"죄송합니다. 그 대답은 준비를 못했습니다. 답을 찾아보도록 하겠습니다."
"그것은 잘 모르겠습니다만, 자료를 찾아보고 메일로 답변드려도 될까요?"
"무척 어려운 질문입니다. 실은 그 분야에 대하여 아직도 연구가 진행 중인 것으로 알고 있습니다."

핵심 메모

강사의 올바른 자세

- ✔ 바르게 선다 : 시작할때는 바른 자세로 중앙에 위치한다.
- ✔ 말한다 : 책을 읽는 것이 아니라 대화를 하듯이 강의를 한다.
- ✔ 바라본다 : 교육생과의 아이컨택을 염두에 둔다.
- ✔ 활용한다 : 제스처를 적절히 활용한다.
- ✔ 움직인다 : 한 곳에 서서 부동자세로 이야기 하는 것이 아니다.
- ✔ 해 보인다 : 필요에 따라서 시범을 보이면서 말을 한다.

핵심 메모

강의의 기본 화술의 여섯 가지

강사의 화술은 기본적으로 강사의 열정과 자신감이 느껴져야 한다. 교육생을 끌어당겨 흥미를 유발시킬 수 있도록 변화를 주어야 한다.

- ✔ 목소리의 울림(Vibration)
- ✔ 목소리의 고저(Pitch)
- ✔ 말의 속도(Speech Rate)
- ✔ 목소리의 성량(Volume)
- ✔ 억양(Intonation)
- ✔ 발음(Articulation)

2. 강의를 돕는 매체 활용 기술

2-1. 핸드 아웃

(1) 핸드 아웃의 정의

핸드 아웃이란 교육생들의 학습과제 수행을 도와주기 위하여 강사가 미리 제작한 인쇄(복사)물은 말한다. 강의에서 교육생들의 오래 기억하기와 실제로 적용하기는 매우 중요한 문제 이다. 사람의 기억력은 한계가 있으며 지속적으로는 기억하기가 불가능하다. 핸드 아웃은 이러한 문제점을 보완하고 교육생의 이해를 높이는 데 중요한 학습 도구이다.

핸드 아웃의 개발의 첫번째 단계는 강사가 사용하고자 하는 형태와 내용이 무엇인지를 결정하는 것이다. 즉, 의사결정 시트, 체크리스트, 실습지, 워크시트 등의 유형을 고려하여 사용한다. 다음 단계는 보기 쉽게, 읽기 쉽게 만들어야 한다. 핸드 아웃은 아무래도 시각적인 효과가 떨어진다. 특히 너무 많은 정보를 담고 있는 경우가 그렇다. 따라서 이러한 점을 주의해서 만들어야 한다.

(2) 핸드 아웃의 활용 방법

1) 제시형 사용 방법

강의 도입 부분에서 사용한다. 내용은 앞으로 진행될 강의의 중요성, 동기부여 등의 목적으로 사용한다. 그러나 교육 시작 전에 인쇄물을 나누어주는 것은 한 번쯤 고려해야 할 사항이다. 인쇄물로 인해 교육생의 관심이 강사에게 멀어질 수 있기 때문이다. 이러한 것을 방지하기 위하여 미리 유인물을 보지 말라고 주의를 주는 것이 좋다.

2) 설명형 사용 방법

내용을 전개해 나가기 위한 방식이나 강의 내용을 보강하기 위한 정보나 데이터, 또는 팀워크 활동을 위한 정보, 룰 등을 설명하기 위하여 사용한다

3) 결론형 사용 방법

전체 내용의 요약, 정리에 사용되는 방법이다. 강사가 배포한 핸드 아웃의 빈칸에 내용을 기재하거나 개인별로 자신의 소감을 작성할 때 사용한다.

2-2. 교육 기자재의 활용

(1) 칠판(화이트 보드)

강사가 활용하는 시각 자료 중 교육생들이 보면서 듣는데 가장 기본이 되는 것이 칠판(화이트 보드)이다. 판서를 하는 것은 교육생의 주의를 집중시키는데 효과가 있다. 졸고 있는 교육생에게는 판서가 도움이 될 수 있다는 점을 인식한다.

비밀 메모

칠판(화이트 보드) 활용법

사람의 시선을 고려하여 칠판의 상단 윗쪽 부분부터 큼지막하게 강의할 주제나 제목을 써 둔다. 그리고 그 밑에 큰 제목과 소제목 또는 내용을 요약하여 쓴다.

- ✔교육 주제나 Key Word는 그 시간까지 지우지 않는 것이 좋다.
- ✔도표나 그래프를 판서할 경우에는 오른쪽에 적는 것이 좋다.
- ✔판서시 교육생과 아이컨택을 고려한다.
- ✔칠판 등에 무엇인가를 쓰고 있을 때는 가급적 말을 하지 않는다.
- ✔교육생의 의견을 정리하여 판서할 때는 요점만 기록한다.

(2) 플립 차트

플립 차트는 긴 받침대에 부착한 널빤지에 모조 전지를 붙이고, 그 위에 필요한 내용을 적는 전통적 Tool이다. 플립 차트에 작성되는 정보는 미리 준비되거나 교육 중간에 기록한다. 미리 기록하는 것은 정보의 정확성을 기할 수 있으며, 교육 중에 기록하는 것은 발표 내용을 기록하거나 학습 상황에 즉각적으로 대응할 때 매우 효과적이다.

1) 플립 차트 활용법

- ✔ 글씨를 깨끗하게 쓸 수 있도록 연습한다.
- ✔ 종이의 위 3분의 2 지점부터 사용한다.
- ✔ 플립 차트 전체를 글씨로 가득 채우지 않아야 한다.
- ✔ 글씨는 크게 쓰는 것이 좋다.
- ✔ 가능한 짧은 문장을 사용한다.
- ✔ 간단한 그래프, 그림, 컬러 등을 사용하여 내용을 강조한다.
- ✔ 일정 시간 동안 정보를 제시해야 할 경우에만 벽면에 붙인다.
- ✔ 특정한 내용을 강조해야 할 경우에 이따금씩 따라 읽히거나 반복 학습할 수 있도록 한다.

(3) OHP(Over Head Projector)

1) OHP의 중요성

교육에서 사용되는 대부분의 매체는 다른 분야에서 개발된 것을 교육 매체로 전환시킨 것인데 반해 OHP는 처음부터 교육용으로 개발되었다. 주로 강사가 TP(Transparency : OHP 용지)에 내용을 기록하여 OHP와 함께 사용한다. 단조로운 강의식 교육에 변화를 줄 수 있고, 분임 토의 발표시에 수시로 활용되는 교육 기자재이므로 강사가 자유자재로 OHP를 사용할 수 있어야 한다.

2) OHP 활용의 일반 기술

- ✔ OHP를 사용할 때 반드시 학습자를 향해 이야기한다.

- ✔ TP 교환은 소리없이 신속하게 한다.
- ✔ TP는 전원을 끈 상태에서 교환한다.
- ✔ 앞, 뒤를 두리번 거리다가 OHP를 켜지 않는다. 사용 전에 미리 작동 스위치를 파악해 둔다.
- ✔ OHP의 강한 빛이 투사되어 장시간 사용하면 수강생의 눈이 피로하게 되므로 사용하지 않을 때는 반드시 꺼둔다.
- ✔ 특정 항목을 가리킬 때는 투명한 플라스틱으로 만들어진 포인터를 올려놓고 강조한다.
- ✔ Show-See-Speak법 : OHP 활용의 가장 기본적인 방식으로 먼저 TP를 올려 놓고 전원 스위치를 켠 후 OHP 화면을 교육생들에게 보여준다. 다음으로 교육생을 바라보고 강의 메시지를 전달한다.

(4) 비디오 테이프

비디오는 교육의 전문성을 강의할 수 있는 중요한 도구이다. 신입사원 교육에서 회사 소개는 비디오 테이프로 대신하는 경우가 많다. 강의 주제와 관련된 테이프 자료를 볼 수 있다면 교육의 질은 분명히 향상될 것이다. 그리고 Role Play에서도 비디오 테이프는 효용 가치가 매우 크다.

1) 비디오 테이프의 쓰임새

가) 사전 녹화 테이프

기본적으로 영화나 TV 취재물을 옮겨놓은 것이라고 할 수 있다. 최근 다양해진 방송 프로그램은 그 활용도가 크다. 또한 직장 예절, 고객 응대, 재고관리 요령, 생산 현장에서의 기계 정비와 같이 미묘한 동작 표현을 포함한 행동을 설명하고자 할 때도 강력한 도구이다.

나) 피드백용 테이프

이것은 비디오 카메라만 있으면 된다. 일반적인 방법은 사내강사 양성 과정 등에서 강사가 강의하는 모습을 촬영해서 피드백 자료로 활용하거나, 개인의 이미지를 확인하기 위하여 촬영해서 피드백 자료로 활용한다. 또한 교육생들의 Role Play에도 널리 활용할 수 있다. 이 방식은 연기하는 사람들이 다소 어색해할 수도 있지만, 피드백 여하에 따라서는 강력한 학습 도구가 될 수 있다.

(5) 프로젝터

빔 프로젝터, LCD 프로젝터는 현재 거의 모든 강사들이 활용하고 있는 도구 이다. 특히 강의 스킬이 약간 떨어지는 사내강사의 교육에 성과를 높일 수 있는 가장 중요한 도구이다.

프로젝트를 컴퓨터와 연결시키면 강사가 준비한 내용을 보다 쉽고 강력하게 교육생에게 전달할 수 있으며, 파워포인트 슬라이드 화면인 경우에는 다양하고 구체적인 학습 환경을 교육생에게 제공할 수 있다. 뿐만 아니라 프로젝터를 인터넷과 연결시키면 그야말로 무한한 정보를 실시간으로 보여줄 수 있어 단조로운 강의식 교육이 단점을 극복할 수 있으므로 매우 효과적이다.

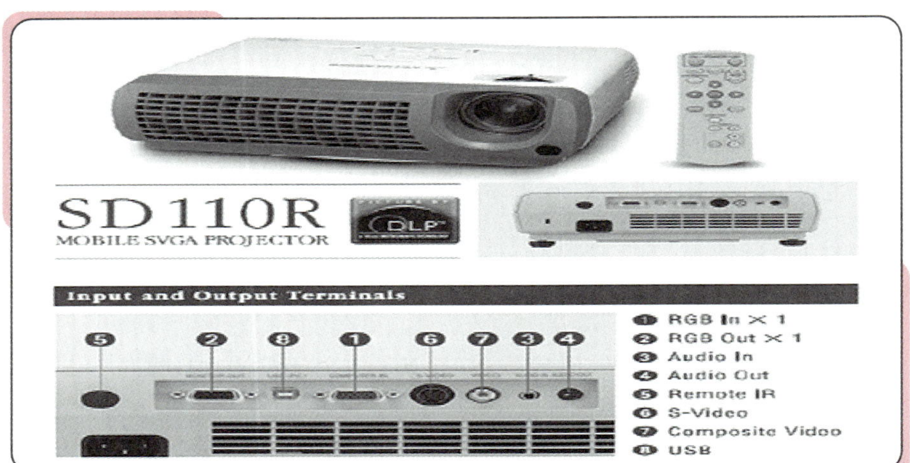

1) 프로젝션 장비를 활용한 교육 방법

가) 강의 전 준비와 환경 조성

✔노트북과 프로젝터의 연결과 작동법에 숙련되도록 한다.

✔강의장을 어둡게 하지 않는다. 컴컴하면 자고 싶은 것이 본능이다.

✔교육 전에 동영상을 실행시켜 보는 것도 중요하다.

나) 강의시 고려 사항

✔어떠한 경우라도 학습자를 향해서 이야기한다.

✔스크린 앞에서는 걷거나 서 있어서는 안 된다.

✔강사의 발음과 목소리는 전통적인 강의식 교육보다 훨씬 중요하다. 말소리가 불분명하면, 교육생들은 시각자료에 압도되어 강의 내용을 앞질러 나가서 자기 나름대로 해석할 가능성이 매우 높다.

핵심 메모

강의를 위한 프로젝션 장비 활용법

강의 전 준비

✔노트북과 프로젝터의 연결과 작동법 확인

✔강의장 조명 확인

✔동영상을 실행을 통한 영상물 확인

강의시 고려 사항

✔학습자를 향해서 이야기한다.

✔스크린 앞에서는 걷거나 서 있어서는 안 된다.

✔강사의 발음과 목소리는 전통적인 강의식 교육보다 훨씬 중요하다. 말소리가 불분명하면 교육생들은 시각 자료에 압도되어 강의 내용을 앞질러 나가서 자기나름대로 해석할 가능성이 매우 높다.

3. 스팟(SPOT) 기법

3-1. 스팟(SPOT)이란 무엇인가

(1) 스팟(SPOT)의 정의

영어로 SPOT이란 '태양의 흑점, 얼룩점, 장소, 현장, 행락지, 사마귀, 여드름, 위치, 얼룩, 때, 오점, 지폐, 조금, 점, 옥의 티, 즉석에서, 당장, 현지, 꼭, 딱, 정확히' 등의 뜻이다. 인적자원개발 분야에서는 강사나 교육 담당자가 분위기 조성과 전환을 위해 잠깐잠깐 활용하는 것을 스팟 기법이라고 부른다. 학교보다 오히려 기업교육 분야에서 활동하는 강사나 교육 담당자의 경우 어떻게 하면 성인 학습자들의 흥미를 유발시켜 학습에 적극 참여하게 할 것인가 많은 관심을 가지고 있다. 학습의 현장에서 졸음을 쫓아내고 학습에 조금 더 관심을 갖고 참여하도록 유도하기 위해서 이러한 스팟 기법은 많이 활용되고 있으며, 지금은 스팟 기법 자체를 체계적으로 연구하고 강의하는 강사들도 늘어나고 있다.

(2) 스팟(SPOT)의 활용 시기

1) 갑자기 주어지는 자투리 시간

교육 담당자가 강의를 진행할 때 강사가 늦게 도착할 경우, 강사가 교육을 너무 일찍 끝낸 경우, 휴식 시간 후 다시 교육을 시작하는 시점 등에서 활용할 수 있다.

2) 강의 중 시선 집중이 잘 안 되거나 기분 전환을 필요로 할 때

본 강의와는 별개로 강의 시작 전과 강의 시작 중, 강의 종료시 등에 다양하게 활용할 수 있다. 대부분의 경우 스팟 기법은 자투리 시간을 대신 하는 것으로만 생각하는데, 이것은 잘못된 것이다. 갑자기 주어지는 자투리 시간은 물론이고, 강의 중에 시선 집중이 잘 안 되거나 기분 전환이 필요한 경우에 실시하면 효과적이다.

3) 학습 목표 달성에 스팟이 필요한 경우

학습 목표를 달성하기 위해서는 다양한 자료나 기법들이 필요하다. 강의의 효과를 극대화하기 위해 학습자들의 흥미와 관심을 유도할 수 있는 스팟 기법을 연구하는 것이 필요하다.

3-2. 강의 중 활용 스팟

(1) GAME SPOT

1) 꼬인다 꼬여

가) 방법

- ✔ 중앙청 창살 쌍창살, 검찰청 창살 철창살
- ✔ 작년 솥장사 헛솥장사, 금년 솥장사 새 솥장사
- ✔ 대우 로얄 뉴 로얄
- ✔ 간장 공장 공장장은 강 공장장이고 된장 공장 공장장도 강공장장이다.
- ✔ 저기 있는 저분이 박 법학박사이시고, 여기 있는 이분이 백 법학 박사이시다.
- ✔ 신진 샹송가수의 신춘 샹송쑈
- ✔ 한양 양장점 옆 한영 양장점, 한영 양장점 옆 한양양장점
- ✔ 저기 있는 저 말뚝이 말 맬 말뚝이냐, 말 못 맬 말뚝이냐.
- ✔ 대공원의 벚꽃놀이는 낮봄벚꽃놀이보다 밤봄벚꽃놀이가 좋다
- ✔ 장충담 공원앞에 중앙당 약박 중앙당 약방 옆에 장층 당구장 장충 당구장 위에 장충당 족발점

나) 진행 방법

전체를 대상으로 하는 경우와 무대 게임으로 진행하는 방법이 있다. 전체

대상으로 할 경우에는 강사의 지시로 발음 연습을 하고, 그 중 잘 되는 사람만 몇 명 지적을 하여 진행을 하고 박수 유도를 한다. 무대 게임으로 진행할 때는 보통 2~5명 정도가 적당하며 강사가 먼저 빠르게 발음을 한 후에 게임 참가자에게 바로 할 수 있도록 유도한다. 피교육생의 화술을 위한 어려운 말, 발음 훈련 문장으로 사용해도 좋다.

2) 명 지휘자

가) 방법

✔ 오른손으로는 상하로 4분의 2박자 지휘하는 것을 연습한다.
✔ 왼손은 삼각형을 그리며 4분의 3박자를 연습한다.
✔ 두 손을 동시에 사용하여 오른손은 아래위로 왼손은 세모를 그린다.
✔ 한 박자 한 박자 구분하여 몇 차례 반복 진행한 뒤 연속 동작으로 진행한다.
✔ 숙달되면 노래에 맞추어 게임을 진행한다.
✔ 노래 선곡은 4분의 3박자 노래를 이용하는 것이 좋다.
예 과수원 길, 갑돌이와 갑순이 등
✔ 중간에 갑자기 "바꿔" 구령에 양손의 역할을 바꾼다. 한 손은 아래 위로, 한 손은 사각형을 그린다. 한 손은 세모, 한 손은 동그라미를 그린다.

3) 상하 모션

가) 방법

✔ 먼저 양손을 위로 올리는 동작을 하면서 동작을 위로, 아래로, 안으로, 밖으로의 구령에 맞춰 연습시킨다.
✔ 동작이 익숙해지면 강사의 동작과 반대 동작을 취하게 한다.
✔ 강사가 양팔을 위로 올리면서 "위로" 하면 피교육자는 반대로 "아래로"라는 구령을 부르며 양팔을 내린다.
✔ 강사와의 반대동작에 맞춰 노래를 부르며 진행하면 효과적이다.

나) 노래는 빠른 템포 보다는 느린 템포의 노래가 좋다.(과수원 길 등)

다) 큰 공 작은 공, 큰 마음 작은 마음 등 대상에 따라 멘트를 변화하여도 좋다.

라) 예외 조항을 두면 게임이 더욱 재미있어진다. 예를 들어 양손을 돌리던 박수와 함성, 익숙해지면 갑자기 약속되지 않은 동작을 취해본다.

예 오른손 위로 왼손 아래로/앉았다 일어섰다 등

4) 칙칙 폭폭

가) 방법

✔ 즉석반응 게임으로 강사가 하는 반대의 말을 하는 것

✔ 예를 들면 "칙"하고 강사가 하면 "폭"하고 피교육생은 다 답한다. 칙칙폭폭 폭폭칙칙, 칙폭칙폭 폭칙폭칙 등

✔ 모션과 함께 하면 효과적이다.

✔ 강사는 예고없이 어렵게 유도한다.

예 칙치리 칙칙 폭 폭포로 폭폭 칙

✔ 칙폭 이외에 다른 단어로 응용해 본다.

예 땅콩 콩땅, 콩콩콩 땅땅땅/짬뽕 뽕짝, 짬짬짬 뽕뽕뽕/똑딱 딱똑/징글벨벨 벨 징글징글/쭉쭉 빵빵

5) 몸짓 박수

가) 방법

✔ 강사가 발을 뗄 때마다 모두 박수를 한 번씩 치게 한다. 발을 디디려다 말 때 박수를 치는 사람은 걸리게 된다.

✔ 여러분이란 낱말이 나오면 박수 두 번을 치라고 하고 연설을 시작한다.

✔ 머리를 긁으면 박수를 친다.

✔ 손을 들고 흔들면 박수를 치면서 "와"하고 환호를 한다.

✔ 마지막으로 이 네 가지 동작을 한꺼번에 하기로 약속하고, 이리저리 걸어다니며 박수를 유도하고는 연설을 시작한다. 그리고 적당한 때에 머리를 긁거나, 손을 번쩍 치켜든다.

나) 강사는 대상에 맞는 연설문을 미리 준비하고 충분히 연습하지 않으면 실패하기 쉽다.

다) 사이치기 박수(양손이 교차할 때 박수를 치는 게임)를 추가하여 양손을 멈칫하면서 실수를 유도한다.

라) 손수건을 이용하면 시각적 효과가 있어 더욱 흥미롭다.(손수건을 던지고 받을 때까지 참가자는 함성과 기립박수를 친다.)

6) 에브리바디

가) 방법

✔ 강사가 '에브리바디'라는 말과 함께 동작을 요구하면 따라하고 '에브리바디'라는 말이 없이 동작을 요구하면 따라하지 않는다.

✔ '에브리바디' 대신 학생일 경우 '청소년'으로 하고, 직장인일 경우 '직장명'으로 하여도 좋다.

나) 설명을 한 후

예 "자, 그럼 시작해 볼까요? 박수 세 번 시작!"을 외치면 대부분은 실수(박수)를 한다.

다) 연속 동작과 정지 동작을 적절히 활용하면 피교육생들은 알면서도 실수를 하게 된다.

예 에브리바디 반짝반짝 스톱(외치듯)
에브리바디 박수 세 번 시작, 두 번 시작(연결 멘트)
에브리바디 양손 높이 … 힘들죠? 내리세요(힘없이)

라) 잘하는 사람이나 못하는 사람을 뽑아 스테이지 게임이나 대표자 게임으로 연결한다.

마) 상하좌우 모션, 따라해요 붐 등 다음 게임의 연결로 자연스럽게 이어가면 좋다.

7) 가위바위보

가) 방법

① 전체 대상이 오른손을 들게 한다.

② 강사와 가위바위보를 해서 진 사람은 손을 내리게 한다.

③ 계속적으로 실시를 해서 최종 몇 명을 선발한다.

④ 선발된 인원에게 직접 상품을 주거나 무대 위로 나오게 해서 다음 프로그램과 계속적으로 연계하여 진행한다.

✔ 게임의 정확한 판단이 중요하다. 진 사람은 바로 손을 내리게 유도하고 빠르게 진행한다.

✔ 게임의 흥미를 위해서 때로는 이긴 사람의 손을 내리게 할 수도 있다.

✔ 소그룹은(20명 이하) 일어서서 발로 가위바위보 혹은 소림사 가위바위보로 응용해도 좋다.

✔ 인원이 많거나 시간이 길게 소요될 것으로 예상되면 비긴 사람도 탈락시킨다.

8) 빵돌이, 빵순이

가) 방법

① 강사가 교육생들을 대상으로 이야기를 하는 도중 '빵'자가 나오면 참가자들은 '빵'자에 정확히 맞추어 손뼉을 한 번 친다.

② 강사는 교육생들이 손뼉을 자주, 자동으로 치도록 실수를 유도한다.

③ **진행 Ment**

예 옛날에 '빵'돌이와 '빵'순이가 살았습니다. 빵돌이와 빵순이는 모두 '빵'을 너무 좋아했습니다. 어느 날 빵돌이가 돈이 생겨 빵순이에게 빵집에 가자고 했습니다. 빵집에는 빵이 참 많았습니다. 곰보빵, 크림빵, 찐빵, 햄버거, 도넛(실수 유도 웃음). 빵을 먹다가 빵순이가 빵돌이에게 노래를 부르자고 했습니다. (노래) 빵 빵 빵자로 끝나는 말은 나 빵, 언니 빵, 오빠 빵, 아빠 빵, 할아버지 '떡'(실수 유도 웃음). 그 다음날 학교에 갔더니 갑자기 선생님께서 시험을 보는 것이었습니다. 시험 공부를 못한 빵돌이와 빵순이는 시험 결과가 아주 안 좋게 나왔습니다. 국어 빵점, 산수 빵점, 사회 빵점, 자연 빵점, 체육 20점(실수 유도 웃음). 체육은 기본 점수가 있기 때문에 빵점이 없습니다.

④ 말의 스피드를 조절하면서 빠르게 혹은 느리게 진행한다. 빵이 아닌 '뻥'이나 뺑들의 비슷한 단어를 활용함으로써 진행의 재미를 더한다.

나) 토끼와 거북이(유아), 타잔과 제인 (성인)

9) 안마게임

가) 방법

① 피교육생들을 오른쪽이든 왼쪽이든 한 방향을 정해서 몸을 살짝 돌리게 한다.

② 몸을 돌린 상태에서 앞사람 어깨에 양손을 올린다.

③ 음악에 맞춰 강사의 지시에 맞춰 안마를 한다.

④ **진행 Ment**

✔ 양손을 앞사람 어깨 위에 올리고 음악과 함께 주물러주기 출발합니다.

✔ 주먹으로 살살 두드려 주기 날 세워서(손 날로) - 등심, 안심, 제비추리, 목살까지

✔ 손바닥으로, 한참 두들기다가

✔ 겨드랑이 간지럼 태워주기

✔ 전체 뒤로 돌아서

✔ 같은 방법으로 하되 마지막 간지럼 대신에 앞사람 엉덩이 만져주기

✔ 피교육생들이 주무르기 하는 동안 음악에 맞춰 박자를 세어주면 좋다.

예 다같이 주무르기 하나, 둘, 셋, 넷, 둘둘, 셋, 넷-넷, 둘, 셋, 넷.

✔ 목소리 톤은 아주 높여서 진행(음악이 나오는것으로)한다.

✔ 각 단계마다 리더는 모션을 보여주면서 진행한다.

예 주먹 쥐고 두드리는 모습 등

(2) ACTION SPOT

1) 사랑의 박수

가) 방법

① 무릎 2회 손뼉 2회(4호)/구령 : "하나, 둘, 셋, 넷"

② 양손으로 사진 찍는 동작(윙크) 좌우로 각 2번(4호)/구령 : 윙크하고~윙크하고

③ ①과 같음/구령 : "하나, 둘, 셋, 넷"

④ 양손으로 꼬시는 동작 좌우로 각 2번(4호)/구령 : 꼬시고~ 꼬시고

⑤ ①과 같음/구령 : "하나, 둘, 셋, 넷"

⑥ 팔장끼는 동작 좌우로 각 2번(4호)/구령 : 팔짱끼고~ 팔짱끼고

⑦ ①과 같음/구령 : "하나, 둘, 셋, 넷"

⑧ 바이바이 동작 좌우로 각 2번(4호)/구령 : 쪽 바이~ 쪽 바이

나) 소심한 LOVE

손뼉 한 번, 왼쪽 무릎 한 번, 오른쪽 무릎 한 번, 다시 왼쪽 무릎 한 번(4호)

손등을 치고 손뼉 세 번(쿵짝짝 쿵짝 : 4호)

손가락을 이용한 LOVE, 2회(8호)

L : 양손의 엄지와 검지를 직각으로 펴서 'L' 자를 만든다.

O : 양손의 엄지와 검지를 둥그렇게 해서 'O' 자를 만든다.

V : 양손의 검지와 장지를 펴서 'V' 자를 만든다.

E : 양손의 검지와 장지와 약지를 펴서 'E' 자를 만든다.

다) 과감한 LOVE

L : 오른팔 위로 펴고 왼팔 옆으로 편다.

O : 머리 위로 양손을 동그랗게 모은다.

V : 양팔 위로 45도로 편다.

E : 고개를 왼쪽으로 비스듬히 하고 양팔은 이두박근 자세를 취한다.

숙달되면 사랑에 관한 노래를 부르며 두 가지 동작을 적절히 섞어가며 진행한다. 예 사랑은 아무나 하나, 당신의 의미 등

2) 이렇게 저렇게

가) 방법

① 깨끗하게/목욕통(두 손으로 세수하는 동작/때미는 동작)

② 대문 안에/절구통(양손바닥을 바깥쪽 안쪽으로/절구 찧는 동작)

③ 대문 밖에/쓰레기통(양손바닥을 안쪽 바깥쪽으로/쓰레기 버리는 동작)

④ 먹다 남은/수박통(양손으로 하모니카 불 듯/양손머리 위로 동그랗게)

✔ 1절 : 노래와 동작을 같이 한다.

✔ 2절 : '통'은 노래하지 않고 동작만 한다.

✔ 3절 : '통'앞의 목욕, 절구, 쓰레기, 수박 부분을 노래하지 않고 동작만 한다.

3) 따라해요 붐

가) 방법

① 동작은 무릎 1회와 손뼉 1회를 2박자 동안 계속 친다.

✔ 따라해 요 붐/따라해 요 붐 치키 붐

✔ 따라해 요 붐 치 키 라 커 치 키 라 커 치 키 붐

② 동작(무릎 1회 손뼉 1회)을 계속 하며 다음과 같은 멘트를 한다.

✔ 아 하~ 오 예~/재밌지 요~/이번에 는 아 주~ 낮 게

✔ '아주 낮게'/'아주 높게'/'아주 빠르게'/'군인처럼' 등을 적용하여 실시하여 보자. 문에 맞게 동작과 소리를 변화시켜 준다.

(3) QUIZ SPOT

1) 착각 퀴즈

문제 1] 이 문제의 답은 두 개입니다. 철수는 사과를 10개를 먹었고 영희는 배를 15개를 팔았습니다. 과일은 몇 개가 남을까요? **답** 2개

(해설 : 처음에 답이 두 개라고 했기 때문임. 뒷 숫자들은 강사의 임의적 변경이 가능)

문제 2] 지금부터 제가 하는 말만 무조건 따라하세요. 1교시에는 수학(1교시에는 수학), 2교시에는 체육(2교시에는 체육), 3교시에는 영어(3교시에는 영어), 4교시에는 국사(4교시에는 국사), 그럼 2교시는 뭘까요? (체육!)

(해설 : 강사가 하는 말을 무조건 따라하게 하여 마지막엔 질문을 던지면 참가자들은 그 문제의 답을 맞추려고 대답할 것이다. "2교시는 뭘까요?" 라고 물으면 피교육생들은 '체육'이라고 답할 것이다. 하지만 이건 틀린 답. 무조건 강사가 하는 말을 따라 해야 하므로 "2교시는 뭘까요?" 라고 대답해야 맞는 답이 된다.)

문제 3] 강사는 피교육생들에게 거북이, 거북이, 거북이, 거북이 4번을 외치게 하고 질문한다. 세종대왕이 만든 것이 무엇이죠?

(해설 : 강사가 질문을 던지면 피교육생들 대부분이 거북선이라고 대답할 것이다. 하지간 세종대왕이 만든 것은 한글)

문제 4] 강사는 피교육생들에게 송아지, 송아지, 송아지, 송아지를 4번 외치게 하고 지시한다. 개나리 노래 시작!

(해설 : 개나리 노래를 시작시키면 피교육생들은 개나~리 개나~리 얼룩 … 송아지 노래에 맞춰서 개나리 노래를 부를 것이다.)

문제 5] 철수네 엄마의 아들은 10명입니다. 첫째는 일남이, 둘째는 이남이, 삼남이, 사남이, 오남이, 육남이, 칠남이, 팔남이, 구남이, 마지막 아들의 이름은 무엇입니까?

(해설 : 피교육생들은 열남이를 떠올릴 것이나 마지막 자식의 이름은 철수이다. 왜냐하면 철수 엄마이니까)

문제 6] 1, 2, 3, 4, 1, 2, 3, 4, 1, 2, 3, 4 수레바퀴 바퀴 수는?

(해설 : 손가락으로 같이 1부터 4까지를 반복해서 피교육생들과 셈을 한 다음 질문을 던지면 대부분의 피교육생들은 "4개요"라고 대답할 것이다. 그러나 답은 2개)

문제 7] 컨닝 컨닝 컨닝 컨닝 미국의 초대 대통령은?

(해설 : 강사는 컨닝을 4번 참가자들과 함께 외치도록 하고 질문을 던진다. 초대 대통령은? 이러면 대부분의 피교육생들은 "링컨이요."라고 대답할 것이다. 정답은 워싱턴)

문제 8] 나무꾼이 나무를 베기 위해 도끼질을 하다 잘못해서 도끼를 호수에 빠뜨렸다. 근데 도끼가 내려갔다 빠졌다 내려갔다 빠졌다를 반복했다. 왜 그럴까요?

(해설 : 강사는 "내려갔다, 빠졌다"를 할 땐 손으로 위로 아래로 왔다 갔다 행동을 하면 착각을 일으킬 것이다. '내려갔다'나 '빠졌다'는 같은 의미)

문제 9] 한 가정주부가 밥을 하려고 전기 밥솥에 코드를 "꼽았다 끼웠다" "꼽았다 끼웠다", "꼽았다 끼웠다"를 반복했다. 밥이 되었을까요?

(해설 : 강사는 코드를 꼽았다 빼다 하는 행동을 보이고 말로는 "꼽았다 끼웠다"를 반복하면 피교육생들은 대부분 밥이 안되었을 거라고 대답할 것이다. 하지만 정답은 밥은 된다. 왜냐하면 "꼽았다"와 "끼웠다"는 같은 의미. 강사의 행동으로 피교육생들의 착각을 불러 일으킴)

문제 10] 놀부의 여동생 이름은 놀자, 놀숙, 놀녀라고 합니다. 그렇다면 남동생 이름은? 답 홍부

(4) HUMOR SPOT

1) 심리테스트

가) 손가락 심리테스트

① 전체가 강사의 말에 따라 오른손을 펴서 든다.

② 하나, 둘, 셋 이란 구령에 손가락 다섯 개중에 하나를 선택하고 나머지는 접는다.

③ 자신이 선택한 손가락을 기억한 후에 손을 내린다.

④ 각 손가락에 담긴 의미를 풀어준다.

✔검지 : 지적이거나 아는 것이 많고 똑똑한 사람. 하지만 아는 것이 많다 보니 까 어른들 앞에서 아는 척하다 혼나는 경우가 많다.

✔중지 : 관능적이며 섹시한 사람이지만 속옷에 레이스나 망사가 들어간 것을 좋아한다.

✔약지 : 멍청한 사람이지만 고집이 세다.

✔끝지 : 끼가 많고 애교가 많은 사람으로 주위의 사람을 닭살 돋게 한다.

✔엄지 : 무식한 사람으로 안 되면 힘으로 하지 뭐 라는 강한 철학을 가지고 있는 단순 무식형

나) 어떤 사랑을 할까

① 전체가 강사의 말에 따라 왼손을 펴서 든다.

② 하나, 둘, 셋 이란 구령에 손가락 다섯 개 중 하나를 선택하고 나머지는 접는다.

③ 자신이 선택한 손가락을 기억한 후 손을 내린다.

④ 각 손가락의 의미를 풀어준다.

✔검지 : 지적이고 로맨틱한 사랑

✔중지 : 정열적인 사랑을 원한다.

✔약지 : 스토커적인 무대포 사랑을 한다.

✔끝지 : 상처 뿐인 사랑으로 70년대적 사랑을 원한다. 하지만 해줄 것 해주고 버림받는 경우가 많다.

✔엄지 : 변태적인 사랑을 원한다. 모든 것은 힘으로 한다.

다) 11가지 질문

① 준비된 종이에 차례대로 1~11까지 번호를 적는다.

② 다음의 질문에 답을 한다.

✔1과 2번 옆에 생각나는 숫자를 적으세요.

✔3과 7번 옆에 이성의 이름을 각각 적으세요.

✔4, 5, 6 번 옆에 아무나 생각나는 사람을 적으세요.

✔8, 9, 10, 11 번 옆에 생각나는 노래제목을 적으세요.

③ 해석

✔1 : 의미 없는 숫자

✔2 : 이 테스트를 숫자만큼 다른 사람에게 실행할 것

✔3 : 당신이 사랑하는 사람

✔4 : 이 사람을 당신이 가장 많이 보살핀다.

✔5 : 이 사람은 당신을 잘 아는 사람

✔6 : 이 사람은 당신의 행운의 스타일

✔7 : 당신이 좋아하지만 이루어질 수 없는 사람

✔8 : 3번의 사람과 잘 어울리는 노래

✔9 : 7번의 사람과 잘 어울리는 노래

✔10 : 당신의 생각을 잘 표현하는 노래

✔11 : 당신이 인생을 어떻게 생각하는지를 말하는 노래

2) 단편 유머

가) 우리가 알지 못했던 사실

✔사람이 혓바닥으로 자신의 팔꿈치를 핥는 건 불가능하다.

- ✔ 악어는 자신의 혀를 내밀 수 없다.
- ✔ 새우의 심장은 머리 안에 있다.
- ✔ 돼지는 하늘을 볼 수 없다.
- ✔ 세계 인구의 50%가 넘는 사람들이 여태껏 한번도 전화를 받거나 걸어본 적이 없다.
- ✔ 쥐랑 말은 토를 못한다.
- ✔ "sixth sick sheik's sixth sheep's sick"란 문장은 영어 문장 중에 가장 발음하기 힘든 문장이다.
- ✔ 재채기를 너무 세게 하면 갈비뼈가 부러질 수도 있다. 그러나 그 재채기를 참으려고 하면 목이나 머리에 있는 혈관이 터져서 죽을 수 있다. 그리고 재채기를 할 때 억지로 눈을 뜨려고 하면 눈~알이 빠질 수 있다.
- ✔ 한 시간 동안 헤드폰을 끼고 있으면 자신의 귀에 있는 박테리아의 수가 무려 700배나 증가한다.
- ✔ 데이트 상대를 찾는 광고를 내는 사람들 중에 35%가 기혼자이다.
- ✔ 자신이 평생동안 자면서 자신도 모르게 70여 종의 벌레들과 10마리의 거미를 먹는다고 한다.
- ✔ 거의 모든 립스틱의 성분에 생선비늘이 들어간다.
- ✔ 고양이의 소변은 야광이다.

핵심 메모

스팟의 활용 시기

1. 갑자기 주어지는 자투리 시간에 활용한다.

교육 담당자가 강의를 진행할 때 강사가 늦게 도착할 경우, 강사가 교육을 너무 일찍 끝낸 경우, 휴식 시간 후 다시 교육을 시작하는 시점 등에서 활용할 수 있다.

2. 강의 중 시선 집중이 잘 안 되거나 기분 전환을 필요로 할 때 사용한다.

본 강의와는 별개로 강의 시작 전과 강의 시작 중, 강의 종료시 등에 다양하게 활용할 수 있다. 대부분의 경우 스팟 기법은 자투리 시간을 대신 하는 것으로만 생각 하는데, 이것은 잘못된 것이다. 갑자기 주어지는 자투리 시간은 물론이고, 강의 중에 시선 집중이 잘 안되거나 기분 전환이 필요한 경우에 실시 하면 효과적이다.

3. 학습 목표 달성에 스팟이 필요한 경우에 사용한다.

학습 목표를 달성하기 위해서는 다양한 자료나 기법들이 필요하다. 강의의 효과를 극대화 하기 위해 학습자들의 흥미와 관심을 유도할 수 있는 스팟 기법을 연구 하는 것이 필요하다

기억할 사항 : 스팟은 교육과 연결되는 것이 효과적이다.

제 3 부

서비스 현장 및 사례

8장 서비스 접점 현장 실무 — 김연운

> 사람이 사람을 헤아릴 수 있는 것은
> 눈도 아니고 지성도 아니거니와
> 오직 마음 뿐이다.
>
> —— 마크 트웨인(Mark Twain)

사례 메모 삼성생명 콜센터(STS 커뮤니케이션)의 고객 섬김

—— 고객 현장 방문

우리나라 대표 브랜드 중의 하나인 삼성생명!

2006년 삼성생명의 새로운 약속은 "당신 삶의 파트너가 되겠습니다"였고, 이어서 "고객 섬김"이라는 단어로 고객에 대한 약속을 표현했다.

보통은 그런 약속들은 말이나 글로만 표현하고 끝나는 경우가 많은데, 삼성생명 콜센터(STS 커뮤니케이션)에서는 작지만 강한 실천 사례로 고객에게 잔잔한 감동을 불러일으키고 있었다.

2006 1월, 삼성생명 광고

삼성생명콜센터(STS 커뮤니케이션)에서는 상담 직원이 자신이 직접 상담한 고객 중 한 분께 미리 연락을 드리고 방문을 하게 된다.

2006 TV 광고 자료

직원 : "고객님, 안녕하세요! 저는 며칠 전에 고객님과 상담을 진행했던 나 친절이라고 합니다. 이렇게 방문을 드린 건 앞으로 저희가 좀 더 고객님께 만족되는 서비스를 해드리기 위해 고객님 고견을 듣고 개선하는데 조언을 구하고자 함입니다."

고객 : "솔직히~ 보험료가 좀 비싸다는 게 좀 그랬는데 삼성생명 정말 서비스가 특별하긴 하군요! 저희가 오히려 감사하죠!"

서비스 현장에서 남보다 앞서가는 아이디어와 실천적인 서비스 응대는 분명 그 기업의 경쟁력이 된다는 것을 정확하게 보여주는 사례라 할 수 있겠다.

삼성생명 콜센터(STS 커뮤니케이션) 내부 자료

세상에서 가장 어려운 것은 자신과 다른 사람을 상대하는 것이라고들 한다. 이렇기에 서비스 현장에서의 실무는 사실 복잡하고 쉽지 않다. 가끔씩 여러분들도 자문해보길 바란다. **"내가 생각한 그대로를 상대가 호감을 느끼도록 말하면서 행동할 수 있는가?"** 솔직히 금방 긍정의 대답을 했다면 그것부터 현장에서는 실패의 지름길이라는 것을 염두에 두면서 이번 8장을 학습해야 하겠다.

서비스 현장을 알기 위해서는 고객에 대한 의미부터 파악해야 하는데, 고객(Customer)이란 이미 제품이나 서비스를 구매한 적이 있는 사람을 의미하는 것으로서 구매하지 않은 잠재 고객(Prospect) 아니라 구매 결정이 된 사람으로 볼 수 있다. 결론적으로 소비자란 단어는 곧 고객이란 단어와 유사한 의미로 통용될 수 있겠다.

그리고 이번 장에서는 소비자란 단어 대신 고객이란 단어를 활용토록 하겠다. 구매 결정을 어느 정도 완료한 고객을 응대하는 서비스 현장에서 성공적인 실무를 수행하기 위해서는 고객 심리 과정을 알아야 하며 어떤 과정에서 서비스 현장이 형성되는지 구체적으로 파악해야 한다.

〈표 8.1.〉은 고객 심리 과정을 도식화한 것이다. 소유 욕구를 갖고 있던 잠재 고객(Prospect)은 제품이나 서비스에 대한 구매 결정을 하게 되는데 거기서 1차 서비스 현장이 형성된다. 그리고 대다수 고객은 제품이나 서비스를 별 불만없이 잘 사용하게 되지만 이 중 일부 고객은 불만이 발생하게 되며 이에 불만을 해결할 접점을 찾게 되는데 이때 2차 서비스 현장이 형성된다. 또한 서비스 현장과 함께 해당 서비스 현장 중(中) 서비스 접점도 함께 구분해놓았다. 그런데 이와 같은 서비스 현장에서 고객을 응대하기 위해서는 제품 및 서비스회사의 직원이 직접 투입되어야 하며 이에 해당 직원의 고객에 대한 응대법의 철저한 훈련이 서비스 현장의 성공과 실패의 척도가 될 수 있다.

2000년 이후에는 모든 기업체에서 제품과 서비스의 가치 중심이 비슷해더니 최근에는 서비스쪽 가치 중심이 더욱 올라가는 것을 볼 수 있다. 이에 서비스 현장에서 고객 응대법은 앞으로 계속 강조되어질 것이다. 따라서 이번 장에서는 서비스 현장에서 직접 활용되는 실무(實務) 차원의 방법들을 다루게 될 것이다.

8.1. **고객 심리 과정**

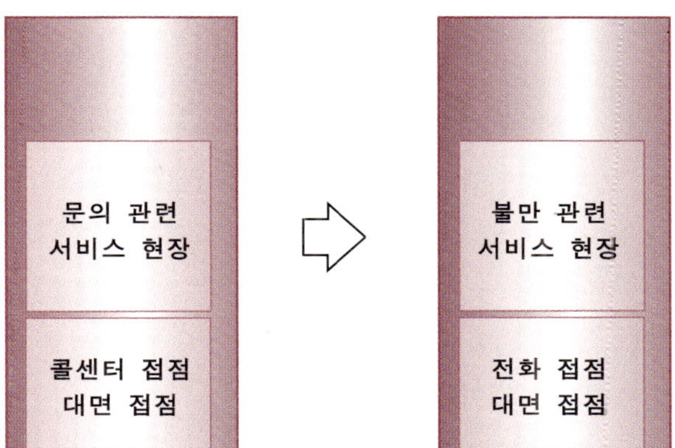

1. 고객 유형 & 접점별 서비스 훈련

1-1. 남성고객과 여성고객의 구분

고객을 가장 쉽게 분류하는 방법이 무엇일까? 바로 여성과 남성고객으로 구분하는 것이다. 실제로 현장에서도 가장 어려운 부분이 남성 직원이 여성 고객을 응대할 때와 여성 직원이 남성고객을 응대할 때라고 말한다. 나와 다

사례 메모

남녀 직장인이 말하는 서로 눈살 찌푸리게 하는 옷차림

한 인터넷 기업에서 일하는 송민섭(25)씨는 요즘 사무실에서 시선을 어디에 둘지 몰라 당황하는 일이 잦아졌다. 동료 여직원들의 '시원한 옷차림' 때문이다. 연일 무더위가 계속되면서 민소매나 미니스커트 차림으로 일하는 여직원들이 부쩍 늘어난 것이다.

송씨는 "노출이 심한 옷차림을 보면 신경이 쓰여 일에 집중하기 힘들다"고 말했다. 중소기업에 근무하는 안모(27. 여) 씨는 지나친 '노출 패션' 때문에 말다툼까지 했다.

위 내용에서 우리가 알 수 있는 것은 시대적 트렌드(Trend)나 이슈(Issue)를 분석할 때 가장 먼저 손쉽게 시도하는 것이 남녀 간에 서로 바라보는 시각 차이가 어떻게 다른가를 보여주는 것이다.

〈중앙일보 & Joins.com〉, 2006. 8. 15 기사의 재구성

8.1.1. 사자의 암컷, 수컷 비교

른 성향을 갖고 있기 때문에 상대방을 모르고서는 응대하기가 쉽지 않다. 여성과 남성고객에 대한 응대법을 알기 전에 우리는 먼저 남성과 여성의 차이부터 알아보아야 한다.

(1) 남성과 여성은 어떻게 다른가?

다음 사진 중 어떤 사자가 암컷이고 수컷인지 구분해보라.

왼쪽의 사자가 암컷이고 오른쪽의 사자가 수컷이다. 심리학자들은 남성과 여성의 차이를 동물의 생존 이론으로 접근하곤 한다. 즉 동물 세계의 생존의 법칙과 연관지어 해석하는 경우가 있다는 말인데 동물이 생존하는 가장 중요한 이유는 무엇인가? 바로 자신의 종족(種族)을 번식시키기 위해서라는 것이다. 그런데 동물의 세계에서는 암컷보다 수컷이 더 화려하게 생겼는데 그 이유는 암컷에게 수컷이 선택되어져야 하기 때문이며, 자신이 종족을 번식시킬 대상으로 염두에 둔 암컷에게 선택되기 위해 다른 수컷과의 공격적인 싸움으로 자신을 과시할 필요가 있는것이다.

그렇다면 암컷은 무엇을 하는 것이 목표(目標)인가? 종족(種族)을 번식시키기위해 어렵사리 잉태한 생명체를 낳아서 잘 길러야 되는 의무가 암컷에게 주어진다. 그런데 자신의 새끼를 잘 길러내기 위해서는 생존에 위협과 도움을 주는 상황에 매우 예민해져야 하며, 주변과의 관계(relationship)와 자신의 새끼와의 의사소통(Communication)이 원활해야만 새끼가 성체(成體)로 자라도

록 보살필 수가 있는 것이다. 여기서 남성과 여성의 성격적 차이점이 생겨나게 된다. 그 내용을 〈표 8.1.2.〉에서 분류해 보도록 하겠다.

〈표 8.1.2.〉에서 보듯이 남성과 여성은 성격적으로 큰 차이를 보이고 있다. 그런데 이런 성격의 차이는 서비스 현장에서 직접적으로 드러나게 되는데 우리는 이와 같은 남성과 여성의 차이를 근본적으로 이해해야만 실전 응대시에 보다 고객 욕구에 부합된 응대가 가능하게 된다.

(2) 남성고객과 여성고객 응대법

서비스 현장에서 CS는 이제 일정 수준 이상 올라와 있다. 예를 들어 예전에는 특별한 대접을 받고 싶어서 방문했던 백화점이나 호텔에서만 볼 수 있었던 직원의 인사 응대를 이제는 대형 할인마트인 이마트나 홈플러스에서도 얼마든지 볼 수 있다. 그렇다면 서비스 현장에서 이렇게 경쟁적으로 CS를 하는 이유가 무엇일까?

경쟁사 만큼 해서는 치열한 시장에서 생존할 수 없기 때문이다. 그래서 최근 서비스 현장에서 고객 응대 관련 이슈(issue)가 되고 있는 것이 고객유형에 맞는 맞춤응대(Man to Man Response)이다. 그렇다면 고객을 남성과 여성으로 구분하기에 앞서 반드시 알아보아야 할 것이 있다.

8.1.2. 남성과 여성의 차이

항 목	남 성	여 성	추 론
정 서	• 공격성(경쟁, 성공, 과제 수행)	• 관계성(보호, 돌봄, 타인과 가깝게 지내는 것)	• 여성이 남성보다 정서적임.
관계 형성	• 수직적	• 수평적	• 대화 흐름 판단 가능
대표 정서	• 분노	• 행복, 슬픔, 공포	• 감정 표현의 빈도수차이 발생
주된 정서 표현	• 언어적 단서	• 비언어적 단서(표정, 태도, 자세 등)	• 여성의 비언어적 눈치가 빠름.
유아(乳兒) 놀이	• 승패가 있는 놀이	• 관계가 있는 놀이	• 문제 해결시 시간의 중요성 차이 발생
요 약	• 협동, 친밀 관계 희생, 경쟁하고 자신 강조, 공격성과 분노 표현, 공포, 약함의 정서 억제	• 친밀한 관계 유지, 자신의 욕구 희생, 비언어적 신호 읽음, 분노 억제	• 남성은 원인과 결과에 분석적임. • 여성은 감정적 상황에 의식적임.

연세대학교 박수애 교수의 『정서의 심리학』 '정서와 성차의 자료' 재구성
Birnbaum & Croll(1988), Briton & Hall(1992), Hall(1987).

1) 고객의 욕구

고객은 서비스 현장에서 어떤 욕구를 갖고 있을까? 1차 서비스 현장인 '문의 관련 서비스 현장'의 아래 상황에서 이 물음에 대한 해답을 찾아 보도록 한다.

대부분의 고객이 서비스 현장에 직원에게 바라는 욕구를 구체적으로 분석해보면 〈표 8.1.3.〉과 같이 2가지로 나누어 생각해볼 수 있다.

여기서 감정적 욕구는 매우 복잡하나 특히 가장 대표적인 3가지로 구분해 보자면 첫째 모르는 상대와 대화해야 된다는 부담감, 둘째 정리되지 않은 생각을 물어보는 것에 대한 미안함, 셋째 고객이 있어야 회사가 존재한다라는 믿음이 있는 권위적 주인의식 등이 대표적인 감정이라 할 수 있다. 이런 욕구

8.1.3. 서비스 현장에서 고객의 욕구 구분

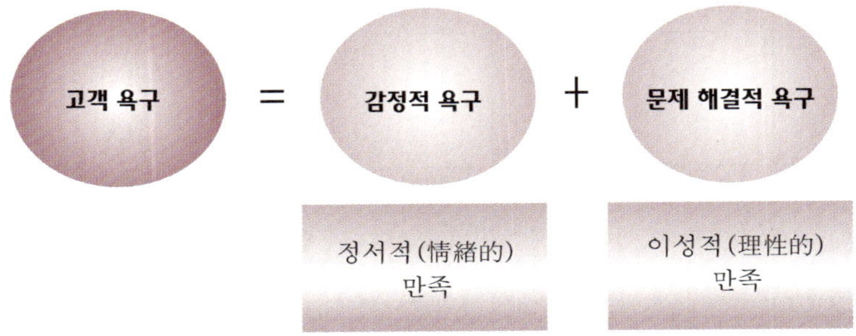

에 대해 어떤 적절한 대응이 있는지 〈표 8.1.4.〉를 통해 알아보도록 하자.

그럼 이번에 살펴볼 것은 문제해결적 욕구인데 이는 크게 두 가지로 나눠진다.

첫째 정보의 정확성인데, 이는 직원이 전달해주는 정보 중에서 오(誤)정보가 없이 정확히 신뢰할 수 있는 정보만이 존재하기를 기대하게 된다.

둘째 설명의 구체성인데, 고객은 직원이 자신의 이해도(연령, 성별, 학력, 거주지등과 관련되어 있음)에 맞추어 설명해주기를 기대한다. 즉 너무 어렵지도, 지나치게 쉽게도 설명하길 바라지 않고 본인의 이해도에 적절히 맞춰주기를 바라는 것이다. 결론적으로 고객이 1차 서비스 현장에게 직원에게 바라는 욕구는 감정적인 만족과 문의 해결적인 만족이 동시에 일어나는 것이라 할 수 있다. 지금까지 남성고객과 여성고객의 응대법을 알아보기 전에 기본적으로 고객으로서 욕구를 살펴보았다.

8.1.4 고객의 감정적 욕구

감정적 욕구	응대 방법
• 모르는 상대와 대화해야 되는 부담감	• 편안한 분위기를 유발하는 부드러운 톤(Tone)
• 정리되지 않은 생각을 물어보는 미안함	• 상대를 기분좋게 하는 맞장구
• "고객은 최고다"라는 권위적 주인의식	• 상대에게 휘둘리지 않는 감정 조절

사례 메모

서비스 현장에서 고객의 욕구

⬆ 〈DHC 올리브 버진 오일〉 광고

'나 우선' 고객이 어느날 이 광고를 우연히 잡지에서 보게 되었다. 그렇잖아도 최근 들어 피부에 트러블이 많아 고민이던 차에 주변 친구한테 알아보니 DHC제품은 믿을 만하다는 의견이 많아서 그렇게 좋다면 뭐 속는 셈치고 올리브 버진 오일 하나 구매해봐야지 하는 생각으로 매장을 방문하게 되었다. 이때 '나 우선' 고객은 DHC 직원으로부터 무엇을 기대할 것인가?

분명 일부러 찾아다니지 않아도 고맙게도 '돈들고 구매해주러 온 고객에게 감사하는 태도'는 가져야지 하는 마음과 '정말 이 제품 나한테 갖을까' 하는 의구심을 씻은 듯 해결해줄 수 있는 전문지식과 상담 능력은 있어야지'나 고객과 같이 대부분의 고객의 욕구는 이 두 가지로 크게 나누어 볼 수 있다.

2) 남성고객과 여성고객 응대는 어떻게 다른가?

사례에서 살펴볼 것처럼 남성고객과 여성고객은 상담을 요청할 때 상당히 다른 양상을 보이게 된다. 물론 여기서 남성이지만 여성의 상황이 더 맞는 사람도 있을 것이고 여성이지만 남성의 상황이 더 맞는 경우도 있을 것이다. 하지만 대부분 남성고객들은 물건을 구매하러 가거나 상담을 요청할 때 간략하게 표현하는 경우가 많고 여성고객 들은 동일한 상황에서 자신의 생각과 의견을 좀 더 구체적으로 표현하는 경우가 많다. 또한 물건을 구매하거나 상담을 요청했을 때 직원이 응대가 동일하다면

남성고객은 그 직원과 얼마나 우호적이고 친밀한 관계가 형성되었는가 보다는 상담을 요청하게 된 사실에 대한 해결에 집중해서 만족감을 느끼데 반해 여성고객은 상담을 요청하는 해결에 대한 집중보다 그 직원과의 우호적 관계 형성에 더 집중해서 만족감을 느끼는 경향이 있다.

이처럼 우리가 서비스 현장에서 만나는 고객들은 가장 크게 남성과 여성고객으로 구분할 수 있으며 각 그룹들이 직원과 대화시 만족감을 느끼는 주요 영역이 틀리다는 사실을 미리 알고 응대를 한다면 보다 신속하게 고객을 만족시킬 수 있으며 직원 입장에서는 상담의 목적을 달성하기도 쉬워진다.

사례 메모

모토로라 휴대폰을 구매하러 온 남성고객 & 여성고객

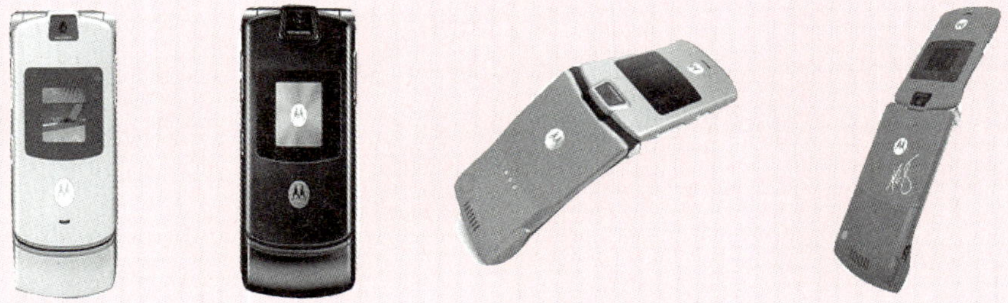

〈상황 1〉 남성고객과 직원의 대화

고객 : 레이저폰 실버 색깔 있나요?

직원 : 네~ 보여드릴까요? (무지 바쁜 듯이 빠르게 말하며)

고객 : 얼마죠?

직원 : ○○○입니다.

고객 : 이거 보상판매 되는거죠?

직원 : 그럼요. 현재 사용 중인 폰 번호 좀 불러보시겠어요?

고객 : ○○○-○○○-○○○○인데요!

직원 : (바삐 찾는 모습을 보이며) ○○○ 받으셔서 ○○○원입니다

고객 : (휴대폰 앞뒤를 확인해보며) 이거 보상 받은걸로 해서 개통해주세요.

〈상황 1〉의 특징

> 남성고객과 직원의 대화를 관찰해보면 두 사람의 표현이 짧은 단답형으로 이루어져 있음을 금새 확인할 수 있다. 또한 남성고객은 자신의 감정적 의견은 거의 표현하지 않고 사실적 상황에 중점을 두고 말하고 있으며, 당시 직원이 바쁜 듯 고객에 대한 예우를 깍듯이 차리지 않는다고 해도 물건을 구매하는 결정에는 그다지 영향을 미치지 않는다.

〈상황 2〉 여성고객과 직원의 대화

고객 : 레이저폰 라임색이라고 새로 나온 것 같은데 좀 보여주시겠어요?

직원 : 네~ 보여드릴까요? (무지 바쁜 듯이 빠르게 말하며)

고객 : 네!(이리저리 천천히 살펴보고, 만져보고, 귀에 대브기도 하면서 시간이 간다.)

직원 : 이거 새로 나온 건데 반응 무지 좋아요!

고객 : 네~ 색깔이 이런 색은 처음이라서 …(말꼬리 흐림) 이쁘긴 하네~~요(다시 말꼬리 흐림).

직원 : (약간 굳어지는 표정 & 다소 귀찮다는 표정) 네!!

고객 : 이거 저 같은 나이의 사람들도 많이 사나요? 좀 어린 사람들이 살 것 같은데(말꼬리 흐림)

직원 : (내가 당신 나이를 어떻게 알아?란 얼굴로 약간 웃으면서) 몇 살이신데요?

고객 : 20대 중반인데요!

직원 : 오히려 고객님 같은 분들이 제일 많이 사요!(퉁명스럽게)

고객 : (멋적은 듯이) 아~ 그래요!

직원 : (이젠 관심도 없다는 듯이 대꾸없이 샘플 휴대폰을 챙겨 넣는다.)

고객 : (약간 상기된 표정으로 말없이 돌아나온다.)

〈상황 2〉의 특징

여성고객과 직원의 대화는 〈상황 1〉과 비교했을 때 전개되는 양상이 매우 틀린 모습을 갖고 있다. 물론 모든 여성고객이 그렇진 않겠지만 이런 경우가 전체의 70% 이상인 대중적 모습이란 사실에는 이견(異見)이 없을 것이다.

드라마에 자주 등장하는 한 장면을 묘사하자면, 연인 관계인 남성과 여성이 백화점에서 쇼핑을 하게 되었다. 남성은 무슨 물건을 고르는데 그렇게 한참이나 걸리는가 하는 표정으로 뒤에서 불만이 가득찬 표정으로 따라가고 여성은 그런 연인에게는 전혀 관심조차 없는 듯 본인이 목적하는 바 모름지기 물건은 자세히 물어보고 사야 한다는 목표를 달성하기 위해 그 순간에도 또 다른 매장을 당당히 들어가고 있다. 이런 장면은 사실 드라마만의 현실이지는 않다. 여러분들도 이런 경험 한두 번 이상은 다 갖고 있을 것이다.

〈상황 2〉에서 여성고객은 〈상황 1〉에서보다 훨씬 상품에 대한 자세한 정보가 필요하다는 속마음을 갖고 있으며 그 정보가 자신의 생각과 맞춰질 때 구매 결정을 하겠다는 의도가 보인다. 그런데 그 생각을 표현하는 단어와 뉘앙스도 남성고객 만큼 단호하거나, 명료하지 않은 모습을 보이고 있다. 필경 직원은 그런 여성고객의 태도가 맘에 들지 않았을 것이고, 직원이 '당신 좀 성가시다!' 하는 마음을 온 몸으로 표현해 주는 직원의 응대에 고객은 마음이 상했을 것이며, 차후에 해당 대리점의 원했던 상품의 가격이 정말 저렴하지 않다면 절대 그 곳을 다시 가지 않게 될 것이다.

1-2. 고객 유형별 분류

고객을 가장 크게 남성 및 여성고객으로 구분해보았지만 사실 고객은 좀 더 다양하다는 것을 여러분도 알고 있을것이다. 이것은 서비스 현장에서도 잘 알고 있는데. 1990년대에는 CS(Customer Service)를 친절이란 개념과 동격화 하면서 고객에게 무조건 친절하기 위해 노력했다. 예전에 그런 서비스를 받아본 적 없던 고객들은 그들의 그런 모습이 신선했고, 어색하긴 했지만 기분좋은 어색함이었기에 거의 대부분의 고객들은 이전의 무심함을 넘어서서 약간 무례했던 직원들의 응대에 비한다면 얼마나 행복한 대접이었겠는가? 그런데 이렇게 비슷해진 친절에 만족하지 못하는 것은 기업이었다. '더욱 친절해야 된다. 더욱 배려해야 된다.' 다른 경쟁사보다 더욱!! **More and More 기법**이 서비스의 새로운 트렌드로 부각되면서 직원들의 친절에 대한 고객의 만족감은 서로 다르게 명암이 엇갈렸다.

다음 사례를 보면 그 현상을 충분히 파악할 수 있을 것이다.

사례 메모

삼성생명 서울 콜센터 OOO 차장과 저자의 대화 중

삼성생명 서울 콜센터 OOO 차장

"그동안 노력해온 덕분에 고객 만족지수(CSI)가 많이 올라간 것 같습니다. 실제 고객 의견을 여쭤봐도 매우 만족한다는 의견이 많이 나오고 있는 것을 보아도 충분히 알 수 있는 사실입니다. 그런데 이제부터가 더 어렵네요. 앞으로 고객의 100% 만족을 위해서는 직원들에게 지금보다 업그레이드 된 대화법이란건 이런 거다라는 것을 알려주기 위해 여러 각도에서 고민 중입니다."

저자

"네 맞습니다. 저 또한 현재 삼성생명 콜센터의 상담 품질이 매우 훌륭하다는 사실에는 이견이 없습니다. 혹시 그런데 우리 직원들이 똑같이 친절해도 고객의 만족에 대한 정도가 틀리지 않았습니까?"

삼성생명 서울 콜센터 OOO 차장

"네~ 그렇더군요. 어떤 경우는 진심으로 고맙다 표현하시고, 어떤 경우에는 너무 친절해서 부담된다는 말씀도 하신답니다."

저자

"바로 그겁니다. 그게 바로 고객의 성향이 각기 틀리기 때문인데요. 일반적인 부분은 충분히 훌륭하니까, 이제는 고객들 중에서도 대표적 고객유형을 분류해서 그 유형에 맞는 대화법을 개발하고 활용하도록 하시는 게 다음 단계로 올리는 좋은 방법일 것으로 보입니다."

여러분은 위 대화에 대해 공감하는가? 아마도 충분히 공감하리라 생각한다. 그렇다면 우리는 이제부터 고객유형별로 성공하는 응대법을 살펴보기 전에 도대체 서비스 응대라는 것이 무엇인가부터 알아보도록 한다.

(1) 서비스 응대란 무엇인가?

우리가 흔히 별 생각없이 사용하는 응대란 개념은 2가지로 나눠볼 수 있다. **그 하나는 사적인 응대로서 평소 알고 지내는 개인적 친분이 있는 사람에 대한 응대**로서 이것은 응대를 하게 되는 사람의 성향이나 스타일에 따라 많은 편차를 보이게 될 것이다. 왜냐하면 이것은 공식적인 자리기 아니기 때문에 정해진 룰이나 공식 같은 것은 전혀 없다. 다만 인간 대(代) 인간으로 상식 수준의 상대를 배려하는 기준만 지킨다면 전혀 문제될 게 없는 것이다.

또 다른 하나는 공적인 응대로서 우리는 다른 말로 비즈니스 응대라고 표현하기도 한다. 이것은 사업적, 업무적으로 상대방을 응대하는 것으로 응대를 하는 사람이든 받는 사람이든 반드시 정확한 목적을 갖고 있다. 따라서 목적을 잘 달성하기 위해서 상대방을 충분히 배려하는 규칙과 틀이 있기 마련이다. 왜냐하면 그런 접점에서의 응대가 실패했을 경우 응대를 하는 사람은 응대를 받는 사람으로부터 목적을 달성하기 어렵기 때문이다.

그렇다면 우리가 논의하고자 하는 서비스 응대는 두번째 응대인 비즈니스 응대임을 알 수 있다. 다만 비즈니스 응대이기도 하지만 응대를 받는 사람으로부터 호감을 끌어내는 응대라는 점에서 '서비스 응대'란 단어로 표현한 것이다. 서비스 응대의 개념은 명확해졌으니 상대로부터 호감을 끌어내는 서비스 응대가 되기 위해서는 어떤 요소가 포함되는지 알아보도록 하자.

(2) 서비스 응대의 구성 요소

서비스 응대의 구성 요소를 알기 위해서는 사람들이 무엇으로 의사소통을 하는지부터 알아야 한다. 우리는 모두 생각하는 것을 그대로 전달하는 것이 얼마나 어려운지 너무도 잘 알고 있다. 특히 내가 의사전달을 하는 주체였다면 내 마음이 그렇지 않은데 받아들이는 사람이 잘못 이해해서 오해가 생겼던 경우는 지금까지 수도 없이 많았다는 것을 부정하지 못할 것이다. 그런데 사적인 관계에서는 나로 인해 오해가 생기면 상대방에게 그 상세한 의도를 다시 한번 해명할 수 있는 기회를 얻을 수 있지만, 공적인 관계에서는 그럴 수 있는 기회 자체를 얻을 수가 없기 때문에 문제가 아주 심각해진다. 결국 공적인 관계에서 의사전달 주체가 제대로 의사소통하는 것은 서비스 응대의 전부라 말해도 모자람이 없는 것이다. 우리가 흔히 들어온 커뮤니케이션이란 것이 바로 이 의사소통을 의미하는것인데 지금부터 커뮤니케이션의 구성 요소를 알아보도록 한다.

1) 커뮤니케이션 구성 요소

여러분은 상대방과 커뮤니케이션을 할 때 무엇을 활용하는가? 커뮤니케이션이란 '말을 잘하면 되는게 아닌가'라고 쉽게 생각하는데 그리 간단한 것이 아니다.

〈사진 8.1.5.〉는 고객에게 직원이 응대를 하고 있는 모습인데 만약 여러분이 저 고객이라면 저 상황에서 궁금한 것을 문의하고 있는 당신에게 응대하는 직원의 어떤 것들에서 직원의 견해를 전달받고 있는가? 분명 크게 두 가지로 나뉠 수 있을 것이다.

그 첫번째는 직원의 언어 커뮤니케이션이며, 두번째는 직원의 행동 커뮤니케이션(바디랭귀지)이다. 당신은 이 둘 중 하나만으로 상대방의 의견을 전달받지는 않는데, 즉 언어 커뮤니케이션은 정중하고 친절하지만 행동 커뮤니케이션이 무관심하고 무례하다면 전혀 기분 좋은 호감을 느끼지 못할 것이다.

8.1.5. **커뮤니케이션 상황** — 2006. 홈플러스 매장

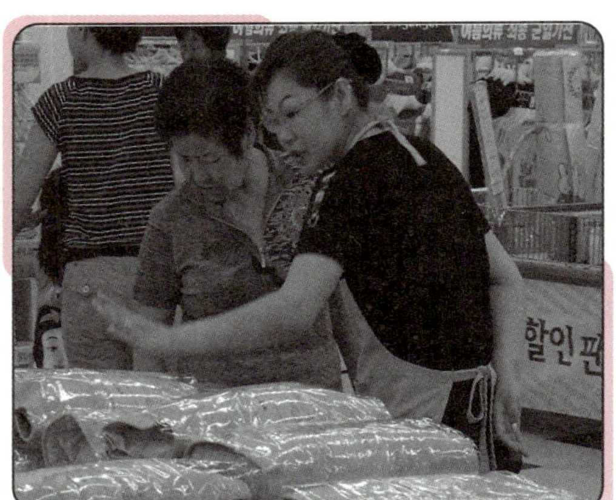

8.1.6. 커뮤니케이션 2대 도구

물론 그 반대라 할지라도 상황은 동일하다.

여기서 우리는 커뮤니케이션의 2대 도구가 언어 커뮤니케이션과 행동 커뮤니케이션인 것으로 구분해보았다. 그럼 각각 커뮤니케이션은 어떤 요소들로 이루어지는지 〈그림 8.1.6.〉으로 알아보도록 하자.

2) 언어 커뮤니케이션 요소

언어 커뮤니케이션은 3가지 요소로 구성되어 있다. 첫번째는 언어를 구사할 때 음을 내는 측면을 구체화 한 음성이고, 두번째는 말하는 사람이 언어를 구사할 때 활용하는 단어와 단어의 배열과 관계되는 표현이며, 세번째는 상

8.1.7. 언어 커뮤니케이션 요소

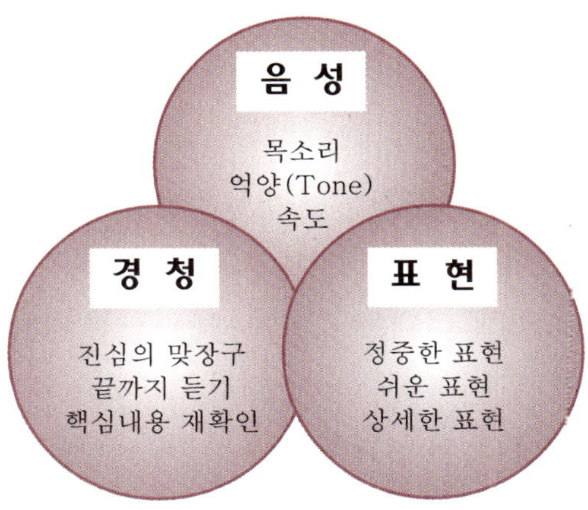

대방 견해를 들을 때 활용되는 경청이다. 이 세 가지 요소는 각각 다시 세부적 요소로 구성되어 있는데 그 구체적 요소는 〈그림 8.1.7.〉에서 자세히 구분해 놓았다.

음성은 음을 내는 목소리, 억양, 속도로 구분되는데 일반적으로 오해하는 것이 목소리가 좋으면 음성적 측면에서 호감이 있을 거라 생각한다. 하지만 목소리가 좋다고 해서 꼭 상대방으로부터 호감을 일으키지는 못한다. 그런데도 서비스 응대에서 목소리를 '솔'(음계 중 솔음을 나타냄)톤을 내도록 훈련하곤 하는데 이는 매우 잘못된 훈련 방법이라 할 수 있다. 타고난 목소리는 저음인데 일부러 옥타브를 올려서 말을 하게 되면 얼마 못가서 편도선이 붓는다거나 목소리가 쉬는 현상을 접하게 되고 심하게는 목소리가 바뀌는 현상까지 겪을 수 도 있다. 따라서 타고난 목소리를 일부러 바꾸어 내려 애쓰지 말고 **억양훈련을 제대로 하는 것**이 더욱 효과적이라 할 수 있겠다. 여기서 말하는 억양이라는 것은 목소리의 고저(高低)를 활용하면서 상대방에게 말하고자 하는 의미를 좀 더 명확히 하고자 할 때 쓰는 것이다. 그런데 억양은 잘못 활용되면 상대방에게 매우 불쾌한 감정을 전달할 수 있다. 우리가 평상시에 활용하는 억양은 주로 어미에 액센트가 들어간 방법인데, 이런 방법이 사적인 응대일 때는 말하는 사람이나 듣는 사람이나 별로 신경 쓰지 않는다. 그런데 공적인 응대일 때는 어미에 액센트가 강하게 실리게 되면 매우 귀찮아 하는 뉘앙스를 풍기게 되며, 기업에게 댓가를 지불한 고객으로서는 그 뉘앙스가 매우 불쾌하게 여겨지게 되는 것이다. 실제로 서비스 현장에서 실패되는 응대를 보면 억양을 잘못 활용한 것이 그 원인인 경우를 자주 접하게 된다.

〈표 8.1.8.〉에서 확인했듯이 목소리에 억양을 어떻게 입히느냐가 좋은 목소리보다 훨씬 중요하다. 좋은 억양은 문장을 말할 때 강조하고자 하는 단어에만 액센트가 들어있고, 나머지 단어에서는 액세트를 빼주어야 하며, 특히 어미에서는 액센트를 가볍게 끝내는 것이다. 억양을 잘 활용하면 같은 단어도 편안하게, 전문적으로, 정중하게 느낌을 전달할 수 있다는 사실을 기억하라!

음성의 마지막 요소인 속도는 일반적으로 1분에 320음절을 말하는 것이 표준이라고 하는데, 솔직히 서비스 현장에서는 이것이 맞지 않다. 1분 동안 320

8.1.8. 억양 활용과 뉘앙스

억양 종류	뉘앙스
어미를 올리면서 길게 뺌.	귀찮음, 상투적임
어미를 짧고 강하게 끝냄.	취조하는 느낌, 기계적임
전체에 리듬이 없고 일정함.	소극적임, 무관심
문장 앞에서부터 자연스러운 액센트	적극적임, 정중함

음절은 상대가 무조건 들어야 하는 One Way 커뮤니케이션(한 쪽만 말하는 방법)일 때만 통용되는 것이고 서비스 현장에서는 상대방의 연령, 성별, 이해도를 고려해서 상대방이 잘 알아듣기만 한다면 속도감에 너무 민감할 필요는 없다. 다만 두가지는 주의를 해야 하는데,

첫번째는 단어자체를 지나치게 빨리 발음하는 경우인데, 이는 고객이 잘못 알아들어서 반문하게 만드는 것도 문제이지만 직원 입장에서 계속 같은 말을 반복해야 함으로써 나중에는 자신이 빨리 말한 것보다 고객이 못알아듣는 것에 대한 짜증섞인 감정이 억양으로 드러나는 경우가 더욱 문제이다.

두번째는 고객의 말이 끝나면 전혀 사이(Pause)가 없이 바로 말을 하는 경우인데, 이때 고객은 직원이 매우 무성의하고 귀찮아 한다고 오해를 할 수 있으니 반드시 지양해야 한다. 이렇게 타고난 목소리에 억양과 속도를 잘 연출한다면 서비스 응대의 기본기를 잘 갖출 수 있다.

표현은 사적인 자리가 아니므로 상대방이 알아들을 수 있으면서도 좀 더 품격있는 단어를 활용할줄 알아야 한다. 왜냐하면 고객은 직원이 사용하는 단어를 들으면서 직원이 어느 정도 수준인지 파악하기 때문이다. 어떤 서비스 직원도 고객에게 무시당하고 싶지는 않을 것이다. 그렇다면 직원은 서비스 현장에서 활용하는 단어도 골라 쓸 수 있어야 하는데, 그 간단한 예를 〈표 8.1.9.〉를 통해 알아보도록 하자!

서비스 현장에서 직원들이 표현법을 고를 때 가장 많이 실수하는 것이 **'고객은 우리만큼 알고 있을 거야'**라고 오판(誤判)한다는 것이다. 그런 오판은 업무와 관련된 전문용어를 사용하게 되고, 그 용어를 고객은 알아듣지 못하고,

8.1.9. 일반적 표현과 비즈니스 표현의 차이

일반적 표현	비즈니스 표현
계좌에서 아직 안 빠졌네요!	계좌에서 아직 인출되지 않았습니다!
저희가 다른 데보다 싸요!	저희가 다른 매장보다는 저렴합니다!
오늘까지 문자로 배송일은 쏴드릴께요!	오늘까지 배송일은 문자로 보내드릴께요!

직원은 바쁘기에 그런 고객이 달갑지 않고, 다시 이것은 고객의 컴플레인을 유발하게 된다. 그 악순환의 고리의 발단은 누구인가? 그렇다. 그것은 직원으로부터 시작된 것이다. 직원은 처음에는 늘 사용하던 전문용어를 썼다가도 고객이 잘 알아듣지 못했다면 같은 용어를 천천히 말하는데 집중하지 말고, 그 용어 자체를 누구나 쉽게 이해할 수 있는 방법으로 풀어서 설명하도록 한다. 그렇다면 이해도가 높은 고객도 만족시키면서, 이해도가 떨어지는 고객도 민망하지 않게 만들 수 있는 서로가 윈(win)하는 해결책인 것이다. 용어를 쉽게 풀어놓는 것이 쉬운 표현이라면 상황이나 해결방안을 구체적으로 표현하는 것이 상세한 표현이라 할 수 있다. 다음 사례를 통해 상세한 표현을 정

사례 메모

카메라 A/S를 맡기러 간 고객과 직원의 대화

◆ 〈OO사 디지털 카메라 인터넷 광고〉

고객 : 어제 떨어뜨려서 작동이 안 되는데요! 언제까지 가능한가요?

직원 : AS에 소요되는 시간들이 다 틀리니까 한 5일 정도 걸려요!

고객 : 급한건데, 좀 더 빨리 해주세요!

직원 : 그건 불가능해요! 5일은 생각하셔야 돼요!

고객 : 왜 그렇게 오래 걸리죠?

직원 : 이거 쉬운 거 아니에요! 저희가 연락드릴께요! 전화번호가 어떻게 되시죠?

확히 설명하고자 한다.

사례 메모의 내용과 같은 경험 한두 번씩은 갖고 있을 것이다. 여기서 고객은 무엇에 아쉬움을 느꼈을까? 직원의 답변에는 '왜 시일이 그 만큼 걸리는지, 평균적으로는 그 정도가 소요되지만 조금이라도 일찍 끝날 수 있으니, 우선은 맡겨놓고 기다리시는게 가장 최선의 방법이다.'라는 식으로 해석될 수 있는데 AS에 걸리는 시간이 어떻게 쓰여지는지에 대한 상세한 설명이 없으며, 나름대로는 연락을 드린다고 했으나 상대의 바쁜 심정을 헤아리고 있다는 자신의 생각에 대한 상세한 설명이 누락되었다. 따라서 고객은 이 말들이 아무리 친절하게 들렸다고 하더라도 답답한 마음이 들었을 것이다.

이처럼 **상세한 표현은 서로의 상황을 이해토록 하는데 중요한 역할을 하게 된다.** 지금까지는 말하는 주체로서 커뮤니케이션 도구를 알아보았는데, 경청은 전혀 다른 개념이다. 사실 커뮤니케이션은 Two Way로 이루어지기 대문에 상대방 말을 잘 듣지 않고서는 어떤 대화도 할 수 없음을 반드시 인지해야 하는데, 잘 듣는 것에는 반드시 몇 가지 기술이 필요하다.

첫째는 맞장구이다. 직원은 고객이 하는 말 사이의 적절한 타이밍에 추임새 같은 맞장구를 해서 고객이 편안하게 말할 수 있는 분위기를 조성해주어야 한다.

둘째는 끝까지 듣기다. 아무리 직원의 경험이 많다고 해서 말의 앞머리만 듣고서 모든 것을 알아낼 수는 없다. 왜냐면 세상에 같은 상황, 같은 성격의 사람은 없기 때문이다. 상대의 말을 들을 때 중간에 가로막지 않는 것은 기본인데, 사실 이 기본이 잘 지켜지지 않아서 오히려 응대시간이 더 길어지는 경우가 종종 발생한다. 더불어 고객은 자신의 말이 끊어진 것에 대해 매우 불쾌하게 여기는 경우가 많다.

셋째가 재확인이다. 재확인은 상대방 말의 핵심 의도를 파악하기 위한 가장 중요한 도구인데, 고객이 하는 말을 무조건 반복하라는 의미가 아니라, 문의 해결을 위해 중요한 맥을 짚게 만드는 문장 중에서도 핵심적인 상황이나 의견에 대한 재확인을 통해 상대방의 말을 정확히 이해했는지를 당사자에게 확인받는 절차이므로, 잘 활용한다면 응대 시간을 매우 효율적으로 단축시킬 수 있다.

이렇듯 언어 커뮤니케이션 중에서도 9가지의 구체적 도구를 알아보았다. 특히 고객접점 중에서도 '콜센터 접점'은 모습이 보이지 않기 때문에 행동 커뮤니케이션보다 언어커뮤니케이션이 훨씬 중요하다.

3) 행동 커뮤니케이션 요소

여러분은 대화할 때 상대방의 언어 커뮤니케이션을 제외한다면 당신에 대한 태도를 무엇을 보고 판단하게 되는가? 〈그림 8.1.10.〉은 행동커뮤니케이션 도구를 3가지로 구분하여 보여준다.

사람이 사람을 볼 때 가장 먼저 보는 것이 표정인데, 고객을 대할 때는 반갑다는 느낌이 드는 표정이 가장 사람을 기분좋게 만든다. 즉 '입꼬리를 반달 모양으로 올리면서 웃으세요!' 식으로 훈련하면 가식적인 응대가 되기 쉬운데 반해 **반갑다는 감정에 표정이 실리도록 하는 것**이 가장 좋은 표정 훈련법이라 할 수 있다. 고객의 이야기를 들을 때 이미 평소에 알고 있는 사람과 대화를 하고 있다는 생각이 들도록 자연스럽게 웃는 표정을 지으면 된다. 그런데 이때 아주 중요한 역할을 하는 것이 바로 **시선**이다.

8.1.10. **행동커뮤니케이션 요소**

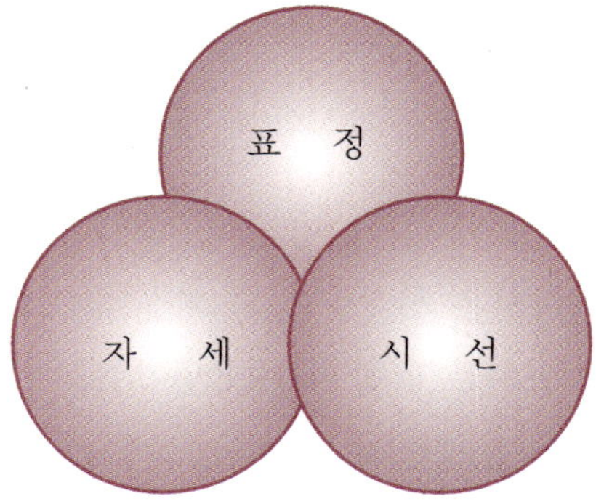

가식적인 응대의 대표적인 예가 표정은 웃는데 눈은 무심(無心)한 것인데, 이런 상황일 때 고객들은 금새 이 직원 마음은 여기 없다는 것을 금방 눈치채게 된다. 따라서 시선은 표정과 함께 연관되게 표출해주면 되는데, 표정이 밝다면 눈으로도 그 밝음을 전달해주면 되는 것이다. 시선에 대한 보다 구체적인 내용은 대면(Face to Face) 접점에서 다루도록 하겠다. 자세는 전체적으로 반듯하지만 고압적이거나 권위적이지 않은 느낌을 전달하면 되는데 고압적인 자세는 주로 목과 어깨로 연결되는 부분이 어떻게 취해지느냐에 따라 결정된다. 반면 등이 구부정할 경우 신뢰감을 떨어뜨릴 수 있기 때문에 **등의 척추를 모두 편다는 생각으로 항상 등과 허리선은 반듯한 상태에서 응대하는 것이** 전문적이며 자신있게 보이게 하는 주요 포인트가 될 수 있다.

지금까지 서비스 응대의 구성 요소를 살펴보았는데, 언어&행동적 측면이 모두 합쳐지면서 커뮤니케이션이 완성되는 것이며 이 부분은 고객이 남성이냐 여성이냐 각각 다른 성격의 그룹이냐에 따라 조금씩 다르게 활용되는 것이 바람직하다. 그렇다면 서비스 응대의 구성 요소는 다양한 고객 그룹들에게는 어떻게 활용되어지는가에 대해 좀 더 구체적으로 살펴보자.

(3) 고객 유형별 구분

1) 고객 유형별 구분

모든 사람은 틀리지만 비슷한 성향의 사람들로 그룹핑을 한다면 크게 4가지 유형으로 나눠볼 수 있겠다. 말이 별로 없고 타인에 대한 배려심이 많은 친절형, 묻지 않아도 말하길 좋아하는 대화형, 자신의 생각을 조목조목 설명하는 꼼꼼형, 성격이 급하고 결정이 빠른 지배형이 그 4가지 그룹핑인데 각 유형별로 어떤 특징이 있는지 다음 〈표 8.1.11.〉에서 알아보겠다.

〈표 8.1.11.〉에서 고객을 4가지 그룹으로 나누면서 실지 다양한 서비스 현장에서 어떤 식으로 표현하는지 살펴봤는데, 여러분은 어느 유형에 가까운가? 사실은 이 유형보다 훨씬 복잡하게 구분될 수도 있다. 그렇지만 여기서 간과하면 안 될 것이 서비스 현장에서 직원들은 고객에 대한 분류가 복잡해질수록 맞춤식 응대 방법을 찾기가 더욱 어려워진다는 것이다. 그들은 시간

8.1.11. 서비스 현장에서 고객의 유형과 실사례

유형 구분	서비스 현장에서 보이는 특징
친절형	✔조용조용 말하고 남한테 무언가를 묻는 것에 대해 미안해 함. "저기요" "죄송한데요?" "있잖아요" 등의 표현을 사용함.
	✔물을 때 본인의 생각을 자세히 말하지 않고 모호하게 표현함. "좋은 카메라가 어떤 거예요?" "갑자기 차가 좀 이상해요?". 부드럽게 묻긴 하나 문제의 덩어리 전체로 물어보기 때문에 곤란한 경우가 많음.
꼼꼼형	✔깍듯이 예의는 챙기되 친절하지는 않고 본인 위주의 사무적임. "수고하십니다! 올해 보험료 견적을 알고 싶어서 문의드렸습니다."
	✔묻기 전에 무엇을 어떻게 물어야겠다는 것을 이미 계획을 세웠기 때문에 매우 구체적으로 표현함. "지난 금요일 오후 8시경부터 갑자기 냉장고 문 쪽에서 스승거리는 소리가 나기 시작하는데 이게 일정한 시간의 간격을 두고 나는 것이 아니라 간헐적으로 소리가 나요! 구매한 게 2001년 9월이니까 지금 정확하게 만 5년 됐는데 아직 냉장고를 바꿀 때는 아닌 것 같고. 왜 그런거죠?"
대화형	✔묻지 않아도 본인의 상황을 스스로 말함. "지갑을 좀 보러왔는데요! 이 제품은 새로 나왔나봐요! 예전에 못 보던 건데. 아~ 참 이쁘다! 이거 사람들이 많이 사나요? 남들이 많이 들고다니는 건 왠지 좀 싫던데요! 어때요?"
	✔한 번에 모두 묻지 않고 두 번 이상 재문의 경우가 많음. "아까 전화드렸던 사람인데요! 깜박 잊고 중요한 걸 안여쭤봤네요!그 물건은 언제까지 배송이 되는 건가요? 제가 수요일에 결혼식이 있어서 그러는데, 좀 더 일찍 배송해주시면 안 될까요? 그거 꼭 입고 싶거든요! 친한 친구라 제가 특별히 도우미가 되어 주기로 했는데~ 부탁해요! 가능하실까요?"
지배형	✔성격이 급하기 때문에 격식 없이 본인이 생각하는 것을 바로 물어봄. "앞에 진열해놓은 저 구두 신어보고 싶은데요!"
	✔의사결정이 빠르고, 맘에 들지 않을 때는 거절도 매우 단호함. "이미 가입할 데가 있으니 이런 전화하지 마시오!"(단호하게) "그러니까 다른 건 알고 있으니 내가 이번에 내야 할 이자가 얼마라는 거요? 그것만 말해주시오!"

비밀
메모

고객 유형별 서비스 응대의 필요성

세상의 모든 사람은 전부 틀리다! 여러분이나 저는 이 사실을 너무 잘 알고 있기도 하고 잘 잊어버리기도 한다. 그렇기 때문에 평소에 대화할 때 상대방이 어떤 유형인지에 맞춰 대화하기 보다는 내 스타일대로 대화를 주도하게 되는 것이다.

그런데 우리의 평소 대화법이 문제가 되지 않는 것은 이미 언급했듯이 사적인 관계이기 때문인데, 이것이 공적인 관계로 가면 전혀 양상이 틀려진다. 왜냐하면 직원의 서비스 응대에는 반드시 목적이 있기 때문이다.

그렇다면 목적을 효과적으로 달성하기 위해서 고객의 유형을 구분해서 그 유형에 맞게 응대한다면 직원의 목적을 달성하는 데 도움이 될 것인가?

물론이다.

을 다투거나 매우 바쁜 상황에서 일을 하기 때문에 간략하면서도 최대의 효과를 보는게 중요하다. 따라서 표에서처럼 4가지 유형으로 구분해서 맞춤식 응대를 하더라도 충분한 효과를 볼 수 있다.

2) 고객 유형별 성공적 응대법

고객을 유형별로 분석한 이유는 어떻게 응대할 것인가를 찾기 위함이었다. 그리고 이 응대에는 미리 알아본 언어적 · 행동적 커뮤니케이션이 모두 포함되는 것을 전제로 한다. 그렇다면 이번에는 〈그림 8.1.12.〉로 고객 유형별로 어떤 식으로 응대하는 것이 목적을 달성하는데 도움이 되는지 살펴보자.

그런데 여기서 반드시 알아 두어야 할 점이 한 가지 있다! 어떤 고객을 응대하던 이런 기법들은 **진심의 마음이 바탕이 되어야만** 빛을 발하게 된다. 우리도 분명 어떤 매장을 방문했건 전화문의를 했건 응대에는 흠잡을데가 없음에도 불구하고 무언가 빠졌다고 느낄 때가 있을 것이다. 즉 만족하지는 못한다는 것이다. 이는 기교는 있되 진심이 없는 것이다. 여러분이 고객이라면 조금은 어눌하고, 내 성향에 정확히 맞춰주지는 못하지만 정성어린 진심이 담겨 있다면 어떨 것 같은가? 저자는 이 분야에 오랫동안 일해왔음에도 불구하고 언제나 전자(前者)보다 후자(後者)에 맘이 더 끌려서 무언가를 구매하거나 만족해 하는 경우가 많다. 여러분도 마찬가지리라 생각한다. 우린 감정이 통하는 인간이기에 마음을 알아챌 수 있는 것이다. 서비스 응대가 자꾸만 기교가 많은 앵무새나 매끄러운 로보트가 되어간다는 것은 바로 이 부분이 차별적 서비스 응대를 할 수 있는 틈새 시장이기도 하다는 것을 놓치지 않기를 바란다.

8.1.12. 고객 유형별 응대 포인트

친절형

- ✔ 표정에서는 따뜻한 반김, 시선은 부드럽게 처리
- ✔ 액센트가 너무 강조되기 보다는 잔잔한 억양
- ✔ 자신의 생각을 정리하지 못하는 고객이므로 상세한 설명으로 문의에 대한 구체적 해결책 제시

꼼꼼형

- ✔ 과장된 친절한 표정보다는 예의있는 표정
- ✔ 핵심 내용 재확인 자주, 과장보다 적절한 맞장구
- ✔ '누가, 언제, 어디서, 무엇을, 어떻게, 왜' 6하원칙 중 일부를 활용하는 체계적이자 상세한 표현법 활용

대화형

- ✔ 다소 과장된 표정과 관심이 많다는 시선
- ✔ 예의바른 맞장구보다 친근한 진심의 맞장구 자주
- ✔ 전문용어보다는 쉬운 용어 활용, 상황이나 해결 방안을 안내 시 실제 사례를 들어 설명

지배형

- ✔ 상대를 존중해 준다는 표정, 시선은 계속 고정
- ✔ 핵심내용 재진술하지말고, 간단한 맞장구 적절히
- ✔ 어미를 '다까체'를 많이 사용해서 가볍게 보이지 않도록함.
- ✔ 상세한 설명 지양하고 결론부터 먼저 도출

그렇다면 이런 서비스 현장은 접점이 통일된 하나만 있을것인가? 물론 그렇지 않다. 현재 추세에 맞게 구분해 본다면 '대면 접점, 콜센터 접점'의 2가지 접점으로 구분해볼 수 있다. 이 접점별로 서비스 응대의 주요 포인트가 틀려지기도 하므로 이제부터 접점별 응대법을 알아보자.

1-3. 고객 접점별 구분

우리가 흔히 알고 있는 격언 중에서 '다른 회사로 갔으면 그 회사의 문화에 익숙해져야지, 예전 습관을 그대로 가지고 오면 새로운 회사에 적응하기 힘들다' 라는 이야기가 있다. 그리고 이 내용과 유사한 의미를 지닌 속담도 많다. 이 내용을 적용시킬 수 있는 상황이 서비스 현장에서도 자주 나타나는데 서비스 직원들은 각기 다른 접점을 교차로 경험하는 경우는 흔히 있는 일이다. 그런데 여기서 대면접점을 경험했던 사람은 콜센터 접점에서 근무하는 것을 매우 어려워하고 반대로 콜센터 접점을 근무했던 사람은 대면 접점에서 근무하는 것이 생각보다 어렵다고 말한다. 그 이유가 무엇일까? 그것은 각 접점별로 직원이 활용해야 되는 커뮤니케이션 도구가 틀리기 때문이다. 어떻게 다른 것일까?

〈표 8.1.13.〉에서 보면 서비스 접점별 고객과 대화시 활용하는 커뮤니케이션 도구가 매우 틀리다는 것을 알 수 있다. 즉 직원 입장에서는 주로 활용하는 것에 대한 습관이 되어 있을 것이므로 다른 접점에서는 적응하는 게 쉽지 않은 것이다. 그렇다면 좀 더 구체적으로 접점별 응대법을 살펴보자.

8.1.13. 서비스 현장별 활용되는 커뮤니케이션 도구

서비스 접점	주요 커뮤니케이션 도구
대면 접점	행동커뮤니케이션 〉 언어 커뮤니케이션
콜센터 접점 (콜 접점, 인터넷 접점)	언어 커뮤니케이션 〉 서면(書面) 커뮤니케이션

(1) 대면 접점(Face to Face Station) 응대법

1) 복장의 중요성

대면(代面) 접점은 직원의 모습이 보이는 서비스 현장으로 다른 접점에 비해 직원의 행동 커뮤니케이션 도구가 절대적으로 필요하며, 추가로 복장 또한 매우 중요하게 활용되는 접점이다. 〈사진 8.1.14.〉를 보면 고객이 차량을 구매하기 위해 매장을 방문한 상황이다

우리가 고객으로서 매장을 방문했다면 가장 먼저 직원의 무엇부터 볼 것인가? 워낙 짧은 순간에 모든 것을 판단하기 때문에 그 순서를 정하기는 쉽지 않지만 일반적으로 사람은 '시각(인지) → 정서 → 사고' 순으로 상황을 판단하게 되는데 '시각' 으로 가장 먼저 보이는 것이 복장이다. 아직 직원은 어떤 말도 하지 않았기 때문에 그들의 복장이 충분히 그 상황에 적합한지를 찰나의 순간에 따지게 된다. 그래서 여러 회사들은 복장의 자유로움을 포기하고 유니폼으로서 통일된 전문성을 전달하고자 하는 것이다. 실제로 외제차를 구매하려는 고객들은 직원들이 자신과 동일한 수준의 의상을 갖추고 있는지를 판단한 후 그런 직원에게 상담 받기를 원하는 경우가 많은데 이는 복장의 중요성을 단적으로 표현한 예라 할 수 있다. 따라서 직원들은 자신이 속하고 있

8.1.14. **복장의 중요성**

2005 혼다 자동차 매장

는 상품이나 상황에 맞는 복장을 청결히 갖추는 것이 반드시 필요하다. 만약 채소 매장에 근무하는 직원이라면 어떤 복장이 어울릴 것인가? 〈사진 8.1.14.〉의 복장은 전혀 어울리지 않는다. 깨끗하고 활동하기 편한 셔츠에 편한 바지, 깔끔하게 다듬어진 헤어와 먹음직스러운 채소가 그려진 앞치마 정도면 충분하지 않을까? 거기다 그 매장만의 특색을 살린 포인트가 되는 코디네이션을 한다면 그야말로 금상첨화일 것이다. 적절한 복장이 갖춰졌다면 이제는 대면접점의 서비스 응대를 위한 순서를 알아보도록 한다.

2) 대면 접점 서비스 응대 과정

비즈니스 응대는 사적인 응대가 아니므로 직원 개개인의 성향이나 기분에 따라 응대할 수 있는 것이 아니다. 고객이 어떤 직원의 응대를 받는다 하더라도 비슷한 순서와 수준에 따른 응대를 받는 것을 일반적으르 '응대의 표준화'라 하는데, 이 응대 과정을 각 기업에서는 아주 중요한 자사만의 문화라고 여기고 독창적인 아이디어를 살리기 위해 고심한다. 그리고 그 응대 과정이 고객들로부터 긍정적인 이미지로 자리잡으면 자사만의 응대과정에 많은 자부심을 갖기도 한다. 따라서 응대 과정은 대면 접점의 서비스 현장의 모든 것이라 바꿔 말할 수 있다.

응대 과정을 나누는 단계는 준비, 맞이, 설명, 마무리 단계로 나누는 것이 가장 일반적이며, 이를 제대로 잘 진행했을 때 직원과 기업 입장에서는 목적하는 바를 달성하기가 훨씬 수월해지는 것이다.

준비 단계

준비 단계에서 가장 중요한 것은 '고객은 늘 보고 있다'는 사실을 자각하는 것이다. 직원들은 '맞이할 때부터 응대를 시작하면 되잖아'라고 생각하기 쉽지만 고객은 직원이 준비되어 있는 모습부터 응대의 시작으로 생각하기 때문에 준비단계가 불성실한 경우에는 방문자체를 포기하게 된다. 즉 직원 입장에서는 응대할 기회조차 못 잡게 되는셈이니 모르는 사이에 고객이 경쟁사 매장으로 향하고 있는 것이다. 준비 단계에서는 3가지가 필요하다.

첫째 친근함 : 고객은 직원의 전체적 느낌을 보고 먼저 판단하는데, 자신있

어 보이는 직원보다 편해 보이고 친근해 보이는 직원에게 먼저 다가가기 때문에 표정과 자세에서 친근한 느낌을 전달할 수 있어야 한다.

둘째 기다림 : 고객이 없는 경우 많은 직원들은 동료들과 잡담을 하거나, 함께할 수 있는 게임을 하는 경우가 있는데, 그 모습은 고객을 그냥 도망가게 하는 장면이다. 좋은 표정으로 고객을 마냥 기다리기가 어렵다면 업무와 관련된 일을 열심히 하고 있어라! 오히려 그 모습은 최선을 다하는 사람에 대한 동경으로 아주 멋져 보이기 때문이다.

셋째 눈맞춤 : 고객이 지나가면 밝은 표정으로 상냥한 눈맞춤을 해보라! 멋쩍은 고객은 먼저 웃어주는 직원의 인상이 좋아서 갑자기 서비스 현장 안으로 직접 걸어 들어올 수도 있다.

맞이 단계

직원과 고객이 실질적인 첫만남을 갖는 단계이니 얼마나 중요하겠는가? 여기서는 행동 커뮤니케이션을 먼저 시작하고, 언어 커뮤니케이션을 이어서 진행한다.

반갑다'는 표정을 어떻게 짓는가? 굳이 어색하게 기교를 부리지 말라! 오랜만에 만난 반가운 친구에게 여러분이 짓는 표정이 있을 것이다. 반가운 표정에 관심의 시선 맞춤이 우선 고객으로부터 호감을 불러일으킬 것이다. 그와 함께 동시에 언어 커뮤니케이션을 시작한다. 그것을 우리는 '첫인사'라고 하는데, 다음 문장을 한번 연습해보세요!

안녕하세요!	표정, 시선맞춤, 억양은 자연스럽게!!
어서오세요!	반가움, 기분좋음, 어미 억양 조심

서비스 응대는 머리로 하는 것이 아니다. 이론으로 하는 것도 아니다! 이 책을 읽고 있는 여러분들은 이 한마디 인사말로 고객을 사로잡을 수 있는가? 그렇지 못하다면 부단히 노력해야 할 것이다. 똑같은 행동과 말을 해도 기분 좋은 사람이 있는가 하면 '야~ 저렇게 비호감인 것도 쉽지 않지!'라는 생각을 들게 하는 사람도 있기 마련이다. 학벌이 좋다고, 집안이 좋다고 해서 항상 상대를 기분좋게 만드는 호감을 타고 난 것이 아님을 반드시 기억하라! 상대를 감동시키는 첫인상은 분명 성공적인 비즈니스 결과를 끌어낼 것이란 믿음을 가져야 한다.

설명 단계

설명 단계에서는 언어커뮤니케이션의 능력이 유감없이 발휘되는 시점이다. 말하기보다 고객말을 제대로 들어야 서비스 응대가 매끄러워진다. 경청의 3대요소인 진심의 맞장구, 아무리 고객 상황이 짐작된다고 해도 끝까지 들어주기, 핵심 내용 재확인 등을 통해 고객 상황을 충분히 파악해야 한다. 그 후에 고객의 문의내용에 맞는 해결책을 제시하는데 이때 쉽고 상세하게 설명하면서도 고객을 무시하지 않는 좋은 억양을 활용하는 것은 생각처럼 절대 쉬운 일이 아니다. 목소리의 좋고 나쁨을 탓하지 말고 과연 직원 스스로가 고객을 충분히 배려하면서 대화하고 있는지 계속 집중하면서 응대해야 할 것이다.

마무리 단계

객지(客地)에 살고있는 자식 집을 찾아온 부모님이 다시 고향으로 돌아간다며 일어설 때 여러분은 어떻게 하는가? 아마도 가시는 것에 대한 아쉬움의 행동과 말, 그리고 서운해 하지 않으시도록 멀리까지 함께 나가서 배웅을 할 것이다. 그렇게 할 수 있었던 원동력은 마음이 있기 때문이다. 고객에게 인상적인 무언가를 남기고 싶은가? 그렇다면 기업&직원을 기억시킬 수 있는 마무리를 진심을 담아 잘해야 한다.

구매와 관련된 상담을 듣다가 그냥 나가려고 하는 고객이 있는데 A직원은 설명한 게 아까워서 무성의하게 마무리 응대하고 그냥 돌아서는 모습을 보이고, B직원은 당연히 망설일 수 있다며 끝까지 최선을 다한 후 고객이 나간 후에 자기 일로 돌아가는 모습을 보인다면 여러분은 어느 직원의 모습에서 진정한 서비스 응대를 받았다고 여길 것인가?

그래서 마무리 단계에서 보여야 할 것을 정리해보면 다음과 같다.

첫째 고마움 : 일부러 방문해주고, 물어봐준 것에 대한 감사함을 표현할 수 있어야 한다. 왜냐하면 이런 고마움의 표시는 이미 해당 기업의 물품을 사용하고 있다면 지속적인 이용을 유도하거나 구매 의사만 갖고 있었다면 실제 구매 행위를 유발하는 촉매제 역할을 할 것이다.

둘째 배웅 인사 : 돌아선 고객의 뒷머리에도 고객은 눈이 있다. 서운해 하거나 '아이구 귀찮았는데 잘 됐다! 얼른 가세요' 라는 느낌을 주지 않는 인사말을 할 수 있는 직원이야말로 그 기업과 직원에게 열광하는 고객(the raving fan)을 만들 수 있는 것이다.

이제까지 대면 접점일 때 서비스 응대를 어떻게 하는 것이 효과적인지 알아보았다. 그렇다면 고객 접점의 양대산맥이라고 하는 콜센터 접점은 어떤가? 대면 접점과는 많이 틀리기 때문에 좀 더 구체적으로 알아보도록 한다.

(2) 콜센터(Callcenter) 접점 응대법

각 기업들은 자사를 이용하는 고객의 만족을 높이기 위한 일환으로 문의창구의 일원화를 시도하게 되는데 이러면서 각 기업들은 경쟁적으로 대표번호가 있는 콜센터를 구축하기 시작한다. 〈그림 8.1.15.〉는 업종별 콜세터 번호 사례이다.

여러분들도 굳이 매장에 방문하지 않고 물품을 구매한다거나, 회원이나 고객으로서 이용하면서 불편한 점을 전화로 문의하는 것에 전혀 불안함이나 생소하다는 느낌은 없을 것이다. 이처럼 우리가 모르는 사이에 콜센터는 빠르게 대면 접점을 잠식하면서 서비스 현장을 넓혀가고 있다. 그리고 이 서비스 현장은 가파른 성장세에 있기 때문에 서비스 현장에 진출할 사람들이라면 이 분야의 서비스 응대법을 매우 눈여겨 살펴볼 필요가 있다.

8.1.15. 각 업종별 콜센터 번호

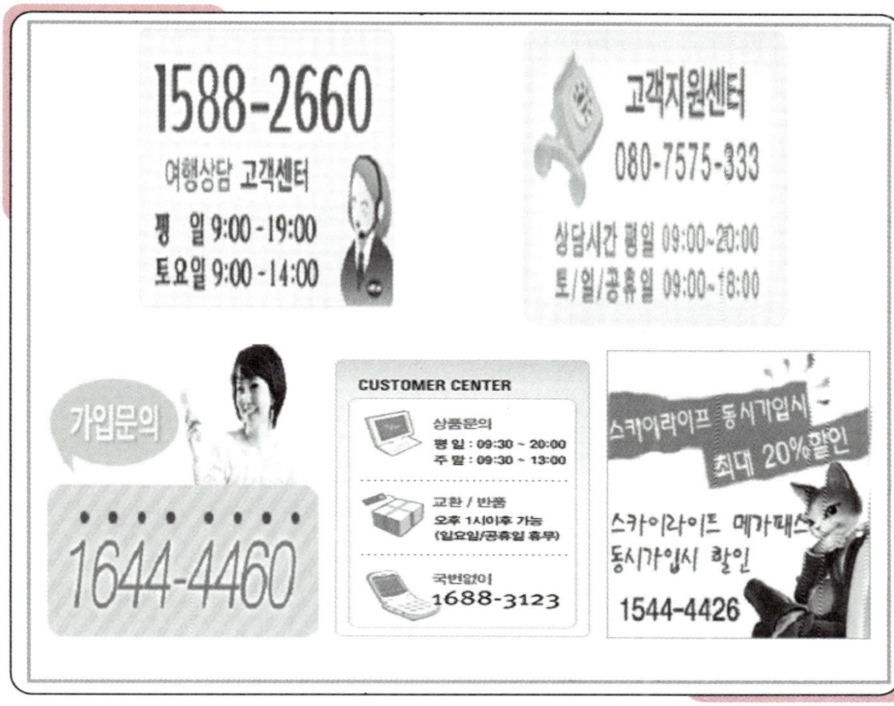

2006 각 회사별 홈페이지 장면

1) 콜센터의 서비스 응대 지표

콜센터는 대면 접점과는 틀리게 직원의 모습이 보이지 않는다. 물론 향후에는 화상 콜센터가 생기겠지만 모든 국민이 집집마다 화상전화기를 놓지 않는 이상 당장은 실현 불가능하니 여기서 제외키로 하겠다.

아무래도 모습이 보이지 않기 때문에 장점과 단점이 같이 존재하기 마련이다. 먼저 장점은 대면 접점처럼 직원 자체가 노출되지 않기 때문에 복장과 행동커뮤니케이션은 고객과 의사소통을 하는 중요한 도구로 활용되지 않는다는 것이다. 따라서 대면 접점의 직원들에 비해 서비스 응대시 복장과 행동 커뮤니케이션의 훈련은 소홀히 하더라도 큰 문제가 발생하지 않는다. 그렇다면 상대적으로 콜센터의 서비스 응대가 훨씬 용이할까? 결론부터 말하자면 고객을 대하는 업무 강도 자체가 매우 높다. 〈표 8.1.16.〉은 콜센터 직원에게 평

8.1.16. 콜센터 직원을 평가하는 주요 지표

평가 항목	의 미	평균치	비 고
CPD (Call per day)	하루 응대수	120～150 calls	특별주기 인입호 폭주
TTT (Tatal talk time)	하루 동안 총 말하는 시간	300분 내외	Inbound CS Center 기준
ATT (Average talk time)	한 통화의 응대 시간	2분 30초 내외	편차가 매우 심함.
QA	상담 품질	85점 내외	주관적일 수 있음.
OCR(One call Closing rate)	한 콜에서 문의 해결율	-	현재 데이터 검증중임.

삼성생명, KT, 웅진해피올 콜센터 자료 취합 후 재구성

가되어지는 항목과 평균치를 정리해놓은 것이다.

〈표 8.1.16.〉에서 살펴본 항목 이외에도 콜센터 서비스 응대를 체크하는 지표는 매우 복잡하고 다양하다. 하지만 위 지표들은 순순히 상담직원이 응대를 하면서 주체적 대상으로 평가받는 지표만 분류해 놓은 것인데도, 대면에서 보다 훨씬 체계적이다. 사실은 이런 체계성을 가지고 상담 품질 및 서비스 응대 품질을 관리해왔기 때문에 콜센터는 그 짧은 역사에 비해 괄목할 만큼의 서비스 응대가 개선되었다는 것은 누구도 부인할 수 없는 사실일 것이다.

그런데 저자는 난데없이 이 지표를 왜 보여주었는가? 그것은 바로 콜센터의 서비스 응대법은 이 지표를 무시하고는 절대로 논(論)할 수가 없기 때문이다. 위 지표에서 보면 평균 통화 시간(이하 ATT)이 2분 30초 내외이다. 물론 예외도 있겠지만 모든 응대 시간을 평균치로 나눠 계산해보니 150초 이내에 종료된다는 것이다. 그렇다면 콜센터 서비스 응대에서 가장 중요한 것이 무엇이겠는가? 그것은 '대면과 비교할 수 없는 언어 커뮤니케이션 기술과 상담기술' 인 것이다. 즉 대면처럼 고객에게 보여주는 채널이 다양한 곳은 고객이 시간을 많이 할애한다 해도 지루하거나 답답함을 거의 느끼지 못하지만, 콜

센터는 전화로 모든 문의를 해결해야 하기 때문에 가능한 짧은 시간 안에 문의에 대한 해결이 이루어져야 고객이 만족하는 것이다. 그래서 콜센터에서는 언어 커뮤케이션과 상담 기술과 관련된 다양한 매뉴얼을 준비해놓고 그들의 역사와 함께 진화를 거듭해오고 있다.

2) 콜센터 접점 서비스 응대 과정

고객은 전화를 하면서 두 가지 욕구를 갖고 있는데 이는 이미 1-2에서 알아본바와 같이 감정적 욕구와 문제 해결적 욕구이다. 그런데 첫번째인 감정적 욕구는 언어커뮤니케이션으로 충분히 욕구에 대한 만족을 시킬 수 있다는 것을 여러분도 알고 있을 것이다. 예를 들어 고객으로 대접받기를 바라는 고객이 있다면 표현할 때 무시하지 않는 억양(어미 표현을 툭툭 던지면서 짧게 끝내는 액세트)과 맞장구를 잘 유의하면서 활용한다면 충분히 그 욕구를 만족시킬 수 있다. 반면 문제 해결적 욕구는 언어 커뮤니케이션만으로는 고객의 복잡한 문제를 해결하기가 불가능하며, 좀 더 고(高) 난이도(難易度)의 상담 기술이 필요하다.

보통은 이 상담 기술을 진행하기 위한 단계를 상담 과정이라 표현하며, 상담 과정은 크게 4가지 단계로 나뉘게 되는데 도입, 탐색, 문제 해결, 종결 단계가 바로 그것이다. 그리고 각 단계마다 특별한 기술들이 포함된다.

도입 단계

상담을 시작하는 단계인데, 첫인사부터 문의 파악까지 포함된다. 이 단계에서는 친밀함, 간결함이 가장 중요하다.

친밀감 : 고객을 반겨주는 것이 필요하므로 기분좋은 맞장구를 간단히 한다.

간결함 : 도입은 항상 간결하게 진행해야 전체 상담 시간에 대한 적절한 안배가 가능하니 감정의 맞장구를 한다 할지라도 짧은 표현에 정확한 감정을 싣는 것에 중점을 두는 것이 필요하다.

✔ 네~ 무엇을 도와드릴까요?

✔ (전화주셔서) 고맙습니다!

✔ 네~ 연결되었습니다. 어떤 도움이 필요하십니까?

문의 파악 : 문의가 간단한 경우에는 문제가 되지 않지만 생각이 정리되지 않는 대화형이나 자신의 상황을 정확히 전달하는 것이 중요한 꼼꼼형의 문의에 대해서는 간단히 파악하는 재확인 절차가 필요하다

제가 지난주에 귀사에만 개통이 되는 휴대폰 때문에 번호이동을 했는데 처음으로 귀사 서비스를 이용하다보니 여러가지가 궁금해서요! 그런데 그 중에서도 제가 가입할 때 설정되었던 요금제가 어떤 거고, 저한테 적합한지 그런 것부터 궁금한데요!

위 내용처럼 문의 내용이 긴 경우에는 반드시 문의 파악을 해야 하는데, 간단히 표현하자면 어떻게 표현될 것인가? 다음에 그 해답이 있다.

✔ 번호이동을 하셨단 말씀이시죠? 먼저 감사드립니다
➜ 문의 파악 및 고객 유형에 맞는 친근한 응대법

✔ 가입하시면서 선택된 요금제가 어떤건지, 그리고 무슨 요금제가 좀더 적합한지 문의하시는게 맞으십니까?
➜ 핵심 문의에 대한 문의 파악

이렇게 정확히 문의를 파악하게 되면 절대로 엉뚱한 방향으로 상담하는 일은 미연에 방지할 수 있다.

탐색 단계

고객의 문제를 해결하기 위해서는 고객 말을 그냥 듣기만 해서는 절대 불가능하다. 가령 대출에 대한 문의를 하는 고객이 있다고 가정해보자! 고객은 대출을 좀 받고 싶다는 정도의 문의를 도입에서 던질 뿐이다. 이 고객에 가장 맞는 해결책을 제시하기 위해서는 몇 가지 중요한 정보가 필요한데, 이를 알아서 탐색하는 것은 직원이 해야 할 일이다.

- ✔ 네~ 저희 회원(고객)님 이십니까?
- ✔ 약관대출, 신용대출과 담보대출이 있는데 어떤 대출을 알아보시는 겁니까?
- ✔ 대출받고자 하는 금액은 얼마인지요?
- ✔ 담보대출이면 혹시 살고 계시는 주거지가 아파트인가요? 주택인가요?

위 탐색 종류는 대출가능 여부를 확인하기 위한 탐색의 실례이다. 이런 정보를 파악해야 문제 해결을 맞춤식으로 할 수 있다. 따라서 탐색 단계에서는 질문기법이 매우 중요하게 활용된다는 것을 알 수 있다. 여기 주의해야 할 점은 질문을 할 때 어미 억양을 조심하지 않으면 고객 입장에서는 직원이 질문을 하는 이유가 도움을 주기 위한 정보 파악이 아니라 불쾌한 취조를 하는 것으로 오해할 수 있다는 사실이다. 따라서 두 번 세 번 주의를 기울여 질문을 해야 한다.

문제 해결 단계

탐색으로 좀 더 명확해진 고객 상황에 맞게 해결책을 제시해야 되는데 여기서 또 한번 상담기법의 꽃을 피우게 된다.

만약 통신요금 청구서가 올해 들어서 2번이나 부달되었다는 고객이 있다면 어떤식으로 문제 해결을 할 것인가? 여기서 기본적인 탐색은 주소부터 정확히 확인하는 일이다. 그리고 그런 현상이 늘 발생하는 것인지 간헐적으로 발생하는 것인지 확인하는 것이다. 그리고 나서 문제해결을 시도하면 되는데, 이때 쉽고 상세한 표현을 활용하면서 문제 해결을 하면 된다. 그런데 좀 더 앞서가는 문제 해결은 다음과 같다.

고객님 혹시 인터넷 사용 가능하신가요? 네~ 그러시면 늘 부달되는 것은 아니지만, 기다리느라 스트레스 받으시는 것보다 저희가 이메일로 청구서를 보내드리면 어떨까요? 분실될 염려도 없을뿐더러 추가 포인트가지 적립해드리니까 이번 기회에 이메일 청구서로 변경하시는게 훨씬 유리하실 것 같습니다. 혹시 메일주소가 어떻게 됩니까?

청구서 발송과 그 청구서의 부달은 비용과 관련된 문제로 인해 DM을 발송하는 모든 기업에서 고심하는 영역이다. 그런데 위와 같은 해결책은 상담 직원의 상담 기술로 기업 입장에서도 고객 입장에서도 같이 윈(win)할 수 있는 방법을 제시한 것이다. 원천적인 문제에 대한 해결까지 처리되었기 때문에 고객은 아주 명쾌한 기분으로 상담을 마칠 수 있게 된다.

종결 단계

상담의 종결은 유종의 미를 거두는 단계이다. 다만 종결이 길면 고객이 먼저 끊어버리는 상황이 종종 발생하므로 간결히 표현한다라는 전제하에 2가지 요소를 가미시켜 보도록 하자.

첫째 : 상담의 만족감 확인

- ✔혹시 다른 궁금한 점은 없으십니까?
- ✔더 도와드릴 일은 없으신가요?
- ✔제가 충분히 도와드리지 못해 죄송해요!
- ✔제 상담이 도움이 되셨습니까?
- ✔만족하신다니 상담한 제게는 큰 보람입니다.

둘째 : 인상적인 끝인사

- ✔주말에 비가 올 거라 하는데 우산 꼭 챙기세요!
- ✔일교차가 심한데 감기 조심하세요!
- ✔명절인데 편안한 한가위 보내세요!
- ✔오늘도 많이 웃는 하루 되세요!
- ✔다음에 전화주셨을 땐 꼭 저희 가족으로 모시고 싶습니다.
- ✔다음에 전화주셨을 때 가족이 되어주신다면 제게는 큰 영광입니다.

실제 현업에서도 독창적인 인사말의 덕을 본 케이스를 그리 어렵지 않게 찾아 볼 수 있다. 예를 들어 2001년 10월 국내 최초로 전화와 인터넷으로만 고객을 찾아가는 시스템으로 자동차보험 시장에 도전장을 내민 교보자동차보험 다이렉트센터는 "다음에 전화주셨을땐 꼭 저희 가족으로 모시고 싶습니다"란 마지막 인사말을 업계 최초로 시행했는데, 현장에서 고객들은 노골적이지만 기분 나쁘지 않은 이 색다른 인사말이 독특해서 전화를 끊을 때 웃는 분들이 열 분 중 한두 분씩은 꼭 있었다. 그리고 정확한 수치는 없지만 그 인사말이 경쟁이 심한 자동차보험시장에서 초반에 교보자동차보험을 대중에게 알리는 역할을 했다는 것에는 해당 업계에 있는 사람이면 누구나 인정하는 사실이다. 왜 그랬을까?

간략하면서 고객 감성을 두드리는 인사말은 고객으로 하여금 진한 여운을 남기게 하며, 때로는 그것은 고객 만족을 넘어선 감동으로 고객을 인도하게 된다는 사실을 기억하자!

2. 서비스 회복 관리

✔ ○○물품 받아 보신 후 먼저 함께 드리는 제품 사용해보시고 맘에 들지 않는다 생각되시면 15일 이내에 얼마든지 반품 가능합니다.

✔ 우선 먼저 주문하세요. 그리고 받아 보신 후 맘의 결정하셔도 늦지 않습니다. 이런 기회 다시 없기 때문에 놓치면 정말 후회하십니다. 받아보시고 맘에 들지 않으시면 반품하세요. 얼마든지 가능하십니다.

TV 홈쇼핑에서 제품을 판매하는 것을 본 적이 있는가? 구매 의욕을 유발시키는 상품 배치, 쇼핑호스트의 화려한 구매유발 화법(話法), Get it now!!란 생각이 자연스럽게 들게 만드는 심리 설득적 매듭기법!! 평소에 관심있던 상품이 방송으로 광고되기 시작하면 구매하고 싶다는 유혹을 참기가 매우 힘들다는 것을 누구나 한번쯤은 느껴보았을 것이다.

그런데 그 속에서 우리는 모르는 사이에 세뇌(洗腦)된다. 위의 표현을 듣고 있노라면 공통적으로 "야~ 저거 한번 주문해볼까? 그리고 맘에 안 들면 반품하지 뭐!"라는 생각이 뇌리를 스치지 않는가? 거의 10년 동안 고객들은 해당 상황에 익숙해져왔다. 여기서 파생될 수 있는 사실은 예전보다 고객은 "고객으로서의 권리"에 대한 부분에 자기 목소리를 내는 것을 당연시 하게 된다는 것이다. 실제로도 서비스 현장에서 직원들은 고객의 불만의 빈도수가 시간이 지날수록 늘어나고 있다라고 토로한다.

서비스 현장에서 고객 응대시 새롭게 대두되지만 필수적인 영역이 불만 응대라면 이 부분을 제대로 이해하고 효과적인 응대법을 개발할 필요가 있을 것이다.

2-1. 불만고객 관리의 중요성

(1) 기업 측면에서 불만고객의 가치

1) 불만고객 관리의 필요성

CS(Customer Service)에 관해 지금까지 서비스 현장의 주제는 'More and more'이었다. 어떻게 하면 경쟁사보다 더 친절할 수 있을까? 더욱 솔직하게는 고객이 친절하다고 느끼게 할 수 있을까? 그렇다보니 서비스 현장에서 직원이 할 수 있는 친절함은 매우 향상된 것 또한 사실이다. 그런데 고객이 만족하는 영역은 고객 위주의 서비스가 얼마나 잘 되고 있는가에만 국한되는 것은 결코 아니다. 따라서 고객이 기업과 연결되는 영역을 나눠본다면 '제품, 판매 과정, 유지(사용)과정'으로 구분되는데 실제로 고객 위주 서비스가 일어

사례 메모

불만 관리의 필요성: 온라인 쇼핑몰은 불만 백화점

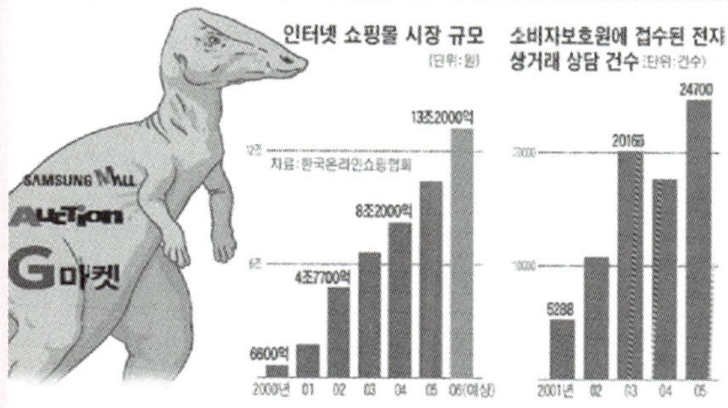

국내 온라인 쇼핑이 10조 원대 시대를 열고 있다. 온라인 쇼핑은 급속히 성장하고 있지만, 단속이 제대로 이뤄지지 않아 소비자 피해가 급증하고 있다. 한국소비자보호원에 지난해 접수된 전자상거래 소비자 상담은 2004년 (1만 7,600여 건) 보다 40% 증가한 2만 4,700여 건에 달했다. 가장 큰 불만은 '화면에서 봤던 사진 설명과 배달된 제품이 다르다'는 것이다. 옥션을 통해 아들의 신발을 산 이민주(가명)씨는 210mm짜리를 주문했는데 230mm짜리 신발이 배달돼 업체에 반품을 요청했다.

신발을 돌려보내자 업체에서는 "치수가 잘못 찍혀서 그렇지 줄자로 재어보면 210mm가 맞다"며 "물건을 다시 보낼 테니 배송료 2,500원을 내라"고 말했다. 이씨는 몇 달을 씨름한 끝에 소비자보호원의 도움을 받아 환불받았다. 배송 지연 등의 서비스 불만도 많다. 김대종(22)씨는 'ㅇㅇ몰'에서 지난 달 휴대폰을 주문했으나, 당초 약속했던 평균 배송일(1~2일)이 지나서도 물건을 받지 못했다. 김씨는 "지연되는 이유를 물으니, ㅇㅇ몰 측에선 '재고가 없다'고 미루다가 1주일이 넘어서야 배송했다"고 말했다. 한국소비자보호원 황정선 사이버연구팀 팀장은 "온라인 쇼핑몰에서 너무 싸거나 과대 광고를 하는 제품은 사지 않는 게 좋고, 전자상거래의 경우 물품 구입일로부터 7일간 계약을 취소할 수 있는 권리 등 관련 기본 정보를 알아둘 필요가 있다"고 말했다.

〈조선일보&chosun.com〉, 2006. 8. 14

나는 것은 판매 과정과 유지 과정의 한 영역일 뿐이다. 그래서 최근에 새롭게 부상하는 것이 "More and more good Service"가 아닌 "Complain Management"이다. 즉 서비스를 잘하는 것만으로 차별적인 경쟁력이 될 수 없다는 것을 느끼면서, 고객불만 요소를 제거하거나 불만 발생 후 효과적으로 처리하는 것에 대한 중요성을 새로운 경쟁력으로 인정하기 시작했다는 것이다.

"불만관리의 필요성" 사례를 보면 새로운 시장으로 급부상한 온라인 쇼핑몰에서 발생되고 있는 불만이 얼마나 많으며, 불만 발생 후 처리가 얼마나 무성의한지를 단적으로 보여주고 있다. 요즘 유통의 새로운 강자로 떠오른 온라인 쇼핑몰은 오프라인 매장보다 훨씬 많은 곳들이 함께 존재하기 때문에 더욱 경쟁력이 필요한 유통경로이다. 그런데 기업에서 아무리 철저하고 꼼꼼하게 준비했다고 해도 수없이 많은 고객의 생각을 100% 맞추기는 불가능할 것이며, 또한 고객과의 관계에서 어떤 변수가 발생할지 미리 알고 체크하기란 쉽지 않다. 그런데 기업은 그렇게 발생된 고객들의 의견과 생각을 읽어내고 맞출 수가 있어야만 지속적이고 확대적인 매출이 가능하지 않겠는가? 위 내용을 정리하자면 기업은 고객 불만 관리를 통해 '**새로운 경영 아이디어 확보 → 전략, 전술의 혁신 → 고객 만족 → 고객의 충성적 구매 활동**'을 가능케 함으로써 내실이 탄탄한 기업으로 성장하는 강력한 엔진을 갖게 되는 것이다.

2) 불만고객이 기업에 미치는 영향

불만을 사전에 모두 예방할 수 있다면 가장 좋겠지만 실상은 그렇게 쉽게 풀리는 것이 아니다. 불만고객이 기업에 미치는 영향과 관련해서 대표적 사례가 '도시바 회장의 사죄'를 들 수 있겠다. 사례의 내용은 사례와 같다.

우리나라에서도 여론의 힘이 얼마나 중요한가를 보여주는 사례는 쉽게 찾아볼 수 있다. 2005년 황우석박사의 논문 결과에 처음으로 이의를 제기했던 MBC PD수첩이란 프로그램이 처음에는 전 국민적인 적(敵)이었다. 이에 네티즌들은 MBC의 모든 프로그램 시청금지 서명운동과 실제 붐(boom)을 주도했고, 여론과 시청률 저하란 무게감을 견디기 힘들었던 광고주들은 급기야 MBC 9시 뉴스 프로그램 전후의 광고 종료 후 계약 연장을 진행하지 않았다.

사례메모 불만고객이 기업에 미치는 영향 — 여론의 파워

전자제품으로 전세계적으로 유명한 도시바의 원산지인 일본에서 발생했던 일이다. 비디오를 사용하던 고객은 제품 A/S와 관련해서 본사 직원과 어렵사리 통화가 되어 자신의 상황을 이야기하게 되었다. 그런데 직원은 해당 고객을 "늘 습관적으로 불만을 토로하는 상습불평꾼"이라고 몰아세우며 일방적으로 화를 냈는데 이에 마음이 많이 상한 고객은 두 사람의 대화 내용이 담긴 녹취파일을 인터넷에 올리게 된다. 그 녹취파일은 급속도로 퍼져나가기 시작했으며, 여론의 대부분이 고객 입장을 옹호하는 상황으로 전개되었다. 그런데 이때 기업이 발빠르게 대응책을 준비하기 보다는 자사 직원을 위한 변명과 회피를 하면서 문제는 더 커지게 된다. 결국 국민들은 전국적인 불매운동으로 여론의 힘을 보여주게 되고 매출이 급감한 도시바는 급기야 회장이 직접 머리숙여 사과하는 모습을 언론에 보여주는 상황까지 가게 된다.

그 사건이 사실로 판명되어 MBC는 불명예를 씻기는 했지만 우리는 이 과정 동안 여론 특히 네티즌의 힘이 실로 막강하구나라는 점을 반드시 기억해야 한다.

결론적으로 불만고객이 기업에 미치는 영향은 긍정적 차원과 부정적 차원이 공존하고 있는 것이다. 그러니 기업에서는 불만고객을 애증(愛憎)할 수밖에 없지 않겠는가?

(2) 직원 측면에서 불만응대의 가치

사람은 누구나 화난 상대방과 대화하고 싶지 않다. 평상심(平常心)을 갖고 있는 사람과도 머리속 생각을 그대로 전달하기 쉽지 않은데, 분노의 감정이 있는 사람과의 대화는 상대 감정에 대한 컨트롤과 이성적 대화를 함께 해야 하기 때문에 많이 힘든 것이다. 그러니 피할 수만 있다면 피하고 싶은 게 사람의 인지상정(人之常情)일 것이다. 그런데 서비스 현장에서 불만고객은 절대 피할 수 없는 존재이자, 반드시 필요한 존재이기도 하며, 앞으로 계속 늘어날 존재이다. 따라서 CS를 한다는 기업치고 불만 응대법에 대한 교육을 하지 않는 곳이 없는 것이다. 그렇다면 불만 응대가 직원 입장에서는 어떤 가치가 있을까? 두 가지로 구분해볼 수 있겠다.

첫째 전문가로서 가치 인정의 기회를 들 수 있다. 어려운 일을 잘 수행할 때 직원은 그 자리에서 더욱 빛이 나기 마련이다. 불만고객 응대는 어렵다는 것을 누구나 알고 있기 때문에 그런 상황에서 응대를 효과적으로 잘해낸다면 직원은 기업 내에서 존재 가치가 확실해질 것이다.

두번째 자기개발의 기회를 들 수 있다. 소비자 심리에서 소비자 니즈를 5단계로 구분시 가장 마지막인 5번째 단계가 자아실현의 니즈라 정의내렸다(2003. 5. 로버트 B. 세틀 / 파멜라 L. 알렉). 그런데 이것이 소득 활동을 하는 직원에게도 자아실현의 니즈가 직장인으로서 마지막 가치로 나타난다.

〈그래프 8.2.1.〉에서 보면 직업비전이 두번째로 중요한 것으로 나타났다. 즉 내가 하는 일이 사회적으로, 개인적으로 발전가능성이 존재하는가를 아주 중요한 가치로 인정하고 있다는 것이다. 저자가 지난 10년 동안 300개 이상의 서비스 현장과 3,000회 이상의 서비스 현장 직원교육을 하면서 느낀 바가 있다면 그들이 처음에는 쉽고 아무나 할 수 있는 일을 원했다가도 2년 이상

8.2.1. **직원이 생각하는 직장의 동기부여 중요도 순위**

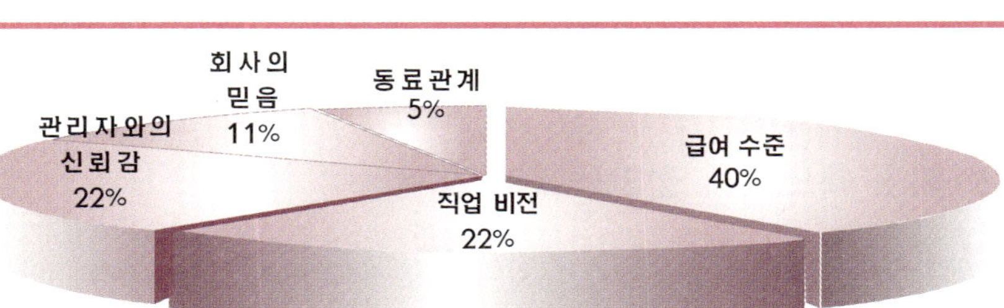

서비스 직원 200명 대상 장기근속을 위한 중요도 설문 결과

업무를 하고 나면 과연 본인이 발전하고 있는가를 매우 중요하게 생각한다는 것이다. 이것은 그들에게 자기개발에 대한 욕구가 있다는 것 인데 서비스 응대의 마지막 단계가 불만고객 응대이다. 이 응대를 잘 완료했을 때는 일반 서비스 응대에서 느끼지 못한 보람을 갖게 될 것이며, 그것은 서비스 직업을 가진 사람으로서 궁극적인 가치를 충족시켜주는 것이다.

2-2. 불만고객의 이해

(1) 불만심리의 발전 과정

불만고객을 이해하지 않고는 불만고객의 응대법을 논(論)할 수 없다. 왜냐하면 고객을 대상으로 무조건 인내하고 참는 것이 좋은 해결책을 간들지 못하기 때문이다. 그래서 먼저 살펴볼 것이 불만이 생겼을 때 고객의 심리 변화인데, 여기서 여러분이 매장에서 시계를 샀는데 사용한지 한 달 만에 시계가 섰다고 가정을 해보자. 어떤 심리로 발전이 될 것인가?

충격 : 어떻게 이런 일이 발생을 할까? 그리고 왜 하필 내 시계인 거야?

분노 : 이런 불량한 제품을 나한테 팔았어? 그렇게 친절했던 게 팔아먹으려는 상술이었군!

복수 : 너희들 내게 이렇게 소홀하게 해도 되는 거야? 언제든 성의껏 대하겠단 말은 거짓이었지! 가만 있지 않겠어!!! 나 만만하게 보지마~ 한다면 하는 사람이야!

용인 : 그래~~ 참자! 참는 사람한테 복이 오지… 너희들이 잘해서가 아니야! 내 맘이 넓어서지~ 운좋은 고객 만난 것에 감사하란 말이야!

이처럼 4단계의 발전과정을 갖는다. 이 단계는 고객 혼자만의 심리 속에 발전된게 아니라 이 과정 속에 직원의 응대가 포함되면서 함께 발전되는 과정이다. 마지막 용인은 간혹 아래의 해소로 대체되기도 하며, 더 빠른 경우 복수를 대체하는 경우가 있다.

해소 : 어쭈~ 열심히 노력하네! 그래 나도 실수할 때 있는데 앞으로는 잘 하겠지 … 이렇게 강하게 어필하면 오히려 짜증낼만도 한데, 참 괜찮은 직원이고, 회사군 … 앞으로도 계속 이용해줘야 겠는걸!!

직원 입장에서는 이 불만심리 과정을 반드시 분노 단계에서 잘 처리해낼 수 있어야 한다. 분노 단계에서 고객은 반드시 직원과 대화를 원하게 되어 있는데, 이때 서비스 현장에서 직원이 재대로 응대해야만 복수로 발전하는 것을 예방할 수 있다. 복수단계까지 가면 수습하기가 훨씬 어려워지기 때문에 조기에 진화할 수 있어야 직원도 고객도 덜 다치면서 상황을 해결할 수 있는 것이다.

(2) 불만고객의 욕구

1) 불만고객은 모두 항의하는가?

여러분은 기업과 관련된 불만이 생기면 고객으로 바로 불만내용을 직접 해당기업이나 직원에게 토로하는가? 와튼스쿨(Wharton School, 펜실베니아대 경영대학)과 캐나다 컨설팅업체 베르데그룹이 공동으로 조사한 '2006 불만고객

연구보고서'에 따르면 불만 상황을 겪은 고객의 6%만이 해당 기업과 직원에게 자신의 불만을 직접 토로하는 걸로 조사됐다. 다음 사례 메모의 그림은 고객이 불만을 겪고난 후 어떤 행동을 하는지 좀 더 구체적으로 보여주고 있다.

사례 메모

미국 펜실베니아대 와튼스쿨이 캐나다의 컨설팅 업체인 베르데그룹과 공동 조사한 '2006 불만고객 연구보고서'에 따르면 직접 회사에 불만을 통보하지 않는 고객들이 더 많고 실제로 잠재 고객들에게 미치는 영향이 크기 때문에 불만고객 관리가 시급한 것으로 나타났다. 이 조사는 지난해 크리스마스 시즌을 전후해 쇼핑을 한 미국 소비자 1,186명을 대상으로 실시됐다.

불만고객의 행동

불만을 참지 못하고 친구나 동료에게 적극적으로 알리는 31% 쇼핑객 가운데 8%는 1명에게, 또 다른 8%는 2명에게 자신의 나쁜 경험을 알렸고 78%는 3~5명, 나머지 6%는 6명 이상에게 험담을 늘어놓은 것으로 집계됐다. 결과적으로 불만을 느낀 쇼핑객 100명 중 31명이 적어도 90여 명에게 불만을 전파한 셈이다. 고객들의 불만이 잠재고객 상실로 이어지는 것은 전해지는 과정에서 입소문이 눈덩이처럼 커지기 때문이다. 특히 "소문이 더욱 나쁘게 퍼져가는 이유 중 하나는 고객들이 사실을 극적으로 왜곡하는 가운데 어떤 재미를 느끼기 때문"이라고 덧붙였다.

2006 와튼스쿨 불만고객 연구보고서에서

2) 불만고객의 욕구

불만고객이 직원과 응대를 시작하면서 원하는 것이 무엇일까? TV홈쇼핑을 시청하다가 맘에 드는 물건을 주문해서 기다렸는데 배송하는 택배기사가 언제 배송하겠다는 안내도, 아파트 경비실에 택배물건을 맡겨놓고도 그 상황에 대한 전화도 없어서 이상하다 생각은 하면서 마냥 기다리기만 하던 차에 아파트 경비실에서 택배 물건 찾아가라는 말을 들었다면 고객으로서 누구나 화가 날 것이다. 그리고 이때 여러분은 물품 주문한 곳에 전화해서 불만을 토로한다고 가정해보자! 바로 이순간 당신의 욕구는 무엇인가? 허술하게 진행되는 업무 프로세스에 대한 정확한 설명을 듣고 싶은 건가? 아니면 기다린 심정에 대해 알아주고 이해해주는 진심의 태도인가? 대부분의 고객은 후자가 불만상황에서의 욕구라 말한다.

심리학에서는 분노는 '**자아가치의 보존, 욕구 보존, 신념 보존**'이 훼손되었을 때 나타나는 정서라 말한다. 다른 말로 표현하자면 나를 보존하고자 하는 정서 즉 자존심이 손상되었을 때 강하게 나타나는 사람의 감정이란 뜻이다 (Bandura/1983, lzard/1991).

불만고객은 불만상황의 객관적 사실에 대해 초점을 맞춰 체계적으로 사고하는 것이 아니라, 그런 상황이 벌어진 시점에서 나 자신에 대한 자존심을 상대방이 공격했다는 감정이 먼저 있기 때문에 이성적이기 보다는 감정적이다. 그 자존심이 지켜졌을 때 이성적인 사고가 가능하면서 개선에 대한 해결책을 원하게 되는 것이다.

결론을 내려보면 불만고객의 욕구에는 흐름이 있는데, '**자존심 훼손에 대한 감정적 인정 → 객관적 사실(상황)의 개선**' 순이다. 그런데 중요도를 보면 전자(前者)가 훨씬 강력하다는 것을 불만을 겪어본 사람이라면 대부분 동의할 것이다. 직원은 불만고객 욕구의 흐름을 제대로 알고 있어야 서로 감정적으로 더 다치지 않고 신속하게 마무리할 수 있는 것이다.

2-3. 불만고객 응대법

불만고객의 심리를 이해하게 되었다면 실질적인 응대법을 알아봐야 한다. 그전에 이 한마디를 꼭 기억해주기 바란다. "지금까지 수없이 많은 무례한 사람들을 만나보았다. 하지만 본인 스스로를 무례하다고 생각하는 사람은 아무도 없었다. 자기 자신을 똑바로 바라보는 것은 그리 쉬운 일이 아니다"(Ouida, 위다.) 불만 응대법은 서비스 응대법에서 살펴본 언어커뮤니케이션과 행동커뮤니케이션을 최대한 발휘하는 것이다. 그러므로 누구도 자신의 말과 행동에 자신하지 말고, 본인도 실수할 수 있고, 갖춰지지 않았다는 생각을 먼저 하는 것이 응대법을 체득하는 것 만큼이나 중요하다 말할 수 있겠다.

그렇다면 불만 응대를 보다 구체적으로 체득하기 위해 각 접점 상황에 맞게 살펴보도록 한다.

(1) 전화접점 불만 응대법

고객들이 불만을 토로하는 1차 접점은 전화이다. 고객은 기업에 화가 나면 감정이 있을 때 전달하고 싶기 때문에 전화로 먼저 불만을 제기하는 경우가 많다. 물론 불만고객이 1차 접점을 생략하고 바로 매장을 찾는가는 경우도 있지만 일반적으로 전화접점이 먼저이다. 그런데 전화상 불만고객 응대의 가장 중요한 특징은 얼굴이 보이지 않는다는 것이다. 얼굴이 보이지 않기 때문에 고객도 더 극단적일 수 있고, 직원도 마음과 틀리게 고객의 오해를 블러일으켜서 더 큰 불만으로 확대되는 경우가 종종 있다. 따라서 직원의 언어 커뮤니케이션 방법은 아주 중요하다. 그렇다면 전화접점에서 불만고객을 응대하는 언어 커뮤케이션의 응용된 방법은 어떤 것이 있을까?

1) 상담 초반 진지한 억양과 동감(同感) 활용

전화의 경우 얼굴이 전혀 보이지 않기 때문에 초반 15%의 응대는 상담 전체에 영향을 미치게 된다. 그래서 직원은 불만고객의 초기 징후를 재빨리 눈치채고 진지한 억양과 고객의 화난 감정에 대한 동감(同感)을 할 줄 알아야 한다. 불만고객은 상담을 시작할 때 일반 문의를 하는 고객과는 틀린 반응을 보여준다.

첫째 "고함 & 욕설형" : 직원이 인사도 하기전에 고함을 친다거나, 욕설을 하는 것으로 자신의 화난 감정을 직접적으로 드러내는 스타일이다. 이런 고객은 왜 화가 났는지는 자세히 말하지 않고 어떻게 해줄 건지 결과를 먼저 묻는다. 그리고 처음부터 의사 결정이 가능한 사람 즉 직책이 높은 사람과 통화하기를 요구하는 경우도 자주 발생한다.

- ✔"여보세요? 아니 물품 신청한지가 언젠데 아직도 안 오는 거예요?"
- ✔"여보세요!! 책임자 바꿔주세요!"
- ✔"야~ 니들 진짜 이딴 식으로 할 거야! 이것들이 고객을 봉으로 보나~~!!"

둘째 "감정 전달형" : 자신이 어떤 일로 화가 났는지 그리고 그것을 겪은 본인이 얼마나 황당하고 기분 나쁜지를 묻지 않아도 자세히 말하는 스타일이다. 그러면서 이런 고객은 자신의 감정의 타당성에 대해 직원에게 확인받는 경우가 많다.

- ✔"저기 몇일 전에 휴대폰을 샀는데 그전에는 OOOO꺼 썼거든요! 그때는 상대방 목소리가 잘 들렸는데 이거는 상대방 목소리가 들릴 때 자꾸 잡음이 섞여서 깨끗하게 안 들려요! 신상품이고 판매직원이 좋다고 해서 샀던 건데요! 적은 금액도 아니고~~ 진짜 속상하거든요"
- ✔"저 타이어 바꾼지 얼마 안됐거든요! 모서리 둔턱에 좀 끌렸다고 이렇게 구멍이 나버리면 무서워서 몰고 다니겠어요! 모르고 속도 높였다가 큰 사고라도 났으면 어쩔 뻔했어요~ 듣고 계세요? 당신도 내 입장 돼보라구요! 기분이 어떨지… "

셋째 "사실적 냉정형" : 직원의 이름이나 소속을 물으면서 통화를 시작하는 경우가 많고 감정적 흥분을 직원에게 그대로 표출하지 않는다. 직원에게 냉정하고 사무적인 예의바름을 지키면서 본인이 불만이 생긴 사실적 근거를 체계적으로 말하고, 어떻게 해결해줄 수 있는지 흥분되지 않은 상태에서 조목조목 확인하는 경우가 많다.

- ✔ 전화받는 분 이름이 어떻게 되세요?" (무감정한 목소리)
- ✔ 제가 지금 4번째 전화하고 있습니다. 직원분 이름부터 말씀해주세요! 적겠습니다.
- ✔ 최선을 다해주길 바라면서 전화했습니다. (정중하지만 사무적인 목소리)
- ✔ 여보세요! 거기 ○○○ 맞죠? (저음으로 감정 기복 없는 목소리) 저는 8년동안 그 회사 이용한 고객입니다. 제 정보 정확히 나오죠?

전화상담시 위와 같은 형태로 불만의 초기 징후를 보일 때 직원은 이것이 불만 상담이라는 것을 재빠르게 눈치채고 응대를 준비해야 한다.

먼저 **조심스러운 억양**을 사용해서 고객의 다친 감정을 향해 조심스럽게 접근해야 하는데, 여기서부터 직원은 실수하는 경우가 많다. 즉 일반 응대라면 전혀 문제없는 밝은 어투의 "무엇을 도와드릴까요" 라는 표현이 있는데, 이를 불만 징후를 보인 고객한테도 동일한 어투로 말하게 되면 고객은 이 직원이 자신의 감정을 모르는 척한다고 생각하고 무시당하고 있다고 느끼기 쉽다. 그래서 상담 초반부터 고객과의 관계가 어긋나기 시작하는 것이다. 따라서 직원은 고객이 불만 징후를 보이면 바로 그때가 고객과 결정적 대화를 해야 할 때임을 잊지 말고 억양부터 진지하게 바꿀 수 있어야 하는 것이다.

그리고 고객이 불만을 토로하는 감정에 대해 **'나는 당신의 동지다'라는 것을 알게 해주는 표현**을 해야 한다. 고객 또한 이 직원이 나한테는 적이 아니라 동지구나라는 것을 인정해야 직원의 말을 비로소 오해하지 않고 듣게 된다. 여러분이 친구와 서로의 입장만 고수하고 다투고 있을 때 상대방이 아무리 열심히 이야기하면 듣는가? 아닐 것이다. 듣기보다는 내생각이나 행동의 타당성을 주입시키기 위해 열심히 자신의 말을 하고 있을 것이다.

기분 나쁜 감정이 극단적일 때는 어떤 이성적인 대화도 전혀 소용이 없는데도, 서비스 현장에서 직원들은 이 대목에서 또 다시 실수를 하곤 한다. 불만이라는 것을 알아채고도 고객의 감정을 인정해주기 위해 노력하기보다는 문제 해결을 위해 회사의 입장이나 방침을 설명하고 있는 경우가 많다.

〈불만 상황 1〉

고객 : 여보세요! 조금 전의 그 직원 아니 어떻게 그렇게 전화를 받을 수 있어요!

직원 : 어떤 일 때문이십니까? 전 그 직원이 아닌데요! (약간 황당하다는 듯이)

고객 : 당신네 홈페이지가 다운돼서 전화를 한 건데 뭔가 확인해보겠다고 잠시 기다리게 하더니 어떻게 사람을 10분씩 기다리게 하는 거예요? 그동안 난 우리 애 우유 뎁힌 물도 못끄고 아무 것도 못하게 만들고 사과 한마디 없고. 자기 딴에는 확인하기 위해 어쩔 수 없이 걸린 시간이라는데! 도대체 그럴 수 있는거예요! 그리고 전화도 일방적으로 끊어버리고 …

직원 : 제가 그 직원이 아니지만! 뭔가 오해가 있으신 것 같~~

고객 : 아니 그럼 내가 없는 말 지어냈다는 건가요? 제가 그렇게 한가한 사람으로 보이세요?

직원 : 그런 뜻이 아니고 저희는 고객이 말씀하실 때 그냥 끊지는 않습니다. 그리고 기다리게 한 것도 좀 더 정확히 확인을 하고 안내를 드리려다 ~~

고객 : 정말 안되겠군요!! 그러니까 당신들이 한 것은 정당한 거니까 고객인 네가 너무 까탈스럽게 굴지 말고 이해해라! 뭐 그런 뜻인가요? 당신이랑 대화가 안 되니까~ 거기 팀장 바꿔주세요! 당장 바꾸세요!

위 대화는 불만을 제기하는 고객에게 그런 의도가 아니었는데, 당신이 오해일 수 있다는 쪽으로 해결을 보려다가 고객의 화만 더 돋구는 상황이 전개되었다. 그런데 이런 상황이 서비스 현장에서는 가장 빈번히 일어나고 있는 불만고객과의 대화이기도 하다. 이런 식으로 불만을 응대한다면 어떤 고객도 전화를 받은 직원과 이성적인 문제 해결을 할 수는 없게 된다.

그럼 또 다른 상황을 한번 보도록 하자.

〈불만 상황 2〉

고객 : 여보세요!(단호하게)

직원 : 네!! (단호하게)

고객 : 이게 왜 떨어지지가 않아요! (고함치면서)

직원 : 어떤 게 안 된단 말씀이시죠? (어미 억양으로 말을 내뱉는다는 느낌 강함)

고객 : 잔고평가도 확인 안 되고, 주문도 안 되고, 시세도 안 보이고 도대체가 되는게 없어요!

직원 : 다시 한번 해보세요! 증권전산에 문제있어서 그랬던 건데 복구됐다 그러거든요! (상대 감정 전혀 고려하지 않는 억양)

고객 : 아~ 진짜 신경질 나서 미치겠어!! 왜 아침부터 계속 이래요! 손해나는건 어떡할 거예요! 물어낼 거예요!!

직원 : 침묵 …

고객 : 여보세요! 여보세요! 왜 말이 없어요! 물어내지도 못할거면 제대로 해야 될 거 아니예요!!

직원 : 침묵 …

고객 : 그냥 끊음.

위 상황은 증권회사의 HTS(Home Trading System)을 이용하던 고객이 갑자기 시스템 작동이 안 돼서 불만을 제기한 것이었는데, 실제로는 아주 긴박하게 돌아가는 상황이었다. 여기서 직원은 고객에게 불만에 대한 문제 해결을 했을까? 안 했을까? 고객은 불쾌한 기분으로 그냥 끊었지만 직원은 문제 해결을 정확하게 했다.

"다시 한번 해보세요! 증권전산에 문제 있어서 그랬던건데, 복구됐다 그러거든요!" 이 문장은 직원이 말할 수 있는 고객 불만의 해결책이었다. 그런데도 고객은 가라앉기는 커녕 오히려 더 화를 내고 있다. 무엇이 문제인가? 고객이

화가 난 감정을 동의해주고 인정해주는 표현이 전혀 없었기 때문이다.

그렇다면 고객의 감정을 동의해주는 표현에는 어떤 것들이 있을까?

- ✔ 네~ 아휴 속상하셨겠네요!
- ✔ 정말 기분 나쁘셨겠어요!
- ✔ 저라도 기분나쁘죠! / 저라면 더 화가 났을 것 같은데요!
- ✔ 그럼요! 고객님 마음 충분히 이해돼요!
- ✔ 아뇨~ 그런 일이 있으셨다면 화내실만 합니다!
- ✔ 맞습니다! 그럼요!
- ✔ 아~ 아휴~
- ✔ 네~ 아이구~

글로 표현했을 때는 다소 어색하지만 실제로 구어(口語)로 활용할 때는 상당한 효과를 발휘하는 표현들이다. 우리가 먼저 살펴보았던 두 가지 상황에서 고객이 불만 내용과 자기 감정을 전달하고 있는 상담 초반에 이런 동감의 표현을 했다면 그 상황들은 서로가 기분좋게 끝낼 수도 있었을 것이다. 서비스 직원이 현장에서 꼭 기억해야 하는 것은 **불만 상담은 초반 15%에서 고객에게 동지라는 감정을 들게 만들어야 85% 상담에서 불만을 더 증폭시키기지 않는다**

사례메모 특정 기관에서 제작된 불만 응대법

교육인적자원부가 표준화된 민원서비스를 위해 만든 매뉴얼에 민원인을 폄훼하거나 업무를 미루라는 내용이 포함돼 있어 논란이 되고 있다.

투정꾼은 치켜세우고

'투정쟁이형'은 아는 것도 없으면서 이러쿵저러쿵 말이 많은 유형이라고 정의한 뒤 맞장구를 치면서 치켜세우면 효과가 있다고 소개했다.

저돌형은 못 알아들은 척

'저돌적이고 경솔한 유형'은 뻔뻔하고 무자비하고 자기만 옳다고 주장하는 사람이라며 "무슨 말씀인지 하도 빨리 많은 것을 이야기해서 잘못 알아들었다. 담당자에게 직접 말해주길 바란다"고 말한 뒤 재빨리 담당자에게 연결하거나 전화 연결이 안 된다고 말하라는 것.

물고 늘어지면 화제 돌려라

'큰 소리로 말하는 유형'은 타인에게 자신의 우월성을 보여주려는 민원인이라고 단정짓고 뜨거운 차를 천천히 마시게 하면서 흥분을 가라앉히라고 했다.

'성급한 유형'은 조금만 늦어도 재촉이 심하고 창구나 책상 앞에 달라붙어 직원에게 지시한다는 것. 일방적으로 치켜세우고 다독거려야 하며, 폭발하기 쉬운 고객이므로 조심하는 것이 상책이라고 조언했다.

〈동아일보〉, 2006. 8. 7.

는 사실이다.

그림 사례의 불만 응대법이 교육부 홈페이지에 올려진 후 해당기관 직원들에게는 별 5개의 만족도를 얻으면서 인기를 끌고 있다고 한다.

이 응대법은 우리가 알아보고 있는 방법과 상당한 차이가 있는데, 이는 국민이 국가기관에 바라는 기대치와 고객이 기업에 바라는 기대치에 차이가 있음으로 인해 응대 주체가 어느 기관인가에 따라 응대법에 다소 차이날 수 있음을 보여주는 것이다. 서비스 현장에서 이런 편법(便法)은 응대법은 분노의 고객심리를 복수의 단계로 확장 시킨다 것을 알아두어야 한다.

2) 단계 활용

서비스 현장에서는 이런 말들을 한다. "우리가 해결해줄 수 있는 불만이면 괜찮아요! 그런데 고객의 욕구대로 해결해줄 수 없는 불만일 때 문제가 심각하다구요." 사실 맞는 말이다. 고객이 원하는대로 해결책이 없는데 어찌해야 된단 말인가라고 의구심을 가질 수도 있다. 그런데 여기서 간과할 수 있는 것이 해결책이 없다면 더욱 고객 감정을 통제하는 전문성이 뛰어나야 한다는 사실이다. 해결해 줄 수도 없는 회사 입장의 해결책은 고객 입장에서는 매우 부정적인 내용의 것인데 이것을 고객의 감정이 극한에 있을 때 계속 말하는 것은 전혀 효과가 없는 것이다. 그래서 불만고객에게 부정적 상황이나 회사의 규정을 말해야 될 때 활용할 수 있는 4단계를 알아보도록 한다.

1단계 : Sympathy 공감 또는 감정 일치로 개념을 정리하겠다.

직원은 절대로 조급해 하지 말고 고객 상황과 내 상황을 일치시키는 데 집중한다. 고객이 어떤 불만을 제기하던지 상관없이 무조건 두 사람의 감정이 합쳐질 수 있도록 집중한다. 따라서 고객 감정을 알아주고 그 감정이 때로는 기업 입장에서는 고마울 수 있다는 표현을 해준다.

- ✔그 심정 저도 알죠~~ 그렇군요~ 이해합니다!
- ✔그 상황이 실제로 그랬다면 아주 언짢으셨겠어요!
- ✔고객님이 저희 직원보다 나으세요!
- ✔저희가 미처 보지 못한 것까지 말씀 주시니 오히려 저희가 감사하죠!
- ✔아이구~ 저희가 거기까지는 미처 생각치 못했습니다.
- ✔저희 회사에 정말 애정이 많으신 것 같아요!
- ✔이런 말씀 일부러 해주시고 발전할 수 있게 해주셔서 정말 감사드려요.

이 단계를 실행할 때는 2가지 포인트가 있는데 감정 이입과 빈도수이다. 이단계는 감정을 맞추는 단계인데 무미건조하거나, 전혀 그런 느낌이 전달되지 않으면 안하는 것보다 못한 상황이 발생되고 오히려 비꼬는 느낌을 줄 수 있기 때문에 각 단어가 갖고 있는 감정을 정확히 살리는데 중점을 두어야 한다. 일반 서비스 응대일 때는 맞장구를 고객 말이 어느 정도 끝났을 때 적절히 하면 상대방을 편안하게 만들어 주지만, 불만고객은 직원이 내 말을 잘 듣고 있을까에 대한 의심을 많이 하기 때문에 고객이 말하는 중간에 자주 공감을 해주는 게 훨씬 효과적이다.

2단계 : 'Rephrase 고객 말의 핵심을 요약해서 말하다'로 개념을 정리하겠다. 이 단계에서 직원은 불만고객과 빠른 시간 안에 친해질 수 있고, 전체 불만상담 시간을 단축시킬 수 있다. 고객은 자신이 화를 내면 직원이 듣는 척할 수는 있을거라 예상하지만 자기 말을 요약할 정도로 잘 듣고 있을 거라는 기대는 솔직히 하지 않는 경우가 많다. 그런 기대치를 상회하는 행동이기 때문에 고객의 목소리가 많이 잦아들게 만들고, 극한 감정을 누그러뜨리는데 매우 효과적인 것이다.

- ✔ 고객님 말씀은 좀 전에 저희 위치를 물어보실 때 저희 직원이 무례한 어투로 안내했단 말씀이시죠?
- ✔ 네~ 통장과 도장만 맞는다면 정확히 당연히 인출해드려야 하는게 맞습니다.
- ✔ 웹에서 이용하던 중에 ID만 치면 애러가 자꾸 발성한다는 달씀이시죠?
- ✔ 냉장고 온도를 최강으로도 해봤단 말씀인데요, 맞죠?
- ✔ 네, 고객님 말씀을 정리하자면 …
- ✔ 그래서 그 직원이 고객님 말씀에 어떤 반응을 보였습니까?
- ✔ 아~ 그러니까 고객님께서는 자기 신호 받고 좌회전을 정확히 하셨고, 무단 직진하는 차와 부딪혔단 이야기를 이미 앞서 직원한테 말했다는 이야기시죠?

이 단계를 진행할 때 주의할 점은 표현을 할 때 어미 억양을 조심하는 것이다. 왜냐하면 고객의 말을 되묻는 상황이기 때문에 어미를 짧고 단호하게 처리하거나, 올리면서 툭 던지듯이 처리하면 상대를 더 기분 나쁘게 만들 수 있다.

3단계 : 'Detail background 회사의 상황이나, 그렇게 할 수밖에 없는 근거, 규정을 자세하게 설명하다'로 개념을 정리하겠다.

우리가 앞서 두 단계를 진행한 이유는 바로 이 단계를 진행하기 위해서인 것이다. 서비스 현장에서 직원들이 한결같이 '고객들이 매우 잘 알고 있는 것처럼 말하지만 실제로 정확히 아는 경우는 드물다'는 말을 한다. 그래서 물품, 구매 과정, 유지 과정에서 그런 불만이 발생하게 되었던 배경에 대해 알아듣기 쉽도록 설명하는 전문성이 이 단계에서 필요한 것이다.

✔ 네~ 경찰서에서는 그런 상황의 해석 방법이 저희 보험회사와는 약간 차이가 있는게, 법규적인 부분으로 해석을 하기 때문인데요, 보험회사에서는 100% 과실이라는건 가만히 서 있는 차량을 다른 차량이 뒤에서 무조건 접촉해서 사고를 냈을 때를 제외하고는 없습니다. (부드럽게) 그렇다 해도 저는 고객님 마음을 충분히 압니다. 저도 그런 상황이라면 나한테는 과실이 전혀 없겠지라는 생각이 들겁 니다. 그 부분은 고객님께서 이해해 주세요! 저희만 그런게 아니라 어떤 보험사도 동일한 부분인데요, 물론 그런 일이 있으시면 안되겠지만 고객님께서 반대의 경우라도 고객님이 100% 책임을 지는 건 아닙니다! ~ (부드럽고 감정의 여운이 남도록 억양 처리)

이 단계의 주의할 점은 알고 있는 내용을 최대한 상세하게 풀어내는 전문성을 확보하는 것이다. 반복해서 강조하지만 생각하는 것과 말로 표현하는 것은 많은 격차가 있다는 사실을 인지하고 그저 쉽다라고 생각하지 말라는 것이다. 제안을 하자면 위 표현을 편한 사람한테 한번 실습해보길 권한다. 상대방이 내가 의도했던 대로 잘 알아듣고 있는지 아니면 의도와 벗어나게 이해하는지를 테스트해보는 방법인데, 실전에서는 기술한 상황보다 훨씬 감정적 대립이 심한 상황이라는 것을 감안해보면 얼마나 어려운 단계인지 쉽게 이해가 될 것이다.

4단계 : 'Co-opreate 해결책 제시에 고객 의견을 동참시켜라'로 개념 정리를 하겠다. 이 단계는 3단계를 제대로 완성한 후에 해결책을 제시하는 단계인데, 고객의 욕구에 미치지 못하는 해결책인 경우가 대다수이기 때문에 직원이 최선을 다하고 있다는 느낌을 전달하는 것이 필요하다. 또한 때로는 약간의 생색 내기와 협상 스킬이 포함되기도 한다.

✔ 고객님께 게임상에 해를 가했다고 해서 바로 게임을 못하게 하는 징계를 하기는 사실 불가능합니다 왜냐하면~~~ (3단계 Detail background 진행) 그렇지만 게임세상에서 퇴출시킬 수는 없지만 징계를 하는 방법은 있습니다. (일부러 침묵한다) 상대가 고객님께 심한 욕설을 하고 아무 이유없이 고객님 캐릭터(게임 이용자가 인터넷 게임상에서 게임을 하거나 전투를 하기 위해 만들어놓은 가상의 인물)에 가해를 했다면 그 상황에 대한 증빙 자료를 보내주시면 저희가 타당성을 확인해보고 저희가 만들어둔 징계 규정에 포함되어 있을 때는 일정 기간 게임을 못하게 하는 징계는 가능한데요, 그분께서 자신의 행동에 대해 다른 사용자가 아주 불편해 하고 있다는 것을 깨닫게 하면서 행동 정도에 맞는 징계를 하는 방법이 지금으로선 최선인데요, 이 방법은 어떠십니까? 네 그렇기 위해서는 욕설과 가해를 한 장면에 대한 스크린 샷(게임서비스 기업의 용어/어떤 장면을 정지 화면으로 찍어두는 방법)을 여러 장 찍어서 보내주시면 되는데요, 가능하십니까?

이 단계를 진행할 때 주의할 점은 '자신감'이다. 직원이 제시하는 해결책에 대한 믿음과 재고의 여지가 없다는 것을 알아야 고객은 이직원의 말에 동의해도 되는가를 심각하게 고려하게 된다. 3단계까지는 부드러움 & 배려 & 감정 호환이 목적이었다면 여기서는 제안이 목적이다. 따라서 직원의 지위 고

하(高下)를 막론하고 자신있는 억양으로 제안 할 수 있어야 하는데, 그 방법은 강조하고 싶은 단어에 강세를 확실하게 주면서 문장의 전체 느낌을 자신있는 뉘앙스로 전달하면 된다. 더불어 고객이 '이 직원입장에서는 최선을 다한 것이구나' 라고 각인시켜주면 되는 것이다.

지금까지 전화로 불만을 제기하는 고객에게 어떤 식으로 응대하면 좋을 것인가에 대해 생각해 보았다. 그러데 대면 접점으로 간다고 해도 말을 하지 않고서는 불만 응대는 불가능한 것이므로 이 방법들이 모두 활용된다. 다만 대면 접점은 언어커뮤니케이션 외에 추가적으로 행동적 측면에서 더 활용할 수 있는 것들이 있기 때문에 그 내용을 알아보도록 한다.

(2) 대면 접점 불만 응대법

불만고객이 2차 접점인 매장이나 현장에 찾아와서 불만을 제기한다는 것은 이미 그 자체만으로도 감정의 강도가 높은 경우가 많아서 직원은 매우 섬세하게 고객을 응대할 수 있어야 한다. 즉 언어적 측면과 행동적 측면 모두를 고객이 어떻게 해석하고 받아들일지를 염두에 두고 응대를 해야 한다는 것이다.

일반적으로 대면접점에 활용되는 불만 응대법 '**People**, **Place**, **Time**' 3가지로 구분할 수 있다.

1) People(새로운 사람)

People 기법은 2단계 과정으로 발전된다.

첫번째는 내가 바뀐다 (New Face)
두번째는 새로운 사람을 개입시킨다 (New People)

내가 바뀐다는 것은 불만고객을 응대하기 위해 직원이 갖고 있는 모습을 바꾼다는 것을 의미한다. 불만고객은 매장에 들어서면서부터 얼굴에서부터 불쾌한 감정을 드러내거나 굳어있는 표정을 보이는 경우가 많다. 이때 직원은 일반응대를 할 때 취하는 '표정, 자세, 시선'을 모두 바꿔줘야 한다. 가령 여러분이 없는 시간까지 내서 매장을 찾아가 불만을 말하려 하는데 직원은 당신의 감정과 상관없이 무심한 모습을 보인다면 여러분은 그 순간 기분이 어떨 것인가? 그 직원이 당신을 응대할 담당자이던 아니던 그건 중요하지 않다. 다만 중요한 것이 당신이 만난 직원과 해당 기업은 이미 동격화 되어 있다는 것이다. 그렇다면 표정, 자세, 시선을 어떻게 변화시킬 것인가?

표정 : 직원은 진지하고, 관심있다는 표정을 짓되 절대 웃으면 안 된다. 서비스 직원이 가장 고치기 힘들다고 말하는 것이 웃는 것인데, 직원은 그 상황을 잘 풀어보려는 의도로 웃었으나, 고객은 자신을 무시하는 것으로 해석한다. 실제로 웃는 표정 때문에 고객에게 손찌검을 당하는 직원들도 종종 있다.

자세 : 목에서 어깨로 가는 부분이 꼿꼿하다는 느낌이 아니고 고객을 조심하고 있다는 느낌을 줄 수 있어야 한다. 그 부분이 너무 반듯하고 곧게 보이면 불만고객은 직원이 무척 거만하다고 느끼게 된다.

외제차 AS요원과 저자와의 대화 중

직원 : 강사님! 제 키가 아주 크죠? 187cm입니다.
저자 : 네~ 그러시네요!
직원 : 그런데 키가 큰 건 고객 응대할 때 안 좋죠?
저자 : 아~ 혹시 그렇게 생각하신 이유가 있으세요?
직원 : 저는 제 키를 잘라버리고 싶어요! 고객 A/S를 하다보면 정말 불만고객이 많은데, 그때마다 고객들은 제 자세가 건방지다는 말씀을 많이 하세요! 저는 절대 그런 의도는 없었거든요!! 그렇게 하도 말씀하시니까~ 저는 정말 제 키가 너무 싫어요!

이 대화를 보면 직원의 평소 자세가 주는 느낌이 얼마나 강력한지 금세 깨닫게 해준다. 그렇다면 저런 직원에게는 방법이 없을까? 이럴 때는 내가 고객에게 얼마나 신경써서 자세를 취하고 있는지를 보여주면 된다. 즉 '목, 어깨, 등'으로 이어지는 곡선이 활 모양으로 휘면서 자세를 낮추면 상대방에게 조심한다는 느낌을 전달할 수 있다. 그리고 그와 함께 반드시 따라가는 것이 시선이다.

시선 : 화난 고객을 응대할 때는 절대 눈을 떼지 말라! 진심의 관심과 자신감을 함께 보여줄 수 있는 행동 커뮤니케이션이다. 특히나 불만고객의 경우 자신의 감정에 대해 알아주기를 바라는 심리가 가장 강하니 그 마음을 충족시켜 주기 위해 '난 당신의 화난 감정에 관심이 있어요!'라는 마음을 눈으로 전달하라!

표정, 자세, 시선을 바꿔서 고객의 마음에 접근하고, 그러면서 상대의 마음을 알아주는 동감과 억양을 활용하는 것이다. 그렇다면 이제 불만고객을 응대할 수 있는 새로운 사람으로 바뀐 것이다.

새로운 사람을 개입시킨다는 것은 직원이 앞서와 같은 커뮤니케이션에 최선을 다했음에도 불구하고 고객이 계속 책임자를 찾거나 특정 인물을 찾는 경우가 있다. 이럴 때는 새로운 사람으로 개입시키는 것인데, 이때 개입되는 사람은 고객이 원했던 해당자일 수도 있고, 제 3자의 인물일 수도 있다. 어떤 부분이든 불만고객은 응대했던 사람이 바뀌면 이전보다는 감정을 누그러뜨리는 경우가 많다.

그런데 이렇게 새로운 사람을 개입시킬 때 반드시 주의해야 할 것은 '전달자는 본인이 고객을 응대하면서 파악한 모든 내용을 반드시 전달받는 직원에게 전달해줘야 한다'는 것이다. 그렇게 하면 응대 시간도 절약할 수 있고, 더 중요한 것은 불만고객이 아주 싫어하는 말을 반복하는 상황을 미연에 방지해서 이성적인 대화로 가는 것이 수월하기 때문이다.

2) Place(장소 이동)

매장에서 고객이 큰소리로 불만을 토로하거나, 깐깐하게 여러 가지를 따지고 드는 경우 다른 고객도 함께 있기 때문에 직원 입장에서 여간 괴로운 게 아니다. 이럴 때는 자연스럽게 장소를 이동시키는 게 필요하다. 그런데 장소도 'Seat(자리에 앉힌다), Place(장소를 옮긴다)'의 두 가지 개념으로 나뉜다.

Seat(자리에 앉히다) : 화난 사람도 자리에 앉으면 음성이 잦아드는 경우가 있다. 따라서 고객이 불쾌하지 않게 자리에 앉히는 것은 직원의 아주 중요한 스킬이다. 그런데 이때 자주 벌어지는 상황이 아래와 같다!

> 직원 : 고객님, 일단 진정하시고~ 여기 앉아서 말씀하시죠!!
> 고객 : 내가~ 지금 진정하게 됐어!! 이것들이 진짜!! 사람을 뭘로 보고~~

여기서 직원이 실수한 대목은 "일단 진정하시고~~"란 표현이다. 고객은 불만을 계속 말해야 화가 풀릴 텐데, 직원은 자꾸 진정하라고 한다. 당연히 앉으라는 직원의 말이 고객의 감정에 기름을 붓는 역할을 할 것이다.

말은 습관이어서 바꾸기가 매우 어렵다. 또한 불만 상황이니 얼마나 당황하겠는가? 그러니 평소에 사람을 부드럽게 진정시키는 억양을 제대로 훈련해둘 필요가 있는것이다.

Place(장소를 옮긴다) : 고객을 현재 서 있는 장소가 아닌 다른 장소로 이동시키는 것인데, 고객은 새로운 장소로 가면 생소한 환경에 다시 적응해야 되기 때문에 정신이 분산되면서 화가 어느 정도는 가라앉게 된다.

> 고객님 저쪽에 자리가 있는데요, 편히 앉아서 말씀주시면 제가 더 자세히 듣겠습니다. (부드럽지만 진지하게) 이쪽으로~~

그런데 여기서 주의해야 할 것은 직원이 너무 강압적으로 고객의 장소이동을 권유하면 오히려 역효과가 난다는 사실이다.

3) Time(다른 시간)

고객의 화난 감정을 빨리 가라앉히고 싶을 때는 고객이 화내고 있는 현재 시간을 끊어주는 것이 필요하다. 이때 가장 일반적인 것이 마실 것을 권유해서 현재 시간을 잊게 만드는 것인데 이때 직원이 자주 쓰는 표현은 다음과 같다.

직원 1 : 고객님~ 진정하시고 제가 차 한 잔 드리면 어떠실까요?
직원 2 : 고객님, 뜨거운 커피나 녹차 한 잔 드릴까요?
직원 3 : 고객님~ 가라앉으시게 시원한 물(냉수) 한 잔 드릴까요?

어떤가? 고객이 직원의 말에 넘어갈 것 같은가? 결코 그렇지 않다!! 서비스 현장에서 보면 위의 표현법을 활용한 경우 거의 대부분의 고객은 필요없다며 더 역정을 내게 된다. 고객에게 음료수를 먹게 함으로써 현재 시간을 바꾸고 싶을 때는 권유가 목적이 아니고 먹도록 만드는 것이 목적이란 것을 반드시 기억하면서 표현법을 만들어야 효과적이다.

많이 속상하셨죠!! 고객님을 이렇게 직접 찾아오게 해드린것만으로도 저희가 잘못한 게 있습니다. 저희한테 시원한 녹차와 쥬스 있는데 고객님~ 음료 한 잔 하시면서 말씀해주세요. 어떤 음료가 좋으시겠어요? 얼른 갖다 드리겠습니다. (시선 고정, 억양 조심)

불만의 상황에서 고객과 협의한 잠깐의 Time Out은 금과 같다. 다만 이때 직원은 고객의 감정에 맞춰주는 People이 충분히 되어있다는 전제조건이 있어야 성공적으로 진행될 수 있다.

지금까지 대면 접점에서 고객의 감정을 응대하는 법을 알아보았다. 그런데 이것을 통해 불만을 해소시킨 것은 아니다. 이 방법은 고객과 이성적인 대화를 하기 위한 초석(礎石)이고, 이렇게 우호적 관계가 만들어지면 전화 접점의 두번째 응대법인 S.R.D.C 단계를 활용해서 불만의 상황을 풀어가는 것이 필요하다.

2-4. 불만고객 응대 후 자기관리

서비스 현장에서 불만고객을 응대하는 것은 직원에게 감정적 인내와 많은 감정의 에너지 소모를 의미하는 것이다. 직접 그 현장에서 그 상황을 직접 경험해보지 않고서는 유구무언(有口無言)일 정도로 그 상황의 스트레스는 엄청나다! 불만고객 응대를 직원 입장에서 해석해보면 자신의 감정을 가라앉혀서 상대 감정을 받아들이고, 그 이후에는 고객과 해결책에 대한 협의를 끌어내야 하는 무척 어려운 과정이다. 그만큼 어렵기 때문에 불만 응대를 3년 이상 하니까 우울증까지 걸렸었다는 서비스 현장 직원들의 말이 충분히 이해가 된다. 그래서 불만 응대를 한 후에 직원들은 마음을 다스리는 과정을 꼭 실행해 줘야 한다.

첫번째 : 유능함을 느껴라! 자신의 인내로 고객을 감동으로 안내했다는 그 사실 자체를 놓고 자신의 유능함을 만끽할 수 있어야 한다.

- ✔당신이 무슨 잘못이 있겠어요! 미안해요! 화내서~~
- ✔내가 좀 심하게 화를 냈는데, 잘 대해줘서 고마워요!
- ✔당신 같은 사람이 OO지점에 있으면 내가 우리 회사 돈 다 넣어줄 텐데, 고맙습니다.
- ✔내가 너무 심하게 말했네요! 그런 의도가 아니었는데 너무 화가 나서 그만~~ 미안해요!

위 내용은 불만이 잘 마무리되었을 때 고객들이 하는 표현인데, 이 말을 들었을 때 겸손의 인사는 지양한다. 오히려 "서비스 직원으로서 고생했지만 이렇게 잘 마무리된 것이 정말 보람있다' 는 사실을 고객에게 알려주는 동시에 본인에게도 자신의 유능함을 말해줌으로써 긍정의 에너지를 채우는 것이 필요하다. 그리고 이것은 진정한 내재적(內在的) 자기 보상이 되어 자기 관리를 할 수 있게 만든다.

두번째 : 스스로 선물하라! 자신을 진정으로 아낄 줄 알아야 스트레스를 덜 받는다. 힘든 상담을 끝낸 날은 반드시 그날이 종료되기 전에 고생한 본인을 위한 선물을 할 수 있어야 한다. 외재적(外在的) 자기 보상은 일을 하는 것에

즐거움을 갖게 만든다.

세번째 : 잊어라! 비워야 새로운 것을 담을 수 있다. 최선을 다해 열심히 했다면 그 결과가 어떻든 관계없이 그 상황을 잊는 것이 중요하다. 생각만큼 쉽지 않은 게 지나간 것을 잊는 것이다. 새로운 상황과 고객을 응대하기 위해서라도 때로는 깨끗이 잊는 훈련이 필요하다.

네번째 : 관찰하라! 만약 불만고객과의 응대에 스스로에게 좋은 점수를 줄 수 없다면 본인을 객관적으로 볼 필요가 있다. 감정 제어에 실패했을 때 활용하는 3단계 자기 관찰법은 다음과 같다.

- ✔ **행동 관찰 : 당시 입을 다물고 있었는가? 아니면 너무 공격적이었는가?**
- ✔ **감정 파악 : 당시 나의 행동을 이끌었던 감정은 정확히 무엇인가?**
- ✔ **사실 파악 : 내가 가진 감정이 보고 들은 사실에 의한 것인가? 아니면 내가 주관적으로 해석한 것인가?**

3단계 자기 관찰을 통해 본인에게 가해진 자극으로부터 객관적인 시각을 갖는 것이 감정을 통제할 수 있는 가장 효과적인 방법이다. 이 방법을 반복적으로 훈련하게 되면 불만고객과의 상황이 생겼을 때 좀 더 감정적인 대립을 자제할 수 있게 된다. 스트레스 상황을 피하지 않고 즐기기 위해서는 불만 응대의 전문성 만큼이나 중요한 것이 본인의 심화(心火)를 다스리는 것이다.

3. 서비스 현장 롤 플레잉(Role Playing) 교육 관리

3-1. 롤 플레잉(Role Playing) 교육 이해

Role Playing(이하 롤 플레잉)이란 단어는 1920년대 초 루마니아 정신과 의사인 J. L. Moreno가 만들었으며 처음엔 사이코드라마(psychodrama)와 같은 뜻으로 사용되었다. 좀더 정확히 말하자면 특정한 대본 없이 역할을 수행하는 놀이를 통해 먼저 캐릭터의 성격을 형성한 후, 각 캐릭터의 성격을 교환해서 실연해봄으로써 상대방의 성격을 이해하고, 객관적으로 자신을 통찰하기도 하면서 문제를 해결해나가는 심리극을 의미하는 것이었다. 그런데 1940년대 말부터 신입 세일즈맨의 세일즈 교육훈련에 활용되면서 산업 분야의 교육방법으로 계속 진화를 거듭하게 된다. 현재는 다양한 업종의 산업교육에서 직원의 역할을 현실적으로 익힐 수 있는 가장 효과적인 교육방법으로 인식되고 있다.

그렇다면 산업교육에서 반드시 활용되는 롤 플레잉 교육의 필요성과 롤 플레잉의 역할자를 차례로 알아보도록 한다.

(1) 롤 플레잉 교육이란?

서비스 현장에서 보면 직원들 중에서 업무 지식은 평소 훌륭한데, 정작 고객 응대는 별로 좋지 않는 경우가 종종 발생한다. 많이 아는 것과 잘 말하는 것이 정말 틀리다는 것을 깨닫게 하는데, 서비스 현장은 100% 고객과의 대화가 필요한 것이다. 고객과의 대화법을 무조건 외우거나 머리로 이해된다고 해서 실행할 수 있는 성격의 것이 아니어서, 고객과의 상황 속에서 계속 연습하고, 훈련하는 것이 필요하다. 그런데 실제 고객이 직원의 연습상대가 되는 것은 바람직한가? 다시 말해 실제 고객을 대상으로 연습하는 것은 어떤가에 대한 질문인데, 이는 서비스 현장에서 정말 프로답지 못한 응석이라 답할 수

8.3.1. **롤 플레잉 교육** — 교육 중 롤 플레잉 실연

있겠다. 고객은 기업과 관계를 맺으면서 그 직원이 자신에게 기업을 대신한 전문가이길 기대하는 것이지, '입사한지 얼마 되지 않았다, 이 제품은 처음이어서 익숙치 않았다'라는 것을 감안해서 서비스를 이해하지는 않는다. 따라서 고객을 제대로 응대하기 위해서는 이미 고객과 응대를 하는 시점에서 직원은 전문가가 되어 있어야 하는 것이므로 현장과 동일한 상황과 배움을 줄 수 있는 교육은 필수적이다.

〈사진 8.3.1.〉은 고객 만족의 중요한 요인이 서비스 현장에서의 고객 응대라는 것을 인지하고 이미 근무하고 있는 직원들을 별도의 시간을 할애시켜서 고객 만족을 위한 롤 플레잉 교육을 진행하고 있는 모습이다. 그렇다면 롤 플레잉 교육은 어떤 효과가 있기에 많은 기업들이 직원 교육방법으로 열광하는 것일까?

(2) 롤 플레잉 교육 효과

롤 플레잉 교육을 진행하였을 때 얻게 되는 효과는 3가지로 구분될 수 있다.

첫째 : '현장식 역할 습득 용이(容易)' 직원은 업무지식을 이해하는 것만으로는 서비스 현장에서 어떻게 고객을 응대하면 되는지에 대한 감각이 생기지는 않는데, 그렇기 때문에 현장에서 실수하는 경우가 많다. 그래서 고객과 자주

발생될 수 있는 현장을 사전에 계속 훈련시키는 것을 통해 직원으로서 자신의 역할에 대한 습득을 체감하게 만들 수 있다.

둘째 : '고객상황 이해 용이(容易)' 사람은 역지사지(易地思之)가 잘 안 된다. 특히 서비스 현장에서 직원들은 자신의 행동과 말을 고객이 어떻게 받아들일까를 계속 생각하면서 응대를 해야 하는데, 실제로는 자기 중심적으로 판단해서 응대하는 경우가 더 많아서 고객과의 빈번한 오해와 마찰이 생기는 것이다. 따라서 직원은 '나의 행동이 고객에게는 의도와 다르게 해석될 수 있겠구나'란 사실을 객관적으로 통찰할 필요가 있는데, 롤 플레잉은 그 부분을 스스로 진단할 수 있게 만든다. 또한 나아가 고객이 그럴 수 밖에 없었던 상황도 직원 입장이 아니라 고객 입장에서 생각해볼 수 있도록 도와준다.

셋째 : '커뮤니케이션 훈련 용이(容易)' 언어 커뮤니케이션과 행동 커뮤니케이션은 직접 해보지 않고, '나는 잘할 거야'라고 생각만 하는 것은 정말 위험하다. 그런 이기심으로는 커뮤니케이션을 절대 익힐 수 없다. 자신의 표정, 자세, 시선, 억양, 속도, 끝까지 듣기, 맞장구, 핵심 요약, 정중하고 쉬운 표현, 상세한 표현 등은 철저하게 훈련하고, 계속 개선이 되어야 전문성을 갖춘 직원으로 거듭나게 되는데 롤 플레잉은 이것을 가능하게 한다. 그래서 어떤 경우에는 롤 플레잉 과정을 비디오로 찍거나, 음성을 녹음하는 등 직원의 커뮤니케이션 방법을 개선시키기 위한 도구가 활용되기도 한다.

여러분은 혹시 병원에서 환자로서 의사와 함께 할 때 내 아픈 상황과 관계없는 무심한 표정과 권위적인 말투, 잘 알아듣지 못하는 단어 등으로 가슴 상한 적은 없는가? 지금 많이 개선되었다고 하지만 역시 그런 경우가 전혀 없다고는 단언할 수 없을 것이다. 의사가 환자 입장에서 생각해보고 커뮤니케이션 하는 것을 머리가 아니라 행동으로 훈련한다면 그 멋진 실력에 날개를 달아놓는 격이 될 것이다.

롤 플레잉 교육은 앞서 살펴본 3가지 효과가 탁월하기 때문에 서비스 현장을 갖고 있는 기업에서는 업무 지식에 대한 교육을 먼저 수행한 후 반드시 롤 플레잉 교육을 진행하는 것이다.

3-2. 롤 플레잉(Role Playing) 교육 특징

우리는 앞서 롤 플레잉 교육이 일반 교육과 어떤 차이가 있는지 충분히 이해했다. 그런데 이것을 서비스 현장에서 실행하기 위해서는 롤 플레잉 교육만의 특징인 롤 플레잉의 역할자와 롤 플레잉 튜터(Tutor)를 정확하게 알아야 한다.

(1) 롤 플레잉 교육의 역할자

롤 플레잉 교육은 교육자의 일방적인 진행이 아니라 교육생 모두가 현장에서 발생되는 상황 속으로 들어가서 각 역할에 대한 이해를 통해 현실의 모습을 개선하는 다(多) 방향(方向)으로 이루어지는 교육이다. 롤 플레잉 교육에서는 3가지 역할자가 필요하고 그 역할자가 각 역할에 대한 이해가 명쾌해야만 성공적일 수 있다. 3가지 역할자는 '고객, 직원, 평가자'로 분류될 수 있다.

8.3.2. 2005 혼다자동차 고객 응대 롤 플레잉 교육 — 고객 역할자

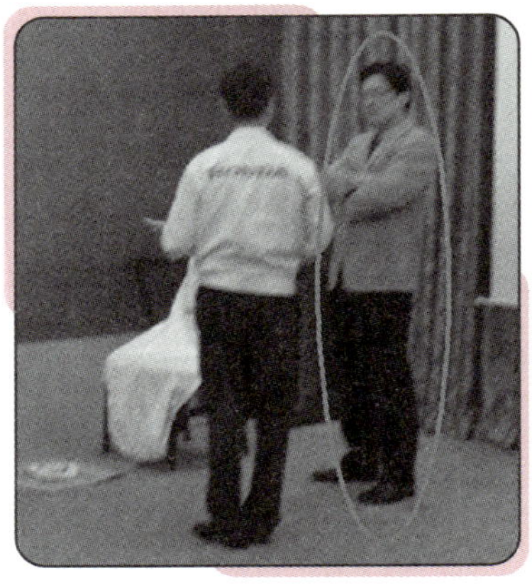

8.3.3. 2005 혼다자동차 고객 응대 교육 — 직원 역할자

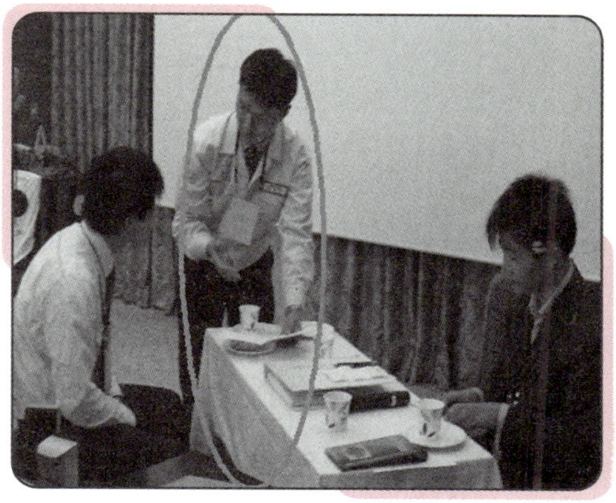

고객 : 현실성, 유연성

많은 사람들이 롤 플레잉 교육 때는 직원 역할이 제일 중요한 것이 아닌가라고 생각하는데 그렇지 않다. 고객이 현실적이지 않으면 롤 플레잉 교육은 실패한다.지나치게 친절하지도 너무 까탈스럽지도 않은 고객으로서의 현실성을 살려주어야 한다. 롤 플레잉은 현장이 아니기 때문에 어색할 수 밖에 없으며, 직원역할자도 다른 사람들이 보고 있다는 생각에 알고 있던 것도 잊어버리거나 실수하는 경우가 종종 발생한다. 이럴 때는 고객 역할자가 상황을 유연하게 넘길 수 있는 리더로서의 역할도 함께 수행할 수 있어야 한다

직원 : 평소성(Usually)

직원은 현장에서 보여주는 평소의 모습을 그대로 보여주는 것이 필요하다. 지켜보는 사람이 많은 가상의 현실이어서 더 잘하기 위해 노력하게 되면 현실의 모습을 객관적으로 관찰할 수 있는 기회를 놓치게 된다. 따라서 현장에서 하는 만큼의 모습을 보이는 것이 아주 중요하겠다.

평가자 : 객관성

평가자는 롤 플레잉 실연을 '보고, 듣고, 느낀 것'에 대한 객관성을 갖고 있어야 한다. 동료가 더 잘할 수 있는 방법을 찾아주는 역할자라는 것에 대한

8.3.4. 2005 혼다자동차 롤 플레잉 상황 평가 — 평가자

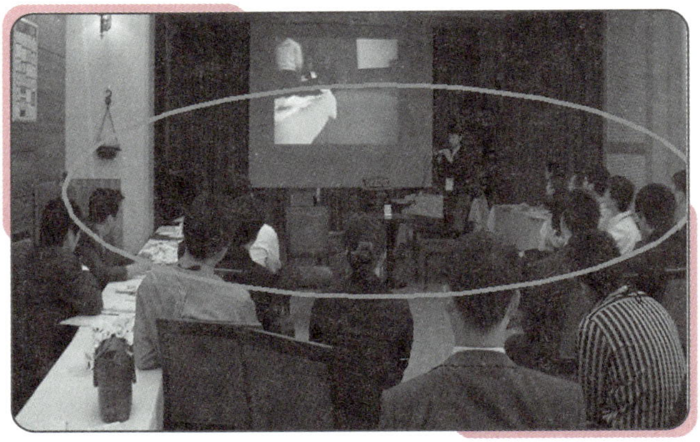

사명감을 가지고 있어야 하며, 무조건 우호적이거나, 지나치게 비판적인 것은 모두 위험하다. 다만 평가받는 사람의 심정을 이해하면서 객관적인 시각에 대한 피드백을 하는 것이 필요하다.

교육생은 롤 플레잉 교육에서 어느 한 역할만 수행하는 것이 아니라, 이 3가지 역할을 모두 수행하게 되는데, 역할을 달리 할 때마다 맡은 역할에 충실해야 한다는 것을 기억해야 한다.

(2) 롤 플레잉 튜터(Tutor)

튜터(Tutor)의 사전적 의미는 '개인교사로서 가르치는 사람/개별지도 교수'이다. 이는 인스트럭터(instructor), 즉 가르치는 사람과는 사뭇 의미가 틀린데, 튜터는 개별적으로 교육생을 훈련시키고 가르치는 사람으로 풀이될 수 있겠다.

사실 롤 플레잉에서의 교육자는 강사라기 보다 코칭자에 가깝다. 이론적 근거와 방향을 제시해주는 일방식의 주입 교육이 아닌 실제로 행동해보고 개선되어야 하는 교육방법이기 때문에 튜터의 역할은 그야말로 지대하다고 말할 수 있다. 서비스 현장에서 롤 플레잉 교육에 대한 반응은 극과 극인 경우가 많은데 "정말 우리가 다 아는 내용이잖아! 도대체 저 강사가 한 게 뭐야!"

8.3.5. **일반 강의시 인스트럭터 & 롤 플레잉 강의시 튜터**

라는 반응이 있는가 하면 "아~ 내가 그런 걸 몰랐던 거구나. 실수했었네. 고쳐야 되겠다!" 라는 반응이 있다. 이 두 가지 반응의 가운데에 튜터가 있다고 보면 되는 것이다. 그런데 많은 기업에서는 롤 플레잉 교육이 쉽다고 생각하고 교육한지 얼마 되지 않는 교육자를 튜터로 내세우는 경우가 흔히 있는데, 이는 롤 플레잉의 탁월한 교육 효과는 무용지물(無用之物)이 되고, 직원에게 시간 때우기용 교육방법으로 인식되어진다는 것을 알아두어야 한다. 성공적인 롤 플레잉 교육이 되기 위해 튜터는 어떤 전문성이 필요한가?

실무 전문성

롤 플레잉 튜터가 교육생의 공감대를 끌어내기 위해서는 실무 전문성은 기본이다. 현장에서업무를 하고 있는 직원은 튜터의 전둔성을 한눈에 알아볼 수 있다. 여러분은 자기보다 실무 전문성이 없는 사람한테 코칭받고 싶겠는가? 그래서 정해진 기준은 아니지만 적어도 현업에서 2~3년 이상의 현장 경험과 더불어 그 현장 경험의 외부적 평가도 중상(中上) 이상은 되어야 가르치는 개인교수로서 자격이 주어진다고 말할 수 있겠다.

해박한 정보력

현장에서 직원은 경쟁사의 서비스 현장이 어떻게 진행되고, 요즘 트렌드가 어떤 식으로 바뀌고 있는지에 매우 약한데 반해, 날이 갈수록 고객은 해박해지고 있다. 그런 고객을 만족시키는 응대를 하기 위해서는 튜터가 고객 응대의 가이드 역할을 해줄 수 있어야 하므로, 튜터는 늘 새로운 정보와 경쟁사의 동향, 고객심리 트렌드에 관심을 갖고 정보의 전문성을 업데이트(Update) 해야 한다.

교육 통제력

롤 플레잉 교육은 현장에 대한 실습과 훈련이므로 아무래도 교육생의 활동(Activity)이 많아서 소란스럽고 질서가 유지되기 쉽지 않다. 튜터는 롤 플레잉 교육이 여가 시간의 놀이가 아닌 배움의 장으로 만들기 위해서는 '시간, 장소, 행동'의 통제력을 활용할 수 있어야 한다.

시간의 통제력 교육생이 연습하는 시간, 역할을 진행하는 시간에 대한 규칙을 정해두고 교육생의 진행 상황에 맞게 유연하게 통제할 수 있어야 한다.

장소의 통제력 롤 플레잉을 교육하면 일반적으로 여러 그룹으로 나뉘어서 연습하는 경우가 많은데, 이때 장소의 배정과 장소에 대한 질서를 유지하는 방법에 대해 부드럽게 통제할 수 있어야 한다.

행동의 통제력 롤 플레잉을 실연하게 되면 반드시 소극적인 역할자가 나오게 마련이다. 이때 튜터는 각 역할자는 자신의 역할을 잘 수행할 수 있도록 가이드 해야 한다. 또한 그룹으로 나뉘어 연습하게 되면 주도적 의견개진형이 있고, 침묵적 방관형이 함께 존재하는데 여기서 튜터는 주도적 의견개진형은 동료의 말을 들을 수 있게 지도해주고, 침묵적 방관형은 자신의 의견을 말할 수 있도록 지도해주는 전문성이 필요한 것이다.

코칭 대화력

현장에서 함께 일했던 직원이 다같이 있는데서 롤 플레잉을 한 것만으로도 어색한데, 게다가 튜터의 피드백(feedback)까지 들어야 하니 교육생은 아주 민감해져있다. 그래서 튜터의 교육생에게 상처를 주지 않으면서 개선하고 싶은 마음을 들게 만드는 코칭 대화법은 매우 중요하다. 현장의 롤 플레잉 튜터는 크게 권위적 코칭형과 끌려가는 코칭형으로 나눠볼 수 있는데 튜터가 권위적이면 교육생의 상당한 반발을 유발하게 되고, 반대로 교육생에게 끌려가는 코칭을 하게 되면 교육자로서 역할 자체가 흔들리게 된다. 따라서 튜터는 평소 자신의 대화법 중에서 '칭찬하는 화법, 질문하는 화법, 설득하는 화법, 감동 주는 화법'에 대해 많은 훈련을 미리 해두어야 한다.

3-3. 롤 플레잉(Role Playing) 교육 프로세스

(1) 롤 플레잉 교육 준비

롤 플레잉 교육이 현장에서 응대하는 직원의 커뮤니케이션 개선을 실질적으로 돕기 위해서는 철저한 사전 준비는 필수이다. 튜터가 사전에 준비해야 하는 항목에는 **'개선 목표, 고객 시나리오, 모니터링 도구(비디오카메라, 녹음기 등), 피드백 시트"**가 있다.

개선 목표 : 튜터는 롤 플레잉 교육을 시작하기 전에 그 교육을 통해서 개선시키고자 하는 목표가 무엇인지 확실하고 명쾌해야 한다.

롤 플레잉 교육이 효과가 좋다니까 진행한다는 식의 개념은 현장에서 바로 실행할 수 있는 효과를 거두기 쉽지 않다. 가령 한국능률협회에서 실시한 고객 서비스 만족지수가 떨어졌으니 만족지수를 이번에는 올려라! 라는 명제가 주어졌다면 어떻게 할 것인가? 먼저 만족지수에서 무엇이 직원의 약점인가에 대한 분석부터 선행되어야 하고, 그 약점이 고객을 응대하는 전화 커뮤니케이션에서도 경청하는 영역이었다면 경청하는 능력을 개선시키는 목표를 가진 롤 플레잉 교육법을 실시해야 하는 것이다.

고객 시나리오 : 롤 플레잉을 할 때 미리 어떤 방향으로 이야기를 구성해달라는 요약가이드를 말한다.

고객 시나리오는 필요할 때도 있고, 굳이 없어도 괜찮을 때도 있다. 만약 전반적인 서비스 응대를 개선시키고 싶다면 현장에서 발생되는 큰 주제만 던져주고 모든 상황을 직원이 직접 만들어보는 게 더 효과가 있기 때문에 고객 시나리오가 없는 것이 효과적이다. 그런데 서비스 현장에서 최근에 특별히 응대가 안 되는 고객이나 상황이 있다면 그런 항목을 개선시켜야 하기 때문에 튜터가 미리 고객과 상황을 모두 파악해서 각 그룹마다 간단한 미션을 주는 것이 더 효과적이다. 이때 시나리오에 들어가는 팁은 고객과 관련된 내용이면 되는데, 구체적으로는 '고객 성별, 성격, 나이, 발생하는 상황'이 포함된다.

〈그림 8.3.6.〉은 서비스 현장의 롤 플레잉 교육 때 활용되는 고객 시나리오인데, 이 시나리오를 미션으로 받은 직원은 실제 현장에서라면 어떻게 진행할 것인가를 생각한 후에 현장과 같은 롤 플레잉을 시작하게 되는 것이다. 고객 시나리오 제작 방법은 튜터마다 매우 다양한데 〈그림 8.3.6.〉은 고객 나이, 성격, 튜터가 개선하고 싶은 특수 상황만이 간단하게 담긴 형식의 고객 시나리오이다. 앞서도 잠깐 언급했지만 이 상황을 받은 고객 역할자는 서비스 현장에서 자주 만나는 고객의 현실성을 제대로 살려주어야만 롤 플레잉의 효과는 극대화 된다.

8.3.6. **고객 시나리오 샘플**

모니터링 도구 : 롤 플레잉시 직원의 응대 모습을 남길 수 있는 기자재를 의미하는데, 주로 많이 활용되는 것이 모습과 음성을 한꺼번에 녹화할 수 있는 비디오카메라와 음성만 녹음할 수 녹음기이다. 롤 플레잉을 해보면 대부분의 직

8.3.7. 2006 아름다운 사람들 뷰티스쿨 교육

원은 자신이 고객을 응대할 때 어떤 행동을 취했고, 어떤 언어를 사용했는지 자세히 기억하지 못한다. 또한 심한 경우에는 자신이 행동한 것에 대한 유리한 변명을 하는 경우가 많은데, 다음 대화는 다소 극단적인 직원과 튜터간의 대화라 할 수 있다.

> 튜터 : 직원께서 조금 전에 고객에게 했던 표현 중에서 "무슨일 때문이세요?" 라고 했던 말은 고객에게는 무례한 느낌을 줄 수 있는 말이예요. 그렇죠?
>
> 직원 : 저는 그런 뜻으로 말하지 않았는데요! 그리고 정확히 그런 식으로 표현하진 않았던 것 같아요!
>
> 튜터 : … 아~~

이럴 경우 튜터가 그냥 말로만 그 상황을 설득해봐야 거의 소용이 없다. 이럴 때 본인의 모습을 객관적으로 관찰하게 해주는 것이 매우 중요하며, 대다수의 직원은 자신의 모습을 보여주는 것만으로도 반성하고 개선해야 하는 부분을 찾아내는 경우가 많다.

피드백 시트(Feedback sheet) : 롤 플레잉의 3번째 역할자인 평가자를 위한 도구

8.3.8. 롤 플레잉 피드백 시트

아래 항목마다 10점 만점에서 본인이 체감한 점수를 적어주세요.

항 목	1번 상황	2번 상황
나를 기분 좋게 만드는 호감도		
상담 내용에 집중시키는 생동감		
가볍지 않게 느껴지는 전문성		
최선을 다하려는 성의있는 태도		
주관적 견해		

이다.

그런데 동료가 하는 연기를 재미있게 보는 것은 교육의 효과가 없다. 따라서 튜터는 제 3자의 연기를 보는 것도 훌륭한 교육을 될 수 있음을 알려주어야 한다. 실제로 현장에서 직원들이 롤 플레잉 교육에 참여한 후 "나 아닌 다른 사람의 연기를 보고 그렇게는 하지 말아야지라고 느꼈습니다."라는 말을 많이 하는 것을 보면 간접적 경험만으로도 개선의 효과가 탁월함을 증명하는 것이다. 그렇기 때문에 튜터는 직원이 다른 그룹의 롤 플레잉을 보면서 평가자로서 어떤 것에 중점을 갖고 봐야 하는지를 가이드 하는 별도의 시트지를 만들어 객관적인 평가를 할 수 있도록 준비해야 한다. 〈표 8.3.8.〉은 서비스 현장에서 사용되는 롤 플레잉 피드백시트지 견본이다.

(2) 롤 플레잉(Role Playing) 진행

튜터가 롤 플레잉을 진행하는 절차는 일반적으로 5단계의 흐름을 따라 진행된다.

'동기 유발 → 진행 절차 → 실습 시간 → 발표 → 피드백'

물론 이 중에서 중략되는 단계도 있을 수 있음을 감안하고 각 단계별로 구체적 방법을 알아보도록 하자.

1단계 동기 유발 : 롤 플레잉을 하게 되는 취지를 설명해서 공감대를 형성하는 단계인데, 이때 튜터는 직원들에게 이 교육이 왜 필요한지를 직원의 입장에 서서 설명하는 것이 반발 없이 진행하게 만드는 성공요소라 할 수 있다.

2단계 진행 절차 : 먼저 이 롤 플레잉을 어떤 그룹핑으로 갈 것인지 결정해야 한다. 최소한 2인 1조 이상으로 그룹핑을 해주면 되는데 이때 중요하게 고려해야 하는 팁은 '총 시간, 총 인원, 개선이 필요한 상황수' 등이다. 그룹핑이 정해졌다면 롤 플레잉 진행 절차를 정확히 공지해서 발표하기 전 진행에 차질이 없도록 해야 한다.

〈그림 8.3.9.〉는 직원의 언어커뮤니케이션 개선을 목표로 설정 후 진행하는 롤 플레잉이다. 이 진행 절차에서 특이한 점은 고객 역할자는 있는데 직원 역할자는 없다는 것이다. 그 이유는 고객 역할자를 제외한 그룹핑 구성원 전원이 직원 역할자였기 때문이다.

당시 서비스 현장을 분석해보니 직원의 고객 응대 화법(話法)이 매우 취약

8.3.9. **롤 플레잉 진행 절차**

해 화법에 대한 시급한 개선이 필요한 상황이었다. 그런데 롤 플레잉에 주어진 시간이 그리 많지 않아서 모든 인원이 발표하기는 불가능한 경우였고, 반면 개선해야 되는 고객 상황은 5가지였다. 따라서 개선이 필요한 고객 시나리오를 미리 준비해서 각 그룹마다 고객역할자에게 시나리오를 배포한 후 고객역할자는 자신의 상황을 숙지하고 설정에 맞는 현실적 연기를 하면 다른 구성원들은 직원역할자로서 고객과 실전 화법에 대한 연습을 한 후 발표하는 롤 플레잉 과정이었다. 〈그림 8.3.9.〉에는 그 진행 절차가 자세하게 표시되어 있어서 직원들이 질서있게 진행할 수 있도록 도와주게 된다.

3단계 실습시간 : 이 단계는 롤 플레잉의 개선 목표와 직원의 숙련도에 따라 실습 시간 유무(有無)가 결정된다. 실습 시간을 주는 경우는 전혀 경험이 없는 신입직원과 현장 경험이 많지 않은 경력직원이 교육생이거나, 여러 가지 문제점을 한꺼번에 개선해야 할 때 주로 활용된다. 실습 시간 없이 진행하는 경우는 노련한 경력직원을 대상으로 하거나 간단한 문제점을 개선해야 할 때 주로 활용된다.

4단계 발표 : 발표 단계에서 튜터는 3가지 역할이 주어진다.

첫번째는 사회자 역할이다. 롤 플레잉은 직원들이 연습해서 무대에 올리는 하나의 작품과 같으므로 그들이 노력한 것에 대한 인정을 위해서 그룹구성원과 함께 각 역할자를 멋지게 소개할 수 있어야 한다.

두번째는 가이드 역할이다. 발표하는 내용을 미리 알 수 있도록 고객 상황에 대한 예고 및 해당그룹이 롤 플레잉 연습을 하면서 특히 중점을 둔 포인트에 대해 안내하면서 시청하는 다른 직원들도 배려해야 한다.

세번째는 평가자 역할이다. 해당 그룹과 직원들이 발표된 내용(동영상, 녹음내용)을 흥미롭게만 보지 않고 객관적인 평가를 동시에 진행할 수 있도록 유도해야 하고, 튜터 본인도 평가자로서 발표 내용을 구체적이고 객관적으로 분석해야 한다.

5단계 피드백 : 직원에게 행동 변화를 일으킬 수 있는 가장 중요한 단계로서 사실 피드백 단계를 위해서 앞선 3단계가 진행되었던 것이다.

서비스 현장에서 롤 플레잉 교육을 성공적으로 활용하는 튜터와 그렇지 못한 튜터의 가장 큰 차이도 이 피드백 단계에서 나타난다.

그렇다면 어떤 피드백 방법이 가장 효과적일까? 성공적인 롤 플레잉 교육을 위해서는 '전체 직원, 참여(발표)직원, 튜터'의 3채널 모두에게서 피드백이 나오도록 해야 하는데, 이것을 3방향 피드백이라 하겠다. 〈표 8.3.10〉은 3방향 피드백의 종류와 각 피드백 효과를 정리했다.

피드백을 하는 순서는 **동료 피드백 → 셀프 피드백 → 튜터 피드백** 순이며, 여기서 주의할 점은 튜터가 본인의 피드백을 먼저 하지 않도록 조심하는 것이다. 롤 플레잉 교육의 가장 큰 효과는 문제점을 갖고 있는 직원이 자신의 문제점을 스스로 인식하고 개선하도록 만드는 과정이 어떤 교육방법보다 쉽다는 것이다. 그리고 이것은 전문적인 튜터가 제대로 피드백 순서를 따라줬을 때 가능해지는 것인데, 튜터가 먼저 피드백을 하게 되면 직원은 자기 생각으로 문제 인식이 불가능해지고 따라서 개선하고자 하는 자발적 의욕을 유발시

8.3.10. 3방향 피드백 종류와 효과

종 류	방 법	효 과
동료 피드백	장점 먼저 개선점 한 가지	• 모든 직원이 교육에 참여하도록 유도 • 응대에 관한 New Idea를 습득 가능
셀프 피드백	스스로 개선하고 싶은 점	• 자기 관찰을 통해 문제점 인지 유도 • 개선의 주체적 참여자로 개선 의지 상승
튜터 피드백	칭찬 먼저 개선점 간단히	• 정확한 개선 포인트 가이드 가능 • 'I can do!' 동기 부여의 에너지 전달

키기가 거의 불가능하다. 따라서 튜터는 서비스 직원의 행동 개선을 위해 롤 플레잉 교육을 활용하는 것이라면 피드백하는 방법을 제대로 훈련해서 효과를 극대화 시키는 것이 필요하다.

4. 요약 · 정리

서비스 현장은 사람과 사람이 만나는 곳이다. 그런데 사람에 대한 응대법은 기계 작동법과는 틀려서 정형화 된 정답의 응대법이 존재하지는 않는다. 그러나 그 출발점이 **"고객은 내 마음과 같지 않다"**는 것을 인지하면서 업무를 한다면 충분히 고객 만족을 끌어낼 수 있을 것이다.

이번 장에서는 서비스 현장에서 실제 활용 가능한 실무를 바탕으로 서비스 응대법, 불만 응대법 그리고 서비스 현장에서 탁월한 개선 효과를 보이고 있는 롤 플레잉 교육법을 알아보았다. 서비스 응대를 할 때는 **언어 커뮤니케이션, 행동 커뮤니케이션**을 구분해서 습득하는 것이 필요하며, 각기 활용되는 주체가 무엇이냐에 따라 서비스 접점이 나눠지게 된다.

서비스 응대에서 확장되어서 감정에 대한 컨트롤이 필요한 응대가 불만고객 응대법이며 직원은 **고객의 화난 감정을 충분히 인정해서 우호적인 관계를 형성한 후에 문제 해결을 시도하는 것**이 중요하다.

그리고 고객과의 응대법에서 문제점이 발생했을 때는 자기관찰이 가능한 롤 플레잉 교육을 통해 **직원 스스로 문제점을 인식하고 개선된 응대법을 익힐 수 있어야 한다.** 이런 개선 과정이 지속적으로 유지된다면 기업과 직원 모두 서비스 현장에서 차별화 된 경쟁우위를 확보하게 될 것이다.

참고문헌

하대용(2006), 『서비스 경영론』

이정학(2006), 『서비스 경영』

유필화 외(2006), 『디지털 시대의 경영학』

James L.Heskett. 서비스 경영연구회 옮김(2001), *The Service Profit chain*(서비스 수익모델)

James A.Fitzsimmons. Mona J.Fitzsimmons(2004), *SERVICE MANAGEMENT*

Mark E. Patton(2001), *Dancing Service-How to teach an Elephant to dance*

Zeithaml & Bitner(1998), *Service Marketing*

J.M. Juran & F.M.Gryna, Jr., (1980) *Quality Planning and Analysis*. Mcgraw-Hill Book Company, New York

이재경(2000), 「서비스 품질 지각이 구매 후 행동에 미치는 영향에 관한 연구」, 석사학위 논문, 중앙대학교 대학원, 경영학과 마케팅전공

김창희(2000), 「치과 의료기관 종사자의 서비스실태에 관한 연구」, 단국대학교 행정대학원 박사학위논문

야마구치 히로아키(1999), 『고품위 서비스 50가지』, 글사랑

예라고서비스아카데미(2005), 『매너 컨설턴트 과정』

허은아(2003), 『매너가 경쟁력이다』, 아라크네

박준형(2000), 『볼프강의 글로벌 비즈니스 에티켓』, 김영사

미나카와 스미오(1996), 『비즈니스매너』, 한국경제신문사

권정선 외(2006), 『병원코디네이터실무』, 한국보건의료교육센터

홍순이(2002), 『비즈니스커뮤니케이션실무론』, 대영문화사

조계숙 외(2006), 『비서실무론』, 대영문화사

임혜경(2001), 『신세대를 위한 예절 길라잡이』, 호미

권정선(2005), 『여성 신 직업 병원코디네이터』, 한국보건의료교육센터

래니 어래돈도(2002), 『커뮤니케이션 기술』, 지식공작소

이누도 후미코(2002), 『호감 가는 얼굴의 비밀』, 주변인의 길

존솔(2000), 『행복한 고객을 만드는 존솔의 고품질 서비스』, 김영사

김종표 · 이복희 공저, 『실전 명강의 교수법』, 양서원

윤옥한, 『명강의 교수법』, 학지사

한종문, 『이것이 강의다』, 맥그로우 컨설팅

권대봉, 『산업교육론』, 문음사

전도근 · 최운실 공저, 『명강사가 되기 위한 명강의 기법』 Book & Book

Robert B. Settle & Pamela L(2003), *Alreck*, 대홍기획 마케팅 컨설팅그룹 공역

WHY THEY BUY(소비의 심리학), 세종서적
이장호 · 정남운 · 조성호(2005), *Fundamentals of Counseling Lsychology*(상담심리학의 기초), 학지사
Kerry Patterson & Joseph Grenny & Ron McMillan & Al Switzler(2003), 김원호 역, *Crucial Conversation(결정적 순간의 대화)*, 시아 출판사
Douglas Stone & Bruce Patton & Sheila Heen(2003), 김영신 역, *DIFFICULT CONVERSATION(대화의 심리학)*, 21세기북스
Steven J. Stowell, Ph.D. & Edward Chieyoung Choi, Ph.D. & Matt M. Starcevich, Ph.D.(2002), *Win-Win Partnership*, 21세기북스
Kazuyuki Ono(2004), 이윤석 역, *Skills For the Powerful Comunication*, 새로운 제안
Dave Lakhani & Jeffrey Gitomer (2005), 안진환 역, *PERSUASION : THE ART OF GETTING WHAT YOU WANT*, 플래닛 미디어
민병욱 · 한귀은(2004), 『교육연극의 현장』, 연극과 인간
Robert W. Pike(2003), 김경섭 · 유제필 공역, *Creative Training Techniques Handbook*, 김영사

저자 프로필

✲ 대표저자 허 은 아 (許垠娥)

성균관대학교 일반대학원 경영학과 박사 수료
연세대학교 언론홍보대학원 광고홍보학 석사
대한민국 항공우주인 선발 최종 심사위원
현) ㈜예라고 대표이사 / 예라고 이미지전략연구소 소장
현) MBC 아카데미 매너 컬리지 원장
전) 고려대학교 경영대학 마케팅학과 외래강사
전) 서경대학교 경영행정대학원 외래교수
전) 성균관대학교 생활과학대학원 / 대학교 현대예절, 취업예절 교양강좌 강사
전) SBS 방송 아카데미 이미지컨설턴트 학과장
SBS 슈퍼모델 이미지 메이킹 전문교수
전) 한국능률협회 컨설팅 서비스품질 등급 심사위원
전) ㈜대한항공 객실승무원 역임

✲ 김 연 운 (金 連 運)

동국대학교 무역학과 학사
현) C&C(CallCenter & Communication) 컨설팅 원장
현) (주)예라고 파트너 컨설턴트
현) 제일화재 인터넷팀 교육사업부 자문위원
현) 미래에셋 증권 고객지원센터, 하이카 다이렉트 교육기획 파트너 카운셀러
전) 대성 글로벌 네트웍(주) 교육사업부 차장, TSK컨설팅(주) 교육사업부 차장
전) YBM 온라인 토익 회원유치 외 다수 세일즈 프로젝트 책임매니저
전) 삼성카드 CRM센터 QA제도 구축컨설팅
ING생명 CSI UP프로젝트 외 다수 실행컨설팅 수행
현재까지 3,000회 이상 기업체 교육
(고객 커뮤니케이션, 코칭 커뮤니케이션, 강의 커뮤니케이션)

✻ 손 승 온 (孫 丞 溫)

고려대학교 교육대학원 기업교육학 석사
현) 한국 사이버 평생교육원 생활예절과목 출강
현) 동양공업전문대학 비서행정학과 외래교수
현) (주)예라고 파트너 컨설턴트
현) 맥그로우 컨설팅 서비스 지도교수, 삼성CS아카데미 파트너 강사
전) 삼성전자 유통연구소 강사
전) 웅진코웨이개발 CS교육팀 강사
전) VOLVO KOREA Admin
전) 우신향 재단 서비스 코디네이터

✻ 안 석 훈 (安 碩 勳)

성균관대학교 일반대학원 경영학과 박사과정
국민대학교 일반대학원 경영학 석사
현) ㈜애경산업 마케팅팀
현) (주)예라고 파트너 컨설턴트
전) ㈜예라고 CS컨설팅 팀장
전) ㈜한국유통 FC사업부 마케팅 팀장
전) Wawona Hotel(Yosemite N/P, CA, USA)
전) 장안대학 프랜차이즈비즈니스 전공강사
전) 두뇌한국 21 핵심사업분야 마케팅 혁명팀 연구원
전) 인천 중구 신포 시장 경영컨설팅 프로젝트 참여

✻ 안 지 선 (安 智 仙)

고려대학교 교육대학원 교육학 석사
한국외국어대학교 신문방송학 전공
현) (주)예라고 파트너 컨설턴트
현) 동양대학교 항공비서학부 겸임교수, 충청대학 '취업진로지도' 강사
현) 한국보건의료교육센터 외래강사
현) 중소기업연수원, 충남공무원교육원 외래강사
전) 현대상선주식회사 크루즈 영업본부, 현대백화점 여행사업본부 근무